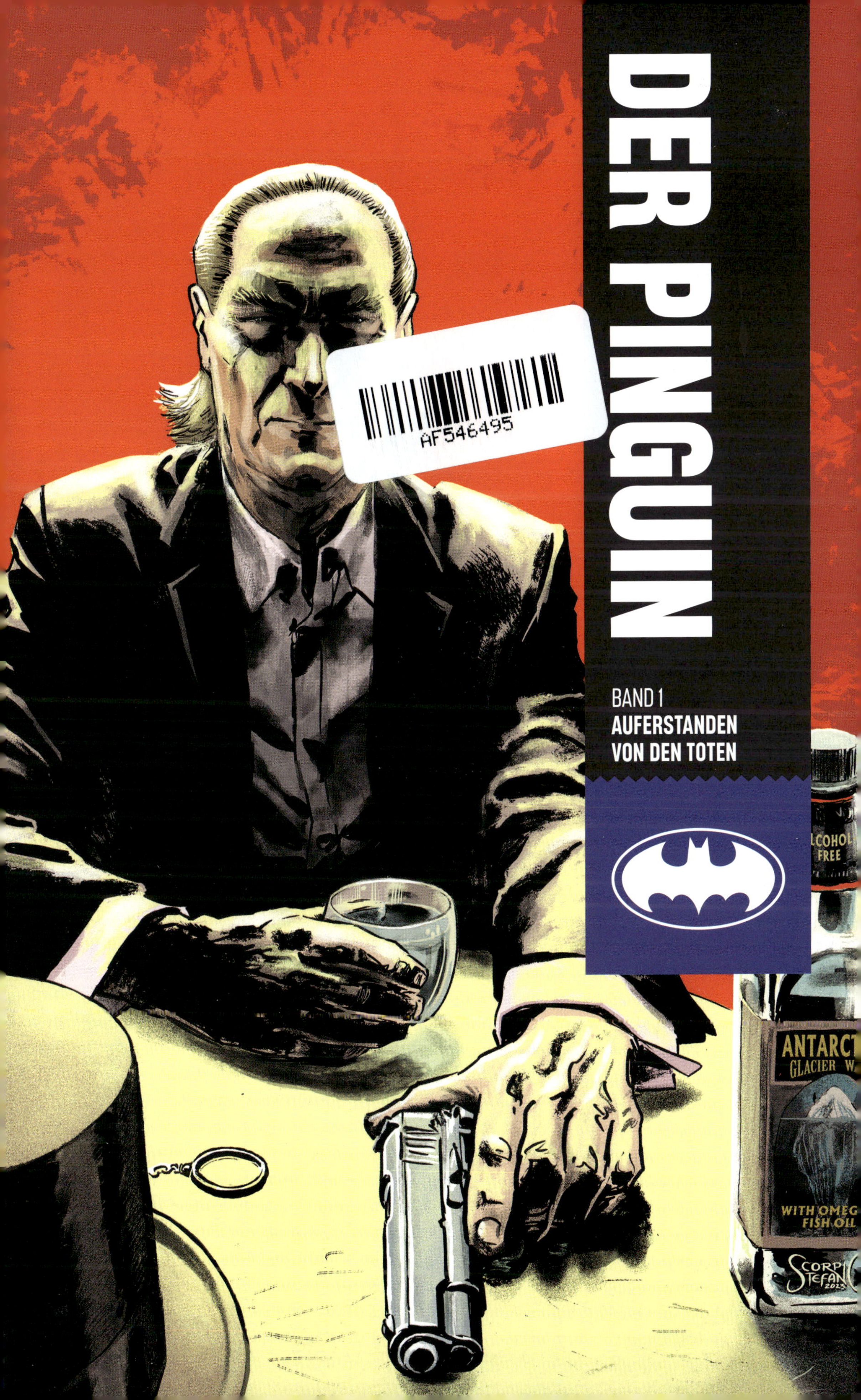
DER PINGUIN
BAND 1
AUFERSTANDEN VON DEN TOTEN
ALCOHOL FREE
ANTARCT
GLACIER W
WITH OMEG
FISH OIL
SCORPI
STEFAN
2023
AF546495

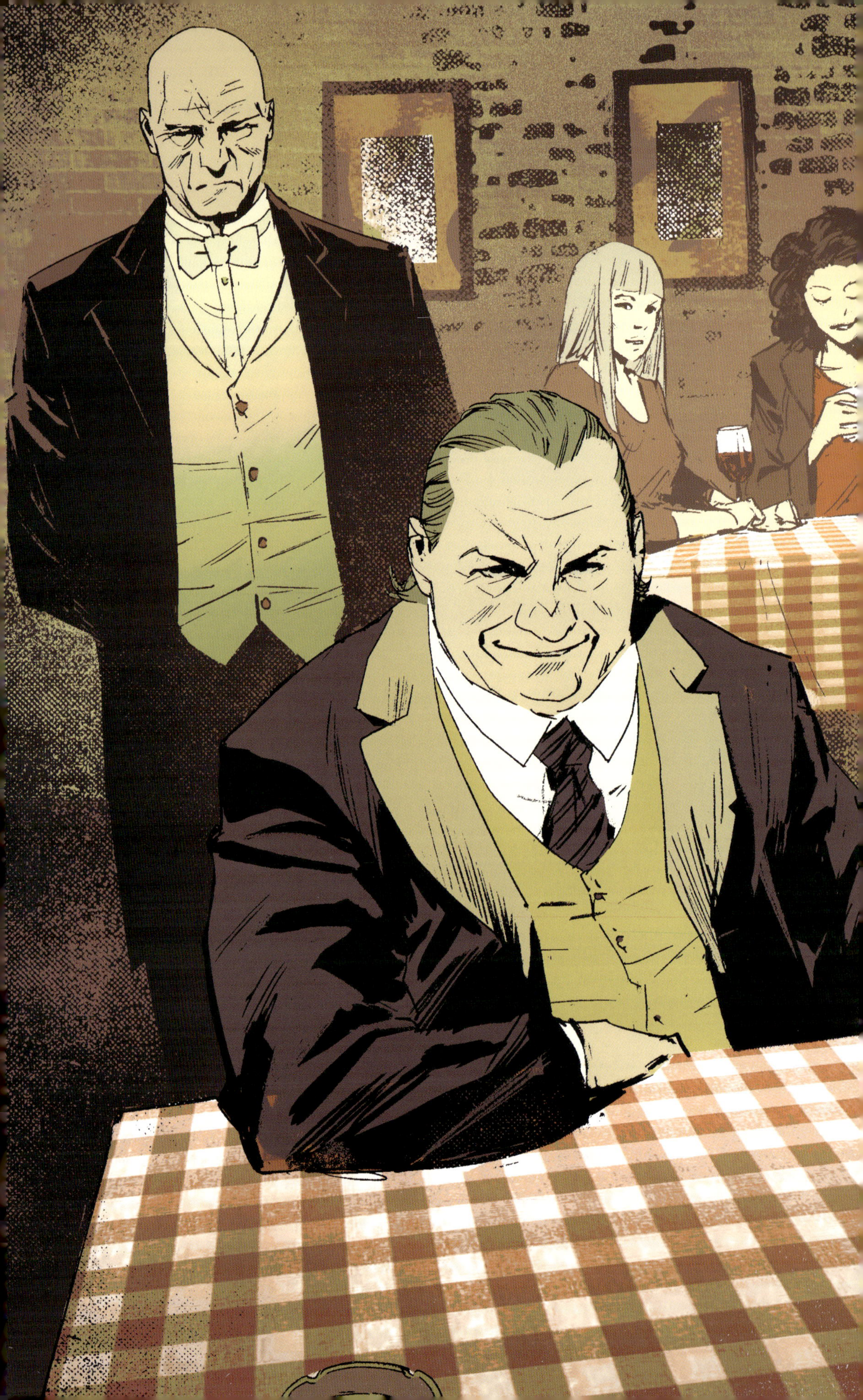

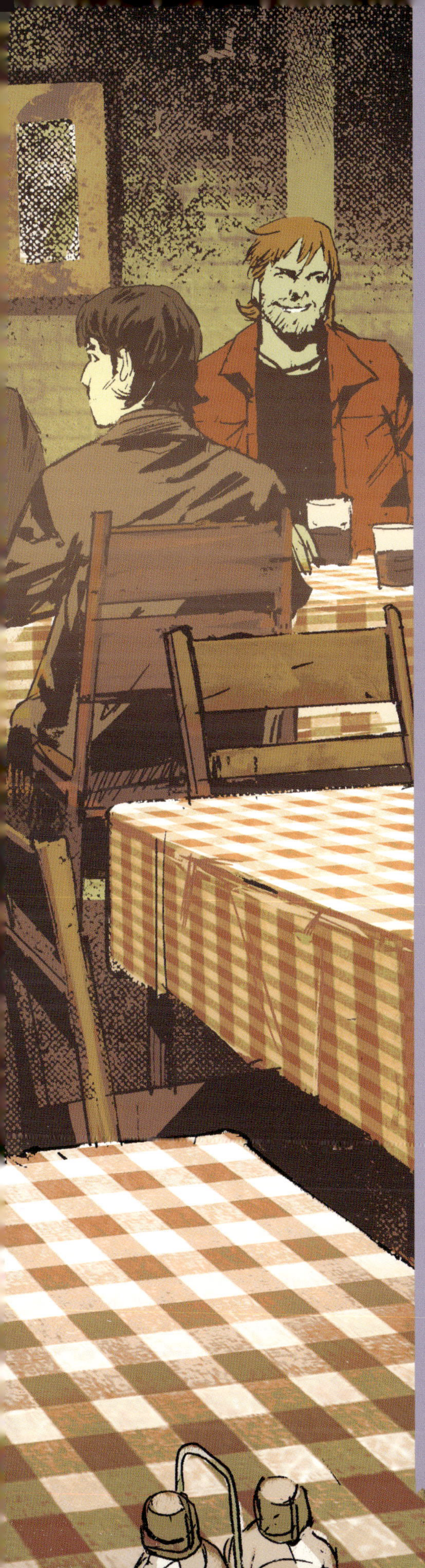

EIN KRIMINELLER VOGEL

Oswald Cobblepot debütiert bereits 1941 als exzentrischer Dieb mit Frack, Zylinder, Monokel und Regenschirm. Später wird der **Pinguin** zu einem gewalttätigen Superschurken, der sich mit einem in seinem Regenschirm eingebauten Maschinengewehr an die Spitze von **Gotham Citys** Unterwelt kämpft. Von der **Iceberg Lounge** aus zieht der Sonderling dann die Fäden für seine kriminellen Unternehmungen. Hier gehen die Größen der Unterwelt ein und aus.

Seine Auftritte in Film und Fernsehen haben den Pinguin (neben dem **Joker**) zu einem der bekanntesten Gegner **Batmans** werden lassen. Eine eigene Comic-Serie hatte der kriminelle Vogel, der früher oft für sein Aussehen und seinen watschelnden Gang gehänselt wurde, allerdings nie. Bis jetzt!

Denn der preisgekrönte Autor **Tom King** und der Künstler **Rafael De Latorre** schreiben und zeichnen dem Pinguin nun seine erste fortlaufende Soloserie auf den untersetzten Leib: einen überraschenden, faszinierend andersartigen Comic-Krimi aus dem Kosmos des **Dunklen Ritters**. Als Ausgangspunkt dient ihnen dabei der **Tod des Pinguins**. Denn nach der **Dark Crisis** startete die *Batman*-Comic-Saga von Autor **Chip Zdarsky**, der Oswald Cobblepot gleich mal in seiner ersten Storyline sterben lässt. Der angeblich schwer kranke Pinguin liegt im Krankenhaus, wo ihm Batman einen Besuch abstattet. Cobblepot lässt es danach mithilfe eines Gifts so aussehen, als hätte ihn der **Mitternachtsdetektiv** ermordet. Nachdem er sein Ableben vorgetäuscht hat, lebt Oswald zurückgezogen, glücklich und zufrieden als Blumenhändler in **Metropolis** – ohne die ständigen Gefahren und Machtkämpfe in Gotham. Allerdings bleibt es nicht lange bei diesem beschaulichen Leben, denn Agentin **Nuri Espinoza** hat Oswald im Visier und es kommt, wie es kommen muss: Der Pinguin kehrt zurück nach Gotham!

Christian Endres & Jürgen Zahn

DAUMENREGEL
The Rule of Thumb
The Penguin 1
Oktober 2023

DER HELFER
In Service
The Penguin 2
November 2023

PATRIOTEN
Patriot
The Penguin 3
Dezember 2023

DIE EX
The Ex
The Penguin 4
Januar 2024

EINE HÖHERE MACHT
A Higher Power
The Penguin 5
Februar 2024

EIN UNWICHTIGER MANN
Kapitel 1
An Unimportant Man, Part One
The Penguin 6
März 2024

EIN UNWICHTIGER MANN
Kapitel 2
An Unimportant Man, Part Two
The Penguin 7
April 2024

TOM KING
Story

RAFAEL DE LATORRE
STEVAN SUBIC
Zeichnungen & Tusche

MARCELO MAIOLO
Farben

JÖRG FASSBENDER
Übersetzung

PIETRO ROTELLI
Lettering

STEFANO GAUDIANO
DAVID MARQUEZ
STEPHEN SEGOVIA
CARMINE DI GIANDOMENICO
Original-Cover

Batman geschaffen von **Bob Kane** mit **Bill Finger**.

DER PINGUIN erscheint bei **PANINI COMICS**, Schloßstraße 76, D-70176 Stuttgart. Druck: Centro Poligrafico Milano S.p.A., Casarile (MI). Pressevertrieb: Stella Distribution GmbH, D-22297 Hamburg. Direkt-Abos auf **www.paninicomics.de**. Geschäftsführer **Hermann Paul**, Publishing Director Europe **Marco M. Lupoi**, Finanzen/Logistik **Felix Bauer**, Marketing Director **Holger Wiest**, Marketing **Thorsten Kleinheinz**, Vertrieb **Alexander Bubenheimer**, PR/Presse **Steffen Volkmer**, Publishing Manager **Lisa Pancaldi**, Redaktion **Tommaso Caretti**, **Giorgio Crico**, **Christian Endres**, **Christian Grass**, **Nicola Soressi**, **Monika Trost**, **Daniela Uhlmann**, **Jürgen Zahn**, Übersetzung **Jörg Faßbender**, Proofreading **Marion Bergmann**, Lettering **Pietro Rotelli**, grafische Gestaltung **Rudy Remitti**, **Nicola Spano**, Art Director **Alessandro Gucciardo**, Redaktion Panini Comics **Annalisa Califano**, **Beatrice Doti**, Prepress **Francesca Aiello**, **Andrea Bisi**, **Luca Ficarelli**, **Linda Leporati**.
 Cover von **Gabriele Dell'Otto**, *The Penguin* 3 Variant. Variant-Cover von **Kael Ngu**, *The Penguin* 1 Variant.

Digitale Ausgaben:
ISBN 978-3-7569-0848-6 (.pdf) / ISBN 978-3-7569-0846-2 (.epub) / ISBN 978-3-7569-0847-9 (.mobi)

Bibliografische Information der Deutschen Nationalbibliothek
Die Deutsche Nationalbibliothek verzeichnet diese Publikation in der Deutschen Nationalbibliografie; detaillierte bibliografische Daten sind im Internet über dnb.d-nb.de abrufbar.

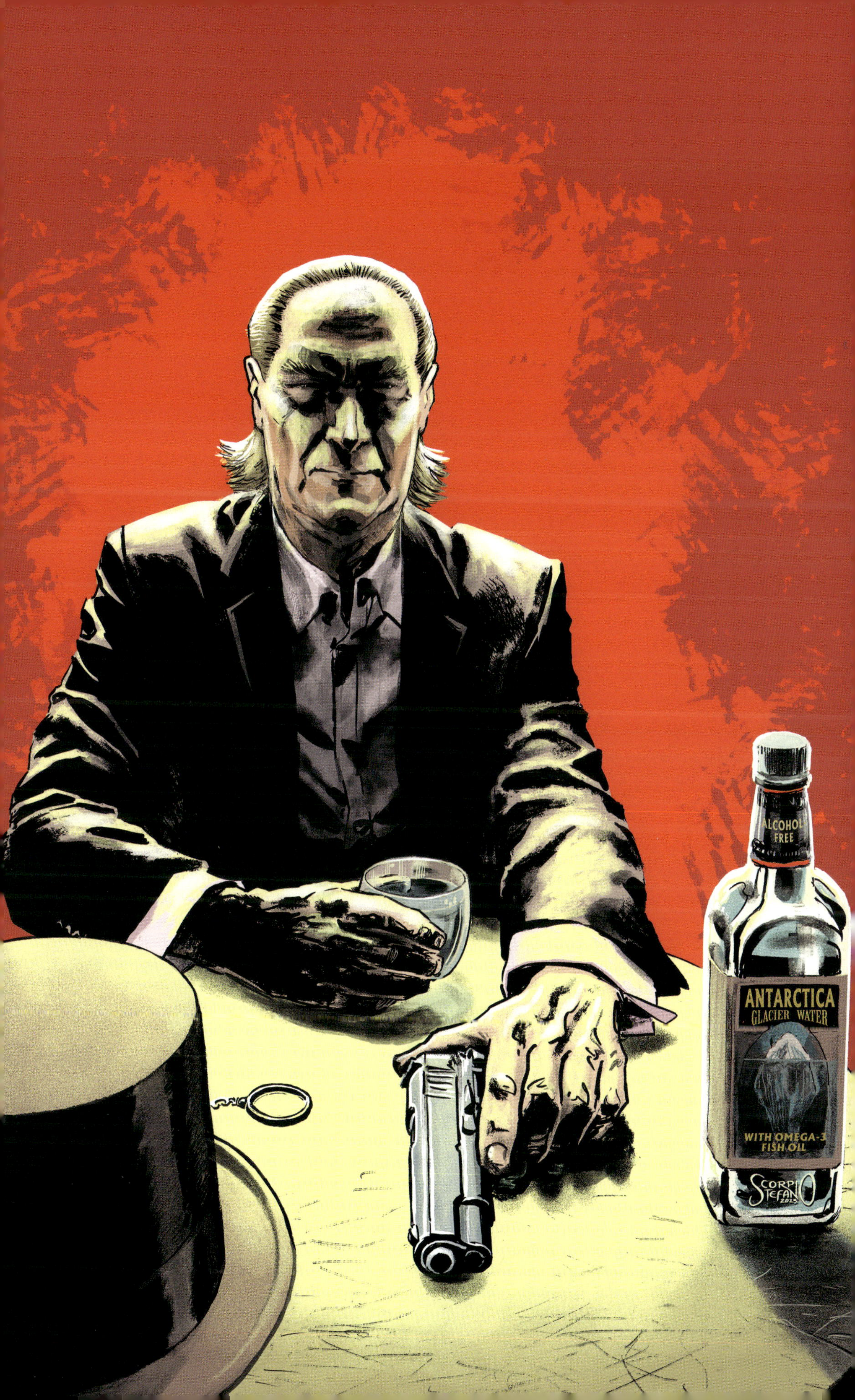
ALCOHOL-FREE
ANTARCTICA
GLACIER WATER
WITH OMEGA-3
FISH OIL
SCORPIO
STEFANO
2023

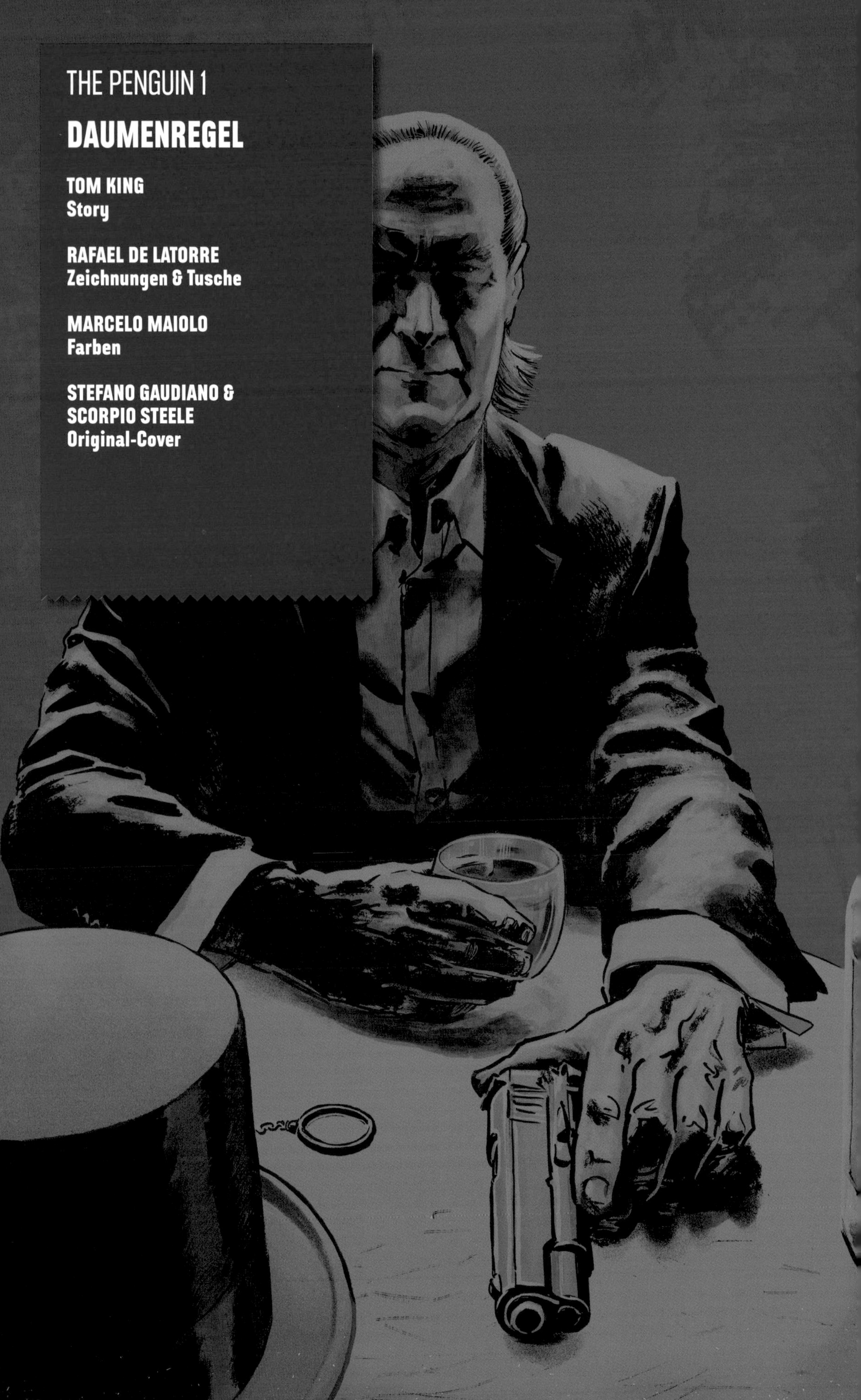
THE PENGUIN 1
DAUMENREGEL
TOM KING
Story
RAFAEL DE LATORRE
Zeichnungen & Tusche
MARCELO MAIOLO
Farben
STEFANO GAUDIANO &
SCORPIO STEELE
Original-Cover

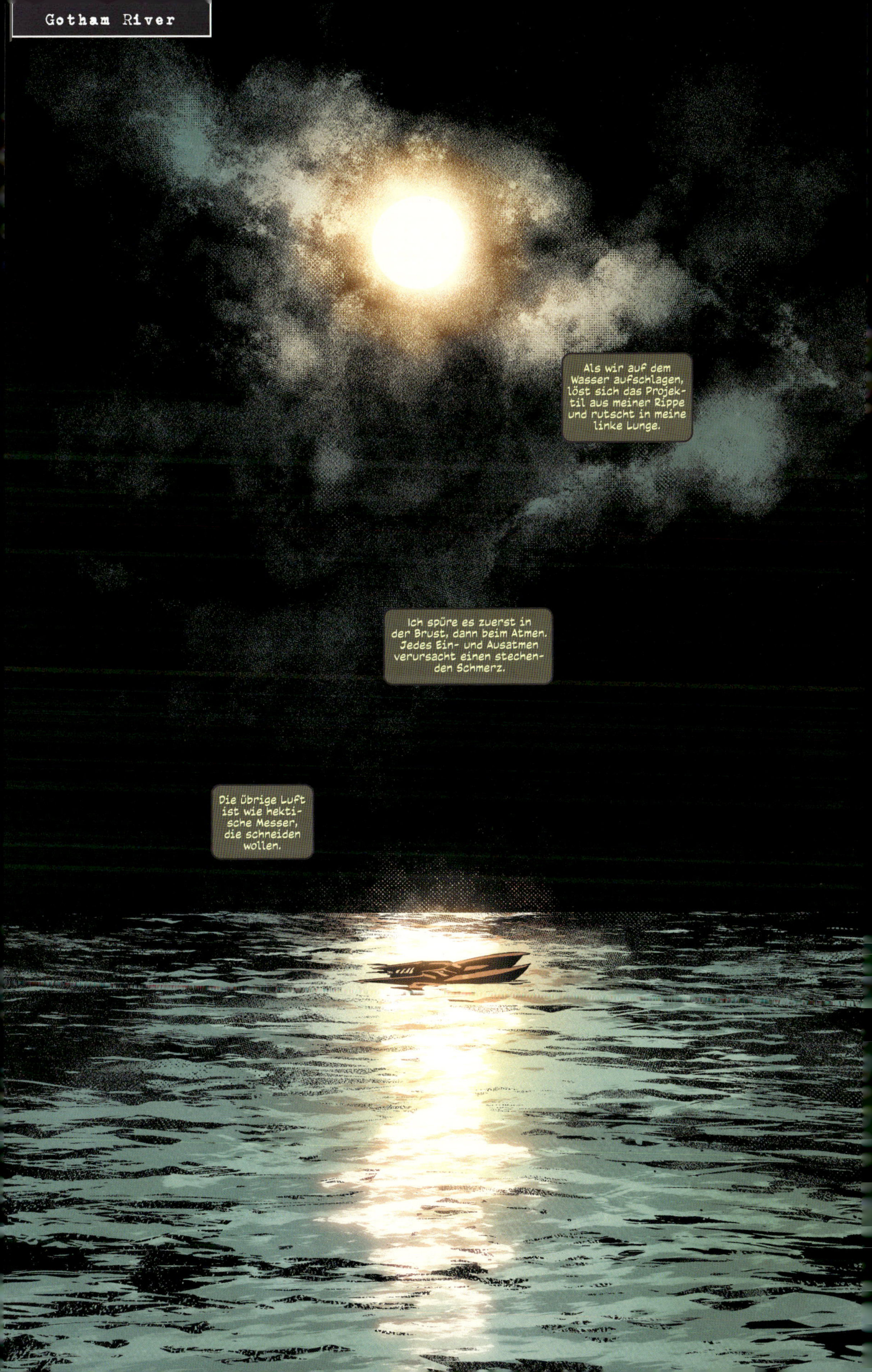
Gotham River
Als wir auf dem Wasser aufschlagen, löst sich das Projektil aus meiner Rippe und rutscht in meine linke Lunge.
Ich spüre es zuerst in der Brust, dann beim Atmen. Jedes Ein- und Ausatmen verursacht einen stechenden Schmerz.
Die übrige Luft ist wie hektische Messer, die schneiden wollen.

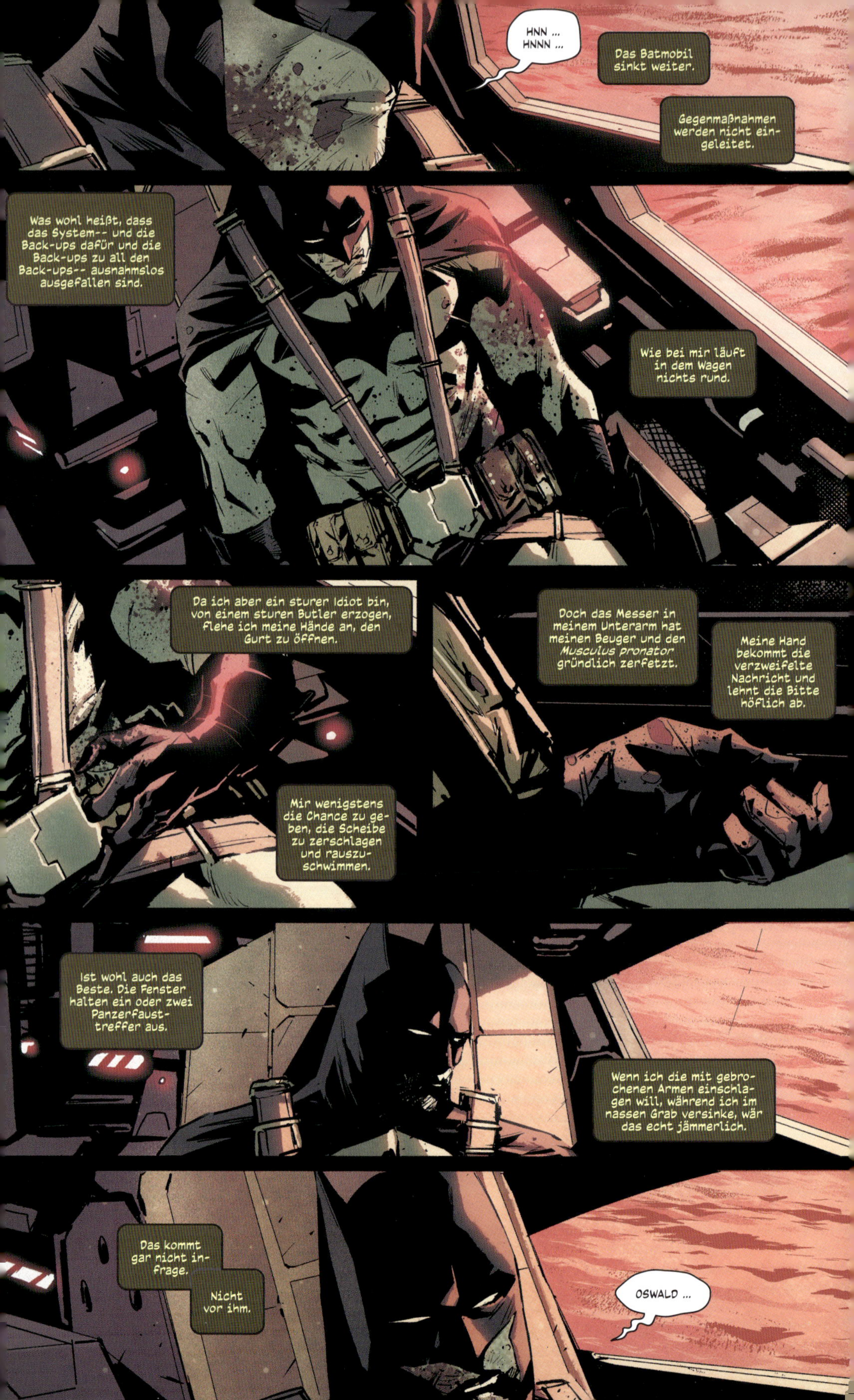
HNN ... HNNN ...
Das Batmobil sinkt weiter.
Gegenmaßnahmen werden nicht eingeleitet.
Was wohl heißt, dass das System-- und die Back-ups dafür und die Back-ups zu all den Back-ups-- ausnahmslos ausgefallen sind.
Wie bei mir läuft in dem Wagen nichts rund.
Da ich aber ein sturer Idiot bin, von einem sturen Butler erzogen, flehe ich meine Hände an, den Gurt zu öffnen.
Mir wenigstens die Chance zu geben, die Scheibe zu zerschlagen und rauszuschwimmen.
Doch das Messer in meinem Unterarm hat meinen Beuger und den *Musculus pronator* gründlich zerfetzt.
Meine Hand bekommt die verzweifelte Nachricht und lehnt die Bitte höflich ab.
Ist wohl auch das Beste. Die Fenster halten ein oder zwei Panzerfausttreffer aus.
Wenn ich die mit gebrochenen Armen einschlagen will, während ich im nassen Grab versinke, wär das echt jämmerlich.
Das kommt gar nicht infrage.
Nicht vor ihm.
OSWALD ...

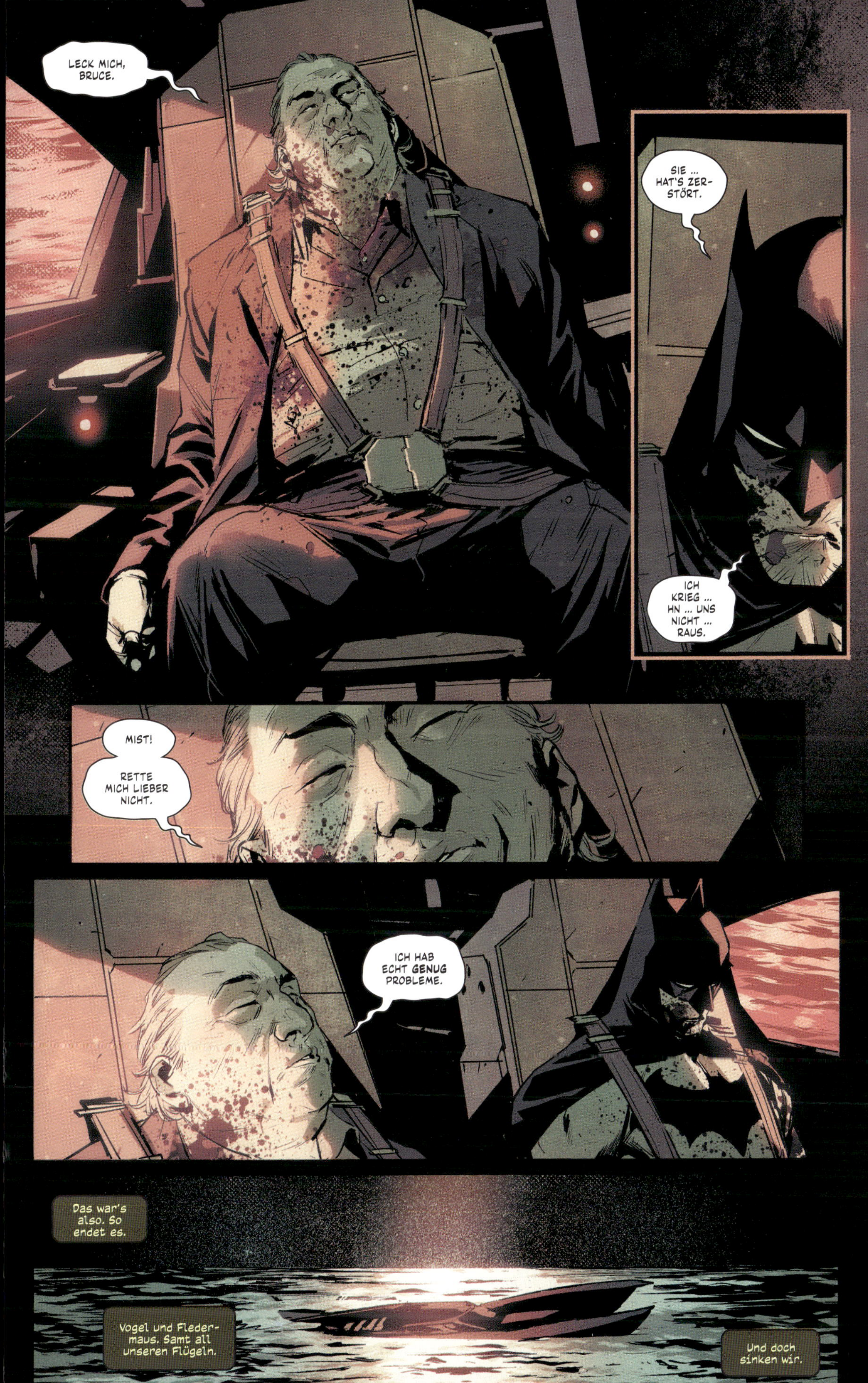

LECK MICH, BRUCE.
SIE ... HAT'S ZER-STÖRT.
ICH KRIEG ... HN ... UNS NICHT ... RAUS.
MIST!
RETTE MICH LIEBER NICHT.
ICH HAB ECHT GENUG PROBLEME.
Das war's also. So endet es.
Vogel und Fleder-maus. Samt all unseren Flügeln.
Und doch sinken wir.

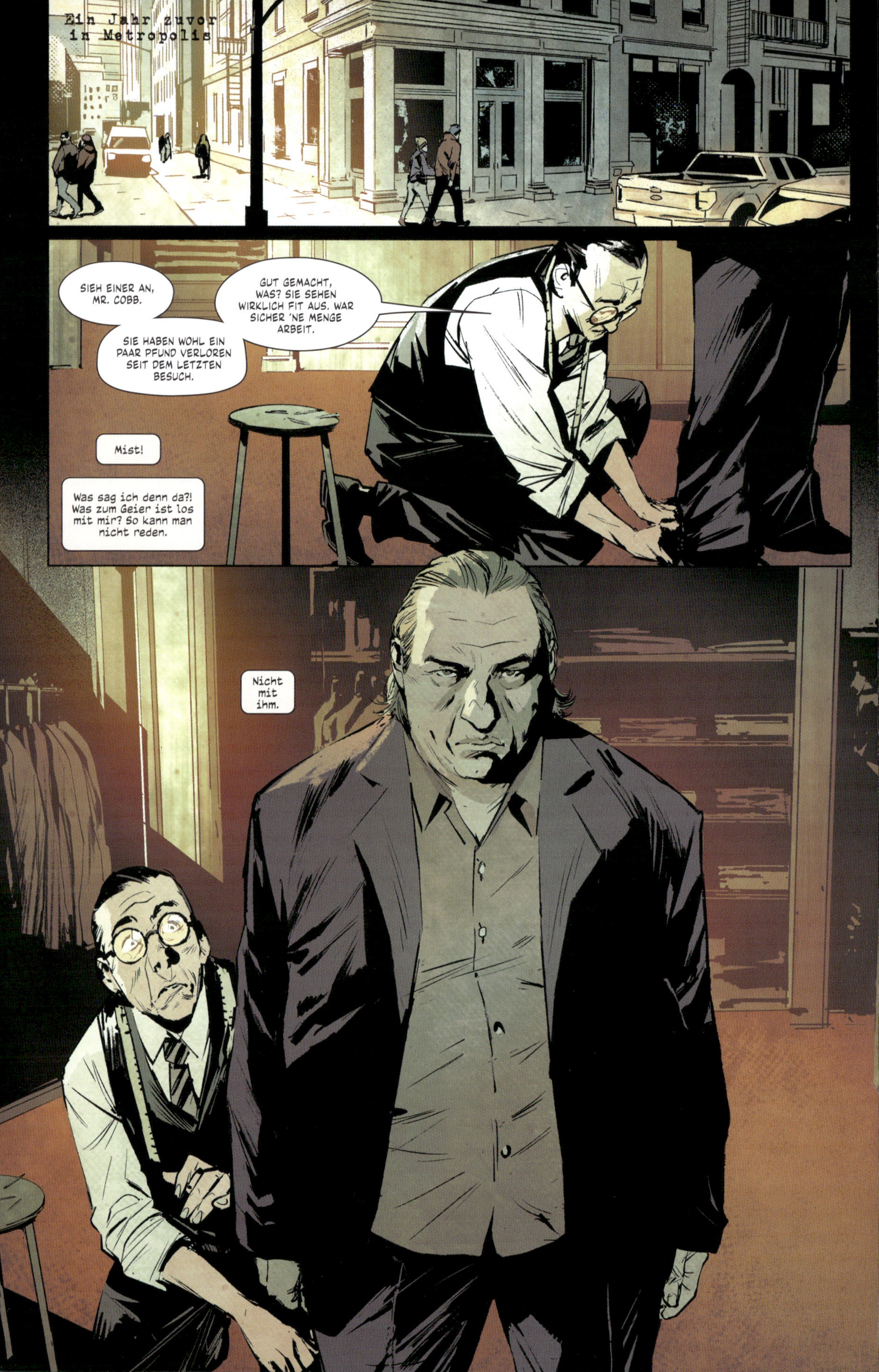

Ein Jahr zuvor in Metropolis
SIEH EINER AN, MR. COBB.
SIE HABEN WOHL EIN PAAR PFUND VERLOREN SEIT DEM LETZTEN BESUCH.
GUT GEMACHT, WAS? SIE SEHEN WIRKLICH FIT AUS. WAR SICHER 'NE MENGE ARBEIT.
Mist!
Was sag ich denn da?! Was zum Geier ist los mit mir? So kann man nicht reden.
Nicht mit ihm.

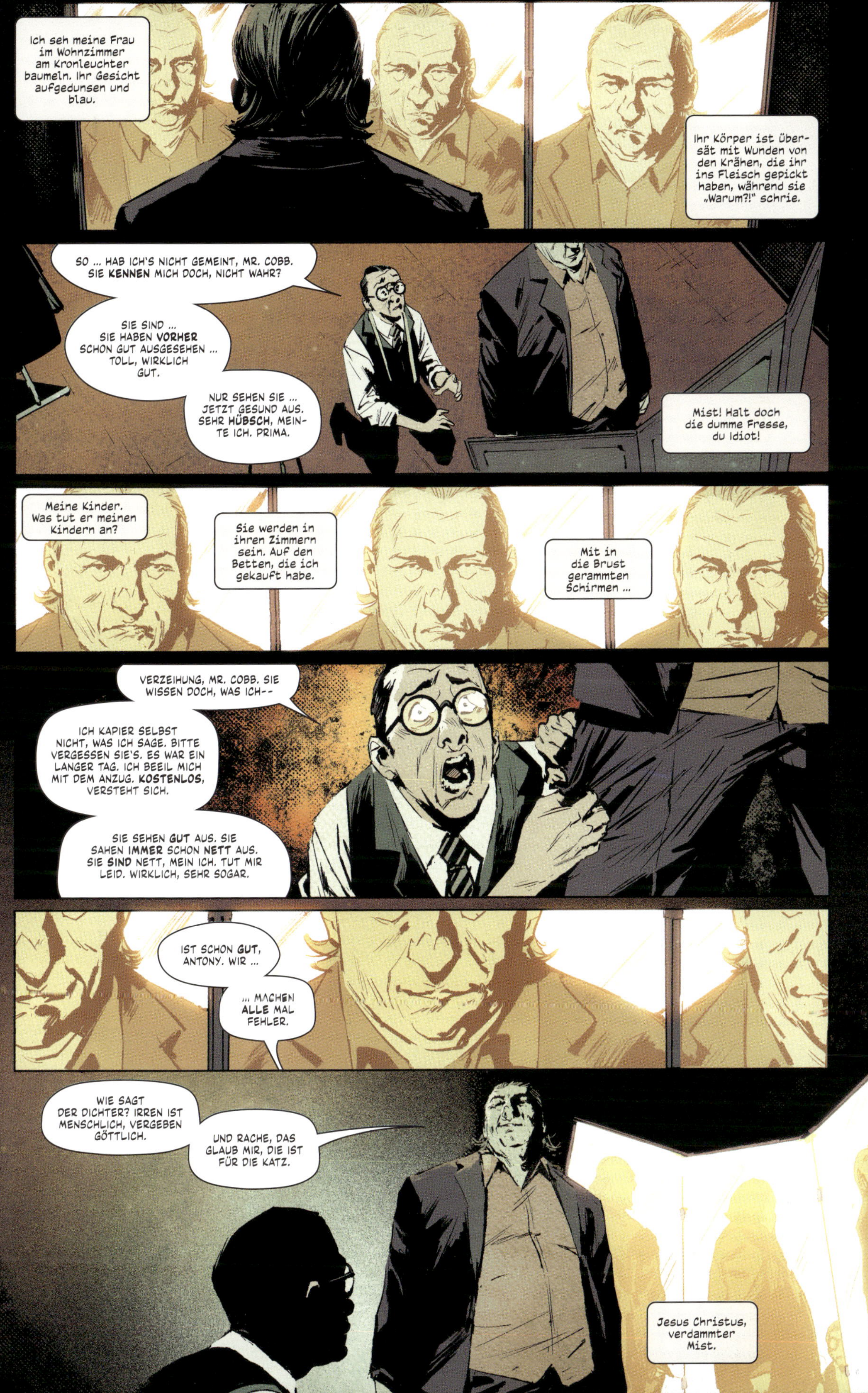
Ich seh meine Frau im Wohnzimmer am Kronleuchter baumeln. Ihr Gesicht aufgedunsen und blau.
Ihr Körper ist übersät mit Wunden von den Krähen, die ihr ins Fleisch gepickt haben, während sie „Warum?!" schrie.
SO ... HAB ICH'S NICHT GEMEINT, MR. COBB. SIE KENNEN MICH DOCH, NICHT WAHR?
SIE SIND ... SIE HABEN VORHER SCHON GUT AUSGESEHEN ... TOLL, WIRKLICH GUT.
NUR SEHEN SIE ... JETZT GESUND AUS. SEHR HÜBSCH, MEINTE ICH. PRIMA.
Mist! Halt doch die dumme Fresse, du Idiot!
Meine Kinder. Was tut er meinen Kindern an?
Sie werden in ihren Zimmern sein. Auf den Betten, die ich gekauft habe.
Mit in die Brust gerammten Schirmen ...
VERZEIHUNG, MR. COBB. SIE WISSEN DOCH, WAS ICH--
ICH KAPIER SELBST NICHT, WAS ICH SAGE. BITTE VERGESSEN SIE'S. ES WAR EIN LANGER TAG. ICH BEEIL MICH MIT DEM ANZUG. KOSTENLOS, VERSTEHT SICH.
SIE SEHEN GUT AUS. SIE SAHEN IMMER SCHON NETT AUS. SIE SIND NETT, MEIN ICH. TUT MIR LEID. WIRKLICH, SEHR SOGAR.
IST SCHON GUT, ANTONY. WIR ...
... MACHEN ALLE MAL FEHLER.
WIE SAGT DER DICHTER? IRREN IST MENSCHLICH, VERGEBEN GÖTTLICH.
UND RACHE, DAS GLAUB MIR, DIE IST FÜR DIE KATZ.
Jesus Christus, verdammter Mist.

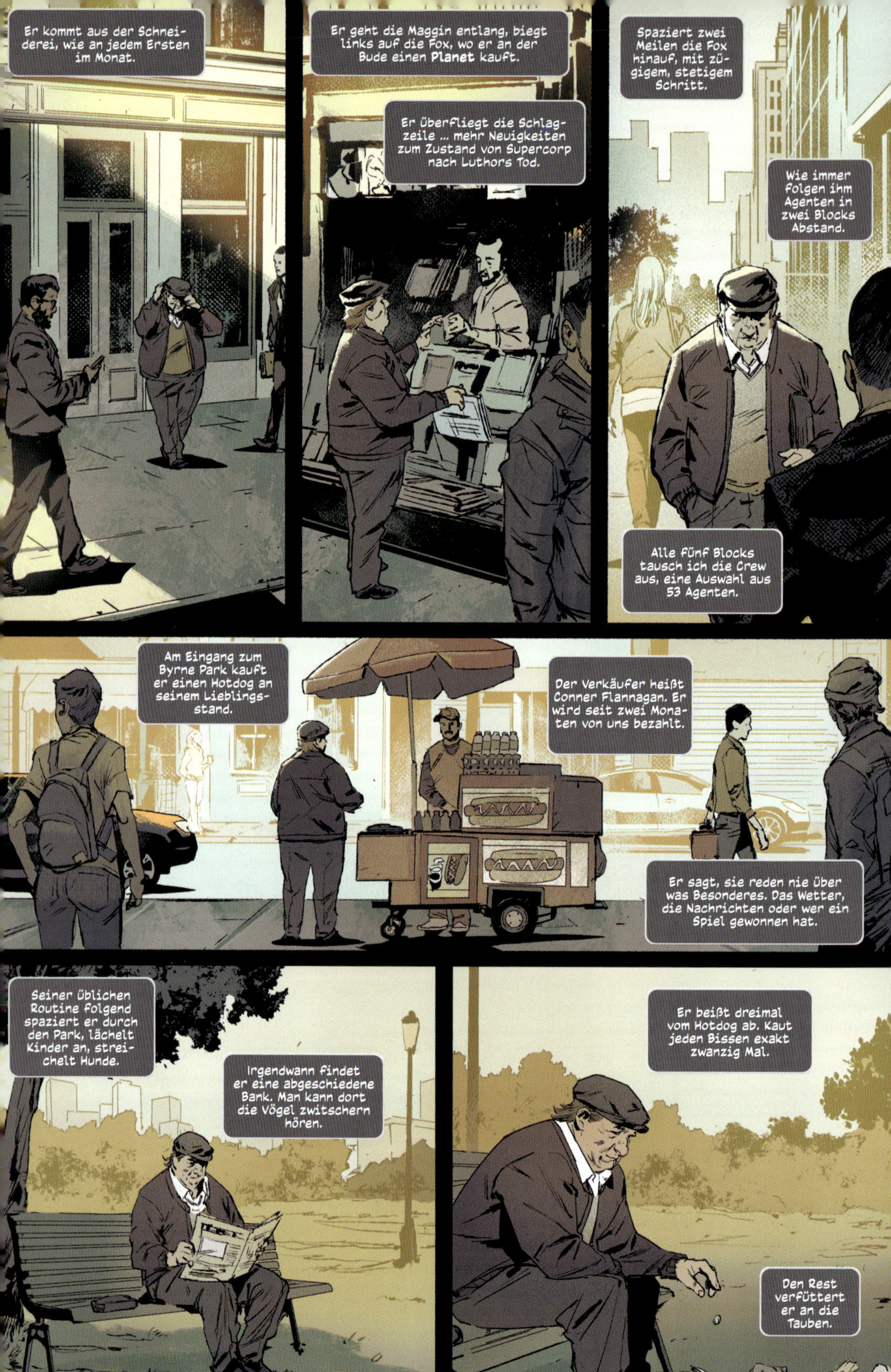
Er kommt aus der Schneiderei, wie an jedem Ersten im Monat.
Er geht die Maggin entlang, biegt links auf die Fox, wo er an der Bude einen **Planet** kauft.
Er überfliegt die Schlagzeile ... mehr Neuigkeiten zum Zustand von Supercorp nach Luthors Tod.
Spaziert zwei Meilen die Fox hinauf, mit zügigem, stetigem Schritt.
Wie immer folgen ihm Agenten in zwei Blocks Abstand.
Alle fünf Blocks tausch ich die Crew aus, eine Auswahl aus 53 Agenten.
Am Eingang zum Byrne Park kauft er einen Hotdog an seinem Lieblingsstand.
Der Verkäufer heißt Conner Flannagan. Er wird seit zwei Monaten von uns bezahlt.
Er sagt, sie reden nie über was Besonderes. Das Wetter, die Nachrichten oder wer ein Spiel gewonnen hat.
Seiner üblichen Routine folgend spaziert er durch den Park, lächelt Kinder an, streichelt Hunde.
Irgendwann findet er eine abgeschiedene Bank. Man kann dort die Vögel zwitschern hören.
Er beißt dreimal vom Hotdog ab. Kaut jeden Bissen exakt zwanzig Mal.
Den Rest verfüttert er an die Tauben.

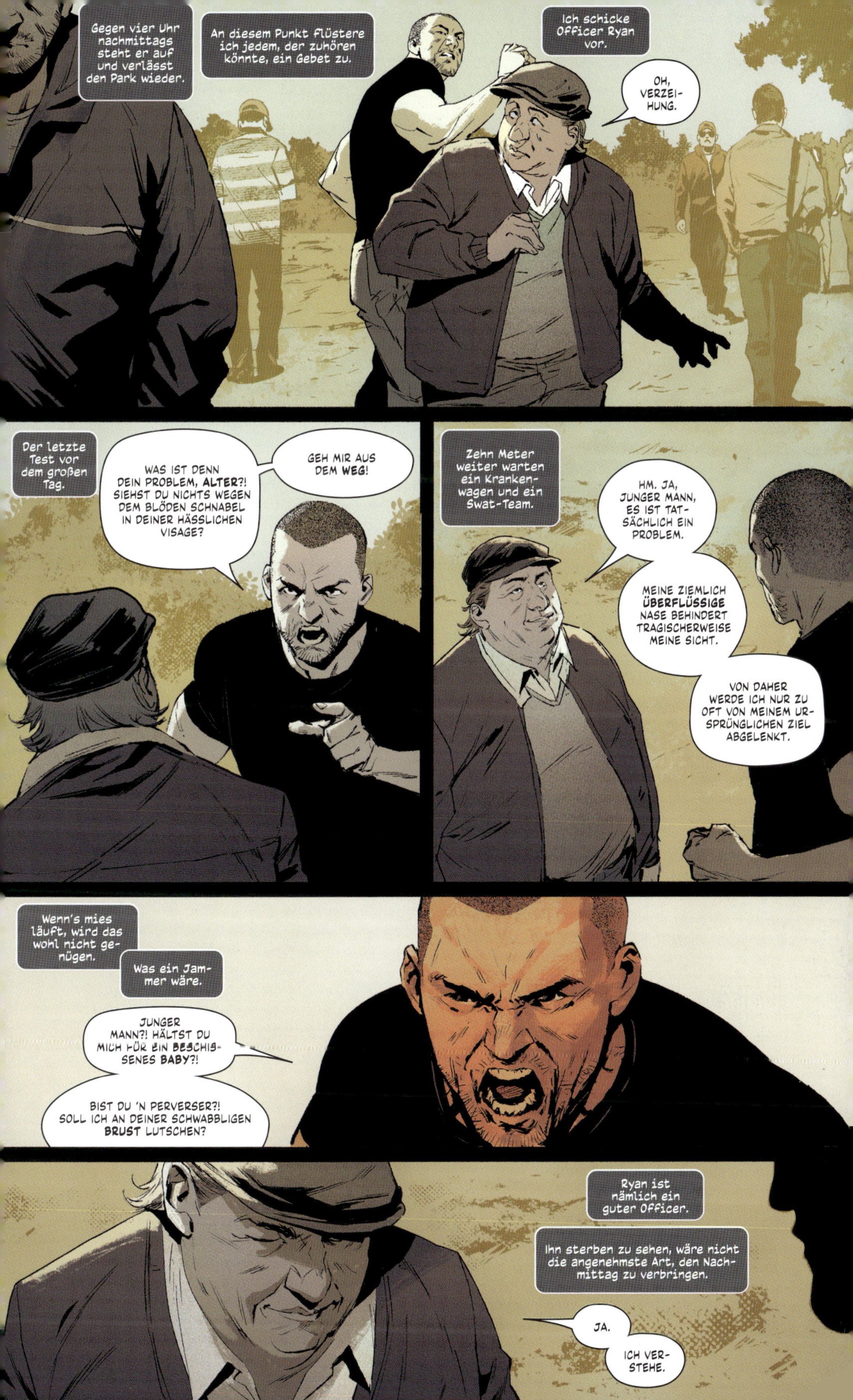
Gegen vier Uhr nachmittags steht er auf und verlässt den Park wieder.
An diesem Punkt flüstere ich jedem, der zuhören könnte, ein Gebet zu.
Ich schicke Officer Ryan vor.
OH, VERZEI-HUNG.
Der letzte Test vor dem großen Tag.
WAS IST DENN DEIN PROBLEM, ALTER?! SIEHST DU NICHTS WEGEN DEM BLÖDEN SCHNABEL IN DEINER HÄSSLICHEN VISAGE?
GEH MIR AUS DEM WEG!
Zehn Meter weiter warten ein Kranken-wagen und ein Swat-Team.
HM. JA, JUNGER MANN, ES IST TAT-SÄCHLICH EIN PROBLEM.
MEINE ZIEMLICH ÜBERFLÜSSIGE NASE BEHINDERT TRAGISCHERWEISE MEINE SICHT.
VON DAHER WERDE ICH NUR ZU OFT VON MEINEM UR-SPRÜNGLICHEN ZIEL ABGELENKT.
Wenn's mies läuft, wird das wohl nicht ge-nügen.
Was ein Jam-mer wäre.
JUNGER MANN?! HÄLTST DU MICH FÜR EIN BESCHIS-SENES BABY?!
BIST DU 'N PERVERSER?! SOLL ICH AN DEINER SCHWABBLIGEN BRUST LUTSCHEN?
Ryan ist nämlich ein guter Officer.
Ihn sterben zu sehen, wäre nicht die angenehmste Art, den Nach-mittag zu verbringen.
JA.
ICH VER-STEHE.

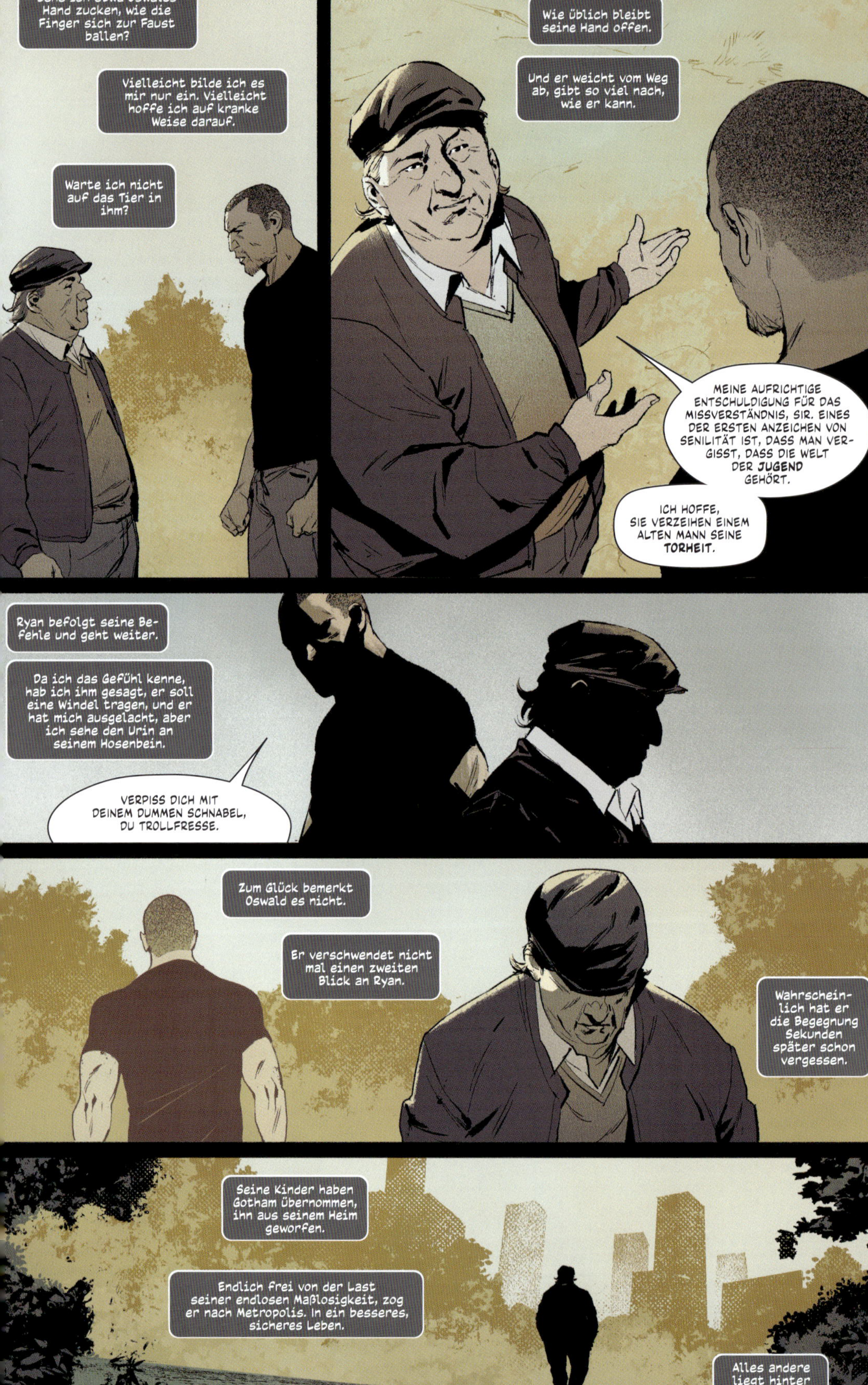
Sehe ich etwa Oswalds Hand zucken, wie die Finger sich zur Faust ballen?
Vielleicht bilde ich es mir nur ein. Vielleicht hoffe ich auf kranke Weise darauf.
Warte ich nicht auf das Tier in ihm?
Wie üblich bleibt seine Hand offen.
Und er weicht vom Weg ab, gibt so viel nach, wie er kann.
MEINE AUFRICHTIGE ENTSCHULDIGUNG FÜR DAS MISSVERSTÄNDNIS, SIR. EINES DER ERSTEN ANZEICHEN VON SENILITÄT IST, DASS MAN VERGISST, DASS DIE WELT DER **JUGEND** GEHÖRT.
ICH HOFFE, SIE VERZEIHEN EINEM ALTEN MANN SEINE **TORHEIT**.
Ryan befolgt seine Befehle und geht weiter.
Da ich das Gefühl kenne, hab ich ihm gesagt, er soll eine Windel tragen, und er hat mich ausgelacht, aber ich sehe den Urin an seinem Hosenbein.
VERPISS DICH MIT DEINEM DUMMEN SCHNABEL, DU TROLLFRESSE.
Zum Glück bemerkt Oswald es nicht.
Er verschwendet nicht mal einen zweiten Blick an Ryan.
Wahrscheinlich hat er die Begegnung Sekunden später schon vergessen.
Seine Kinder haben Gotham übernommen, ihn aus seinem Heim geworfen.
Endlich frei von der Last seiner endlosen Maßlosigkeit, zog er nach Metropolis. In ein besseres, sicheres Leben.
Alles andere liegt hinter ihm.

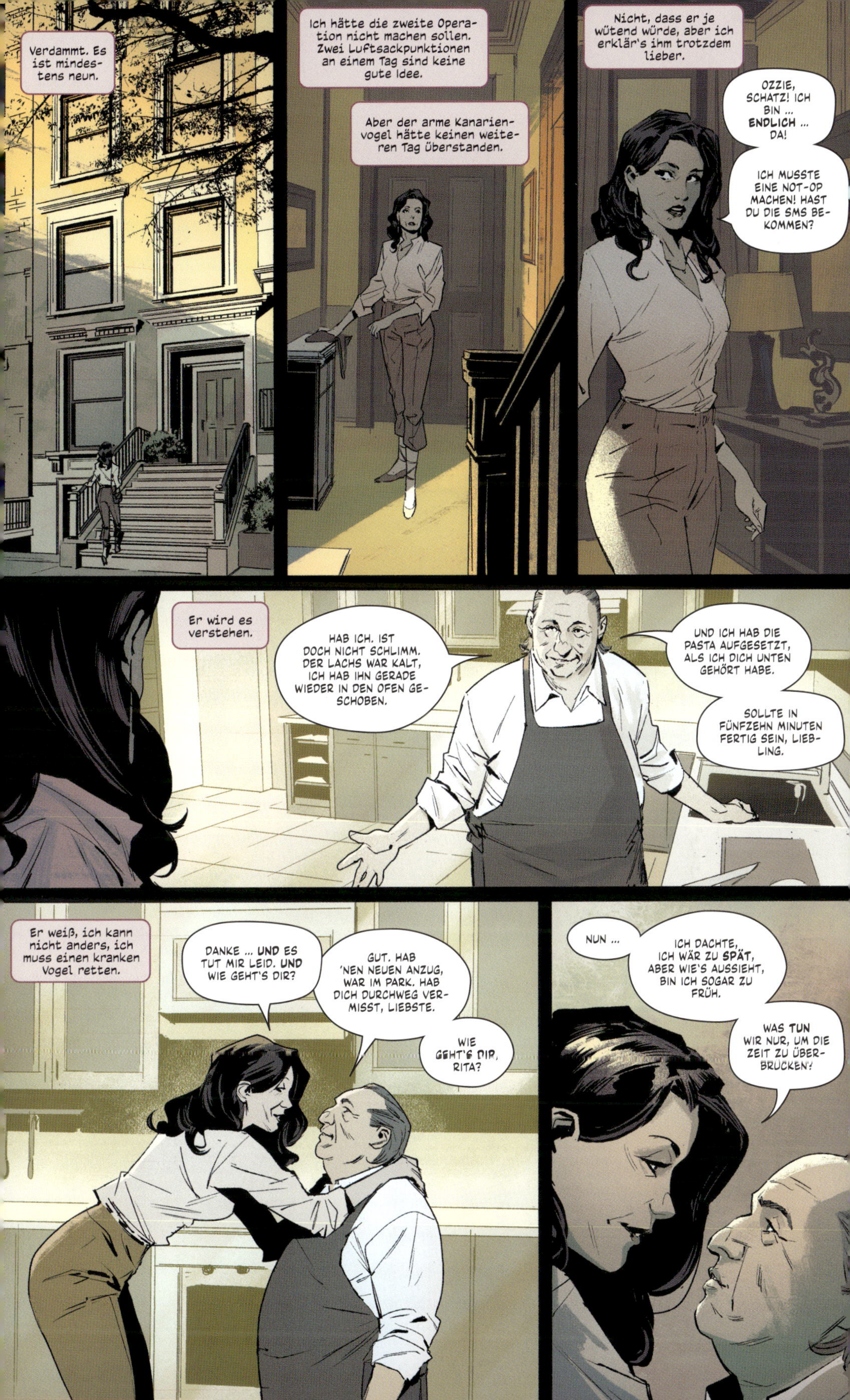

Verdammt. Es ist mindestens neun.
Ich hätte die zweite Operation nicht machen sollen. Zwei Luftsackpunktionen an einem Tag sind keine gute Idee.
Aber der arme Kanarienvogel hätte keinen weiteren Tag überstanden.
Nicht, dass er je wütend würde, aber ich erklär's ihm trotzdem lieber.
OZZIE, SCHATZ! ICH BIN ... ENDLICH ... DA!
ICH MUSSTE EINE NOT-OP MACHEN! HAST DU DIE SMS BEKOMMEN?
Er wird es verstehen.
HAB ICH. IST DOCH NICHT SCHLIMM. DER LACHS WAR KALT, ICH HAB IHN GERADE WIEDER IN DEN OFEN GESCHOBEN.
UND ICH HAB DIE PASTA AUFGESETZT, ALS ICH DICH UNTEN GEHÖRT HABE.
SOLLTE IN FÜNFZEHN MINUTEN FERTIG SEIN, LIEBLING.
Er weiß, ich kann nicht anders, ich muss einen kranken Vogel retten.
DANKE ... UND ES TUT MIR LEID. UND WIE GEHT'S DIR?
GUT. HAB 'NEN NEUEN ANZUG, WAR IM PARK. HAB DICH DURCHWEG VERMISST, LIEBSTE.
WIE GEHT'S DIR, RITA?
NUN ...
ICH DACHTE, ICH WÄR ZU SPÄT, ABER WIE'S AUSSIEHT, BIN ICH SOGAR ZU FRÜH.
WAS TUN WIR NUR, UM DIE ZEIT ZU ÜBERBRÜCKEN?

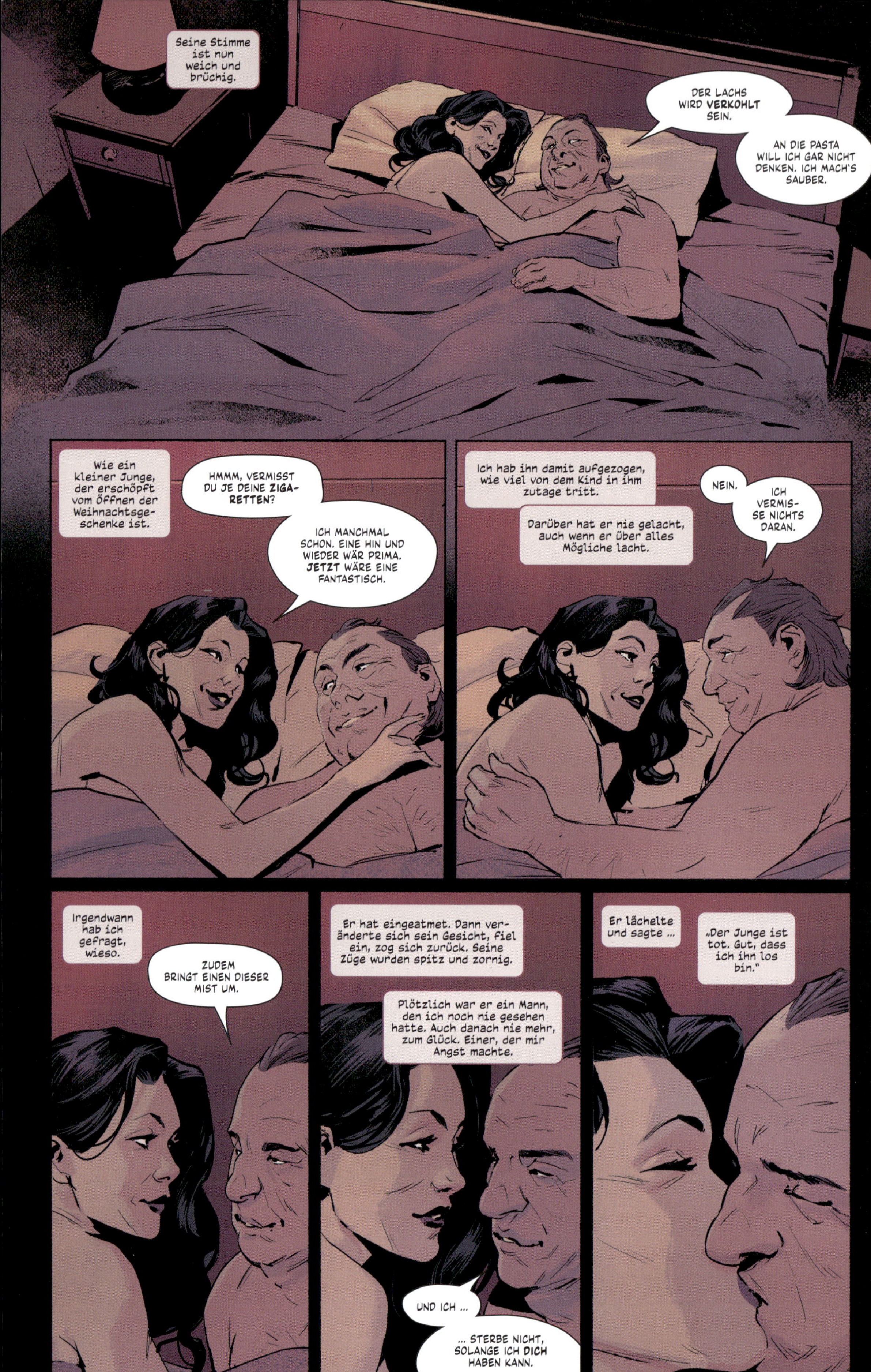
Seine Stimme ist nun weich und brüchig.
DER LACHS WIRD VERKOHLT SEIN.
AN DIE PASTA WILL ICH GAR NICHT DENKEN. ICH MACH'S SAUBER.
Wie ein kleiner Junge, der erschöpft vom Öffnen der Weihnachtsgeschenke ist.
HMMM, VERMISST DU JE DEINE ZIGARETTEN?
ICH MANCHMAL SCHON. EINE HIN UND WIEDER WÄR PRIMA. JETZT WÄRE EINE FANTASTISCH.
Ich hab ihn damit aufgezogen, wie viel von dem Kind in ihm zutage tritt.
Darüber hat er nie gelacht, auch wenn er über alles Mögliche lacht.
NEIN.
ICH VERMISSE NICHTS DARAN.
Irgendwann hab ich gefragt, wieso.
ZUDEM BRINGT EINEN DIESER MIST UM.
Er hat eingeatmet. Dann veränderte sich sein Gesicht, fiel ein, zog sich zurück. Seine Züge wurden spitz und zornig.
Plötzlich war er ein Mann, den ich noch nie gesehen hatte. Auch danach nie mehr, zum Glück. Einer, der mir Angst machte.
UND ICH ...
... STERBE NICHT, SOLANGE ICH DICH HABEN KANN.
Er lächelte und sagte ...
„Der Junge ist tot. Gut, dass ich ihn los bin."

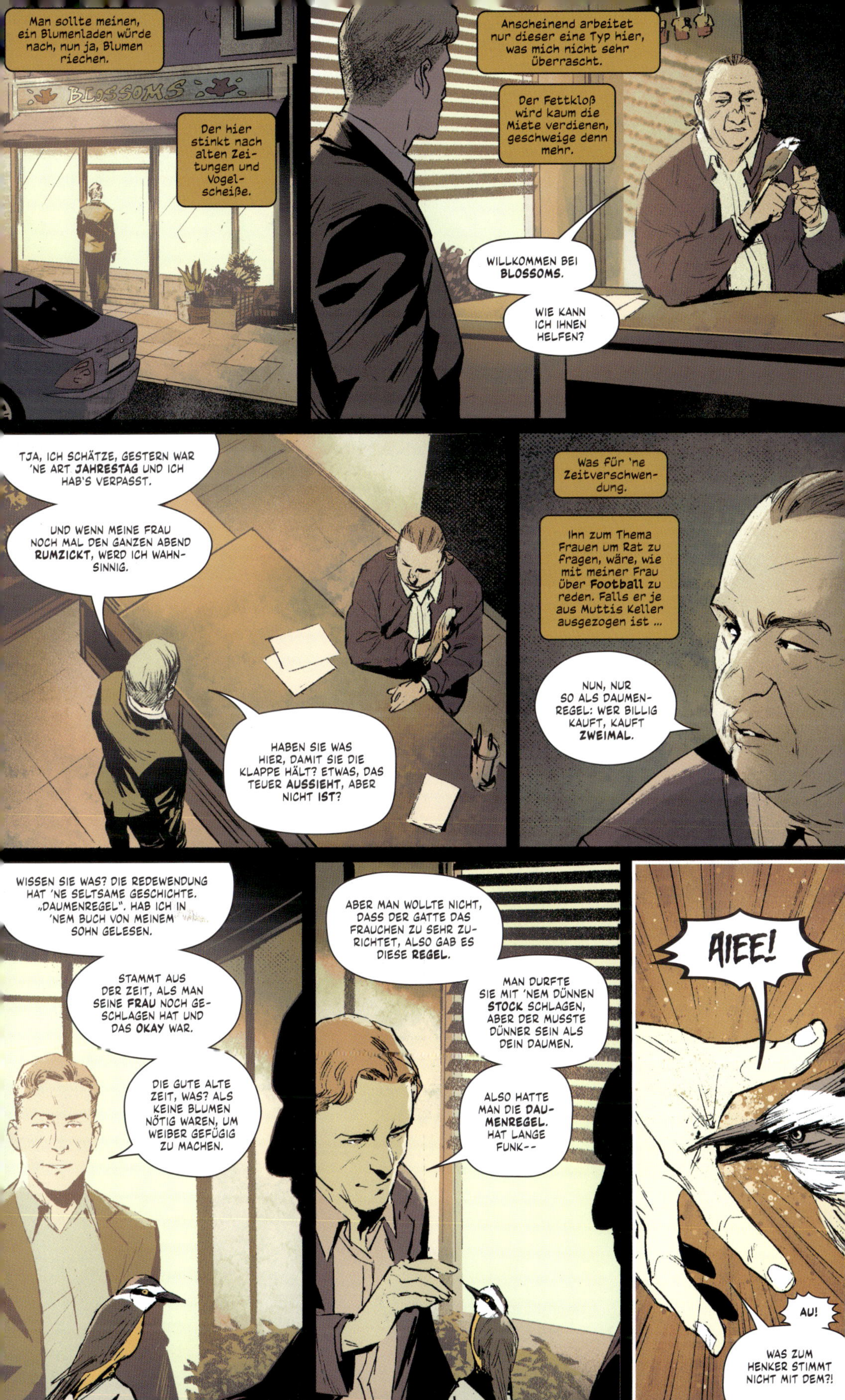
Man sollte meinen, ein Blumenladen würde nach, nun ja, Blumen riechen.
BLOSSOMS
Der hier stinkt nach alten Zeitungen und Vogelscheiße.
Anscheinend arbeitet nur dieser eine Typ hier, was mich nicht sehr überrascht.
Der Fettkloß wird kaum die Miete verdienen, geschweige denn mehr.
WILLKOMMEN BEI BLOSSOMS.
WIE KANN ICH IHNEN HELFEN?
TJA, ICH SCHÄTZE, GESTERN WAR 'NE ART JAHRESTAG UND ICH HAB'S VERPASST.
UND WENN MEINE FRAU NOCH MAL DEN GANZEN ABEND RUMZICKT, WERD ICH WAHNSINNIG.
HABEN SIE WAS HIER, DAMIT SIE DIE KLAPPE HÄLT? ETWAS, DAS TEUER AUSSIEHT, ABER NICHT IST?
Was für 'ne Zeitverschwendung.
Ihn zum Thema Frauen um Rat zu fragen, wäre, wie mit meiner Frau über Football zu reden. Falls er je aus Muttis Keller ausgezogen ist ...
NUN, NUR SO ALS DAUMENREGEL: WER BILLIG KAUFT, KAUFT ZWEIMAL.
WISSEN SIE WAS? DIE REDEWENDUNG HAT 'NE SELTSAME GESCHICHTE. „DAUMENREGEL". HAB ICH IN 'NEM BUCH VON MEINEM SOHN GELESEN.
STAMMT AUS DER ZEIT, ALS MAN SEINE FRAU NOCH GESCHLAGEN HAT UND DAS OKAY WAR.
DIE GUTE ALTE ZEIT, WAS? ALS KEINE BLUMEN NÖTIG WAREN, UM WEIBER GEFÜGIG ZU MACHEN.
ABER MAN WOLLTE NICHT, DASS DER GATTE DAS FRAUCHEN ZU SEHR ZURICHTET, ALSO GAB ES DIESE REGEL.
MAN DURFTE SIE MIT 'NEM DÜNNEN STOCK SCHLAGEN, ABER DER MUSSTE DÜNNER SEIN ALS DEIN DAUMEN.
ALSO HATTE MAN DIE DAUMENREGEL. HAT LANGE FUNK--
AIEE!
AU!
WAS ZUM HENKER STIMMT NICHT MIT DEM?!

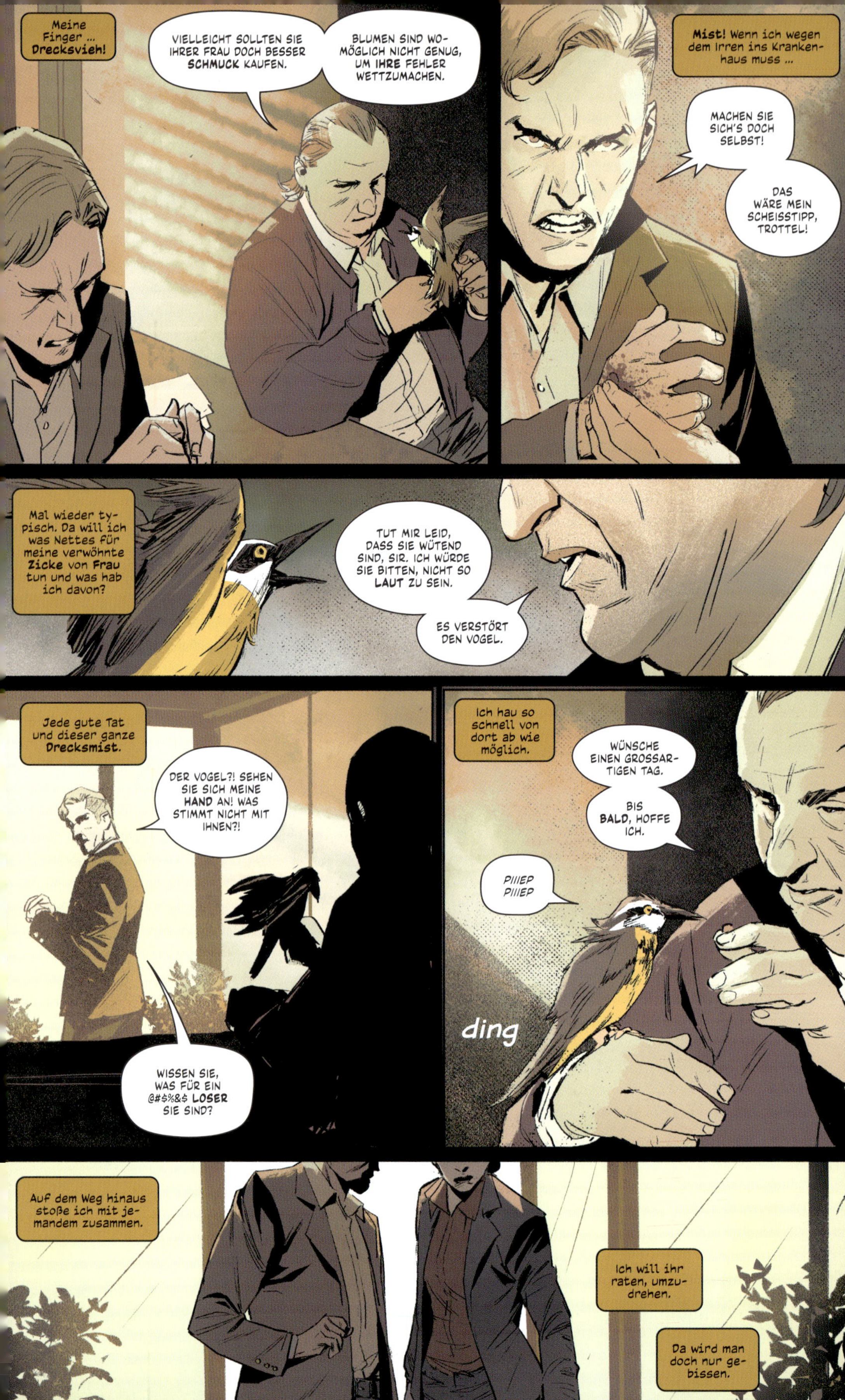
Meine Finger ... Drecksvieh!
VIELLEICHT SOLLTEN SIE IHRER FRAU DOCH BESSER SCHMUCK KAUFEN.
BLUMEN SIND WOMÖGLICH NICHT GENUG, UM IHRE FEHLER WETTZUMACHEN.
Mist! Wenn ich wegen dem Irren ins Krankenhaus muss ...
MACHEN SIE SICH'S DOCH SELBST!
DAS WÄRE MEIN SCHEISSTIPP, TROTTEL!
Mal wieder typisch. Da will ich was Nettes für meine verwöhnte Zicke von Frau tun und was hab ich davon?
TUT MIR LEID, DASS SIE WÜTEND SIND, SIR. ICH WÜRDE SIE BITTEN, NICHT SO LAUT ZU SEIN.
ES VERSTÖRT DEN VOGEL.
Jede gute Tat und dieser ganze Drecksmist.
DER VOGEL?! SEHEN SIE SICH MEINE HAND AN! WAS STIMMT NICHT MIT IHNEN?!
WISSEN SIE, WAS FÜR EIN @#$%&$ LOSER SIE SIND?
Ich hau so schnell von dort ab wie möglich.
WÜNSCHE EINEN GROSSARTIGEN TAG.
BIS BALD, HOFFE ICH.
PIIIEP PIIIEP
ding
Auf dem Weg hinaus stoße ich mit jemandem zusammen.
Ich will ihr raten, umzudrehen.
Da wird man doch nur gebissen.

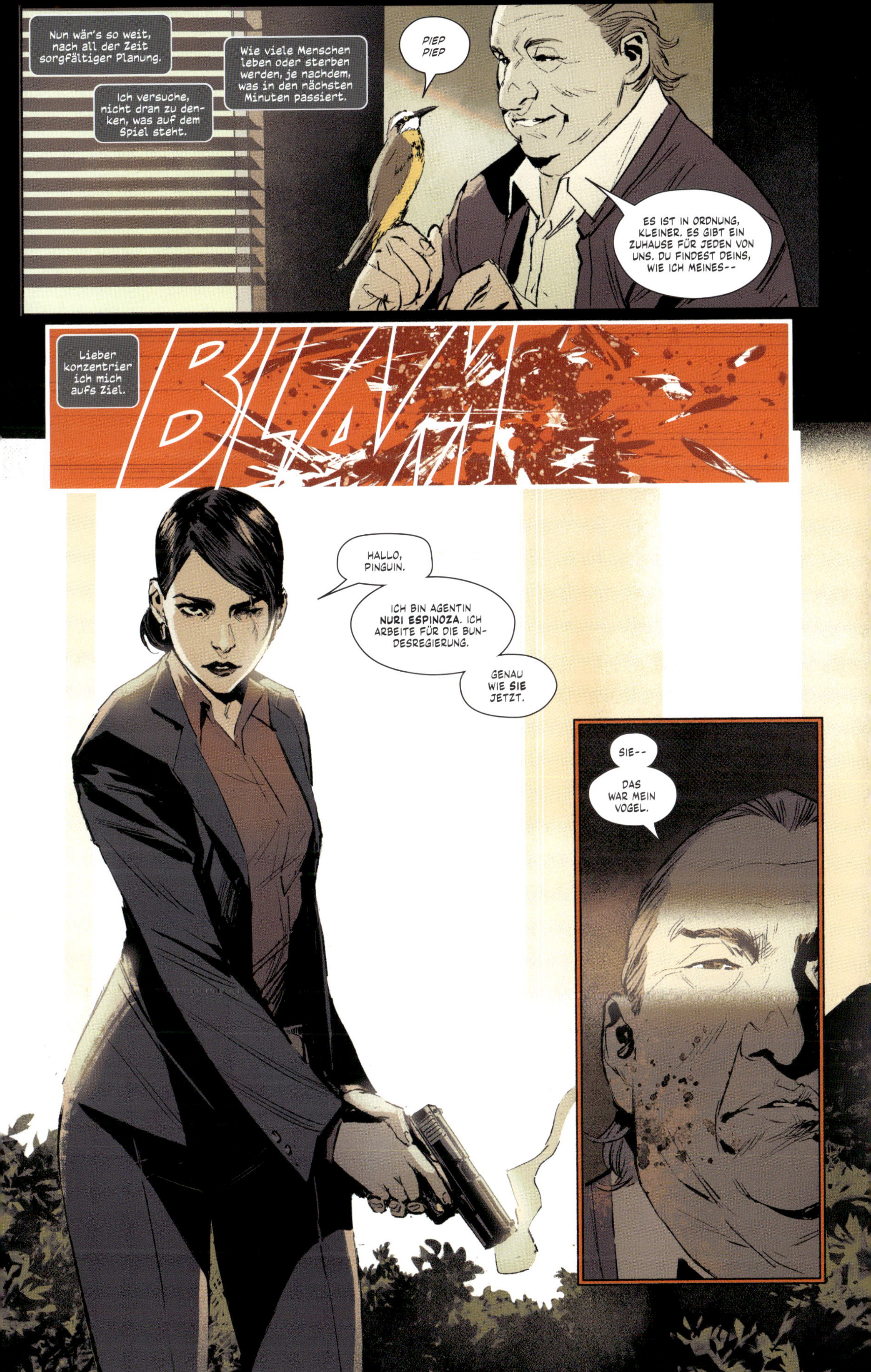
Nun wär's so weit, nach all der Zeit sorgfältiger Planung.
Ich versuche, nicht dran zu denken, was auf dem Spiel steht.
Wie viele Menschen leben oder sterben werden, je nachdem, was in den nächsten Minuten passiert.
PIEP PIEP
ES IST IN ORDNUNG, KLEINER. ES GIBT EIN ZUHAUSE FÜR JEDEN VON UNS. DU FINDEST DEINS, WIE ICH MEINES--
Lieber konzentrier ich mich aufs Ziel.
BLAM
HALLO, PINGUIN.
ICH BIN AGENTIN **NURI ESPINOZA**. ICH ARBEITE FÜR DIE BUNDESREGIERUNG.
GENAU WIE **SIE** JETZT.
SIE--
DAS WAR MEIN VOGEL.

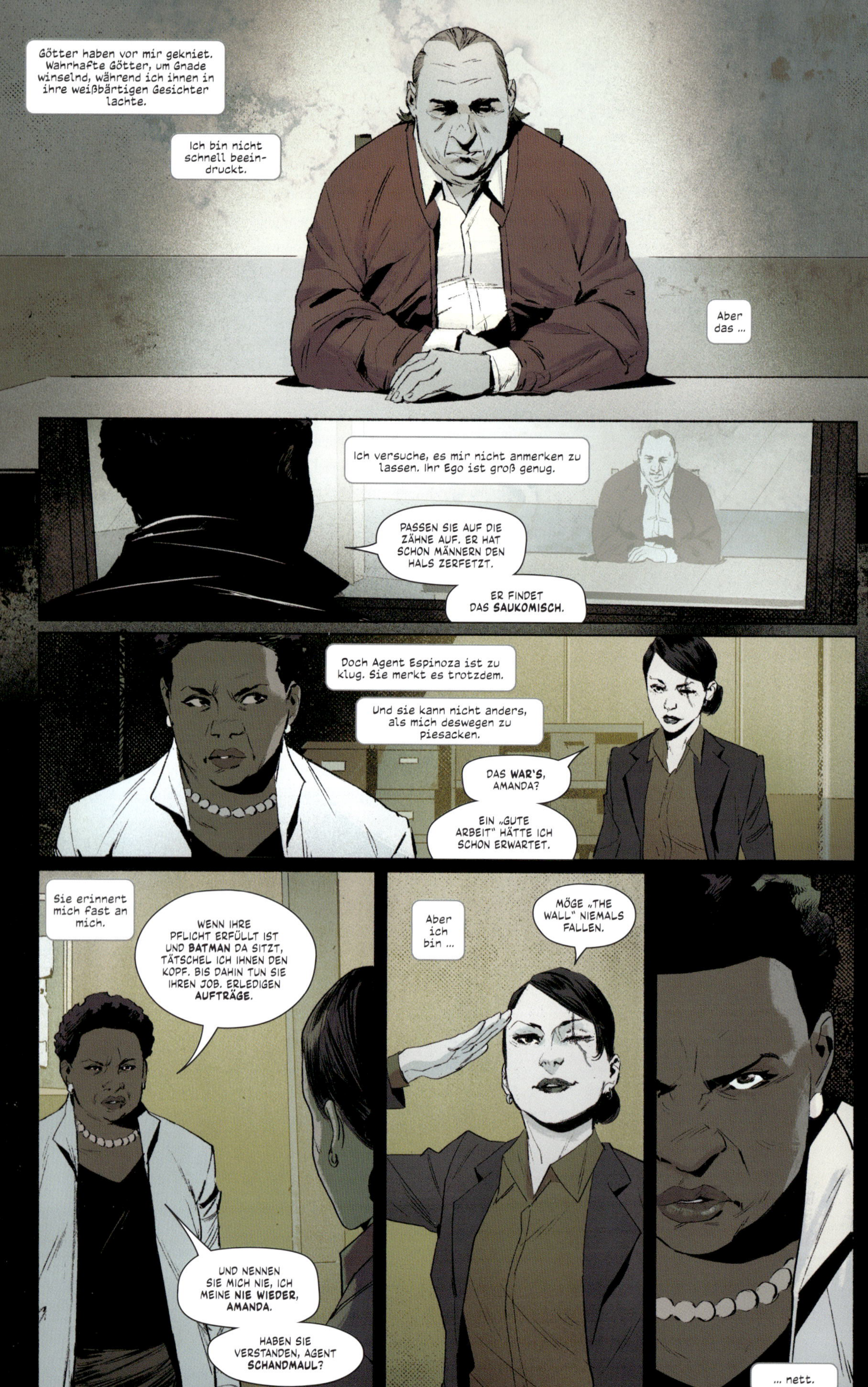
Götter haben vor mir gekniet. Wahrhafte Götter, um Gnade winselnd, während ich ihnen in ihre weißbärtigen Gesichter lachte.
Ich bin nicht schnell beeindruckt.
Aber das ...
Ich versuche, es mir nicht anmerken zu lassen. Ihr Ego ist groß genug.
PASSEN SIE AUF DIE ZÄHNE AUF. ER HAT SCHON MÄNNERN DEN HALS ZERFETZT.
ER FINDET DAS SAUKOMISCH.
Doch Agent Espinoza ist zu klug. Sie merkt es trotzdem.
Und sie kann nicht anders, als mich deswegen zu piesacken.
DAS WAR'S, AMANDA?
EIN „GUTE ARBEIT" HÄTTE ICH SCHON ERWARTET.
Sie erinnert mich fast an mich.
WENN IHRE PFLICHT ERFÜLLT IST UND BATMAN DA SITZT, TÄTSCHEL ICH IHNEN DEN KOPF. BIS DAHIN TUN SIE IHREN JOB. ERLEDIGEN AUFTRÄGE.
UND NENNEN SIE MICH NIE, ICH MEINE NIE WIEDER, AMANDA.
HABEN SIE VERSTANDEN, AGENT SCHANDMAUL?
Aber ich bin ...
MÖGE „THE WALL" NIEMALS FALLEN.
... nett.

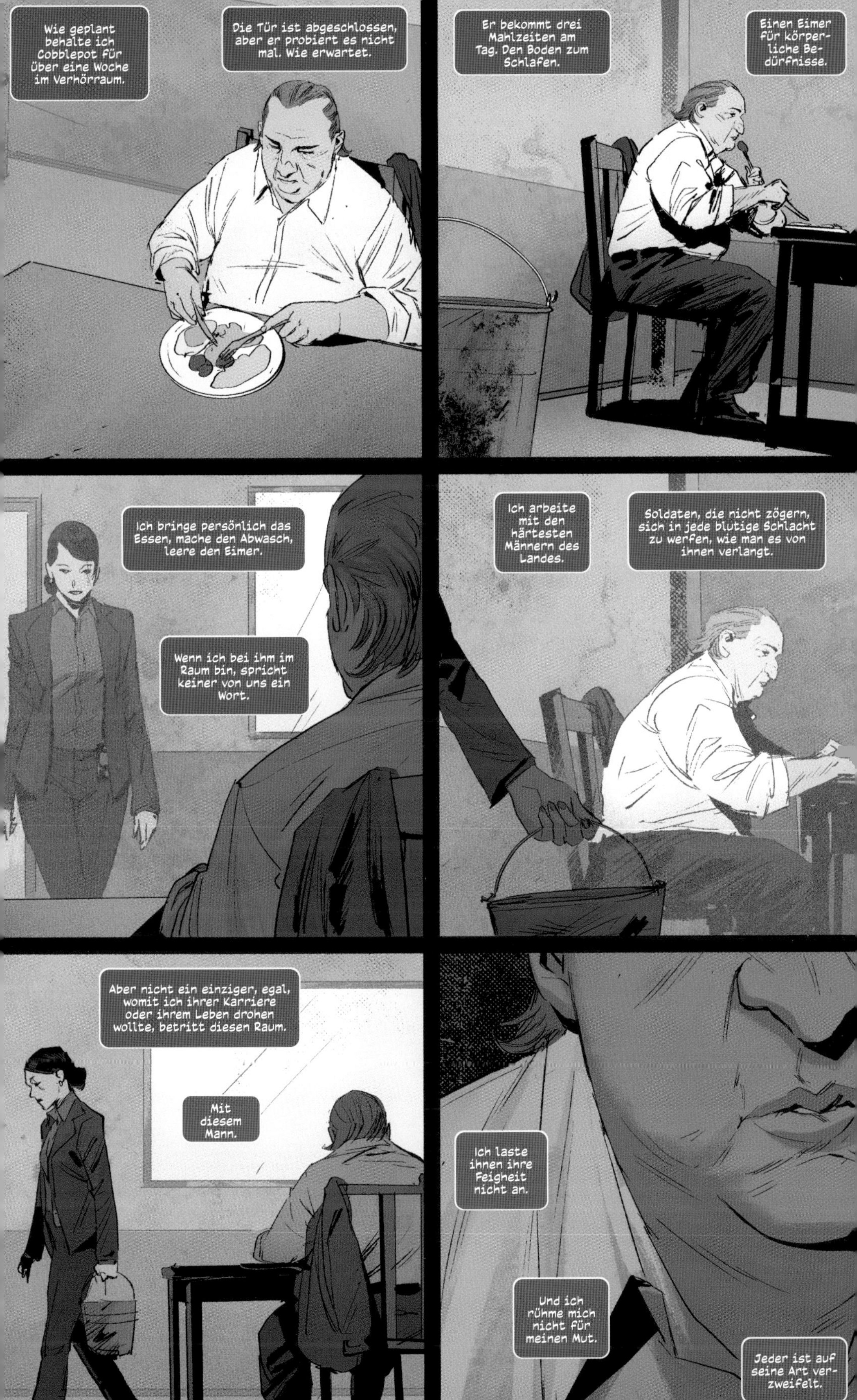
Wie geplant behalte ich Cobblepot für über eine Woche im Verhörraum.
Die Tür ist abgeschlossen, aber er probiert es nicht mal. Wie erwartet.
Er bekommt drei Mahlzeiten am Tag. Den Boden zum Schlafen.
Einen Eimer für körperliche Bedürfnisse.
Ich bringe persönlich das Essen, mache den Abwasch, leere den Eimer.
Wenn ich bei ihm im Raum bin, spricht keiner von uns ein Wort.
Ich arbeite mit den härtesten Männern des Landes.
Soldaten, die nicht zögern, sich in jede blutige Schlacht zu werfen, wie man es von ihnen verlangt.
Aber nicht ein einziger, egal, womit ich ihrer Karriere oder ihrem Leben drohen wollte, betritt diesen Raum.
Mit diesem Mann.
Ich laste ihnen ihre Feigheit nicht an.
Und ich rühme mich nicht für meinen Mut.
Jeder ist auf seine Art verzweifelt.

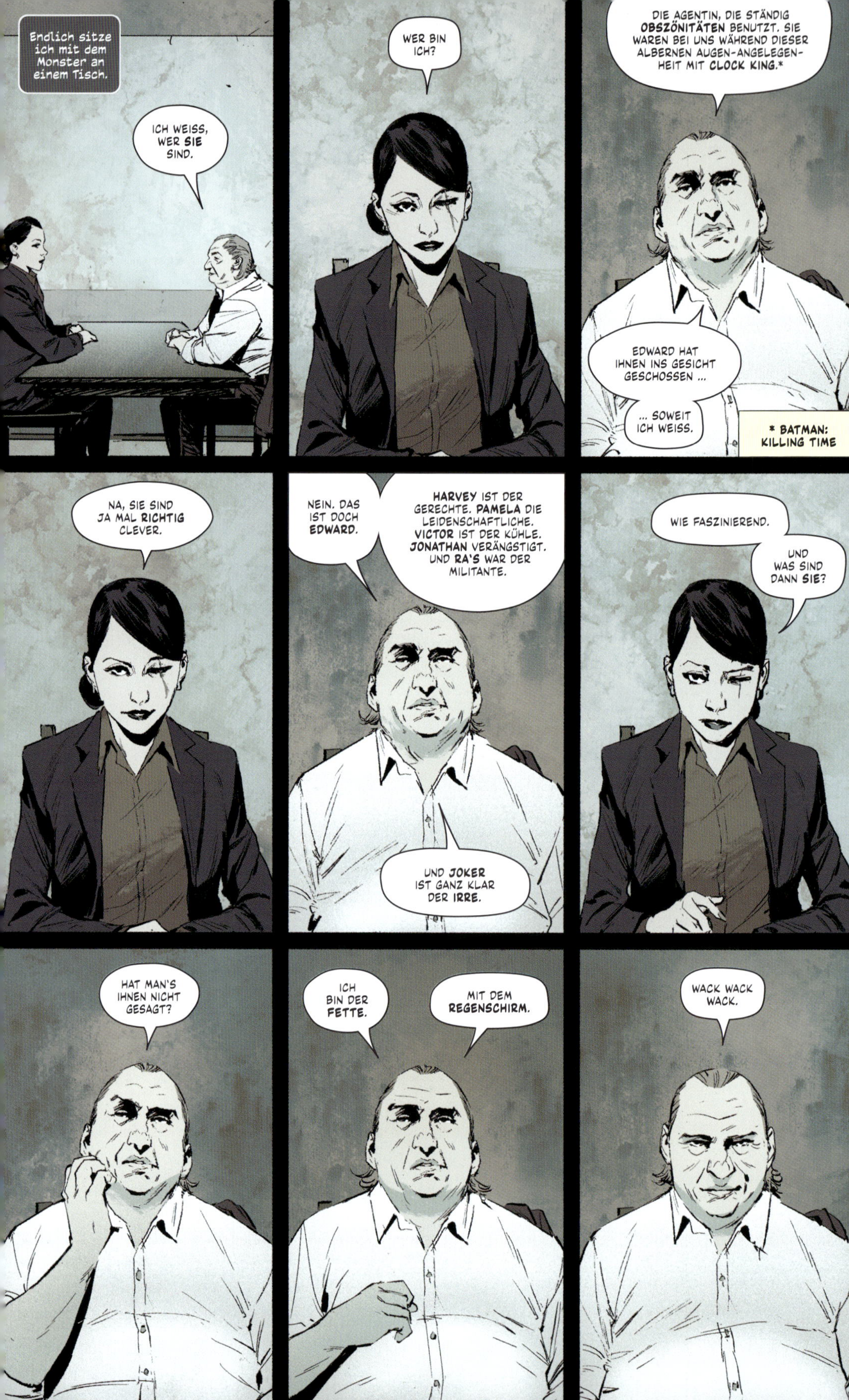
Endlich sitze ich mit dem Monster an einem Tisch.
ICH WEISS, WER SIE SIND.
WER BIN ICH?
DIE AGENTIN, DIE STÄNDIG OBSZÖNITÄTEN BENUTZT. SIE WAREN BEI UNS WÄHREND DIESER ALBERNEN AUGEN-ANGELEGENHEIT MIT CLOCK KING.*
EDWARD HAT IHNEN INS GESICHT GESCHOSSEN ...
... SOWEIT ICH WEISS.
* BATMAN: KILLING TIME
NA, SIE SIND JA MAL RICHTIG CLEVER.
NEIN. DAS IST DOCH EDWARD.
HARVEY IST DER GERECHTE. PAMELA DIE LEIDENSCHAFTLICHE. VICTOR IST DER KÜHLE. JONATHAN VERÄNGSTIGT. UND RA'S WAR DER MILITANTE.
UND JOKER IST GANZ KLAR DER IRRE.
WIE FASZINIEREND.
UND WAS SIND DANN SIE?
HAT MAN'S IHNEN NICHT GESAGT?
ICH BIN DER FETTE.
MIT DEM REGENSCHIRM.
WACK WACK WACK.

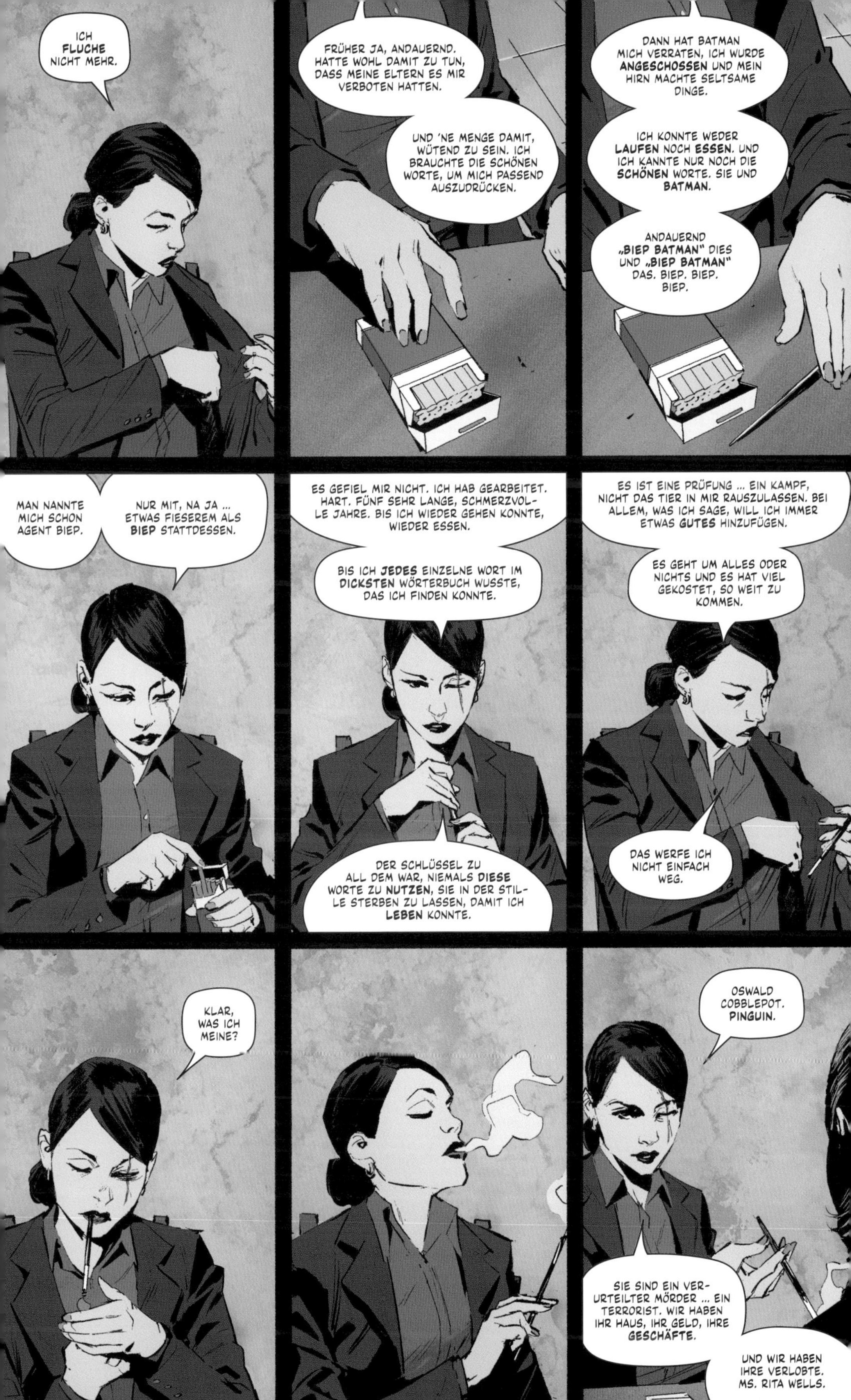

ICH FLUCHE NICHT MEHR.
FRÜHER JA, ANDAUERND. HATTE WOHL DAMIT ZU TUN, DASS MEINE ELTERN ES MIR VERBOTEN HATTEN.
UND 'NE MENGE DAMIT, WÜTEND ZU SEIN. ICH BRAUCHTE DIE SCHÖNEN WORTE, UM MICH PASSEND AUSZUDRÜCKEN.
DANN HAT BATMAN MICH VERRATEN, ICH WURDE ANGESCHOSSEN UND MEIN HIRN MACHTE SELTSAME DINGE.
ICH KONNTE WEDER LAUFEN NOCH ESSEN. UND ICH KANNTE NUR NOCH DIE SCHÖNEN WORTE. SIE UND BATMAN.
ANDAUERND „BIEP BATMAN" DIES UND „BIEP BATMAN" DAS. BIEP. BIEP. BIEP.
MAN NANNTE MICH SCHON AGENT BIEP.
NUR MIT, NA JA ... ETWAS FIESEREM ALS BIEP STATTDESSEN.
ES GEFIEL MIR NICHT. ICH HAB GEARBEITET. HART. FÜNF SEHR LANGE, SCHMERZVOLLE JAHRE. BIS ICH WIEDER GEHEN KONNTE, WIEDER ESSEN.
BIS ICH JEDES EINZELNE WORT IM DICKSTEN WÖRTERBUCH WUSSTE, DAS ICH FINDEN KONNTE.
DER SCHLÜSSEL ZU ALL DEM WAR, NIEMALS DIESE WORTE ZU NUTZEN, SIE IN DER STILLE STERBEN ZU LASSEN, DAMIT ICH LEBEN KONNTE.
ES IST EINE PRÜFUNG ... EIN KAMPF, NICHT DAS TIER IN MIR RAUSZULASSEN. BEI ALLEM, WAS ICH SAGE, WILL ICH IMMER ETWAS GUTES HINZUFÜGEN.
ES GEHT UM ALLES ODER NICHTS UND ES HAT VIEL GEKOSTET, SO WEIT ZU KOMMEN.
DAS WERFE ICH NICHT EINFACH WEG.
KLAR, WAS ICH MEINE?
OSWALD COBBLEPOT. PINGUIN.
SIE SIND EIN VERURTEILTER MÖRDER ... EIN TERRORIST. WIR HABEN IHR HAUS, IHR GELD, IHRE GESCHÄFTE.
UND WIR HABEN IHRE VERLOBTE. MS. RITA WELLS.

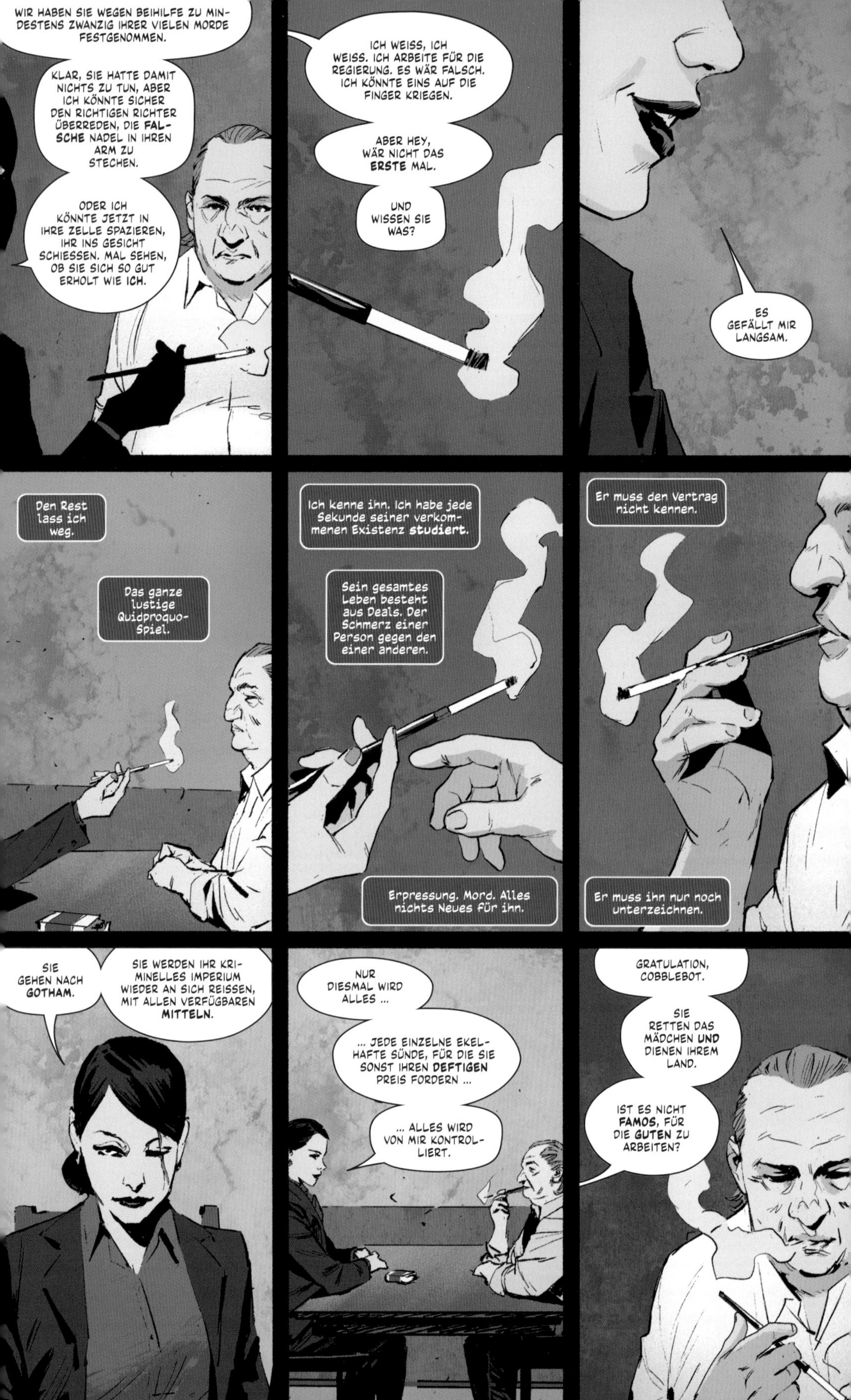
WIR HABEN SIE WEGEN BEIHILFE ZU MINDESTENS ZWANZIG IHRER VIELEN MORDE FESTGENOMMEN.
KLAR, SIE HATTE DAMIT NICHTS ZU TUN, ABER ICH KÖNNTE SICHER DEN RICHTIGEN RICHTER ÜBERREDEN, DIE FALSCHE NADEL IN IHREN ARM ZU STECHEN.
ODER ICH KÖNNTE JETZT IN IHRE ZELLE SPAZIEREN, IHR INS GESICHT SCHIESSEN. MAL SEHEN, OB SIE SICH SO GUT ERHOLT WIE ICH.
ICH WEISS, ICH WEISS. ICH ARBEITE FÜR DIE REGIERUNG. ES WÄR FALSCH. ICH KÖNNTE EINS AUF DIE FINGER KRIEGEN.
ABER HEY, WÄR NICHT DAS ERSTE MAL.
UND WISSEN SIE WAS?
ES GEFÄLLT MIR LANGSAM.
Den Rest lass ich weg.
Das ganze lustige Quidproquo-Spiel.
Ich kenne ihn. Ich habe jede Sekunde seiner verkommenen Existenz studiert.
Sein gesamtes Leben besteht aus Deals. Der Schmerz einer Person gegen den einer anderen.
Erpressung. Mord. Alles nichts Neues für ihn.
Er muss den Vertrag nicht kennen.
Er muss ihn nur noch unterzeichnen.
SIE GEHEN NACH GOTHAM.
SIE WERDEN IHR KRIMINELLES IMPERIUM WIEDER AN SICH REISSEN, MIT ALLEN VERFÜGBAREN MITTELN.
NUR DIESMAL WIRD ALLES ...
... JEDE EINZELNE EKELHAFTE SÜNDE, FÜR DIE SIE SONST IHREN DEFTIGEN PREIS FORDERN ...
... ALLES WIRD VON MIR KONTROLLIERT.
GRATULATION, COBBLEBOT.
SIE RETTEN DAS MÄDCHEN UND DIENEN IHREM LAND.
IST ES NICHT FAMOS, FÜR DIE GUTEN ZU ARBEITEN?

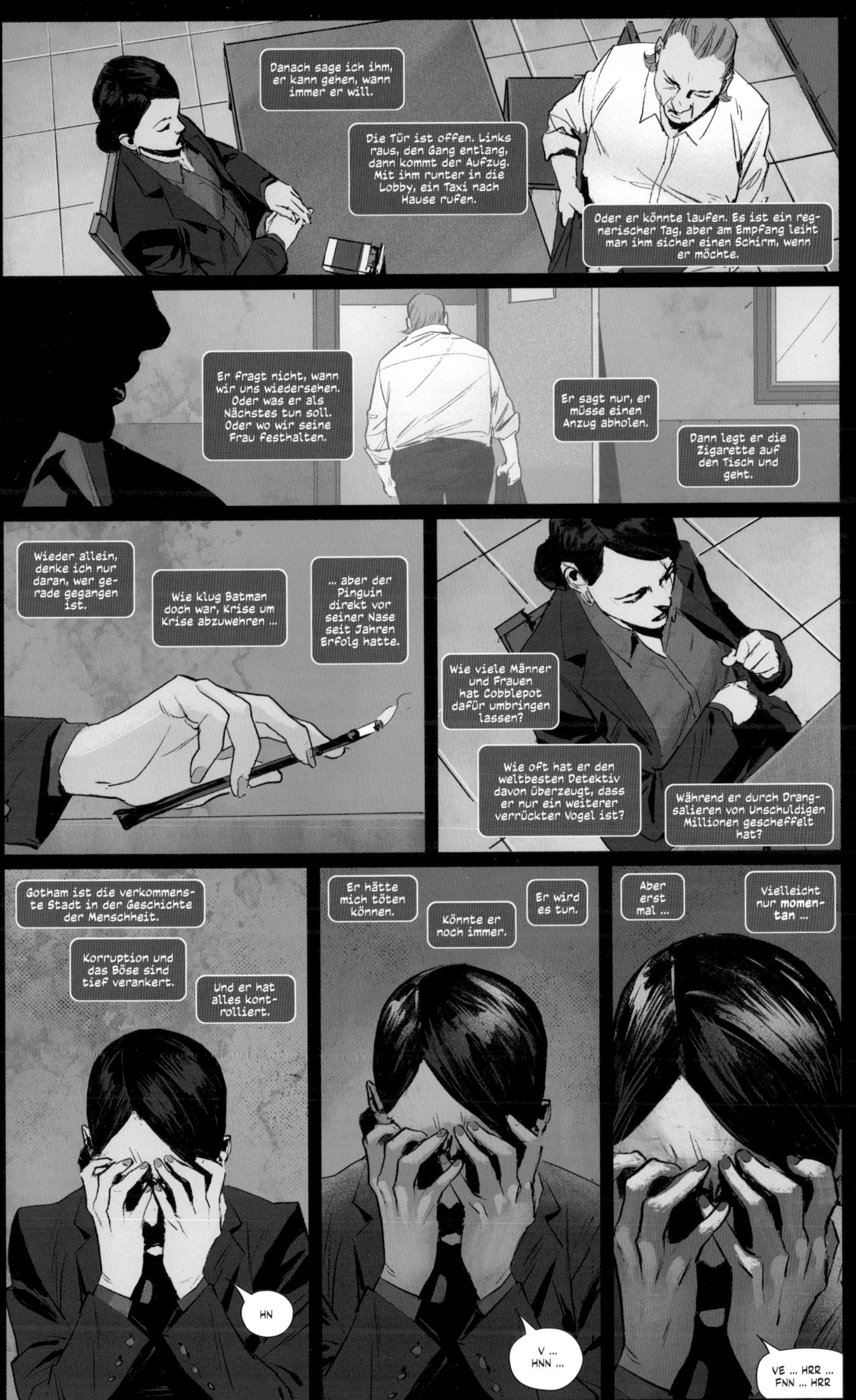
Danach sage ich ihm, er kann gehen, wann immer er will.
Die Tür ist offen. Links raus, den Gang entlang, dann kommt der Aufzug. Mit ihm runter in die Lobby, ein Taxi nach Hause rufen.
Oder er könnte laufen. Es ist ein regnerischer Tag, aber am Empfang leiht man ihm sicher einen Schirm, wenn er möchte.
Er fragt nicht, wann wir uns wiedersehen. Oder was er als Nächstes tun soll. Oder wo wir seine Frau festhalten.
Er sagt nur, er müsse einen Anzug abholen.
Dann legt er die Zigarette auf den Tisch und geht.
Wieder allein, denke ich nur daran, wer gerade gegangen ist.
Wie klug Batman doch war, Krise um Krise abzuwehren ...
... aber der Pinguin direkt vor seiner Nase seit Jahren Erfolg hatte.
Wie viele Männer und Frauen hat Cobblepot dafür umbringen lassen?
Wie oft hat er den weltbesten Detektiv davon überzeugt, dass er nur ein weiterer verrückter Vogel ist?
Während er durch Drangsalieren von Unschuldigen Millionen gescheffelt hat?
Gotham ist die verkommenste Stadt in der Geschichte der Menschheit.
Korruption und das Böse sind tief verankert.
Und er hat alles kontrolliert.
HN
Er hätte mich töten können.
Könnte er noch immer.
Er wird es tun.
V ... HNN ...
Aber erst mal ...
Vielleicht nur **momentan** ...
VE ... HRR ... FNN ... HRR

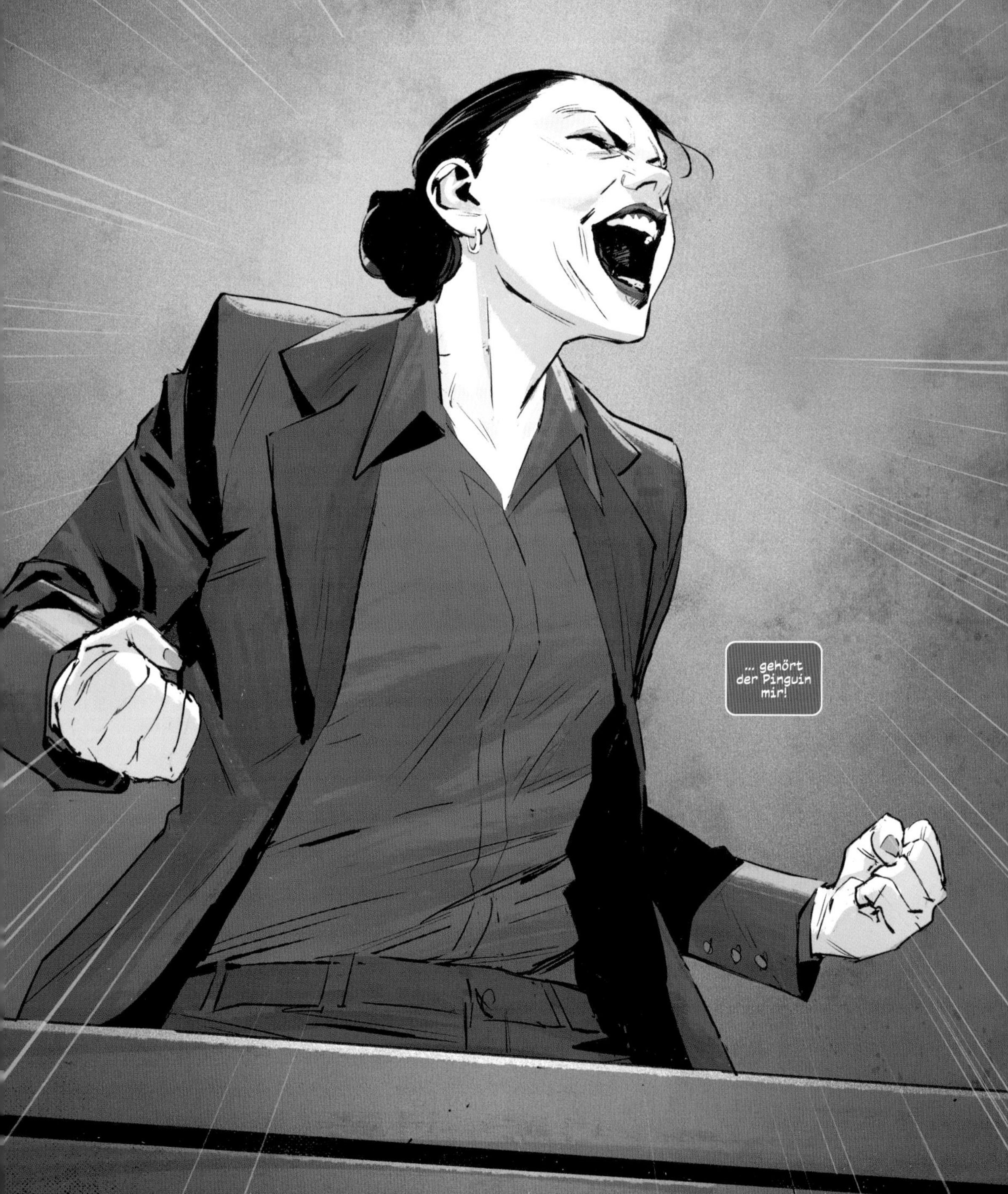
VERDAMMT, JA!
... gehört der Pinguin mir!

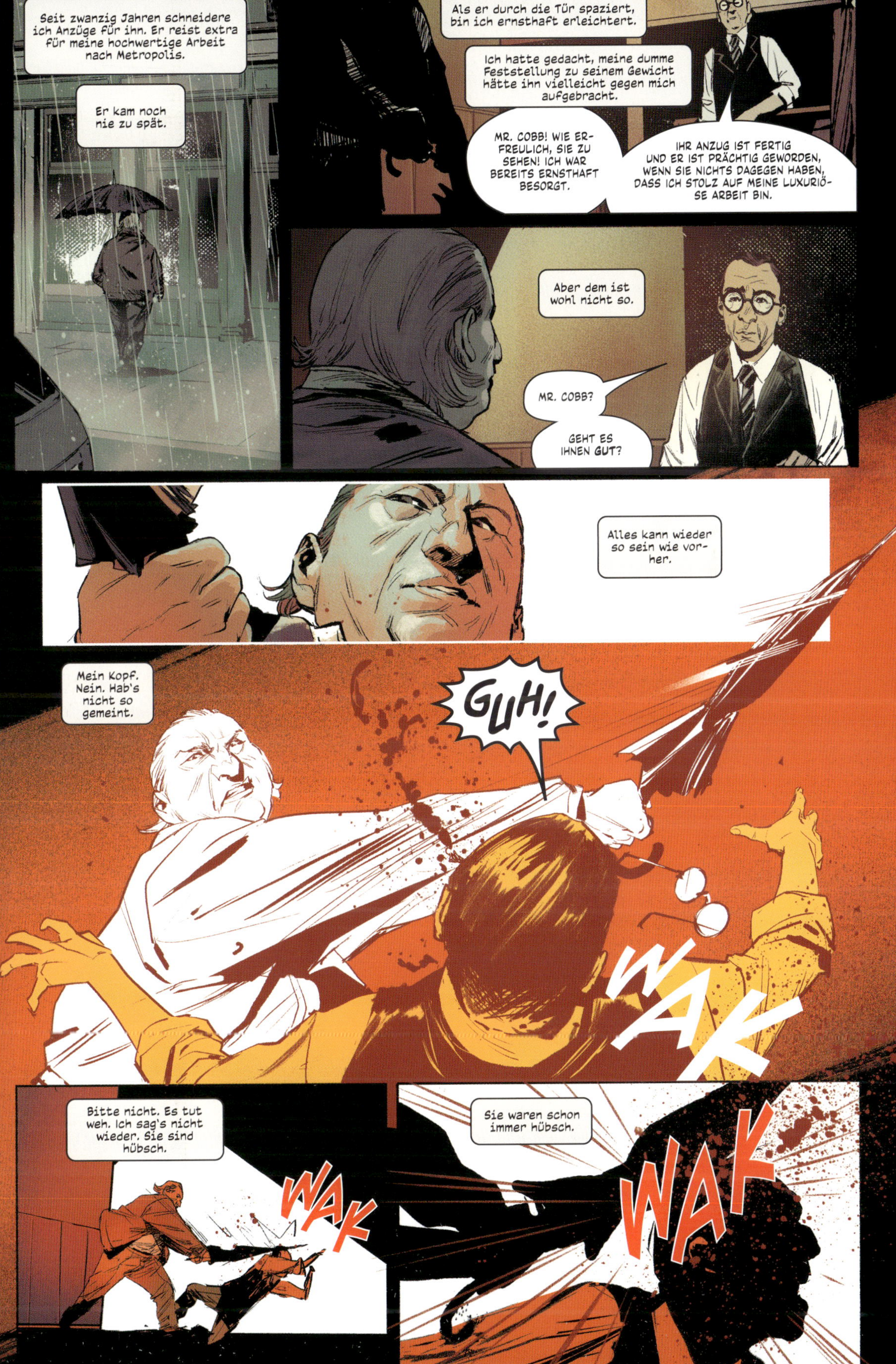

Seit zwanzig Jahren schneidere ich Anzüge für ihn. Er reist extra für meine hochwertige Arbeit nach Metropolis.
Er kam noch nie zu spät.
Als er durch die Tür spaziert, bin ich ernsthaft erleichtert.
Ich hatte gedacht, meine dumme Feststellung zu seinem Gewicht hätte ihn vielleicht gegen mich aufgebracht.
MR. COBB! WIE ERFREULICH, SIE ZU SEHEN! ICH WAR BEREITS ERNSTHAFT BESORGT.
IHR ANZUG IST FERTIG UND ER IST PRÄCHTIG GEWORDEN, WENN SIE NICHTS DAGEGEN HABEN, DASS ICH STOLZ AUF MEINE LUXURIÖSE ARBEIT BIN.
Aber dem ist wohl nicht so.
MR. COBB?
GEHT ES IHNEN GUT?
Alles kann wieder so sein wie vorher.
Mein Kopf. Nein. Hab's nicht so gemeint.
GUH!
WAK
Bitte nicht. Es tut weh. Ich sag's nicht wieder. Sie sind hübsch.
WAK
Sie waren schon immer hübsch.
WAK

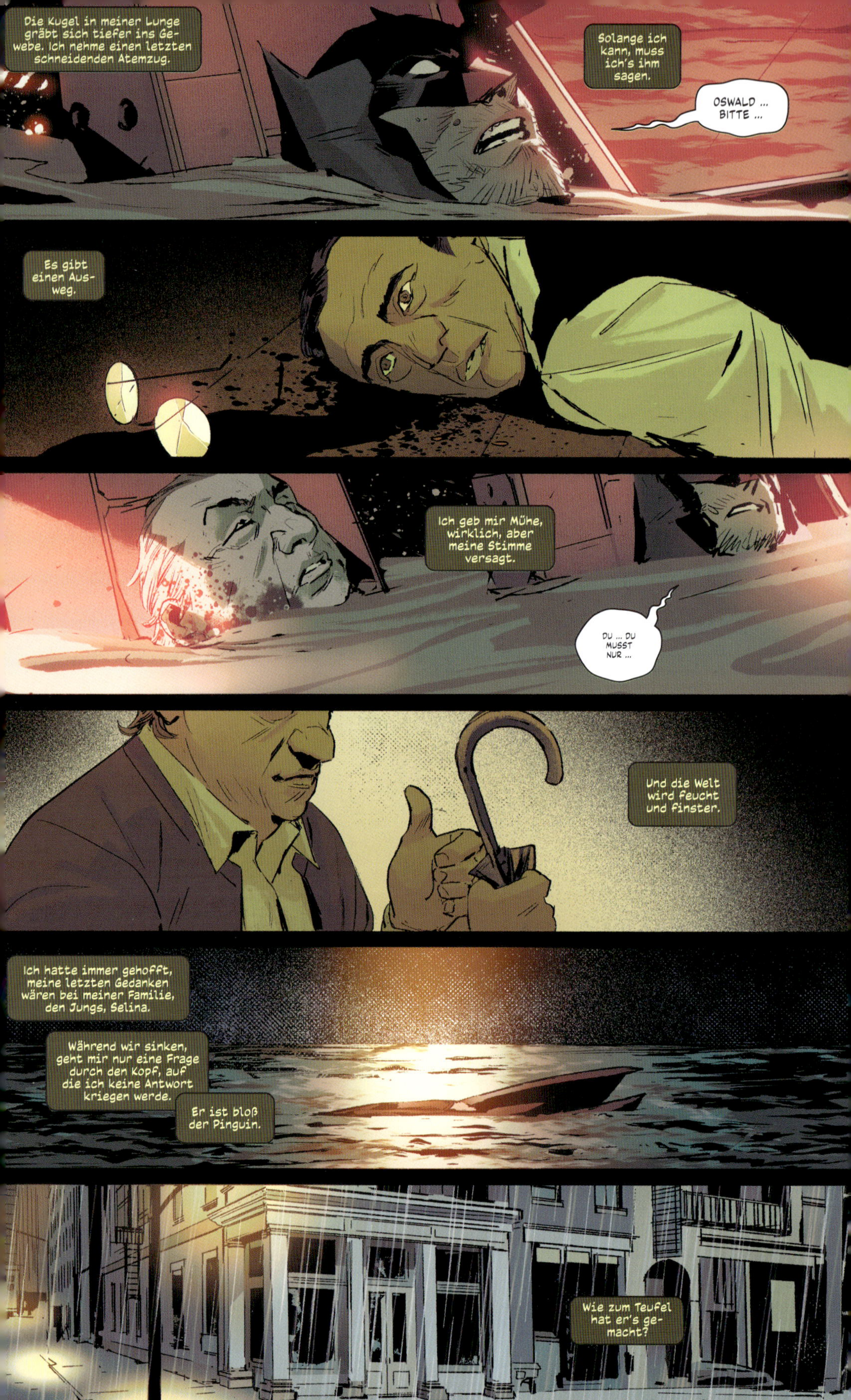
Die Kugel in meiner Lunge gräbt sich tiefer ins Gewebe. Ich nehme einen letzten schneidenden Atemzug.
Solange ich kann, muss ich's ihm sagen.
OSWALD ... BITTE ...
Es gibt einen Ausweg.
Ich geb mir Mühe, wirklich, aber meine Stimme versagt.
DU ... DU MUSST NUR ...
Und die Welt wird feucht und finster.
Ich hatte immer gehofft, meine letzten Gedanken wären bei meiner Familie, den Jungs, Selina.
Während wir sinken, geht mir nur eine Frage durch den Kopf, auf die ich keine Antwort kriegen werde.
Er ist bloß der Pinguin.
Wie zum Teufel hat er's gemacht?

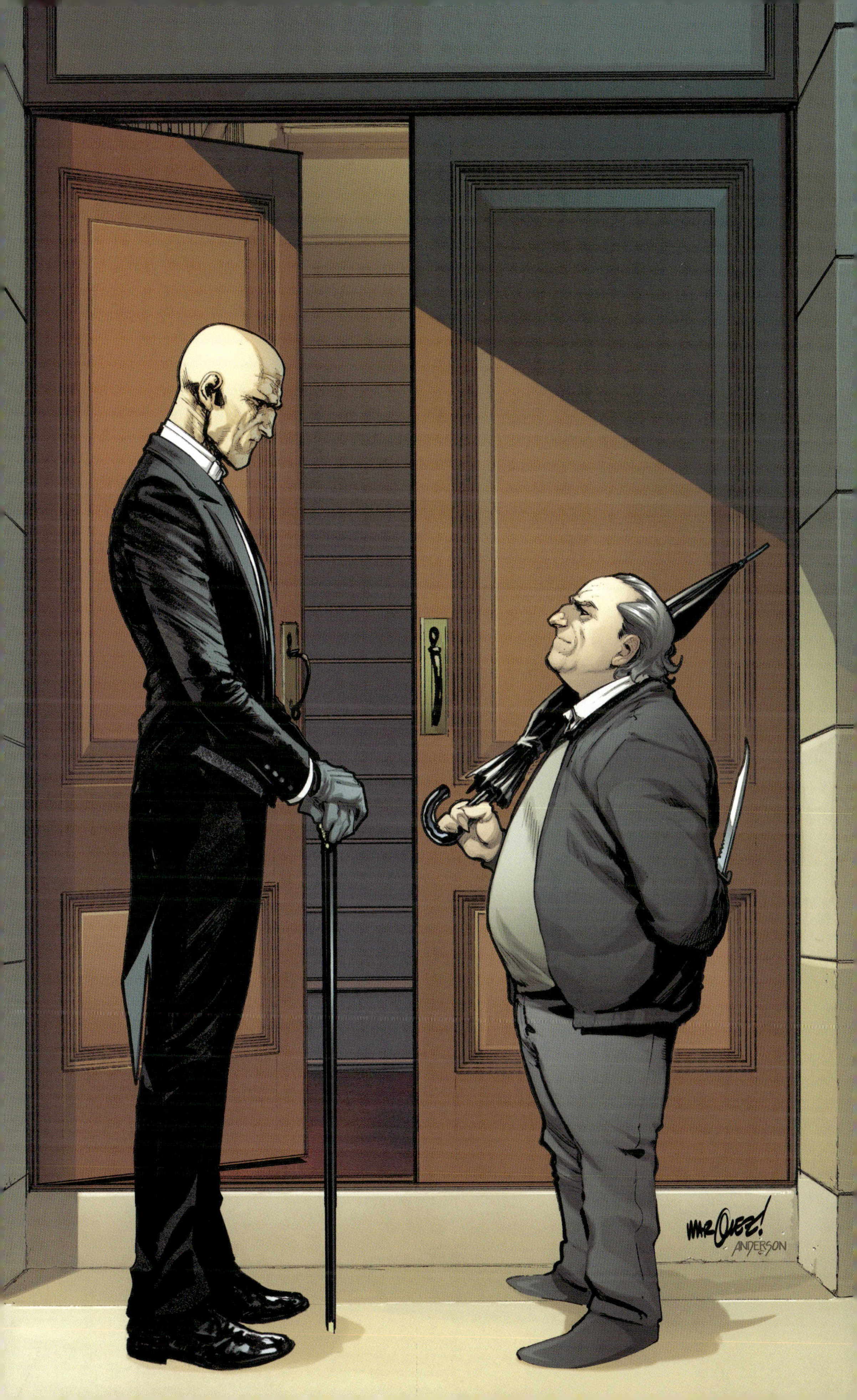
MARQUEZ!
ANDERSON

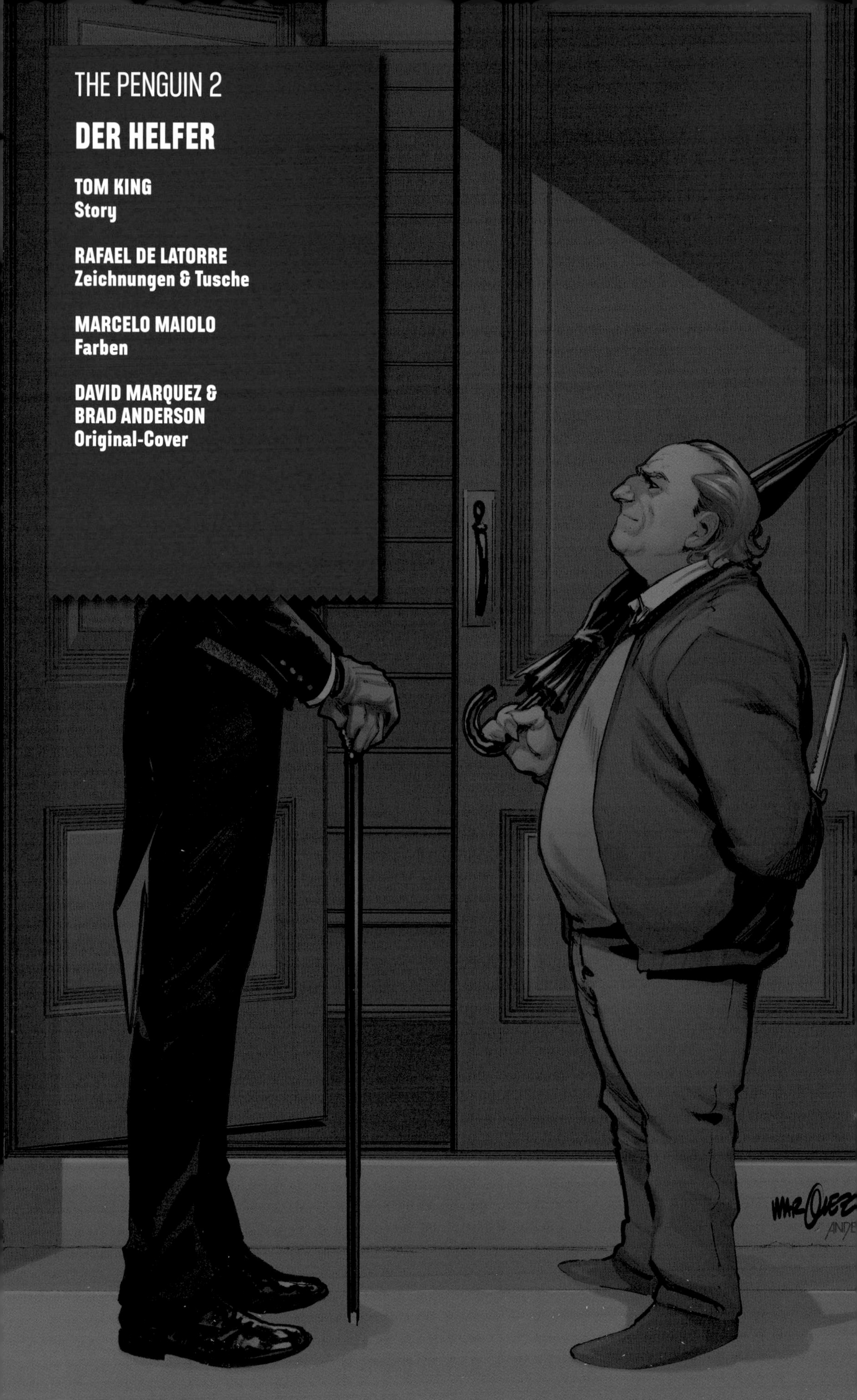

THE PENGUIN 2

DER HELFER

TOM KING
Story

RAFAEL DE LATORRE
Zeichnungen & Tusche

MARCELO MAIOLO
Farben

DAVID MARQUEZ &
BRAD ANDERSON
Original-Cover

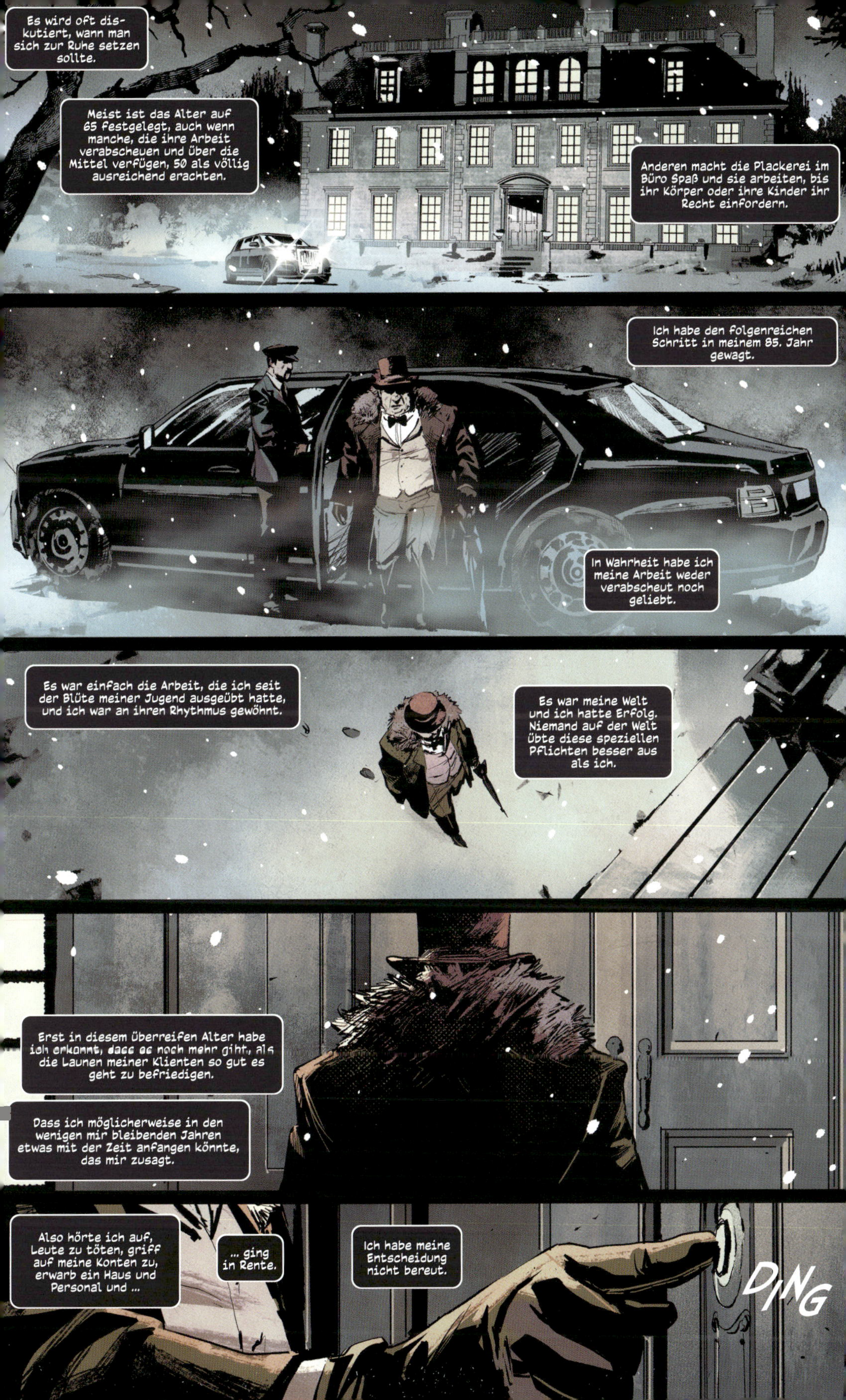
Es wird oft diskutiert, wann man sich zur Ruhe setzen sollte.
Meist ist das Alter auf 65 festgelegt, auch wenn manche, die ihre Arbeit verabscheuen und über die Mittel verfügen, 50 als völlig ausreichend erachten.
Anderen macht die Plackerei im Büro Spaß und sie arbeiten, bis ihr Körper oder ihre Kinder ihr Recht einfordern.
Ich habe den folgenreichen Schritt in meinem 85. Jahr gewagt.
In Wahrheit habe ich meine Arbeit weder verabscheut noch geliebt.
Es war einfach die Arbeit, die ich seit der Blüte meiner Jugend ausgeübt hatte, und ich war an ihren Rhythmus gewöhnt.
Es war meine Welt und ich hatte Erfolg. Niemand auf der Welt übte diese speziellen Pflichten besser aus als ich.
Erst in diesem überreifen Alter habe ich erkannt, dass es noch mehr gibt, als die Launen meiner Klienten so gut es geht zu befriedigen.
Dass ich möglicherweise in den wenigen mir bleibenden Jahren etwas mit der Zeit anfangen könnte, das mir zusagt.
Also hörte ich auf, Leute zu töten, griff auf meine Konten zu, erwarb ein Haus und Personal und ...
... ging in Rente.
Ich habe meine Entscheidung nicht bereut.
DING

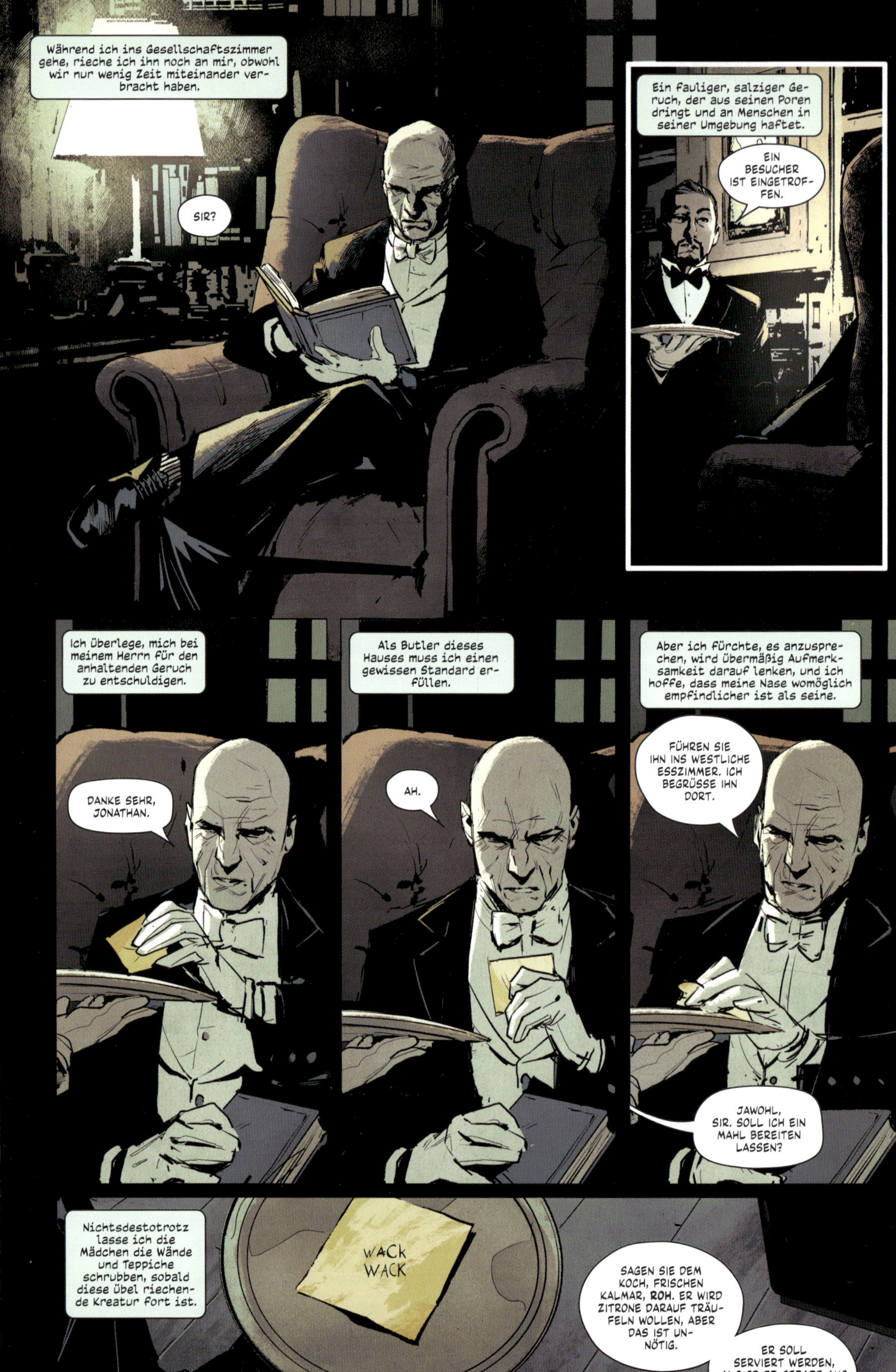

Während ich ins Gesellschaftszimmer gehe, rieche ich ihn noch an mir, obwohl wir nur wenig Zeit miteinander verbracht haben.
SIR?
Ein fauliger, salziger Geruch, der aus seinen Poren dringt und an Menschen in seiner Umgebung haftet.
EIN BESUCHER IST EINGETROFFEN.
Ich überlege, mich bei meinem Herrn für den anhaltenden Geruch zu entschuldigen.
DANKE SEHR, JONATHAN.
Als Butler dieses Hauses muss ich einen gewissen Standard erfüllen.
AH.
Aber ich fürchte, es anzusprechen, wird übermäßig Aufmerksamkeit darauf lenken, und ich hoffe, dass meine Nase womöglich empfindlicher ist als seine.
FÜHREN SIE IHN INS WESTLICHE ESSZIMMER. ICH BEGRÜSSE IHN DORT.
JAWOHL, SIR. SOLL ICH EIN MAHL BEREITEN LASSEN?
Nichtsdestotrotz lasse ich die Mädchen die Wände und Teppiche schrubben, sobald diese übel riechende Kreatur fort ist.
WACK WACK
SAGEN SIE DEM KOCH, FRISCHEN KALMAR, ROH. ER WIRD ZITRONE DARAUF TRÄUFELN WOLLEN, ABER DAS IST UNNÖTIG.
ER SOLL SERVIERT WERDEN, ALS OB ER GERADE AUS DEM MEER KOMMT.

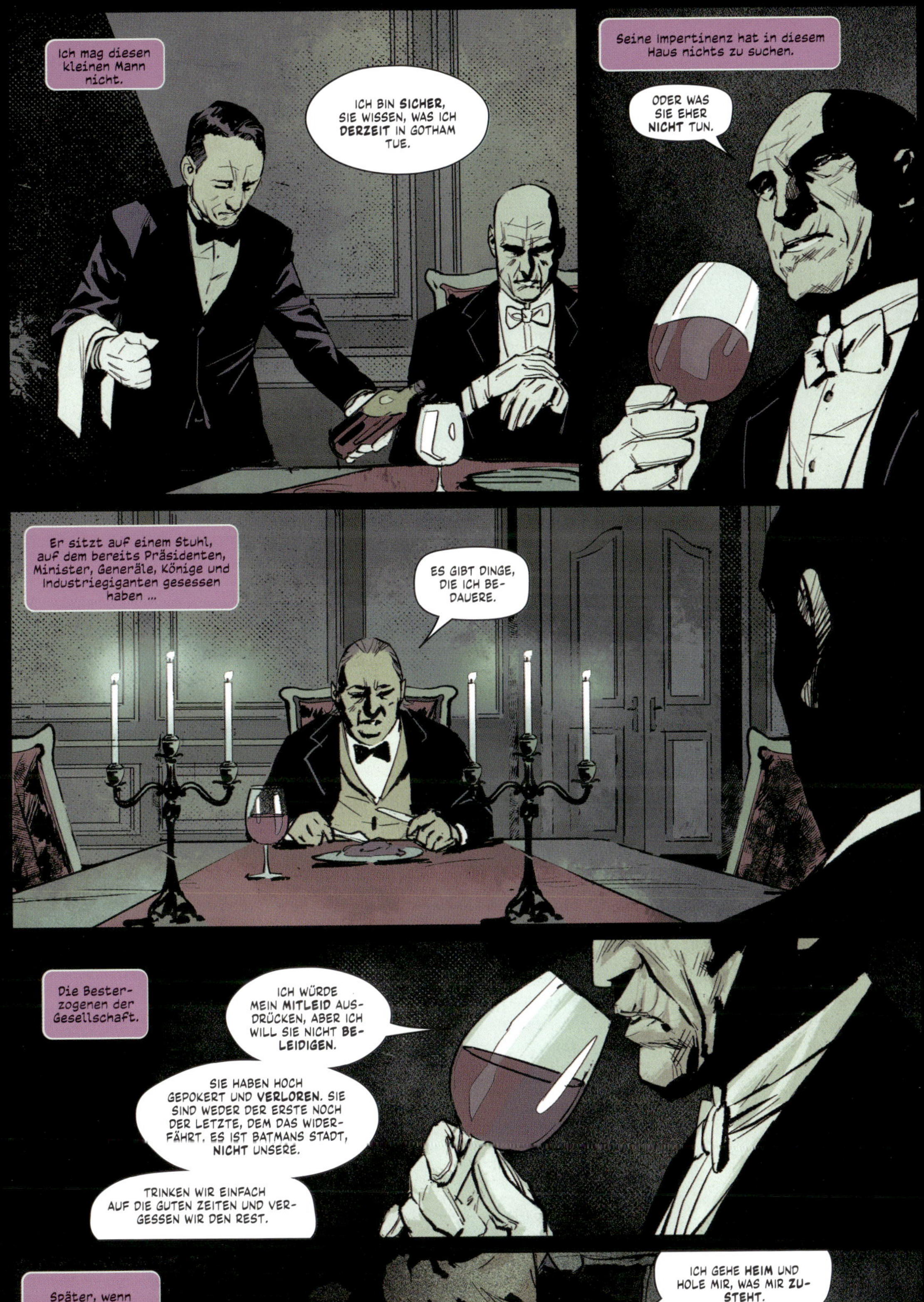
Ich mag diesen kleinen Mann nicht.
ICH BIN SICHER, SIE WISSEN, WAS ICH DERZEIT IN GOTHAM TUE.
Seine Impertinenz hat in diesem Haus nichts zu suchen.
ODER WAS SIE EHER NICHT TUN.
Er sitzt auf einem Stuhl, auf dem bereits Präsidenten, Minister, Generäle, Könige und Industriegiganten gesessen haben ...
ES GIBT DINGE, DIE ICH BEDAUERE.
Die Besterzogenen der Gesellschaft.
ICH WÜRDE MEIN MITLEID AUSDRÜCKEN, ABER ICH WILL SIE NICHT BELEIDIGEN.
SIE HABEN HOCH GEPOKERT UND VERLOREN. SIE SIND WEDER DER ERSTE NOCH DER LETZTE, DEM DAS WIDERFÄHRT. ES IST BATMANS STADT, NICHT UNSERE.
TRINKEN WIR EINFACH AUF DIE GUTEN ZEITEN UND VERGESSEN WIR DEN REST.
Später, wenn mein Herr ihn ausweidet, hoffe ich, dass er ihn darauf hinweist.
ICH GEHE HEIM UND HOLE MIR, WAS MIR ZUSTEHT.
ES WIRD BRUTAL UND ES WIRD BLUTIG WERDEN. ICH BRAUCHE EINEN HARTEN KERL AN MEINER SEITE.
HILFE, WENN SIE SO WOLLEN.

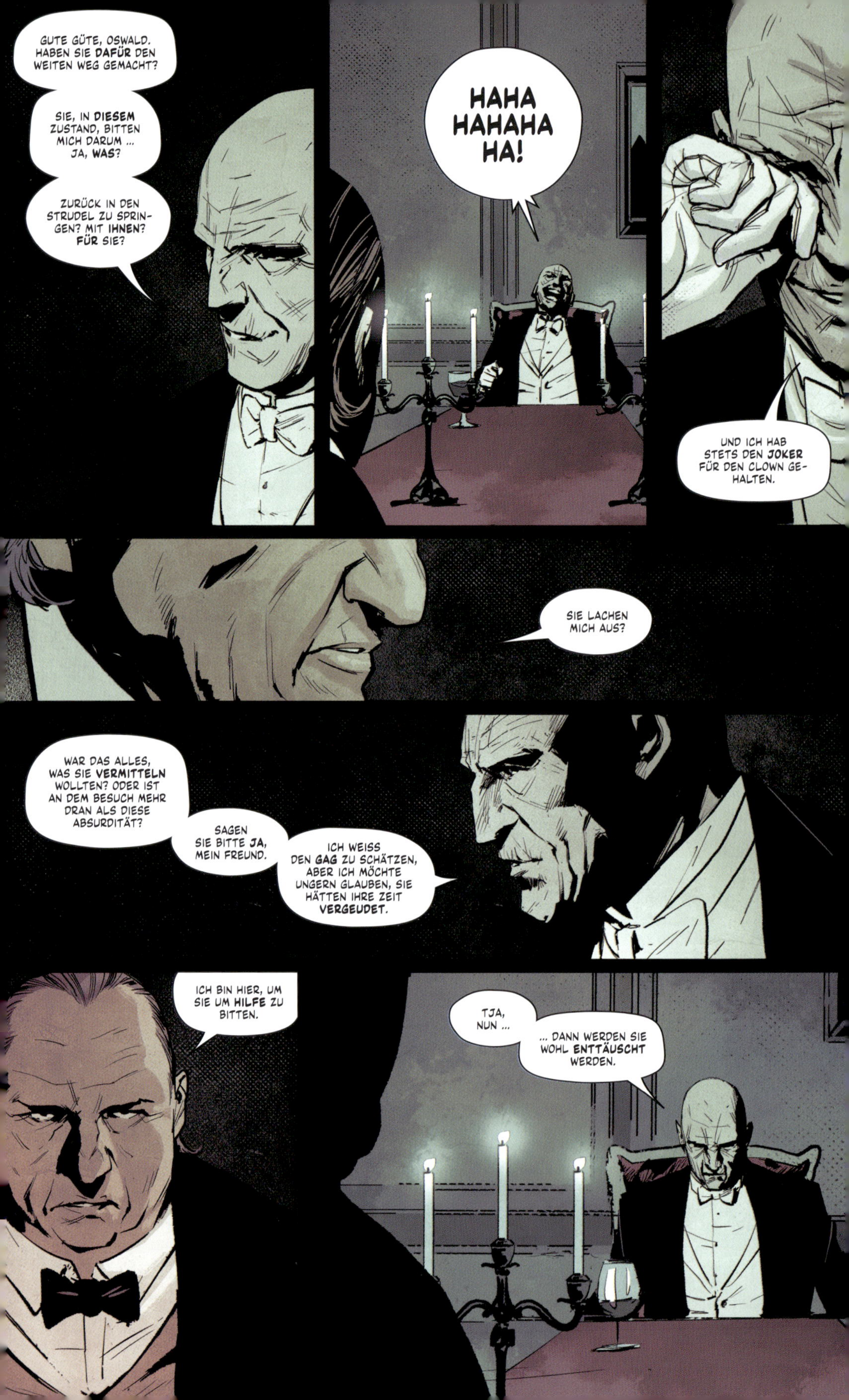

GUTE GÜTE, OSWALD. HABEN SIE **DAFÜR** DEN WEITEN WEG GEMACHT?

SIE, IN **DIESEM** ZUSTAND, BITTEN MICH DARUM ... JA, **WAS**?

ZURÜCK IN DEN STRUDEL ZU SPRINGEN? MIT **IHNEN**? **FÜR** SIE?

HAHA HAHAHA HA!

UND ICH HAB STETS DEN **JOKER** FÜR DEN CLOWN GEHALTEN.

SIE LACHEN MICH AUS?

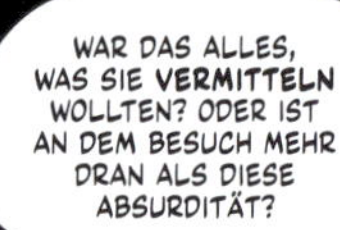

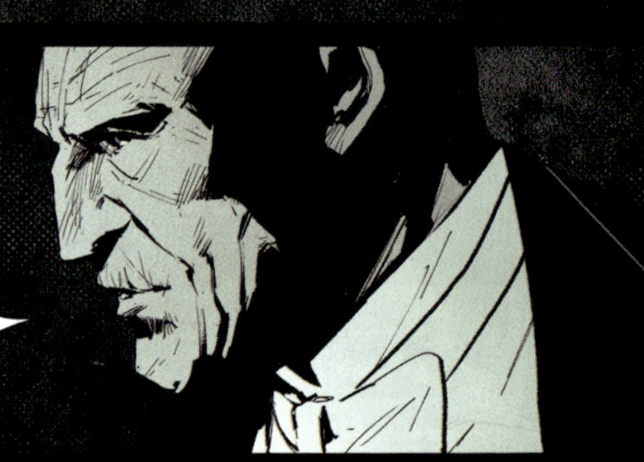

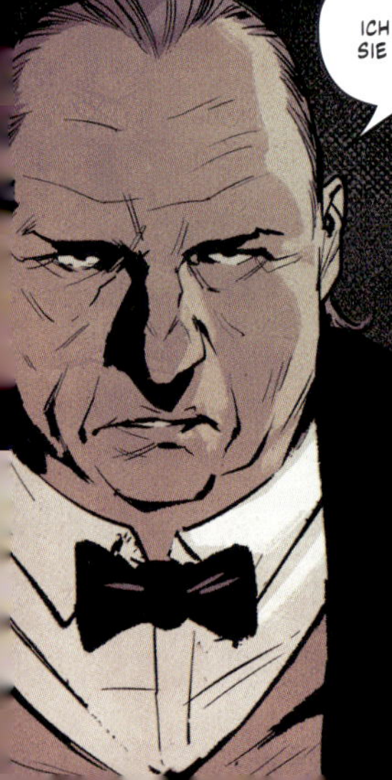

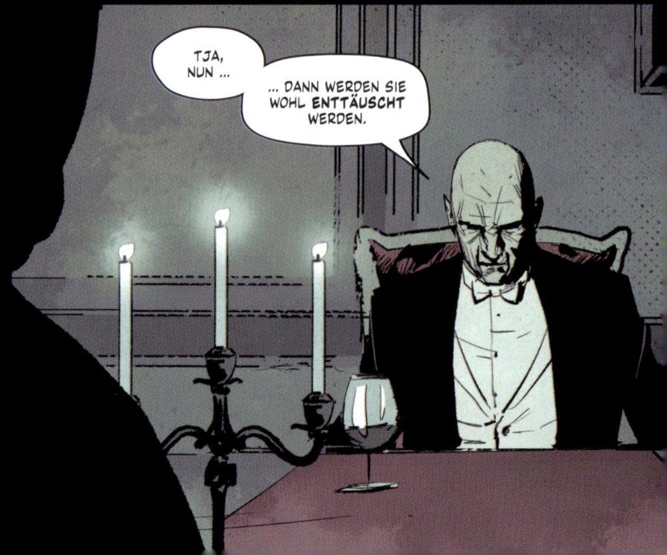

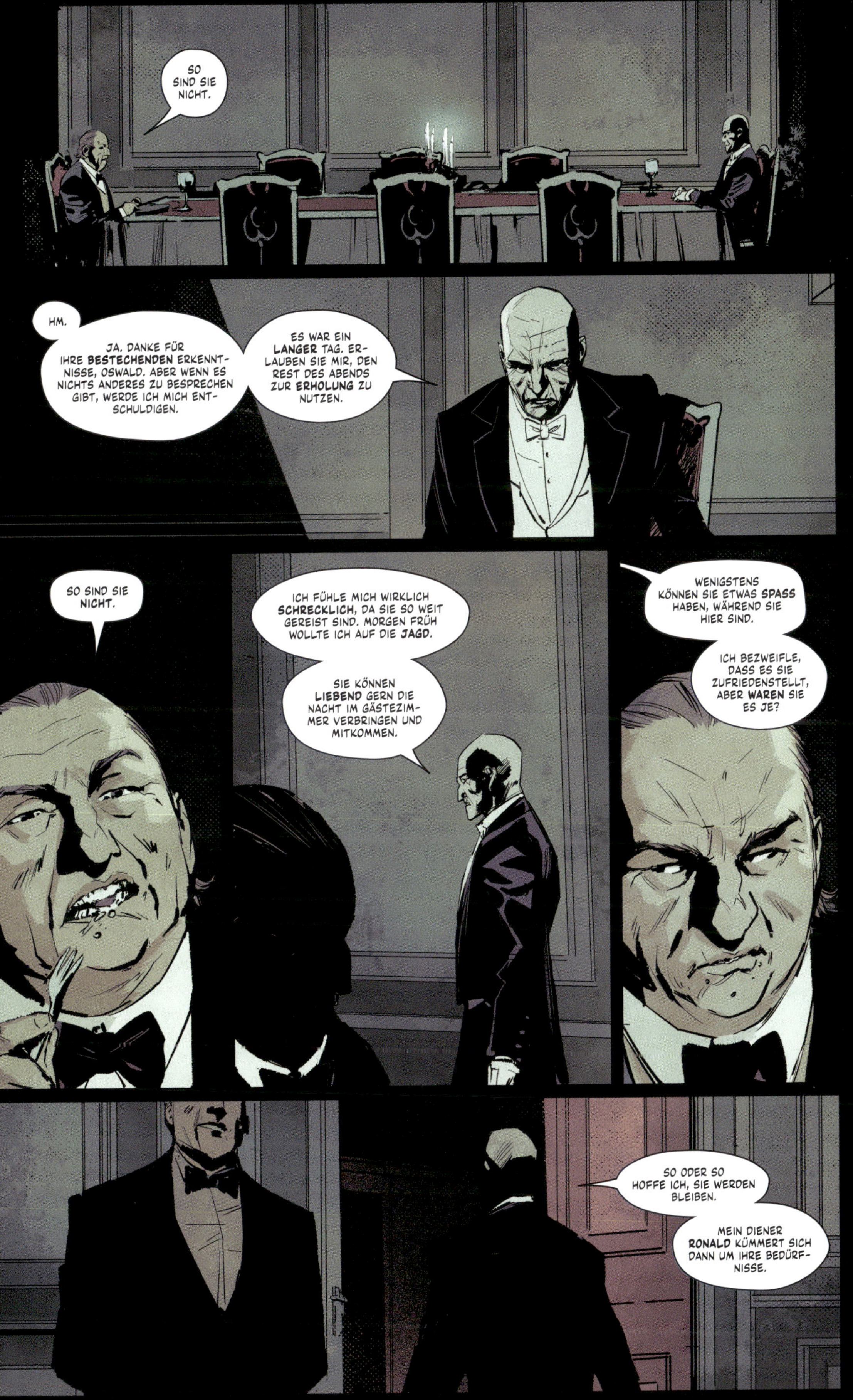
SO SIND SIE NICHT.
HM.
JA. DANKE FÜR IHRE BESTECHENDEN ERKENNTNISSE, OSWALD. ABER WENN ES NICHTS ANDERES ZU BESPRECHEN GIBT, WERDE ICH MICH ENTSCHULDIGEN.
ES WAR EIN LANGER TAG. ERLAUBEN SIE MIR, DEN REST DES ABENDS ZUR ERHOLUNG ZU NUTZEN.
SO SIND SIE NICHT.
ICH FÜHLE MICH WIRKLICH SCHRECKLICH, DA SIE SO WEIT GEREIST SIND. MORGEN FRÜH WOLLTE ICH AUF DIE JAGD.
SIE KÖNNEN LIEBEND GERN DIE NACHT IM GÄSTEZIMMER VERBRINGEN UND MITKOMMEN.
WENIGSTENS KÖNNEN SIE ETWAS SPASS HABEN, WÄHREND SIE HIER SIND.
ICH BEZWEIFLE, DASS ES SIE ZUFRIEDENSTELLT, ABER WAREN SIE ES JE?
SO ODER SO HOFFE ICH, SIE WERDEN BLEIBEN.
MEIN DIENER RONALD KÜMMERT SICH DANN UM IHRE BEDÜRFNISSE.

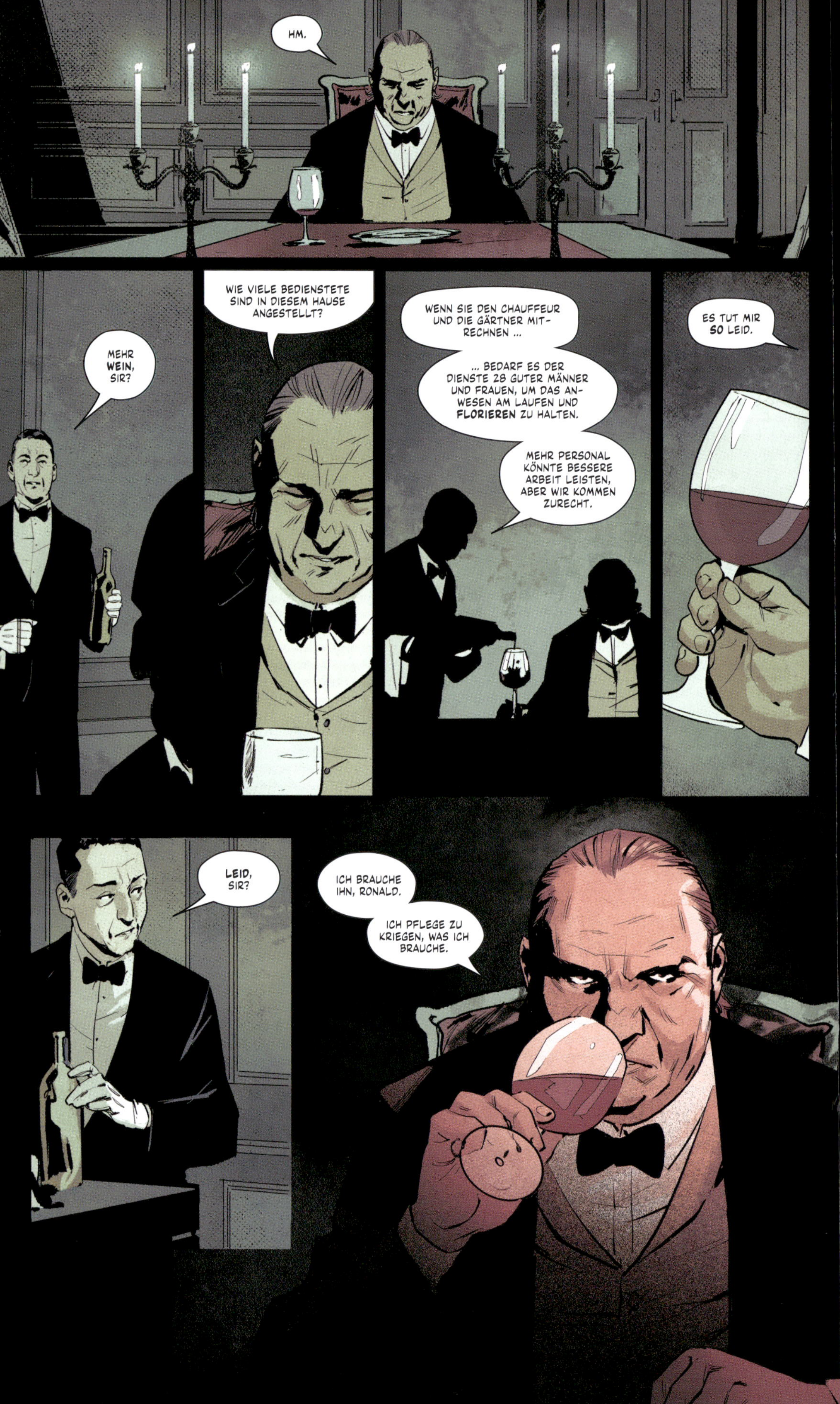
HM.
MEHR WEIN, SIR?
WIE VIELE BEDIENSTETE SIND IN DIESEM HAUSE ANGESTELLT?
WENN SIE DEN CHAUFFEUR UND DIE GÄRTNER MIT- RECHNEN ...
... BEDARF ES DER DIENSTE 28 GUTER MÄNNER UND FRAUEN, UM DAS AN- WESEN AM LAUFEN UND FLORIEREN ZU HALTEN.
MEHR PERSONAL KÖNNTE BESSERE ARBEIT LEISTEN, ABER WIR KOMMEN ZURECHT.
ES TUT MIR SO LEID.
LEID, SIR?
ICH BRAUCHE IHN, RONALD.
ICH PFLEGE ZU KRIEGEN, WAS ICH BRAUCHE.

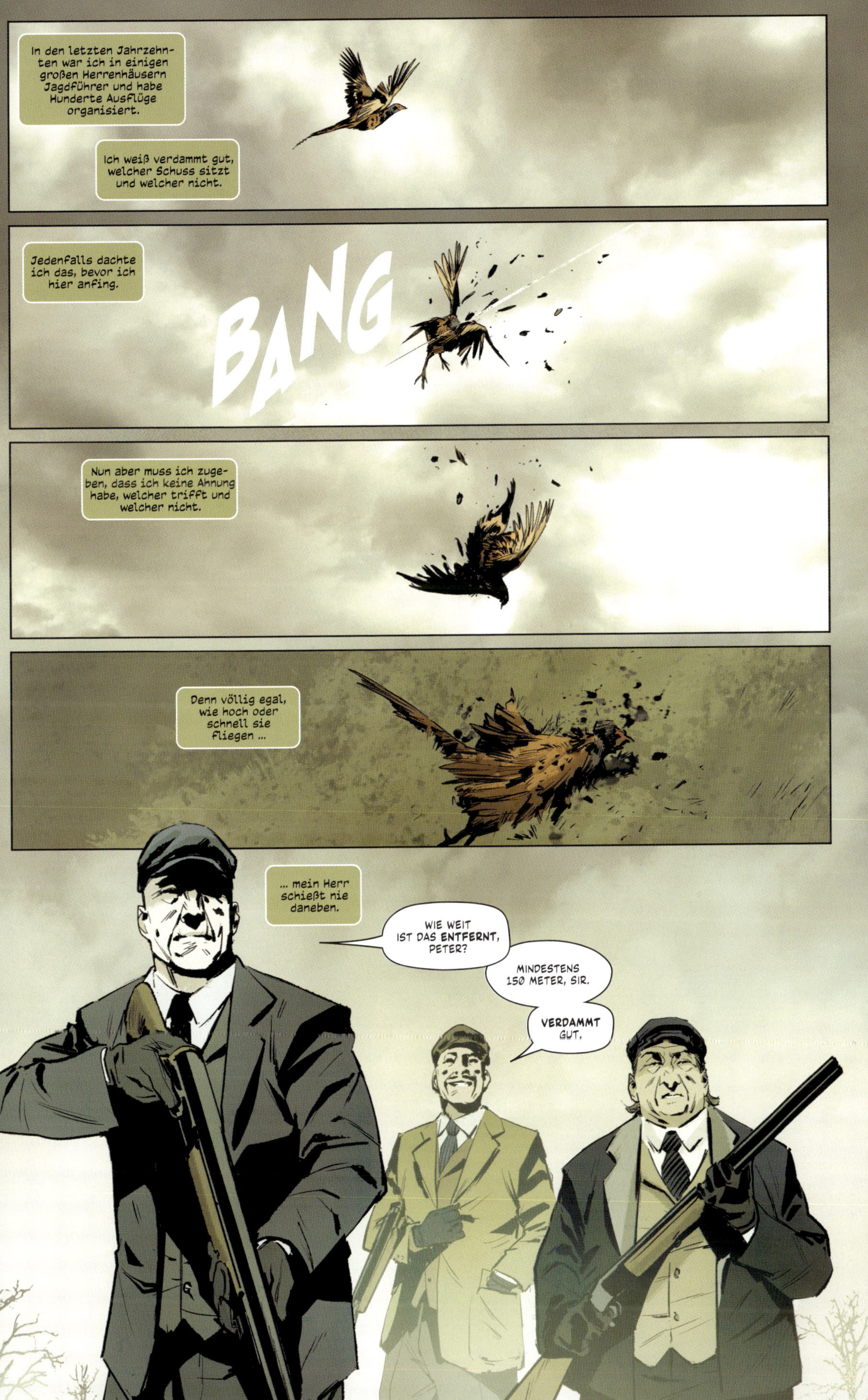
In den letzten Jahrzehnten war ich in einigen großen Herrenhäusern Jagdführer und habe Hunderte Ausflüge organisiert.
Ich weiß verdammt gut, welcher Schuss sitzt und welcher nicht.
Jedenfalls dachte ich das, bevor ich hier anfing.
BANG
Nun aber muss ich zugeben, dass ich keine Ahnung habe, welcher trifft und welcher nicht.
Denn völlig egal, wie hoch oder schnell sie fliegen …
… mein Herr schießt nie daneben.
WIE WEIT IST DAS ENTFERNT, PETER?
MINDESTENS 150 METER, SIR.
VERDAMMT GUT.

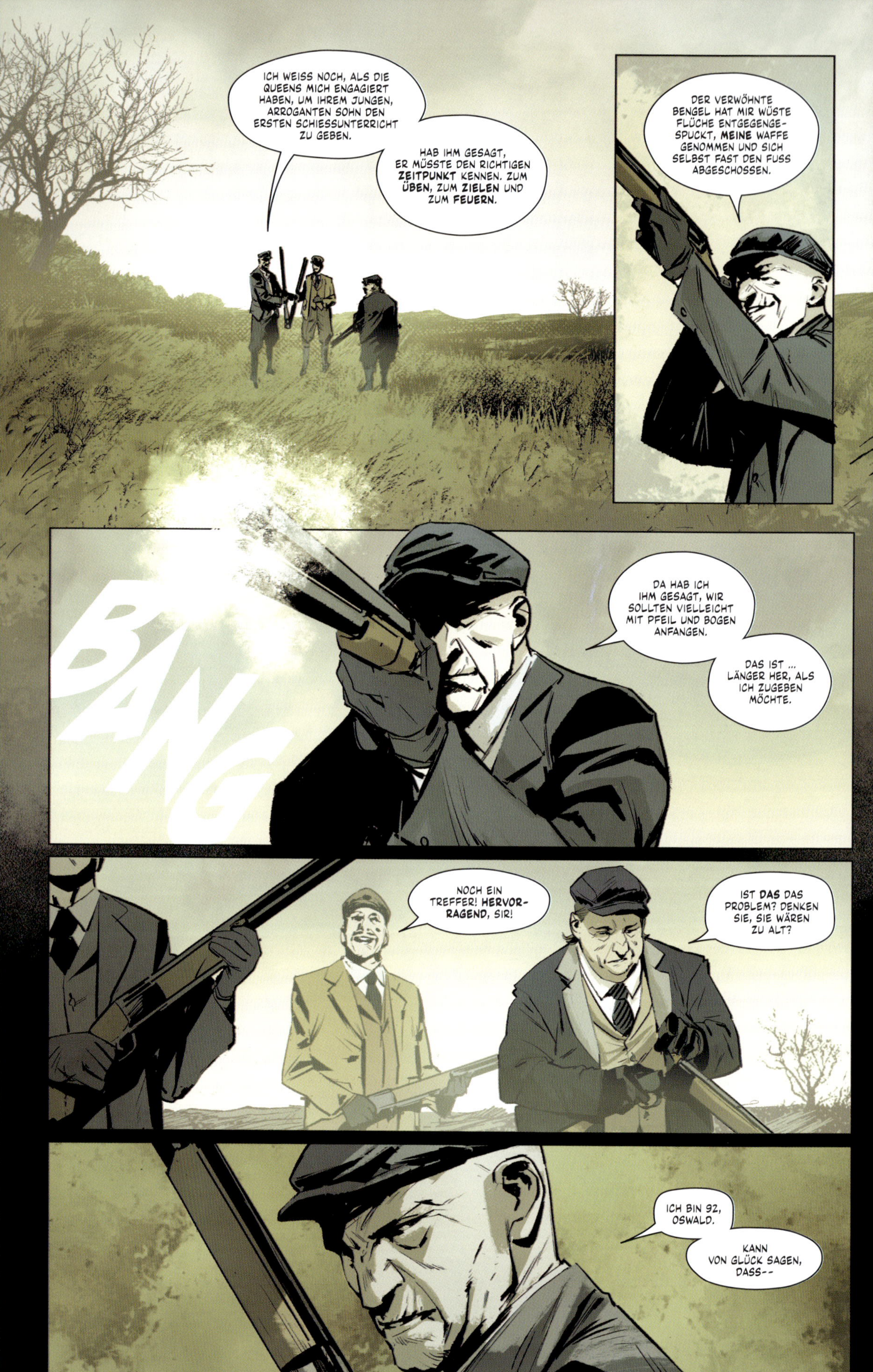
ICH WEISS NOCH, ALS DIE QUEENS MICH ENGAGIERT HABEN, UM IHREM JUNGEN, ARROGANTEN SOHN DEN ERSTEN SCHIESSUNTERRICHT ZU GEBEN.
HAB IHM GESAGT, ER MÜSSTE DEN RICHTIGEN **ZEITPUNKT** KENNEN. ZUM **ÜBEN**, ZUM **ZIELEN** UND ZUM **FEUERN**.
DER VERWÖHNTE BENGEL HAT MIR WÜSTE FLÜCHE ENTGEGENGE-SPUCKT, **MEINE** WAFFE GENOMMEN UND SICH SELBST FAST DEN FUSS ABGESCHOSSEN.
BANG
DA HAB ICH IHM GESAGT, WIR SOLLTEN VIELLEICHT MIT PFEIL UND BOGEN ANFANGEN.
DAS IST ... LÄNGER HER, ALS ICH ZUGEBEN MÖCHTE.
NOCH EIN TREFFER! **HERVOR-RAGEND**, SIR!
IST **DAS** DAS PROBLEM? DENKEN SIE, SIE WÄREN ZU ALT?
ICH BIN 92, OSWALD.
KANN VON GLÜCK SAGEN, DASS--

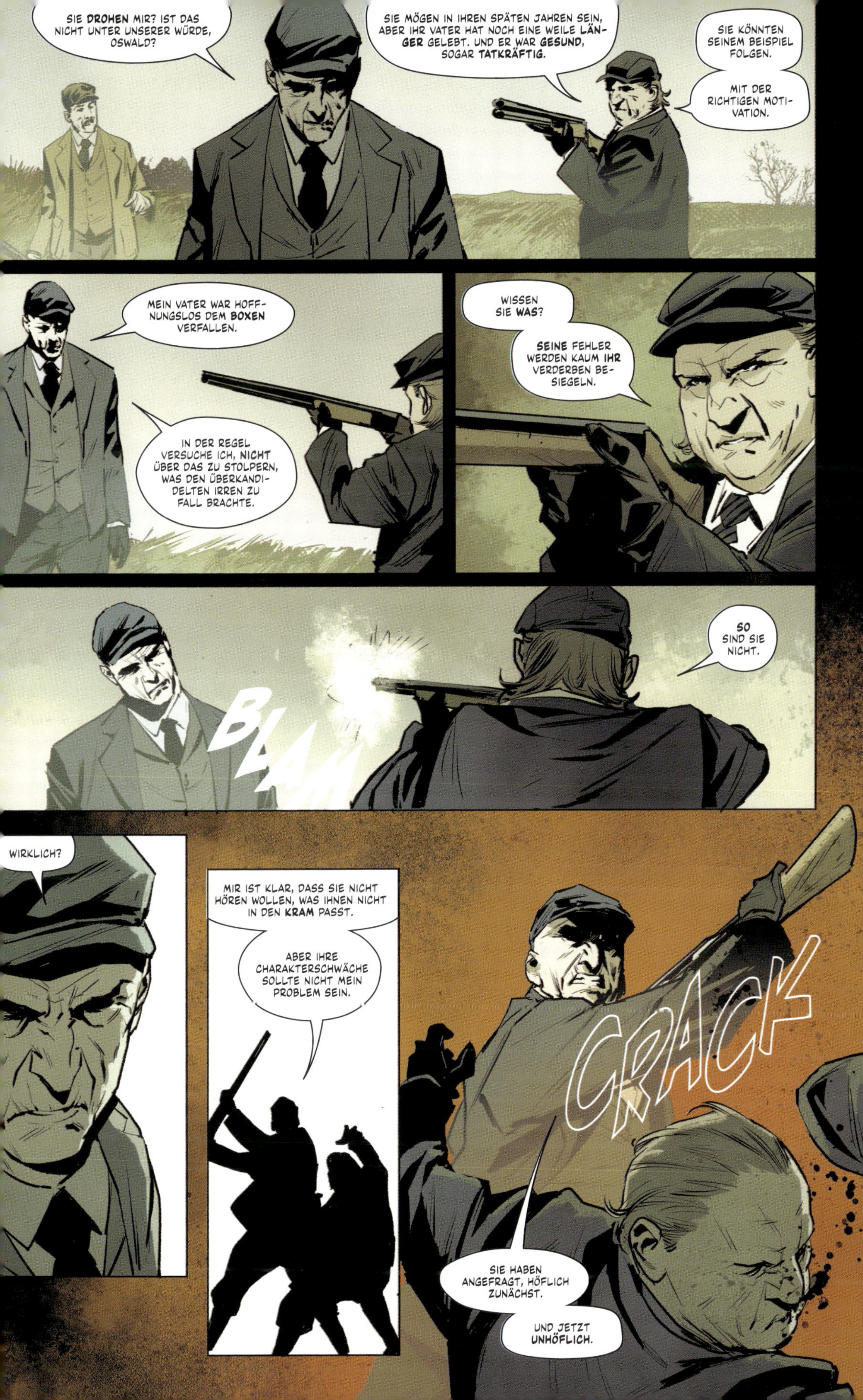
SIE DROHEN MIR? IST DAS NICHT UNTER UNSERER WÜRDE, OSWALD?
SIE MÖGEN IN IHREN SPÄTEN JAHREN SEIN, ABER IHR VATER HAT NOCH EINE WEILE LÄNGER GELEBT. UND ER WAR GESUND, SOGAR TATKRÄFTIG.
SIE KÖNNTEN SEINEM BEISPIEL FOLGEN.
MIT DER RICHTIGEN MOTIVATION.
MEIN VATER WAR HOFFNUNGSLOS DEM BOXEN VERFALLEN.
IN DER REGEL VERSUCHE ICH, NICHT ÜBER DAS ZU STOLPERN, WAS DEN ÜBERKANDIDELTEN IRREN ZU FALL BRACHTE.
WISSEN SIE WAS?
SEINE FEHLER WERDEN KAUM IHR VERDERBEN BESIEGELN.
SO SIND SIE NICHT.
BLAM
WIRKLICH?
MIR IST KLAR, DASS SIE NICHT HÖREN WOLLEN, WAS IHNEN NICHT IN DEN KRAM PASST.
ABER IHRE CHARAKTERSCHWÄCHE SOLLTE NICHT MEIN PROBLEM SEIN.
CRACK
SIE HABEN ANGEFRAGT, HÖFLICH ZUNÄCHST.
UND JETZT UNHÖFLICH.

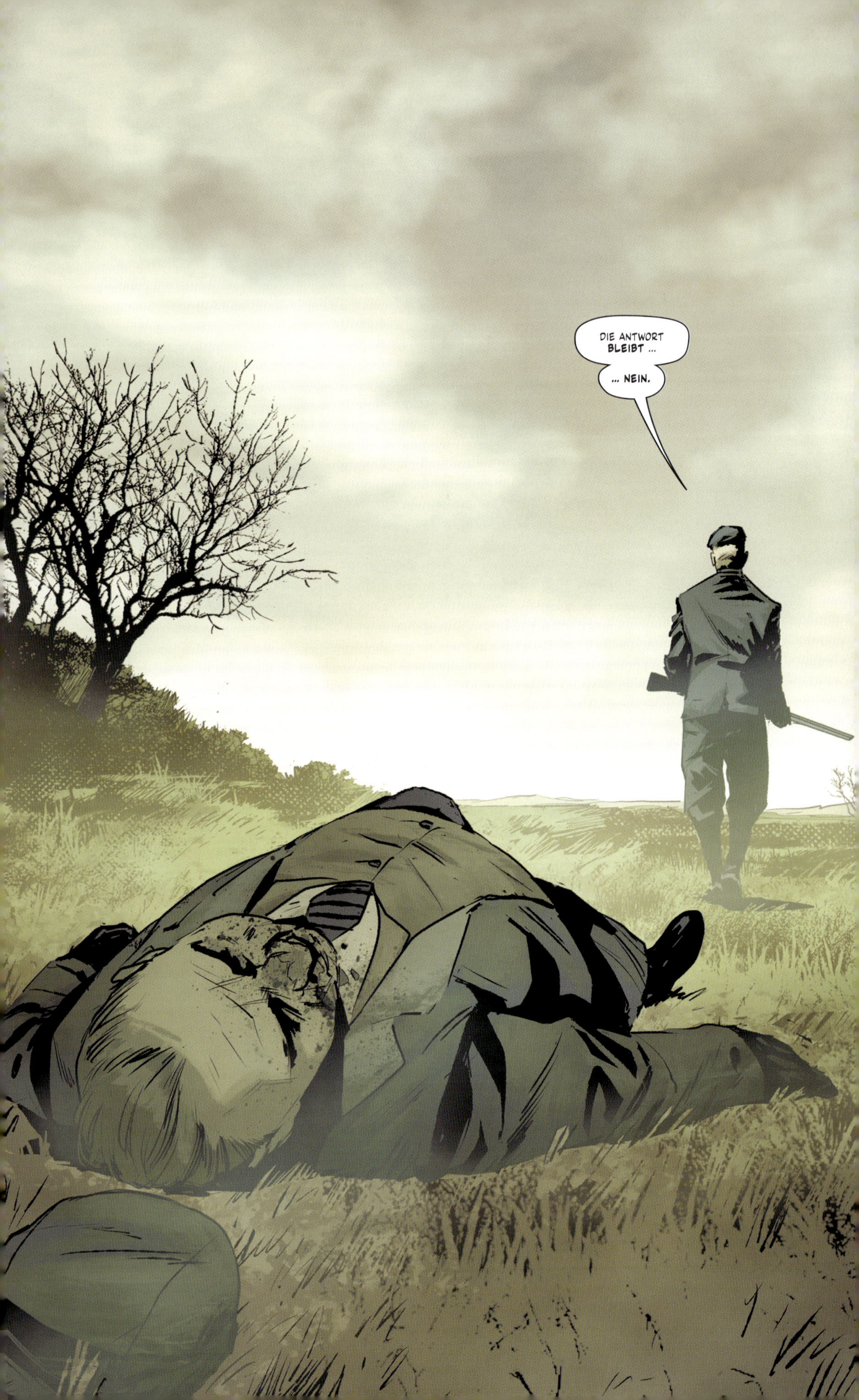
DIE ANTWORT BLEIBT ...
... NEIN.

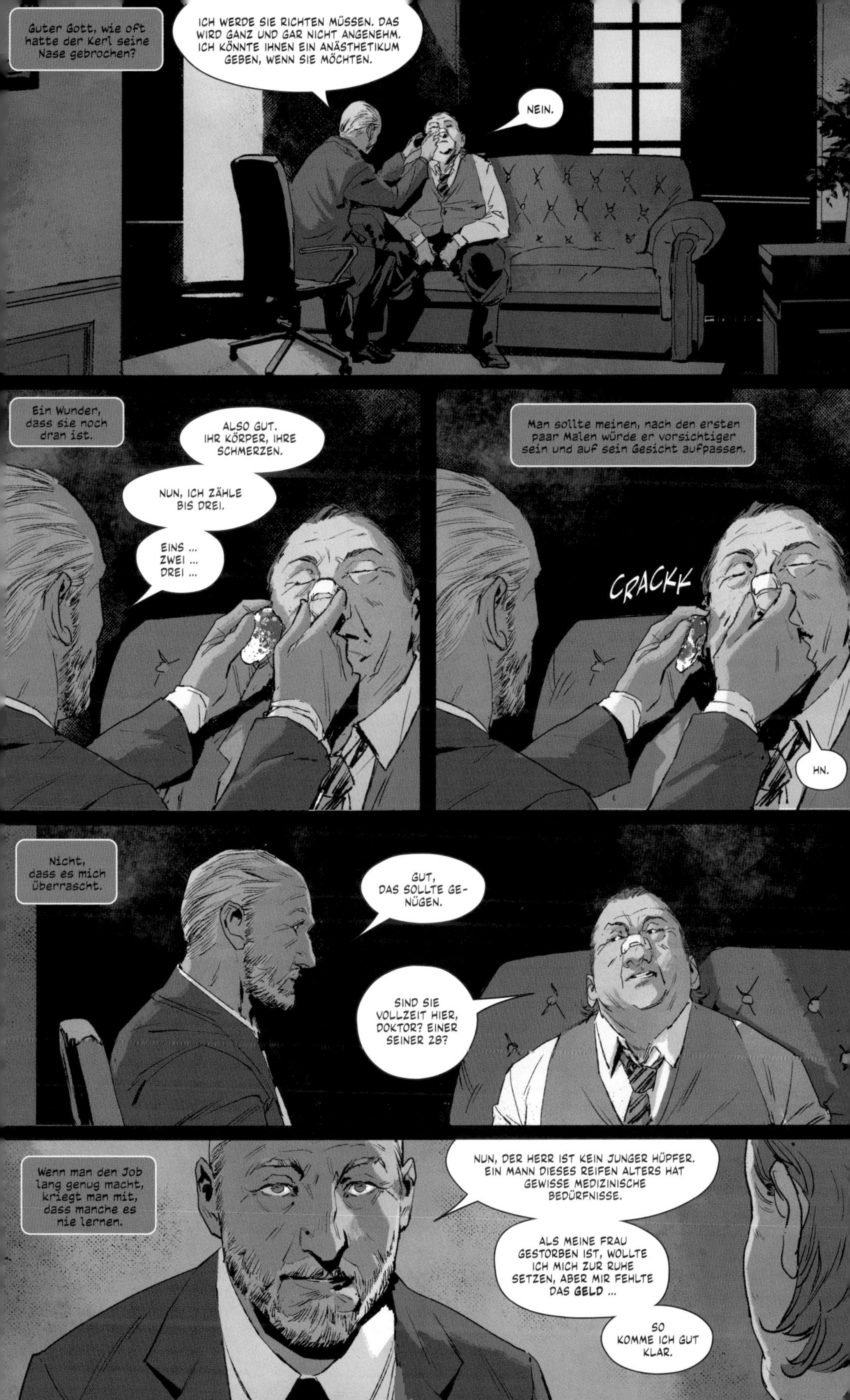
Guter Gott, wie oft hatte der Kerl seine Nase gebrochen?
ICH WERDE SIE RICHTEN MÜSSEN. DAS WIRD GANZ UND GAR NICHT ANGENEHM. ICH KÖNNTE IHNEN EIN ANÄSTHETIKUM GEBEN, WENN SIE MÖCHTEN.
NEIN.
Ein Wunder, dass sie noch dran ist.
ALSO GUT. IHR KÖRPER, IHRE SCHMERZEN.
NUN, ICH ZÄHLE BIS DREI.
EINS ... ZWEI ... DREI ...
Man sollte meinen, nach den ersten paar Malen würde er vorsichtiger sein und auf sein Gesicht aufpassen.
CRACKK
HN.
Nicht, dass es mich überrascht.
GUT, DAS SOLLTE GENÜGEN.
SIND SIE VOLLZEIT HIER, DOKTOR? EINER SEINER 28?
Wenn man den Job lang genug macht, kriegt man mit, dass manche es nie lernen.
NUN, DER HERR IST KEIN JUNGER HÜPFER. EIN MANN DIESES REIFEN ALTERS HAT GEWISSE MEDIZINISCHE BEDÜRFNISSE.
ALS MEINE FRAU GESTORBEN IST, WOLLTE ICH MICH ZUR RUHE SETZEN, ABER MIR FEHLTE DAS **GELD** ...
SO KOMME ICH GUT KLAR.

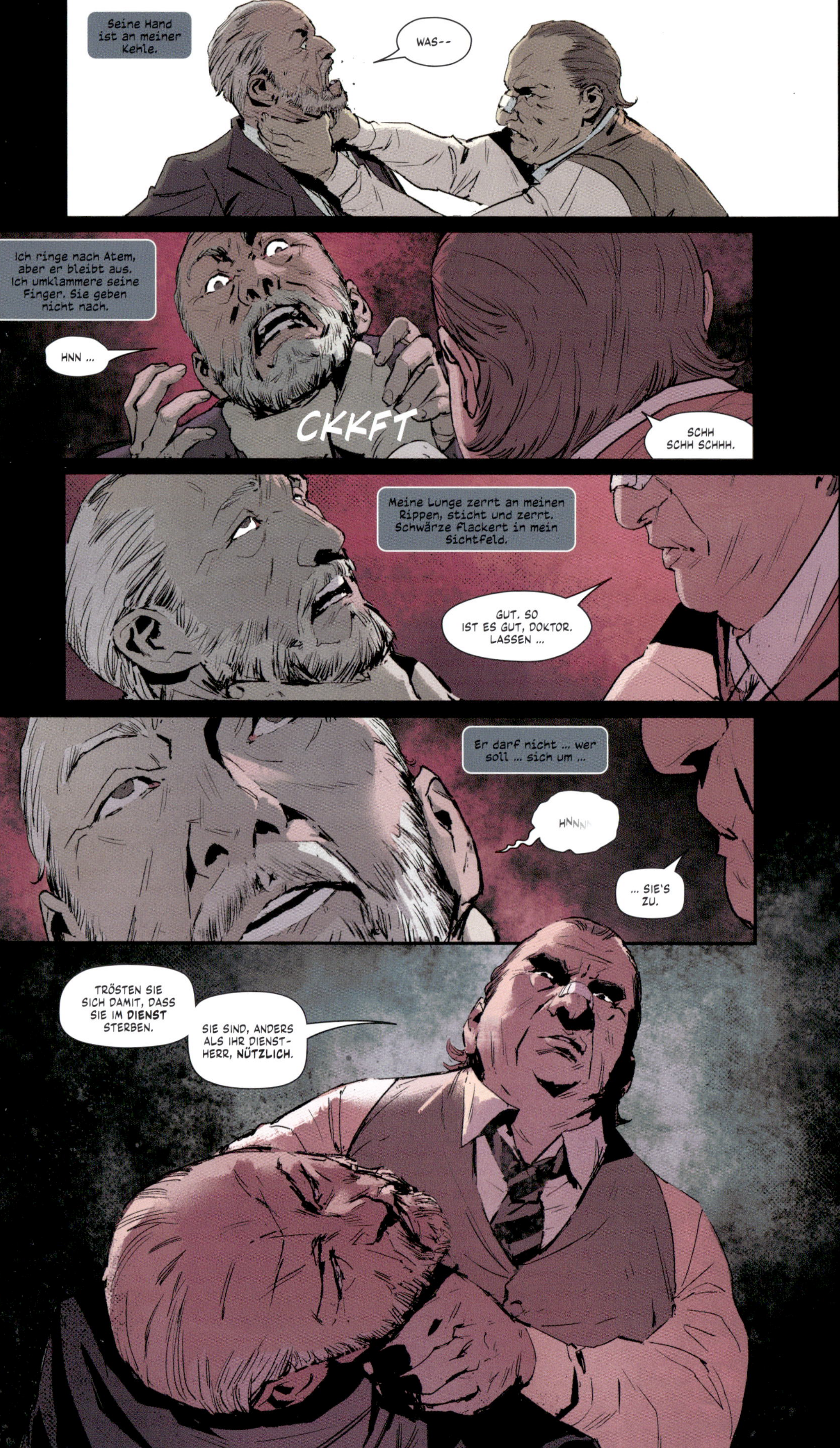

Seine Hand ist an meiner Kehle.
WAS--
Ich ringe nach Atem, aber er bleibt aus. Ich umklammere seine Finger. Sie geben nicht nach.
HNN ...
CKKFT
SCHH SCHH SCHHH.
Meine Lunge zerrt an meinen Rippen, sticht und zerrt. Schwärze flackert in mein Sichtfeld.
GUT. SO IST ES GUT, DOKTOR. LASSEN ...
Er darf nicht ... wer soll ... sich um ...
... SIE'S ZU.
TRÖSTEN SIE SICH DAMIT, DASS SIE IM **DIENST** STERBEN.
SIE SIND, ANDERS ALS IHR DIENST-HERR, **NÜTZLICH**.

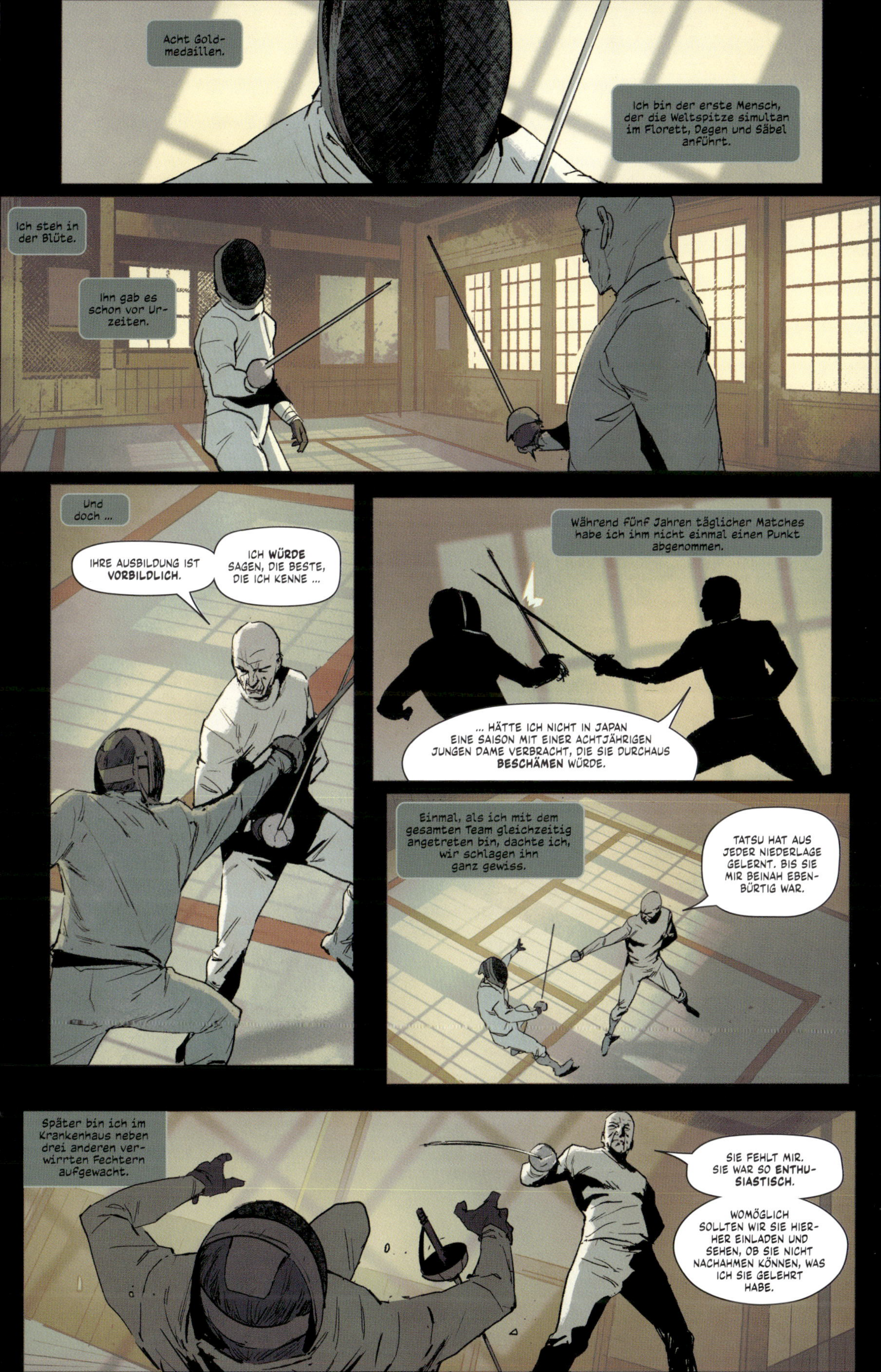

Acht Gold-
medaillen.

Ich bin der erste Mensch,
der die Weltspitze simultan
im Florett, Degen und Säbel
anführt.

Ich steh in
der Blüte.

Ihn gab es
schon vor Ur-
zeiten.

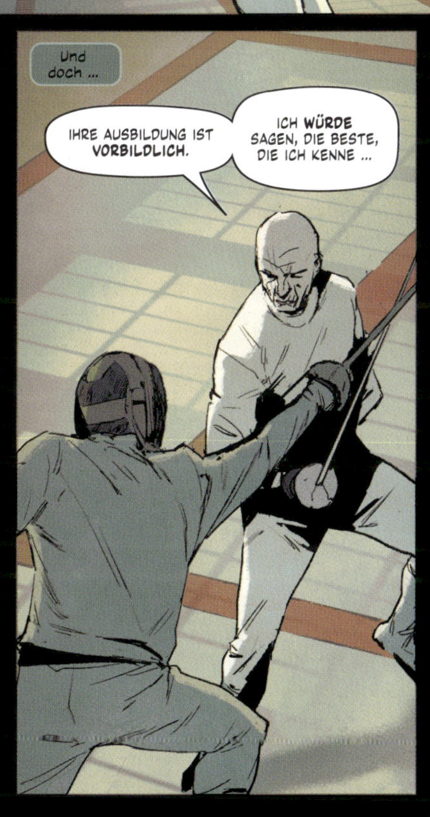

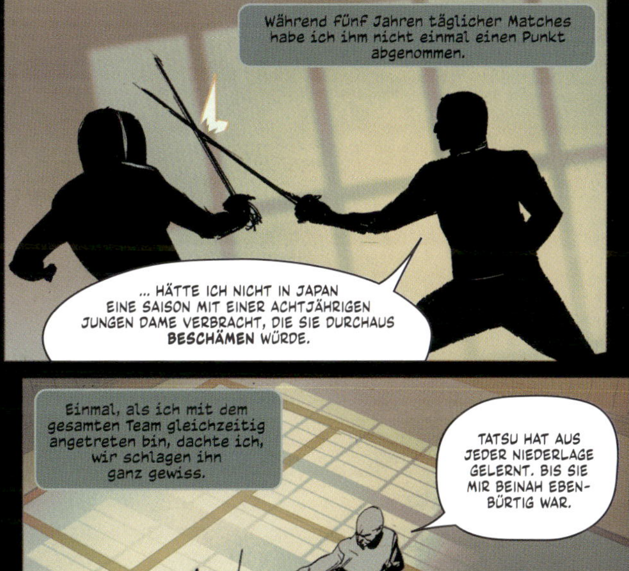

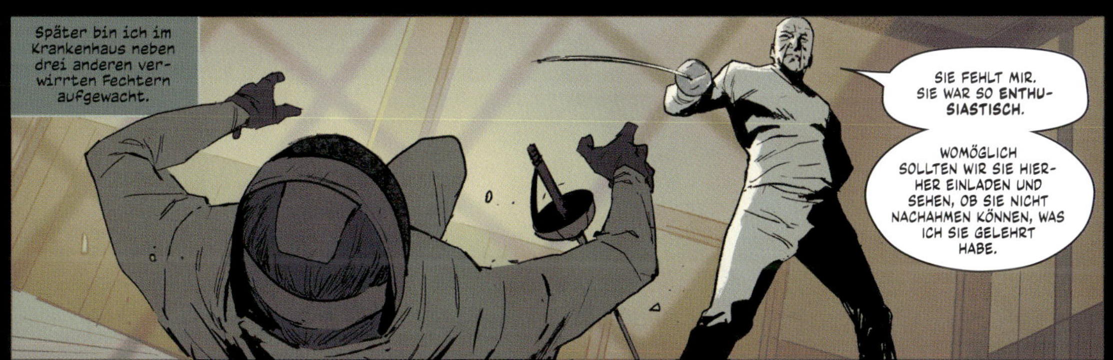

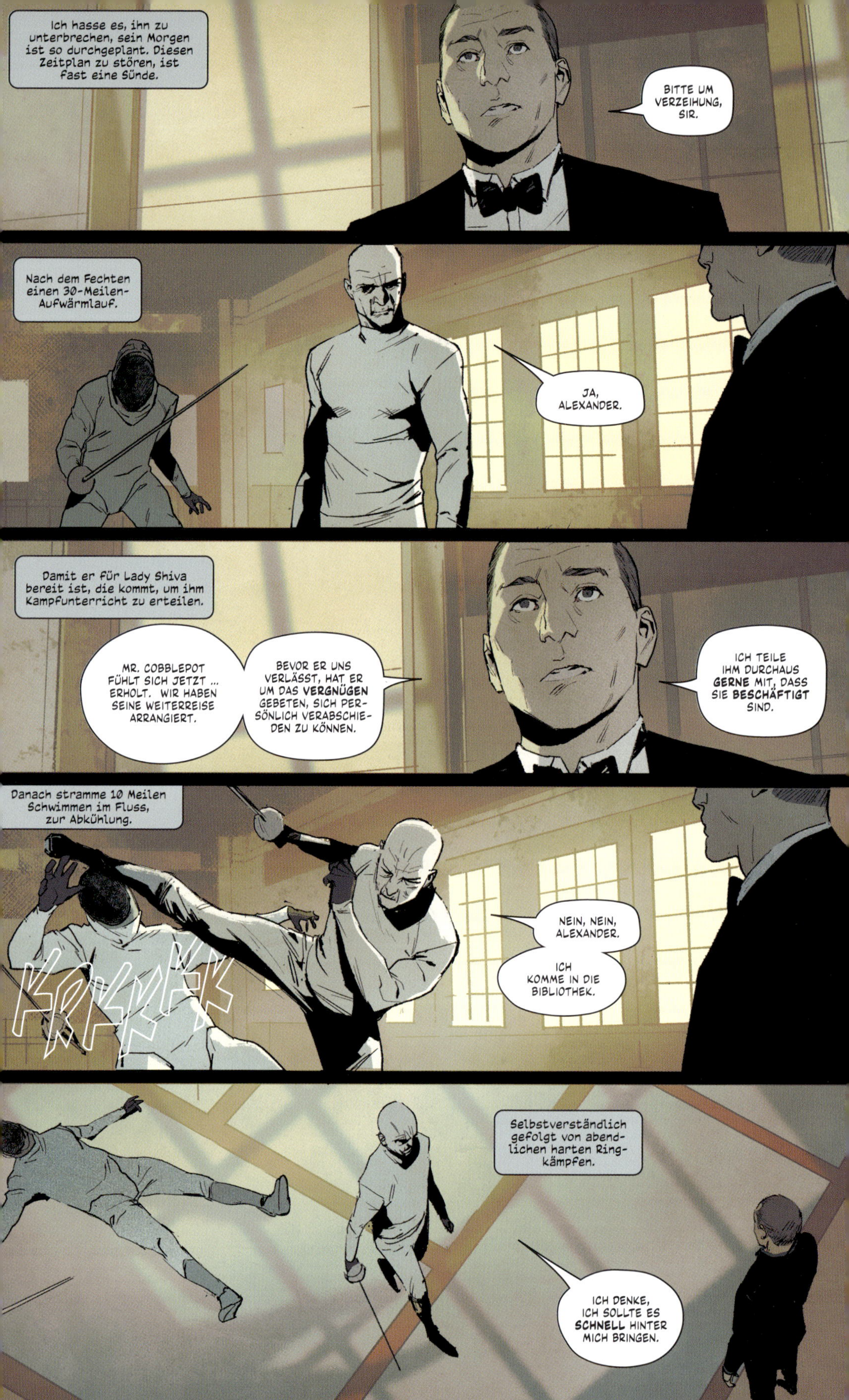
Ich hasse es, ihn zu unterbrechen, sein Morgen ist so durchgeplant. Diesen Zeitplan zu stören, ist fast eine Sünde.
BITTE UM VERZEIHUNG, SIR.
Nach dem Fechten einen 30-Meilen-Aufwärmlauf.
JA, ALEXANDER.
Damit er für Lady Shiva bereit ist, die kommt, um ihm Kampfunterricht zu erteilen.
MR. COBBLEPOT FÜHLT SICH JETZT ... ERHOLT. WIR HABEN SEINE WEITERREISE ARRANGIERT.
BEVOR ER UNS VERLÄSST, HAT ER UM DAS **VERGNÜGEN** GEBETEN, SICH PERSÖNLICH VERABSCHIEDEN ZU KÖNNEN.
ICH TEILE IHM DURCHAUS **GERNE** MIT, DASS SIE **BESCHÄFTIGT** SIND.
Danach stramme 10 Meilen Schwimmen im Fluss, zur Abkühlung.
KRKRKK
NEIN, NEIN, ALEXANDER.
ICH KOMME IN DIE BIBLIOTHEK.
Selbstverständlich gefolgt von abendlichen harten Ringkämpfen.
ICH DENKE, ICH SOLLTE ES **SCHNELL** HINTER MICH BRINGEN.

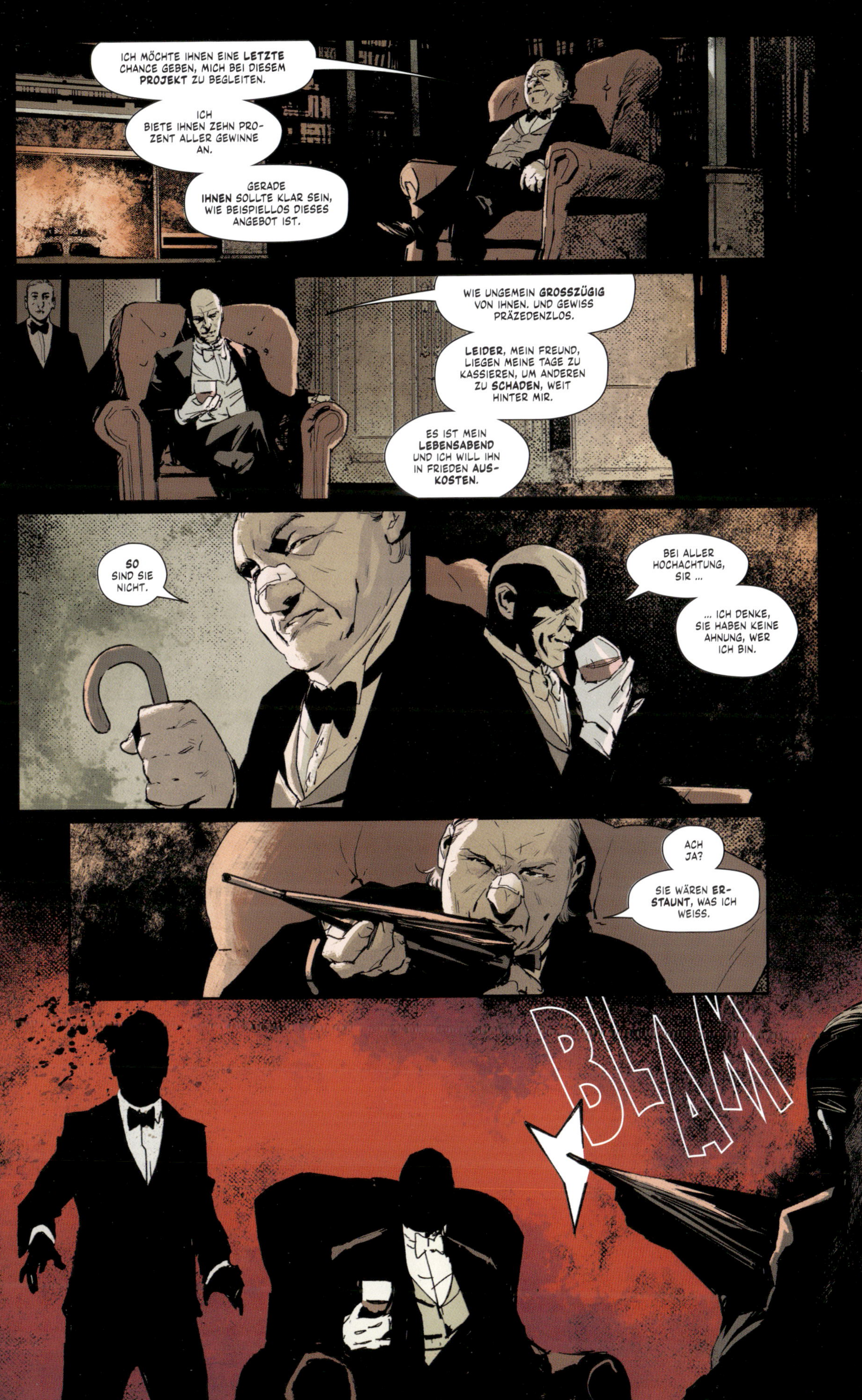

ICH MÖCHTE IHNEN EINE LETZTE CHANCE GEBEN, MICH BEI DIESEM PROJEKT ZU BEGLEITEN.
ICH BIETE IHNEN ZEHN PROZENT ALLER GEWINNE AN.
GERADE IHNEN SOLLTE KLAR SEIN, WIE BEISPIELLOS DIESES ANGEBOT IST.
WIE UNGEMEIN GROSSZÜGIG VON IHNEN. UND GEWISS PRÄZEDENZLOS.
LEIDER, MEIN FREUND, LIEGEN MEINE TAGE ZU KASSIEREN, UM ANDEREN ZU SCHADEN, WEIT HINTER MIR.
ES IST MEIN LEBENSABEND UND ICH WILL IHN IN FRIEDEN AUSKOSTEN.
SO SIND SIE NICHT.
BEI ALLER HOCHACHTUNG, SIR ...
... ICH DENKE, SIE HABEN KEINE AHNUNG, WER ICH BIN.
ACH JA?
SIE WÄREN ERSTAUNT, WAS ICH WEISS.
BLAM

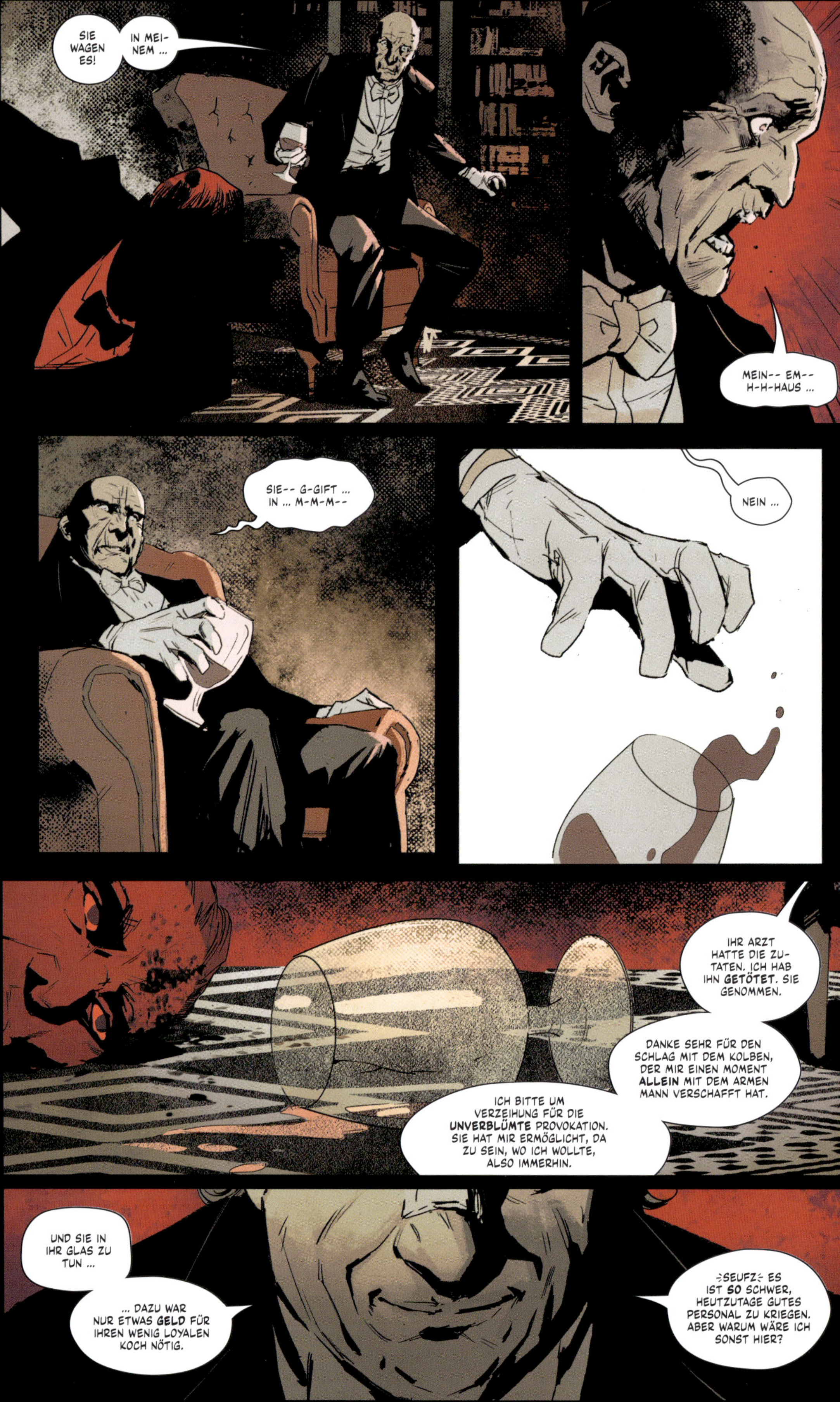

SIE WAGEN ES!
IN MEINEM ...
MEIN-- EM-- H-H-HAUS ...

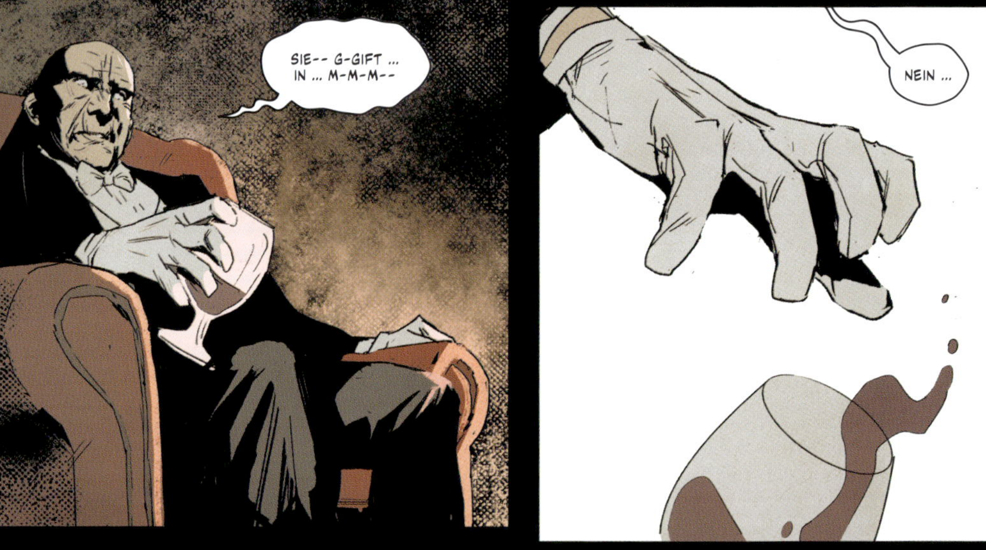

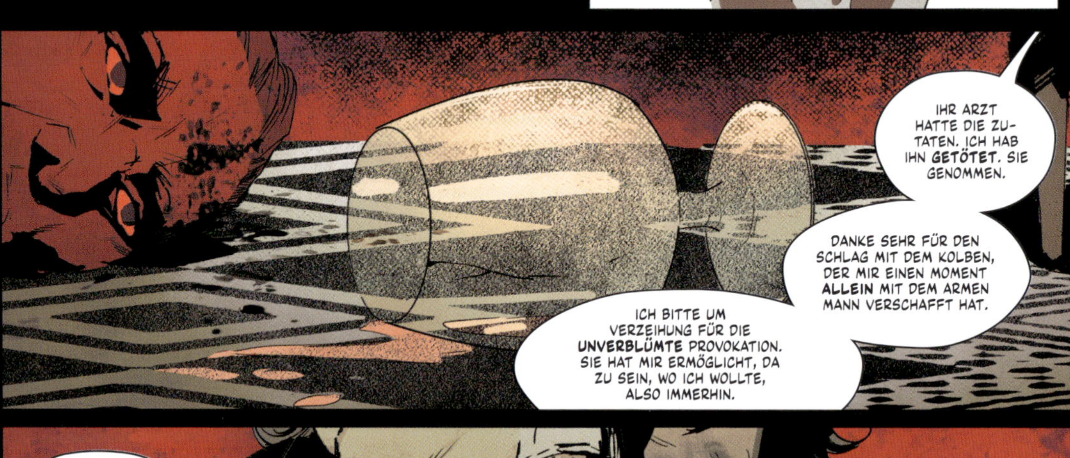

UND SIE IN IHR GLAS ZU TUN ...
... DAZU WAR NUR ETWAS GELD FÜR IHREN WENIG LOYALEN KOCH NÖTIG.
⇒SEUFZ⇐ ES IST SO SCHWER, HEUTZUTAGE GUTES PERSONAL ZU KRIEGEN. ABER WARUM WÄRE ICH SONST HIER?

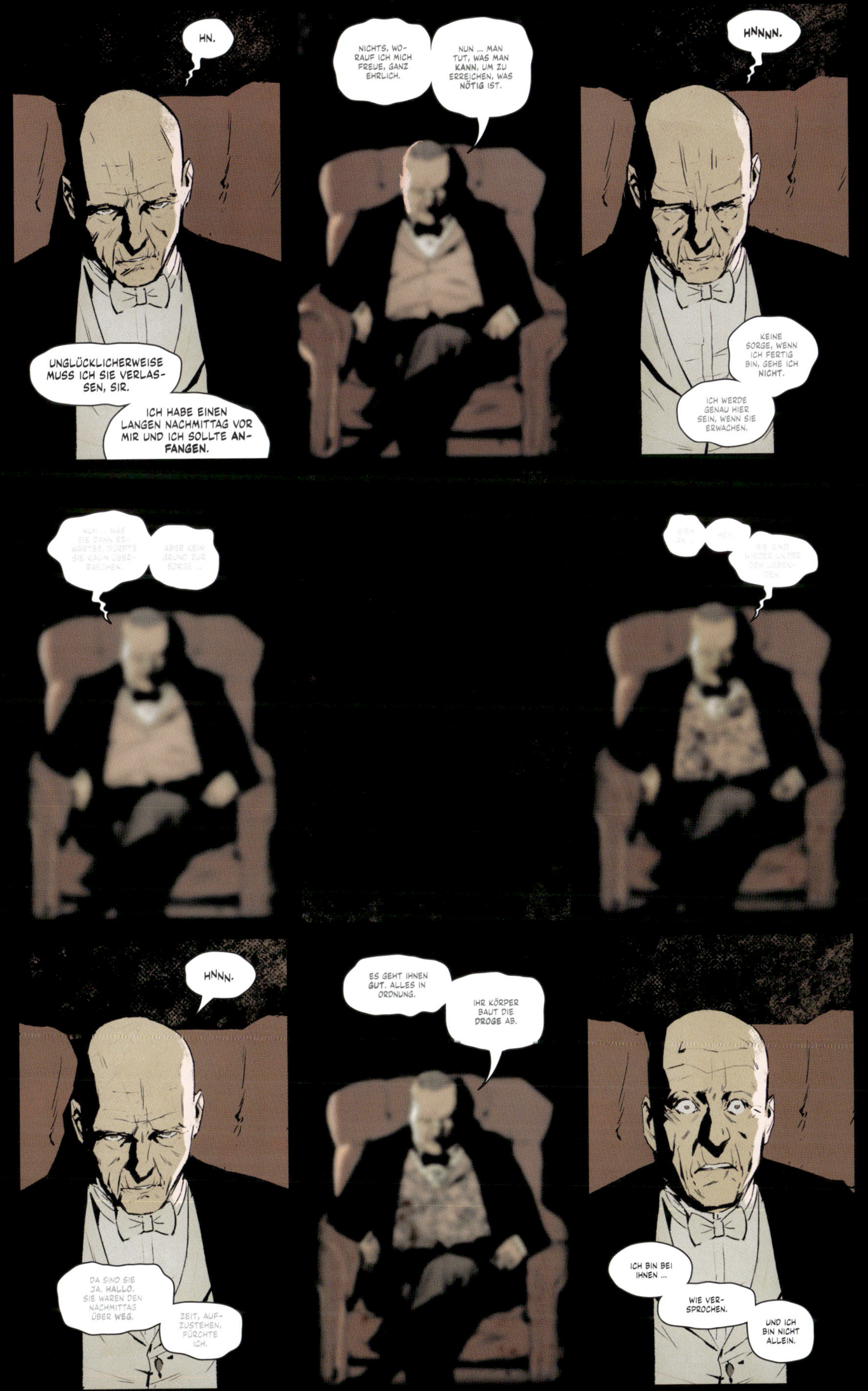
HN.
UNGLÜCKLICHERWEISE MUSS ICH SIE VERLASSEN, SIR.
ICH HABE EINEN LANGEN NACHMITTAG VOR MIR UND ICH SOLLTE ANFANGEN.
NICHTS, WORAUF ICH MICH FREUE, GANZ EHRLICH.
NUN ... MAN TUT, WAS MAN KANN, UM ZU ERREICHEN, WAS NÖTIG IST.
HNNNN.
KEINE SORGE, WENN ICH FERTIG BIN, GEHE ICH NICHT.
ICH WERDE GENAU HIER SEIN, WENN SIE ERWACHEN.
NUN ... WAS SIE DANN ERWARTET, DÜRFTE SIE KAUM ÜBERRASCHEN.
ABER KEIN GRUND ZUR SORGE ...
SIEH AN ...
HEY.
SIE SIND WIEDER UNTER DEN LEBENDEN
HNNN.
DA SIND SIE JA. HALLO. SIE WAREN DEN NACHMITTAG ÜBER WEG.
ZEIT, AUFZUSTEHEN, FÜRCHTE ICH.
ES GEHT IHNEN GUT. ALLES IN ORDNUNG.
IHR KÖRPER BAUT DIE DROGE AB.
ICH BIN BEI IHNEN ...
WIE VERSPROCHEN.
UND ICH BIN NICHT ALLEIN.

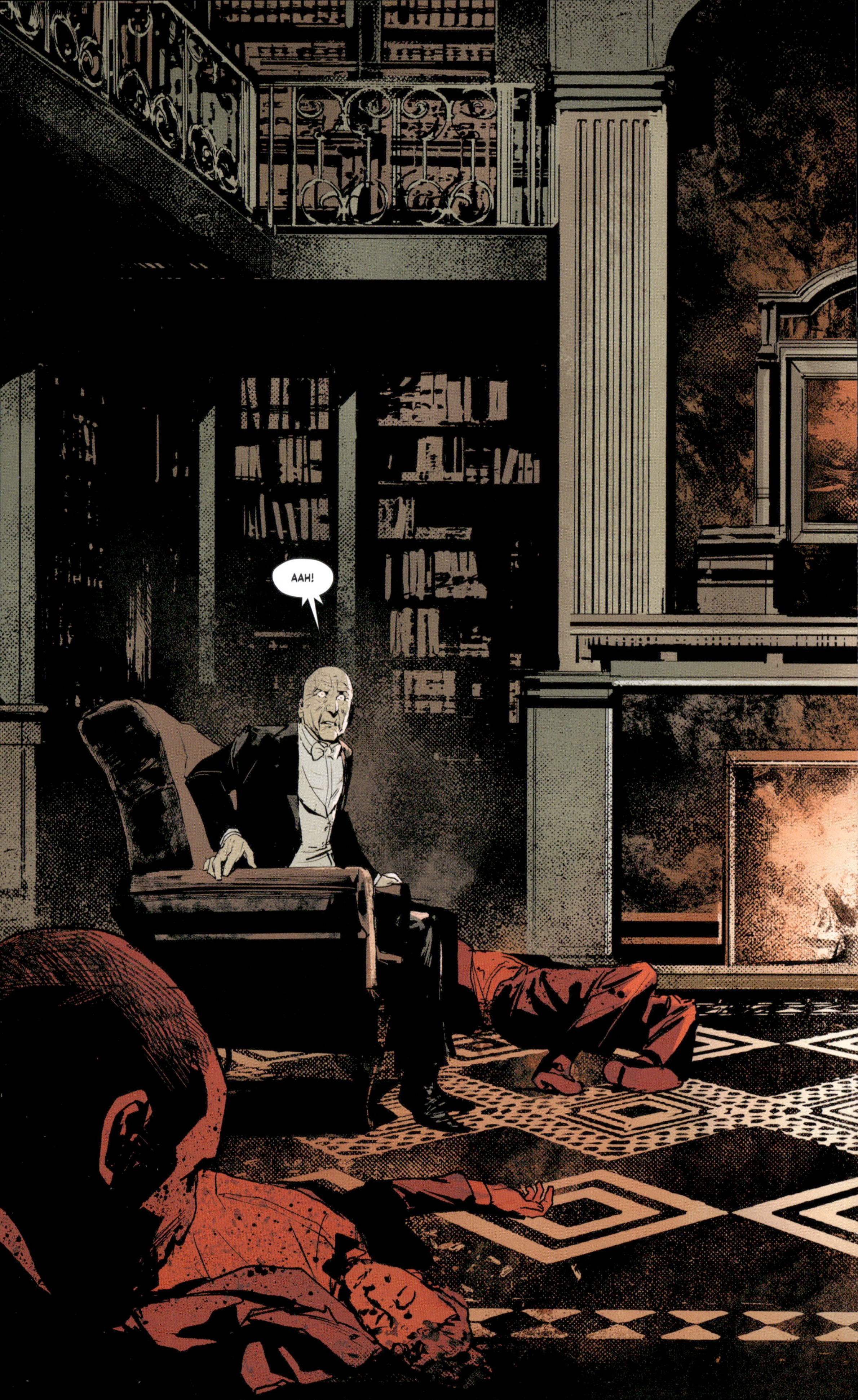
AAH!

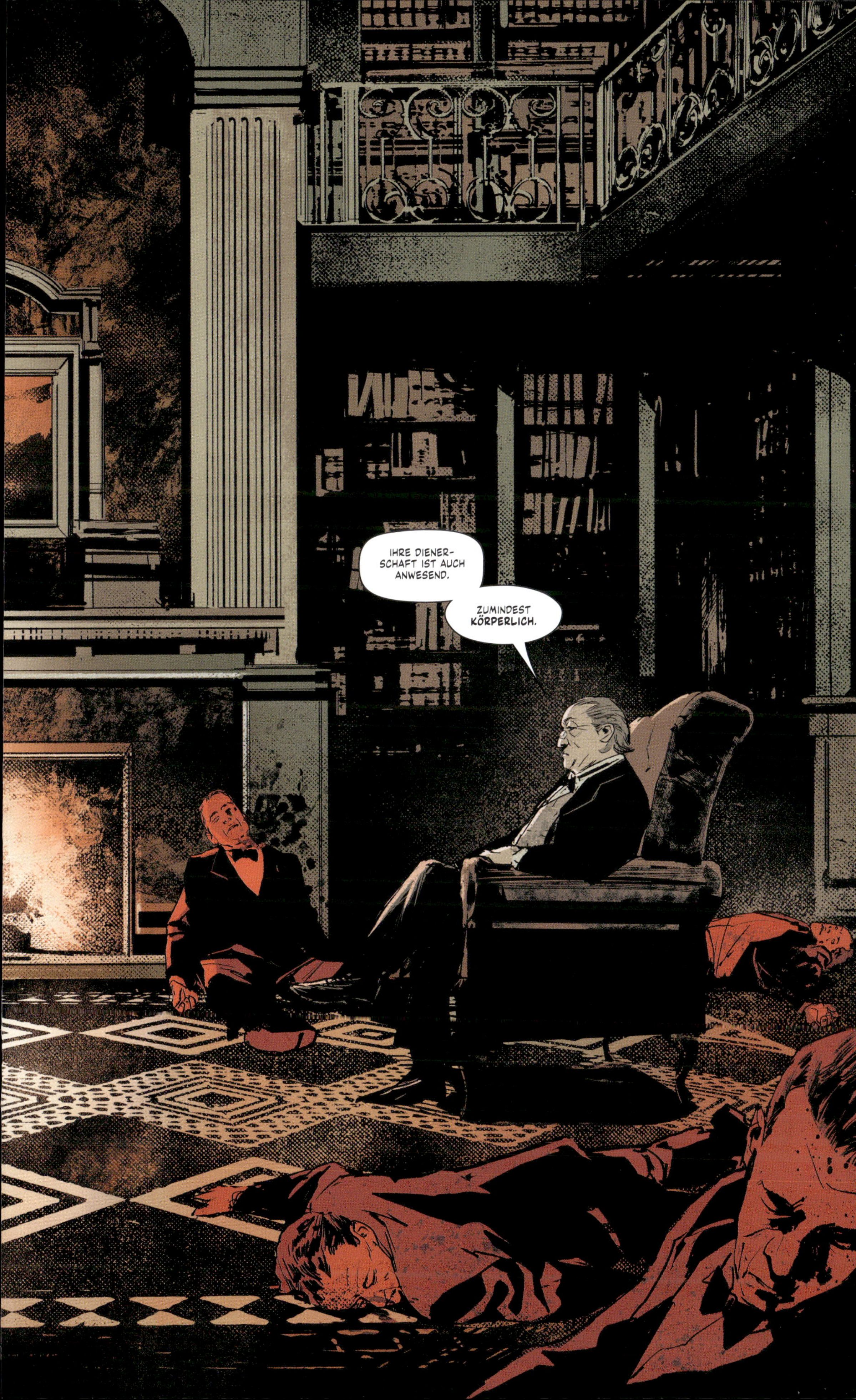
IHRE DIENER-
SCHAFT IST AUCH
ANWESEND.
ZUMINDEST
KÖRPERLICH.

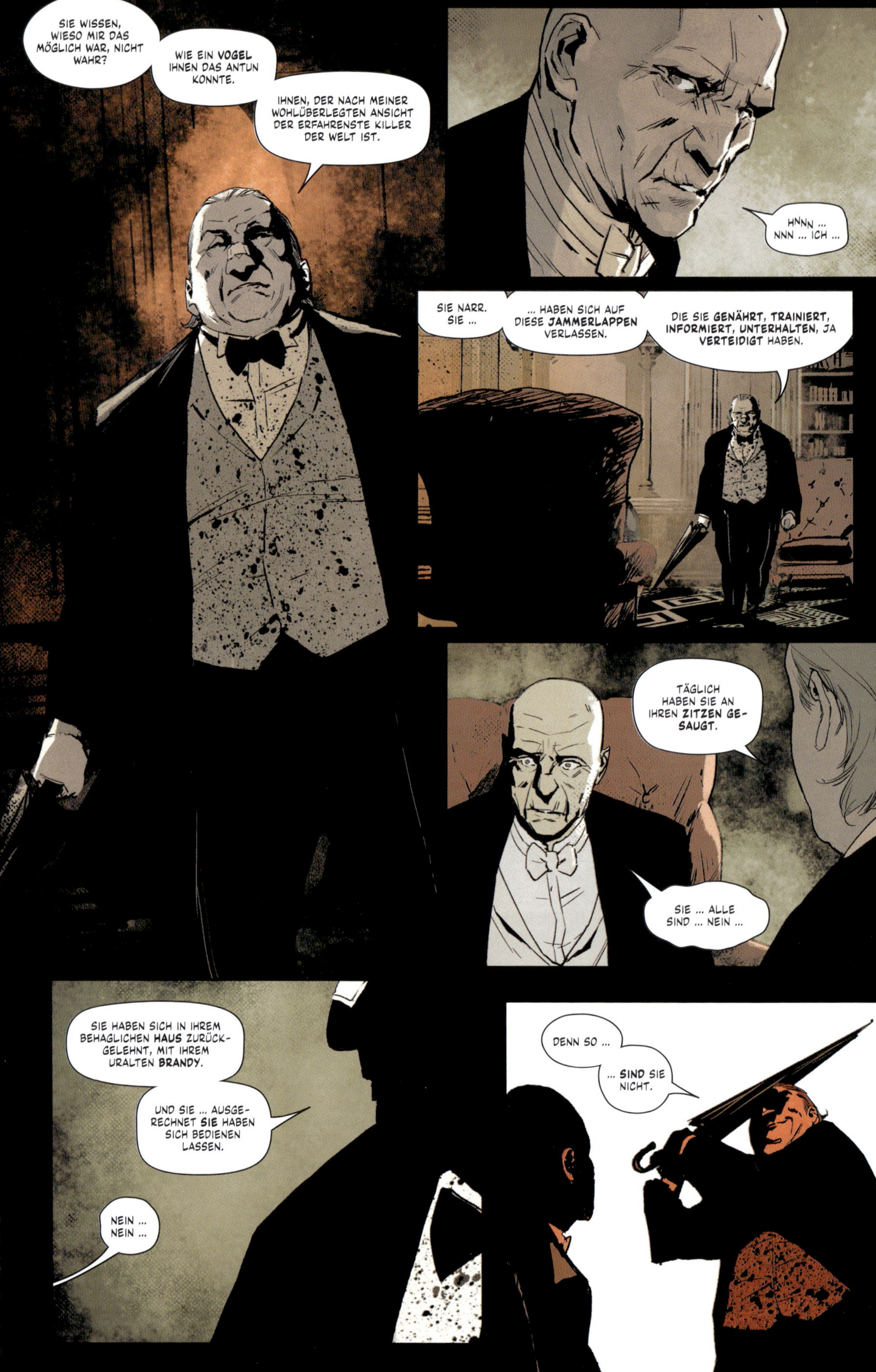
SIE WISSEN, WIESO MIR DAS MÖGLICH WAR, NICHT WAHR?
WIE EIN VOGEL IHNEN DAS ANTUN KONNTE.
IHNEN, DER NACH MEINER WOHLÜBERLEGTEN ANSICHT DER ERFAHRENSTE KILLER DER WELT IST.
HNNN ... NNN ... ICH ...
SIE NARR. SIE ...
... HABEN SICH AUF DIESE JAMMERLAPPEN VERLASSEN.
DIE SIE GENÄHRT, TRAINIERT, INFORMIERT, UNTERHALTEN, JA VERTEIDIGT HABEN.
TÄGLICH HABEN SIE AN IHREN ZITZEN GESAUGT.
SIE ... ALLE SIND ... NEIN ...
SIE HABEN SICH IN IHREM BEHAGLICHEN HAUS ZURÜCKGELEHNT, MIT IHREM URALTEN BRANDY.
UND SIE ... AUSGERECHNET SIE HABEN SICH BEDIENEN LASSEN.
NEIN ... NEIN ...
DENN SO ...
... SIND SIE NICHT.

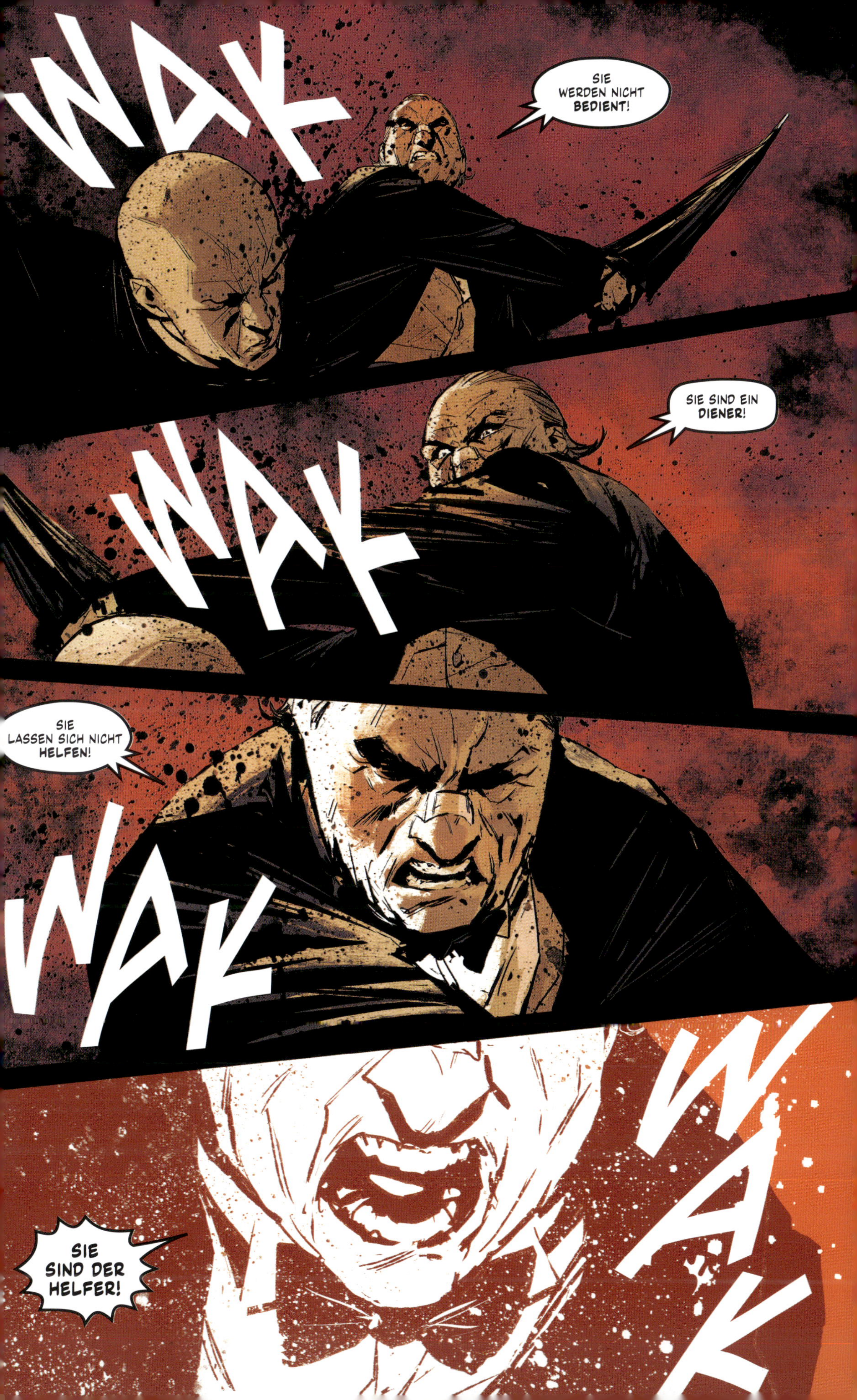
WAK
SIE WERDEN NICHT BEDIENT!
WAK
SIE SIND EIN DIENER!
SIE LASSEN SICH NICHT HELFEN!
WAK
WAK
SIE SIND DER HELFER!

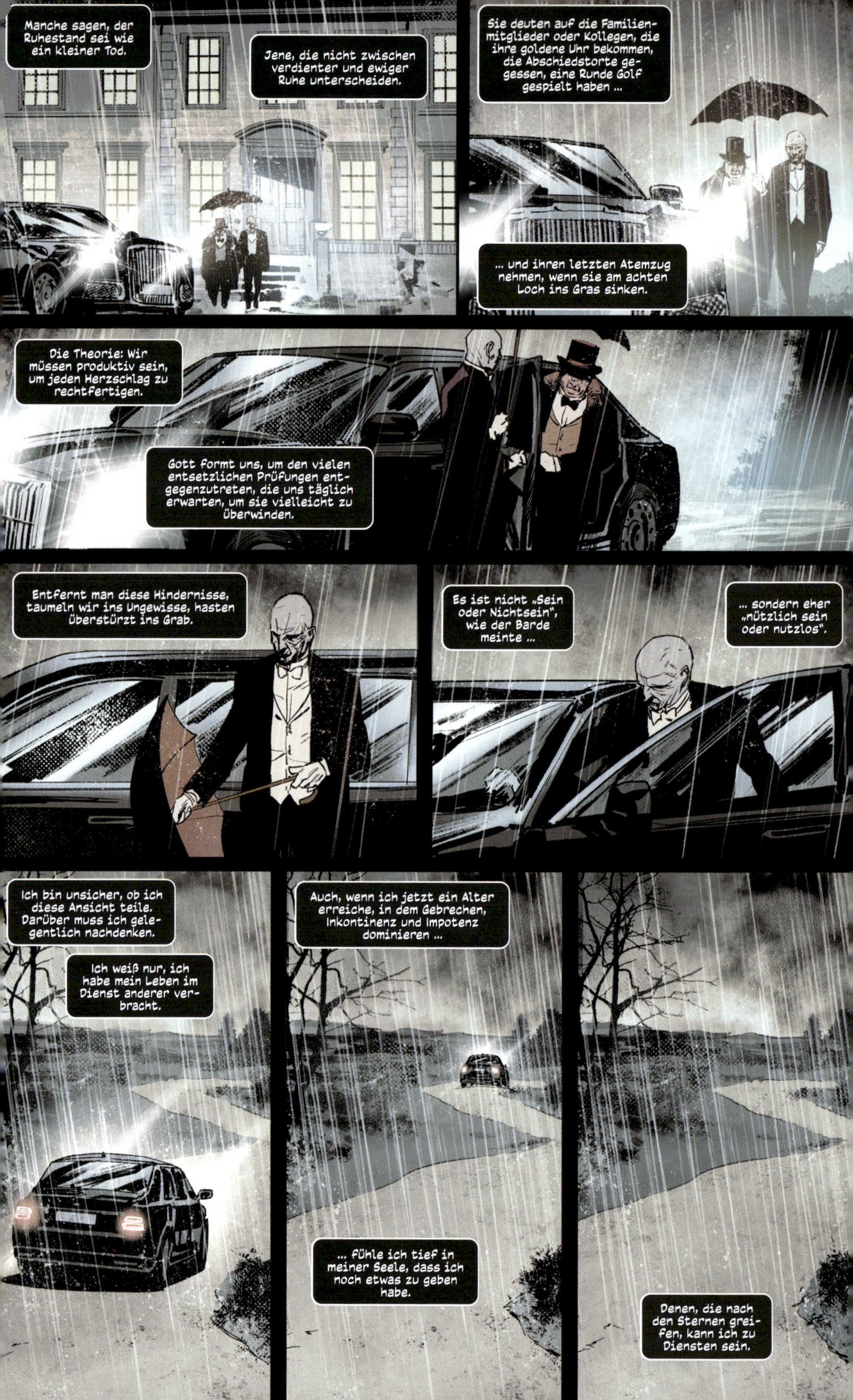
Manche sagen, der Ruhestand sei wie ein kleiner Tod.
Jene, die nicht zwischen verdienter und ewiger Ruhe unterscheiden.
Sie deuten auf die Familienmitglieder oder Kollegen, die ihre goldene Uhr bekommen, die Abschiedstorte gegessen, eine Runde Golf gespielt haben ...
... und ihren letzten Atemzug nehmen, wenn sie am achten Loch ins Gras sinken.
Die Theorie: Wir müssen produktiv sein, um jeden Herzschlag zu rechtfertigen.
Gott formt uns, um den vielen entsetzlichen Prüfungen entgegenzutreten, die uns täglich erwarten, um sie vielleicht zu überwinden.
Entfernt man diese Hindernisse, taumeln wir ins Ungewisse, hasten überstürzt ins Grab.
Es ist nicht „Sein oder Nichtsein", wie der Barde meinte ...
... sondern eher „nützlich sein oder nutzlos".
Ich bin unsicher, ob ich diese Ansicht teile. Darüber muss ich gelegentlich nachdenken.
Ich weiß nur, ich habe mein Leben im Dienst anderer verbracht.
Auch, wenn ich jetzt ein Alter erreiche, in dem Gebrechen, Inkontinenz und Impotenz dominieren ...
... fühle ich tief in meiner Seele, dass ich noch etwas zu geben habe.
Denen, die nach den Sternen greifen, kann ich zu Diensten sein.

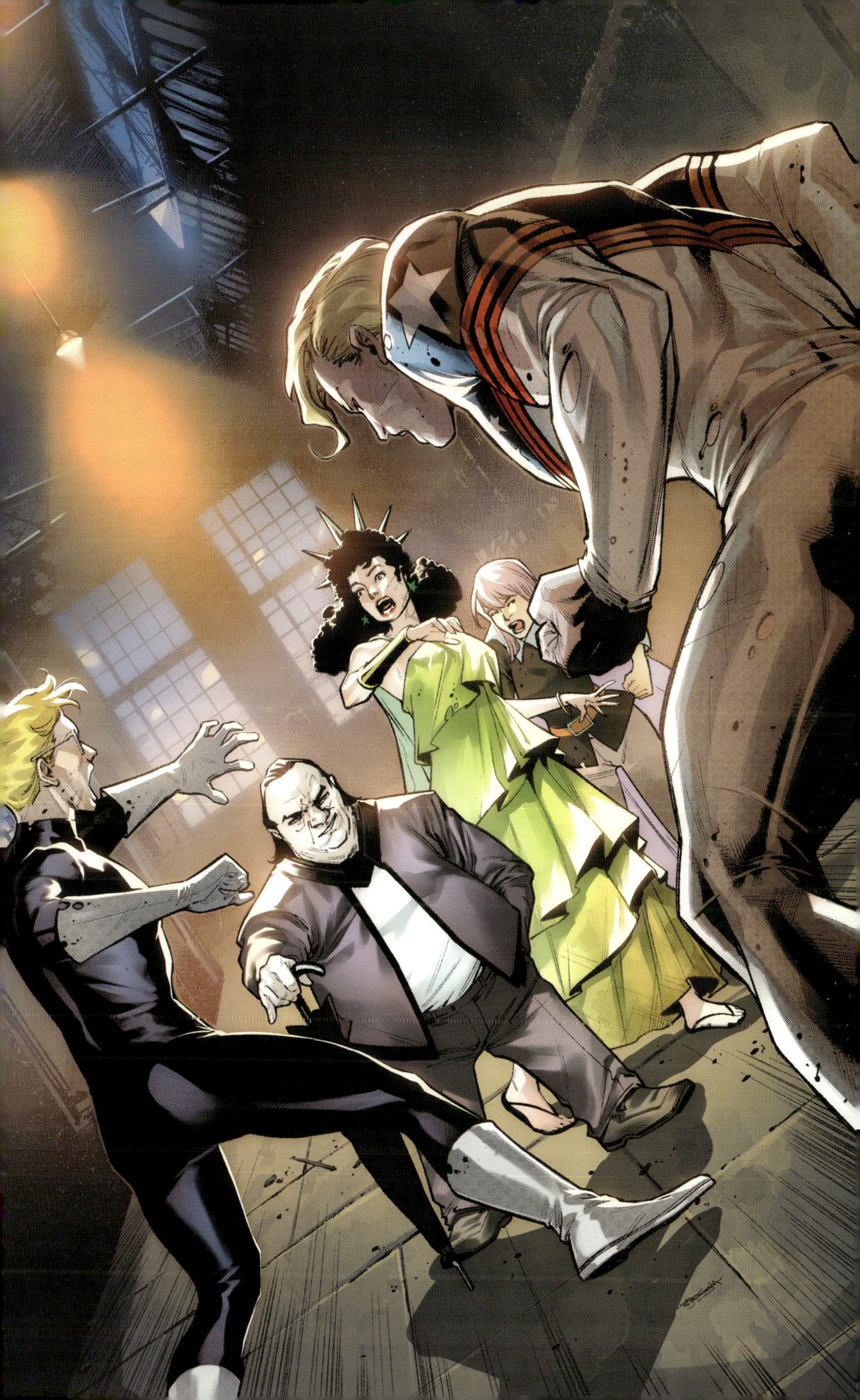

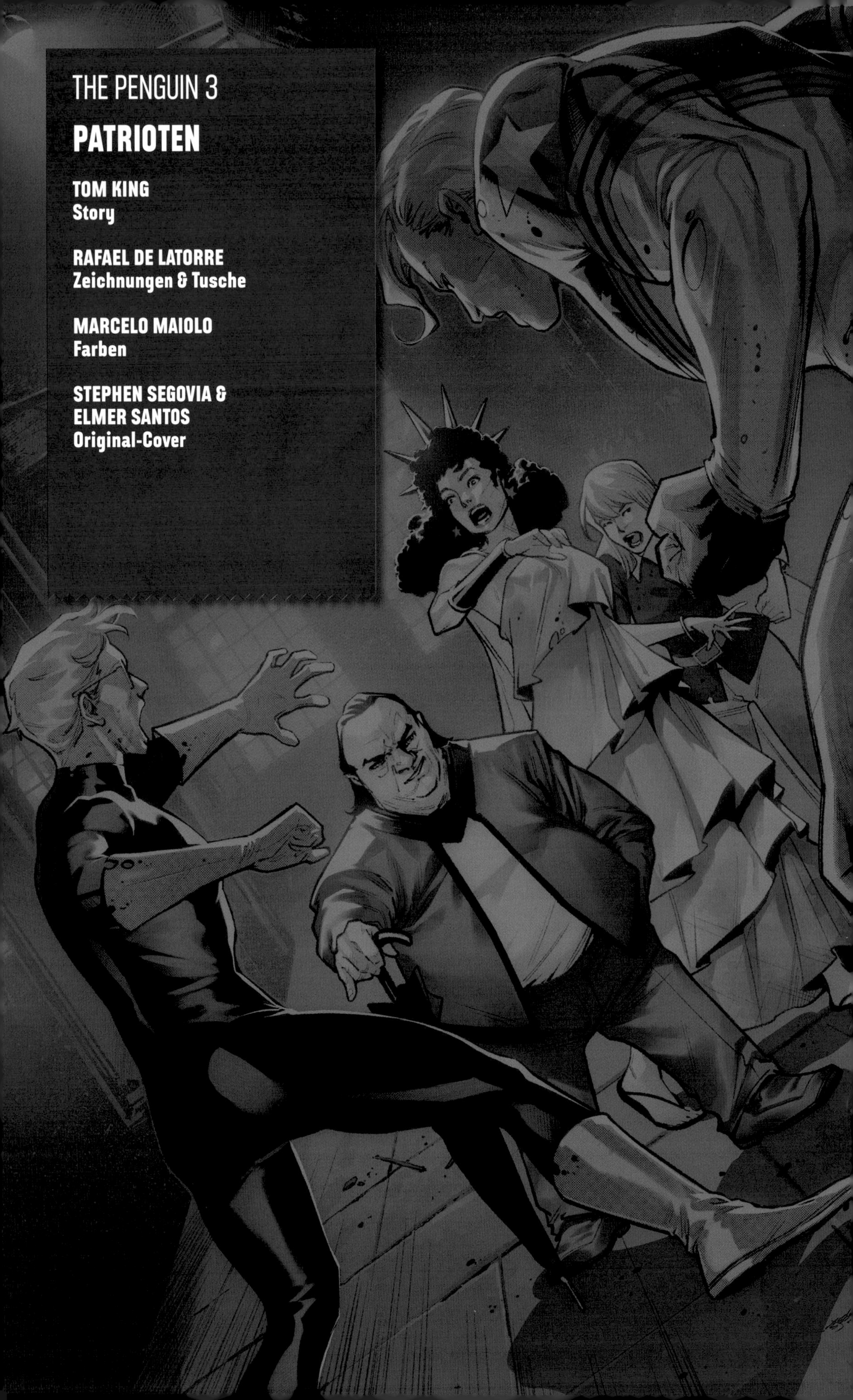

THE PENGUIN 3

PATRIOTEN

TOM KING
Story

RAFAEL DE LATORRE
Zeichnungen & Tusche

MARCELO MAIOLO
Farben

STEPHEN SEGOVIA &
ELMER SANTOS
Original-Cover

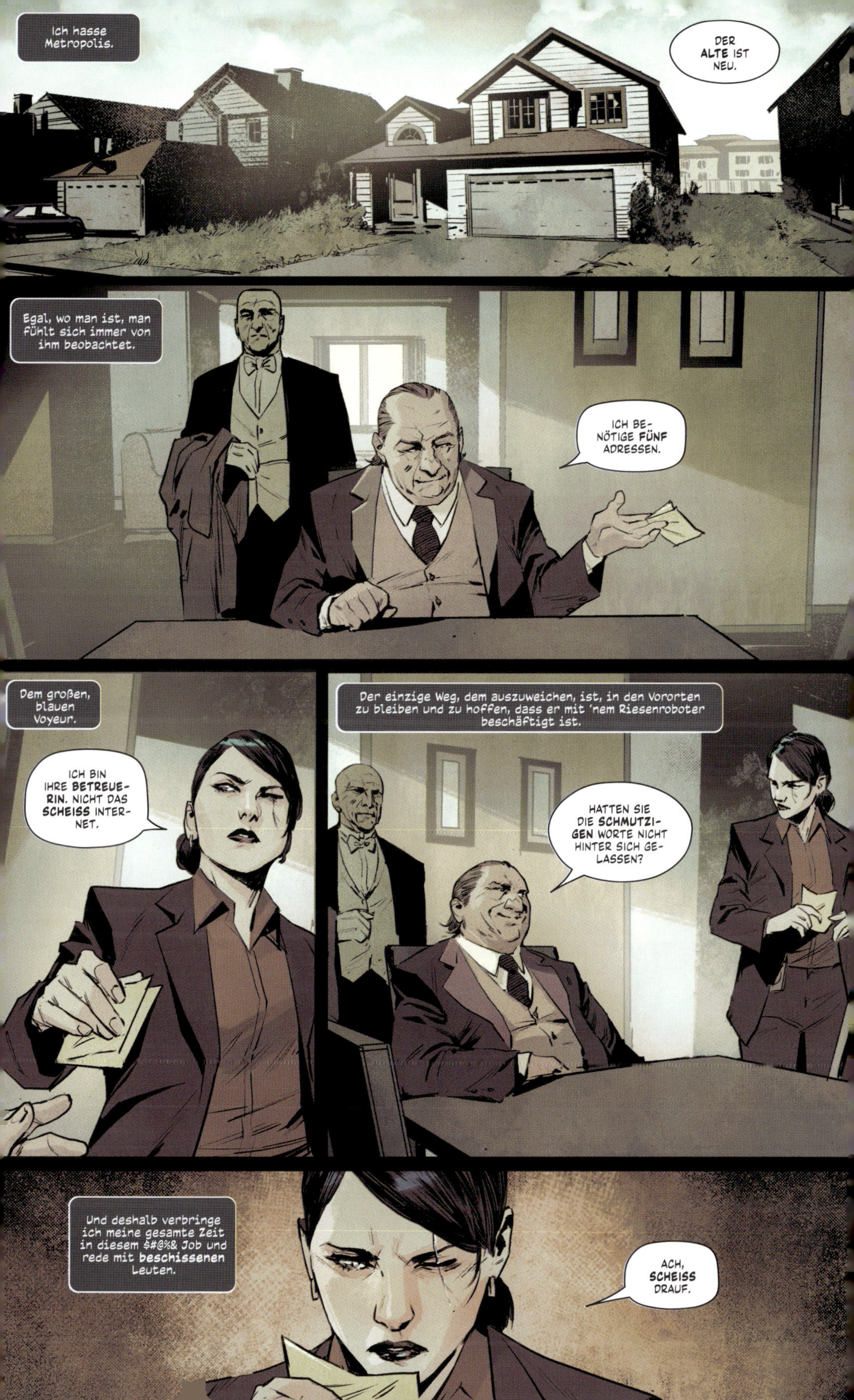
Ich hasse Metropolis.
DER ALTE IST NEU.
Egal, wo man ist, man fühlt sich immer von ihm beobachtet.
ICH BENÖTIGE FÜNF ADRESSEN.
Dem großen, blauen Voyeur.
ICH BIN IHRE BETREUERIN. NICHT DAS SCHEISS INTERNET.
Der einzige Weg, dem auszuweichen, ist, in den Vororten zu bleiben und zu hoffen, dass er mit 'nem Riesenroboter beschäftigt ist.
HATTEN SIE DIE SCHMUTZIGEN WORTE NICHT HINTER SICH GELASSEN?
Und deshalb verbringe ich meine gesamte Zeit in diesem $#@%& Job und rede mit beschissenen Leuten.
ACH, SCHEISS DRAUF.

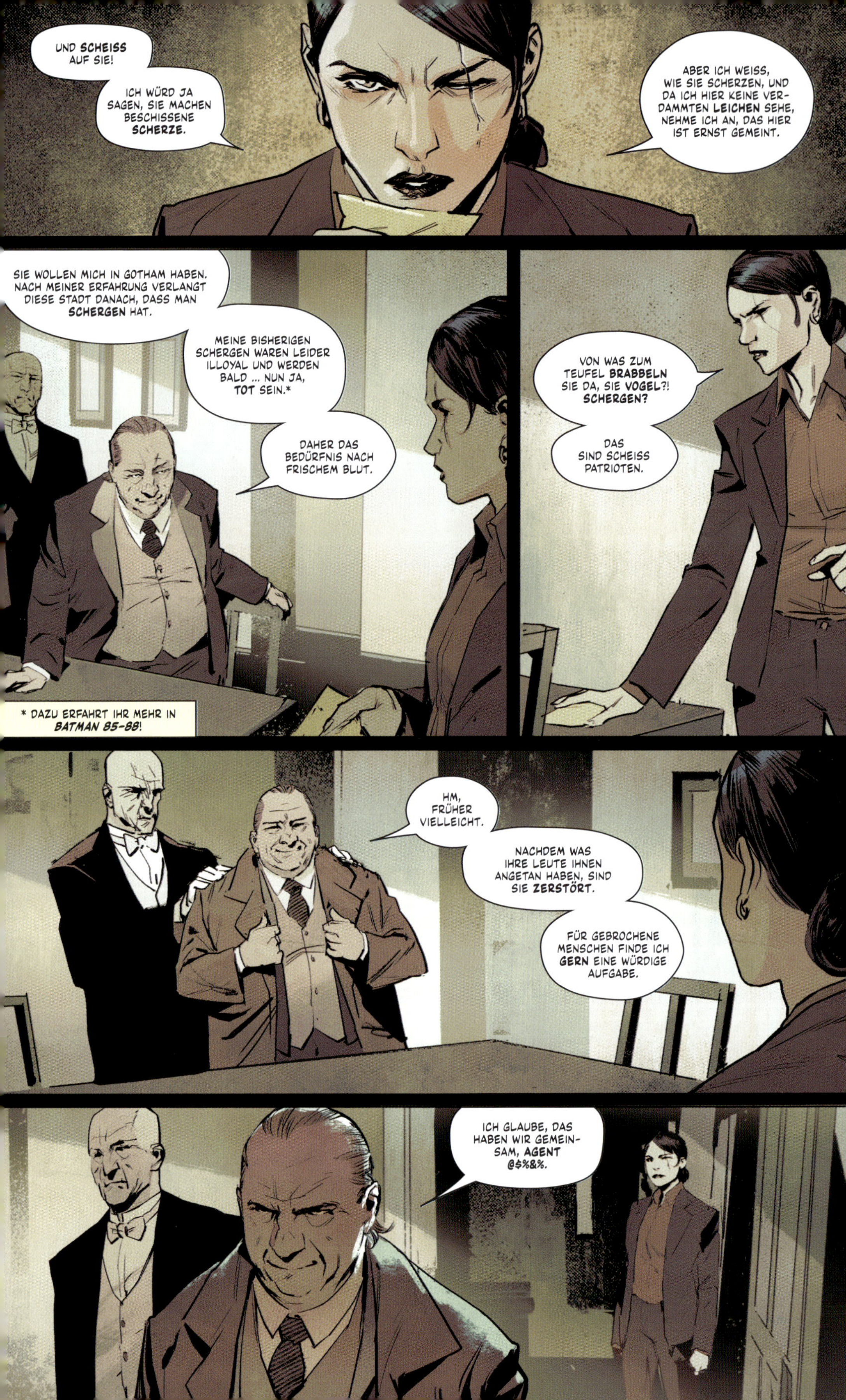
UND SCHEISS AUF SIE!
ICH WÜRD JA SAGEN, SIE MACHEN BESCHISSENE SCHERZE.
ABER ICH WEISS, WIE SIE SCHERZEN, UND DA ICH HIER KEINE VERDAMMTEN LEICHEN SEHE, NEHME ICH AN, DAS HIER IST ERNST GEMEINT.
SIE WOLLEN MICH IN GOTHAM HABEN. NACH MEINER ERFAHRUNG VERLANGT DIESE STADT DANACH, DASS MAN SCHERGEN HAT.
MEINE BISHERIGEN SCHERGEN WAREN LEIDER ILLOYAL UND WERDEN BALD ... NUN JA, TOT SEIN.*
DAHER DAS BEDÜRFNIS NACH FRISCHEM BLUT.
* DAZU ERFAHRT IHR MEHR IN BATMAN 85-88!
VON WAS ZUM TEUFEL BRABBELN SIE DA, SIE VOGEL?! SCHERGEN?
DAS SIND SCHEISS PATRIOTEN.
HM, FRÜHER VIELLEICHT.
NACHDEM WAS IHRE LEUTE IHNEN ANGETAN HABEN, SIND SIE ZERSTÖRT.
FÜR GEBROCHENE MENSCHEN FINDE ICH GERN EINE WÜRDIGE AUFGABE.
ICH GLAUBE, DAS HABEN WIR GEMEINSAM, AGENT @$%&%.

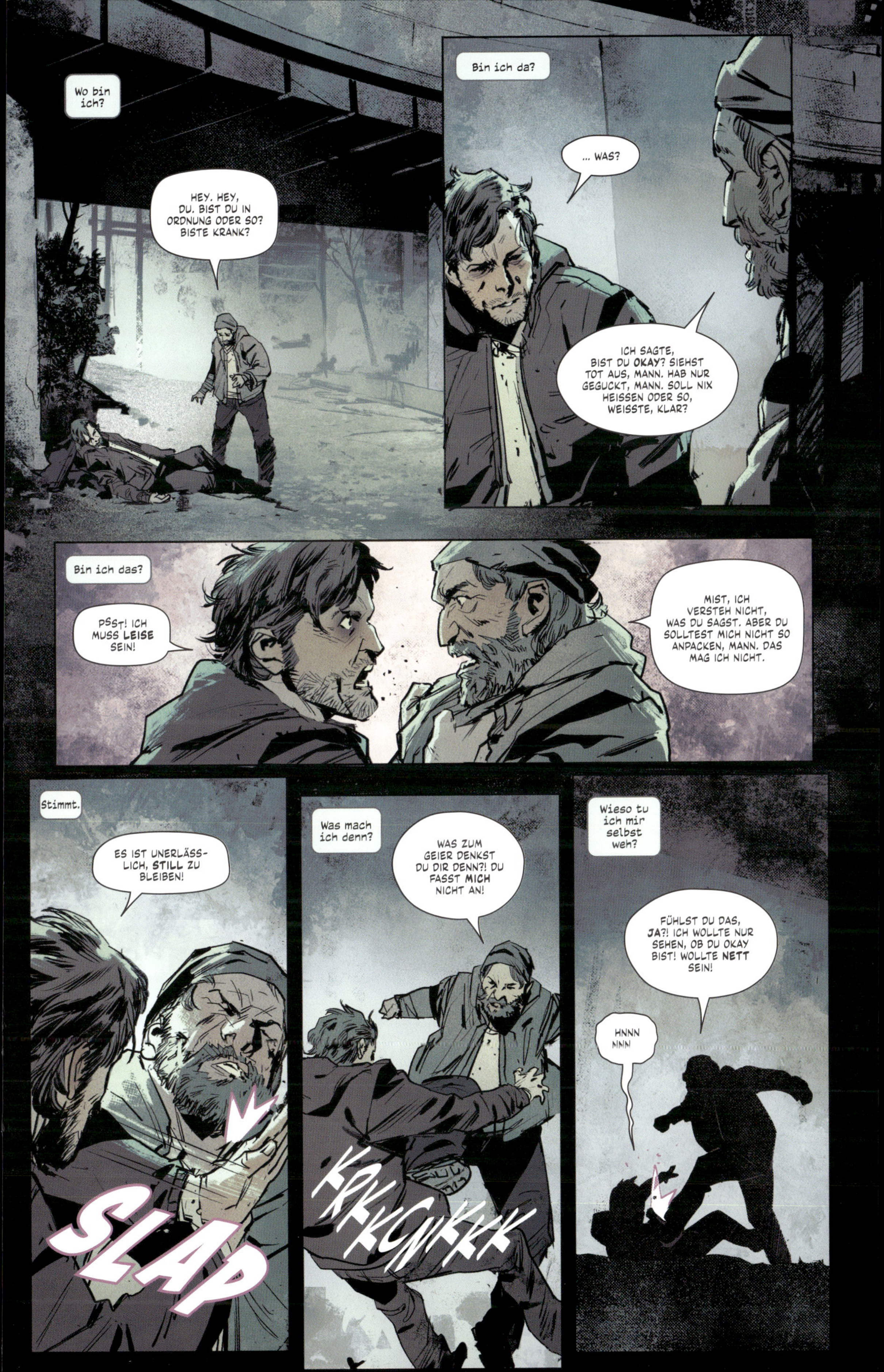

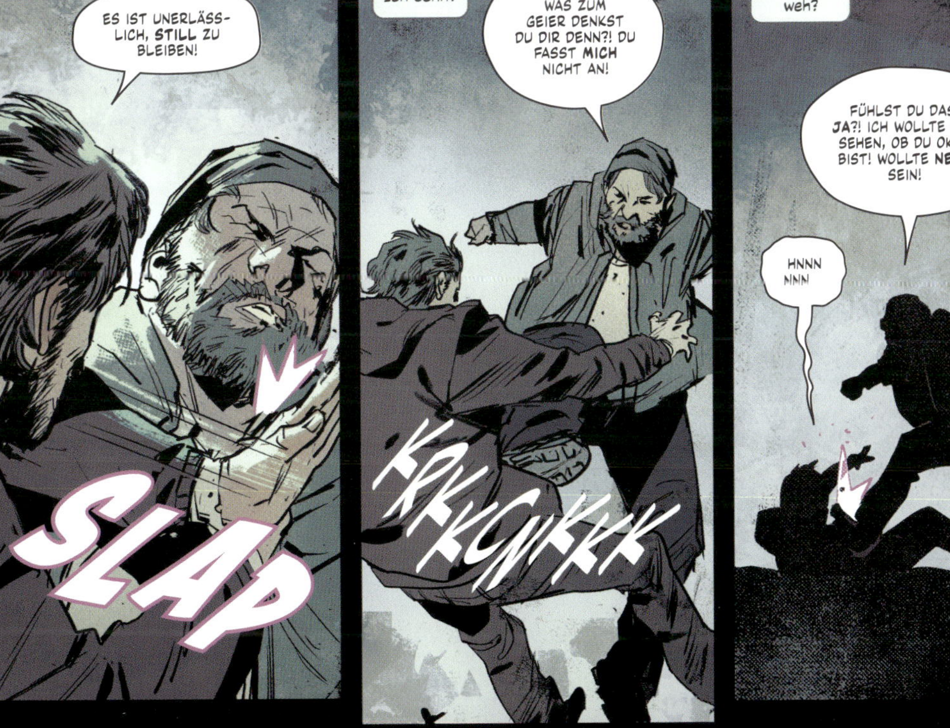
Wo bin ich?
HEY. HEY, DU. BIST DU IN ORDNUNG ODER SO? BISTE KRANK?
Bin ich da?
... WAS?
ICH SAGTE, BIST DU OKAY? SIEHST TOT AUS, MANN. HAB NUR GEGUCKT, MANN. SOLL NIX HEISSEN ODER SO, WEISSTE, KLAR?
Bin ich das?
PSST! ICH MUSS LEISE SEIN!
MIST, ICH VERSTEH NICHT, WAS DU SAGST. ABER DU SOLLTEST MICH NICHT SO ANPACKEN, MANN. DAS MAG ICH NICHT.
Stimmt.
ES IST UNERLÄSSLICH, STILL ZU BLEIBEN!
SLAP
Was mach ich denn?
WAS ZUM GEIER DENKST DU DIR DENN?! DU FASST MICH NICHT AN!
KRKKCNKKK
Wieso tu ich mir selbst weh?
FÜHLST DU DAS, JA?! ICH WOLLTE NUR SEHEN, OB DU OKAY BIST! WOLLTE NETT SEIN!
HNNN NNN

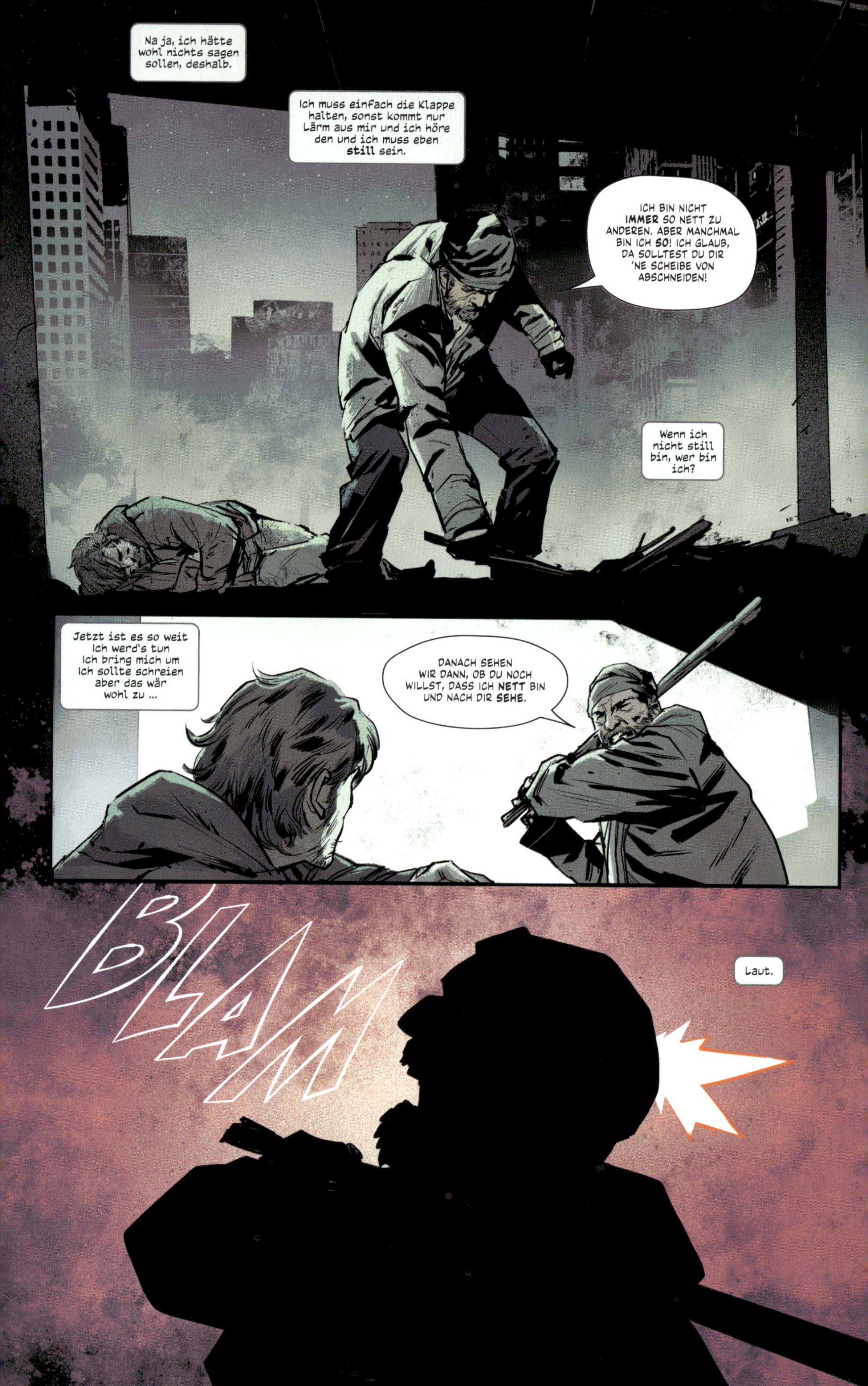
Na ja, ich hätte wohl nichts sagen sollen, deshalb.
Ich muss einfach die Klappe halten, sonst kommt nur Lärm aus mir und ich höre den und ich muss eben still sein.
ICH BIN NICHT IMMER SO NETT ZU ANDEREN. ABER MANCHMAL BIN ICH SO! ICH GLAUB, DA SOLLTEST DU DIR 'NE SCHEIBE VON ABSCHNEIDEN!
Wenn ich nicht still bin, wer bin ich?
Jetzt ist es so weit Ich werd's tun Ich bring mich um Ich sollte schreien aber das wär wohl zu ...
DANACH SEHEN WIR DANN, OB DU NOCH WILLST, DASS ICH NETT BIN UND NACH DIR SEHE.
BLAM
Laut.

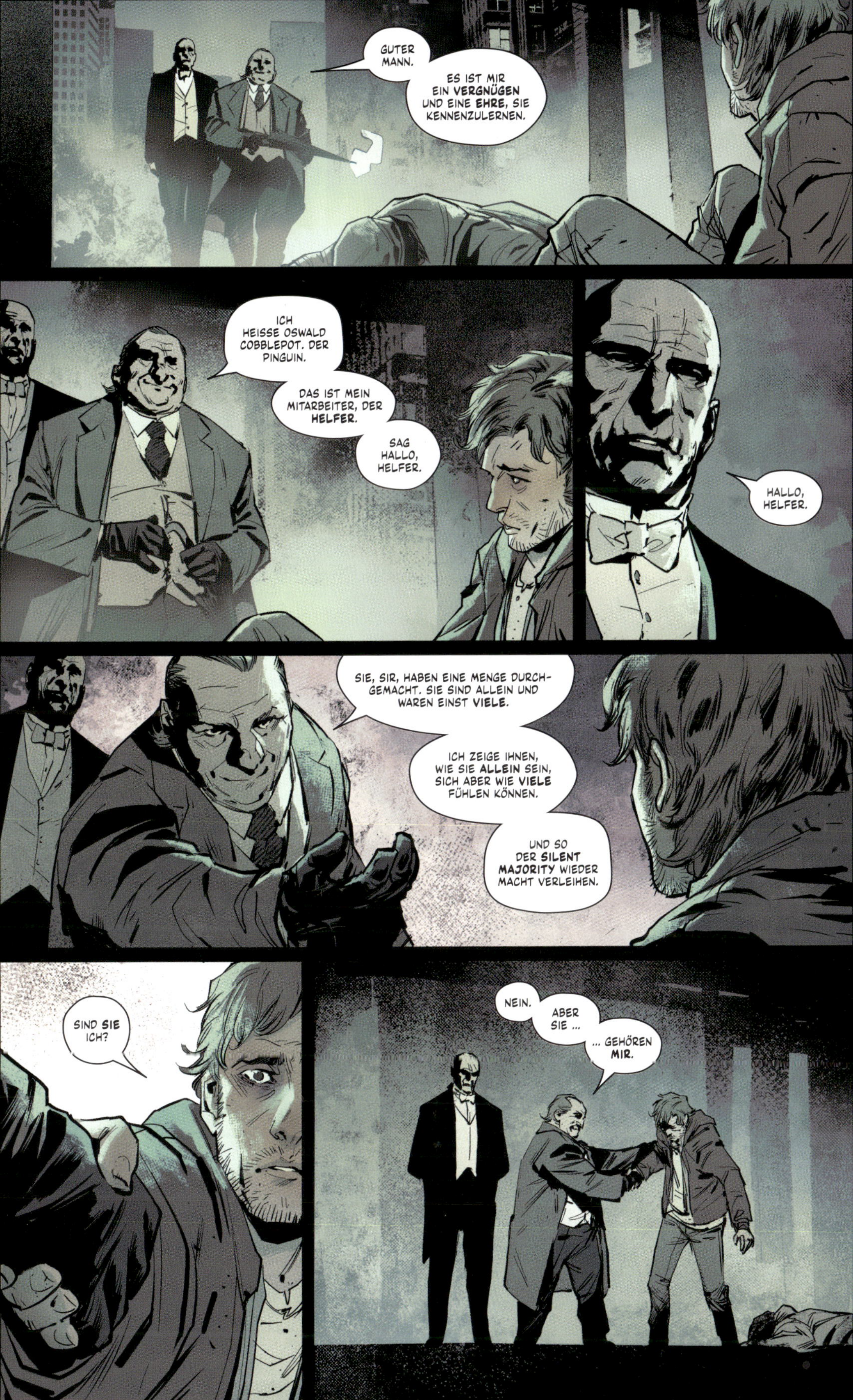
GUTER MANN.
ES IST MIR EIN VERGNÜGEN UND EINE EHRE, SIE KENNENZULERNEN.
ICH HEISSE OSWALD COBBLEPOT. DER PINGUIN.
DAS IST MEIN MITARBEITER, DER HELFER.
SAG HALLO, HELFER.
HALLO, HELFER.
SIE, SIR, HABEN EINE MENGE DURCH-GEMACHT. SIE SIND ALLEIN UND WAREN EINST VIELE.
ICH ZEIGE IHNEN, WIE SIE ALLEIN SEIN, SICH ABER WIE VIELE FÜHLEN KÖNNEN.
UND SO DER SILENT MAJORITY WIEDER MACHT VERLEIHEN.
SIND SIE ICH?
NEIN.
ABER SIE ...
... GEHÖREN MIR.

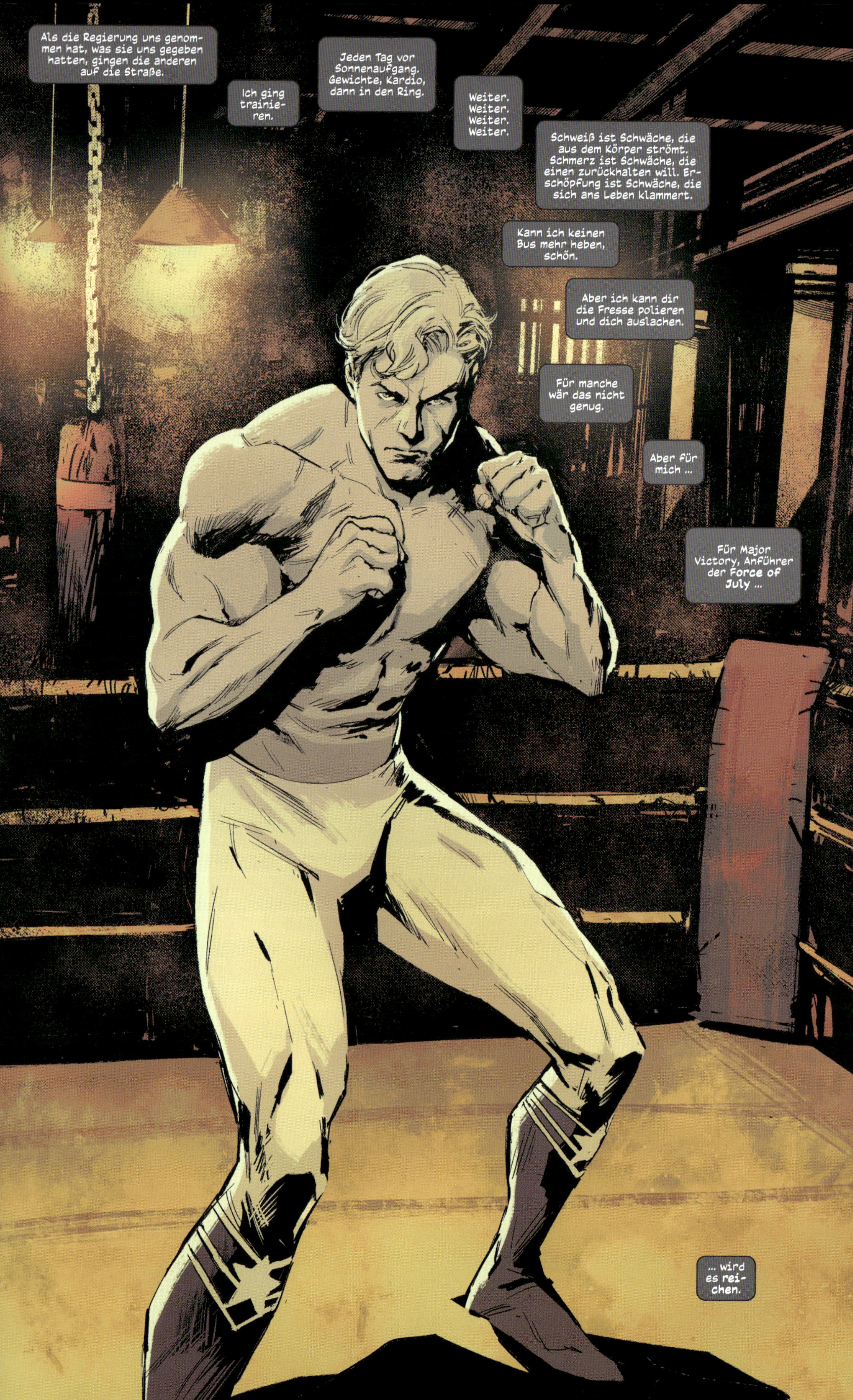
Als die Regierung uns genommen hat, was sie uns gegeben hatten, gingen die anderen auf die Straße.
Ich ging trainieren.
Jeden Tag vor Sonnenaufgang. Gewichte, Kardio, dann in den Ring.
Weiter. Weiter. Weiter. Weiter.
Schweiß ist Schwäche, die aus dem Körper strömt. Schmerz ist Schwäche, die einen zurückhalten will. Erschöpfung ist Schwäche, die sich ans Leben klammert.
Kann ich keinen Bus mehr heben, schön.
Aber ich kann dir die Fresse polieren und dich auslachen.
Für manche wär das nicht genug.
Aber für mich ...
Für Major Victory, Anführer der Force of July ...
... wird es reichen.

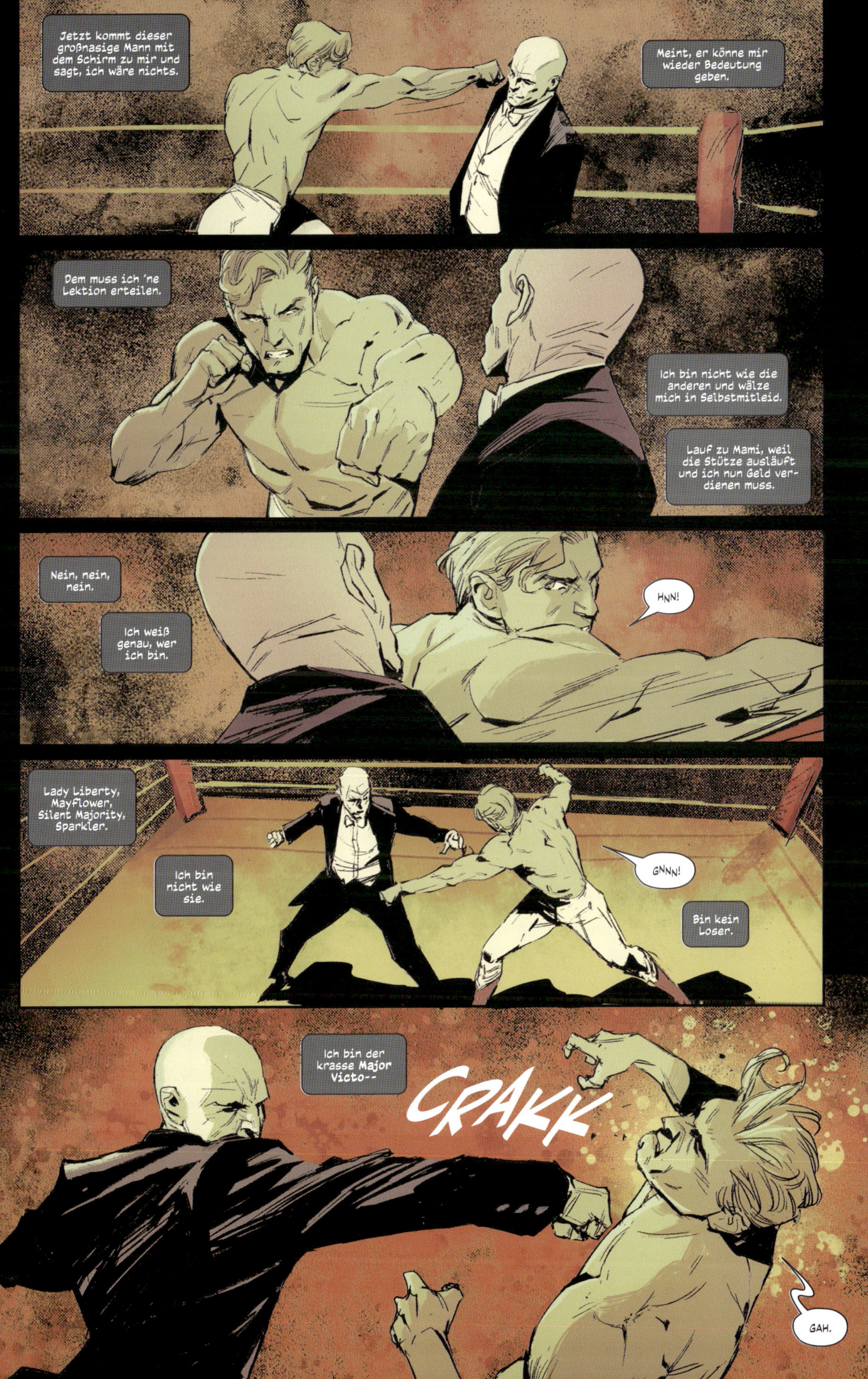
Jetzt kommt dieser großnasige Mann mit dem Schirm zu mir und sagt, ich wäre nichts.
Meint, er könne mir wieder Bedeutung geben.
Dem muss ich 'ne Lektion erteilen.
Ich bin nicht wie die anderen und wälze mich in Selbstmitleid.
Lauf zu Mami, weil die Stütze ausläuft und ich nun Geld verdienen muss.
Nein, nein, nein.
Ich weiß genau, wer ich bin.
HNN!
Lady Liberty, Mayflower, Silent Majority, Sparkler.
Ich bin nicht wie sie.
GNNN!
Bin kein Loser.
Ich bin der krasse Major Victo--
CRAKK
GAH.

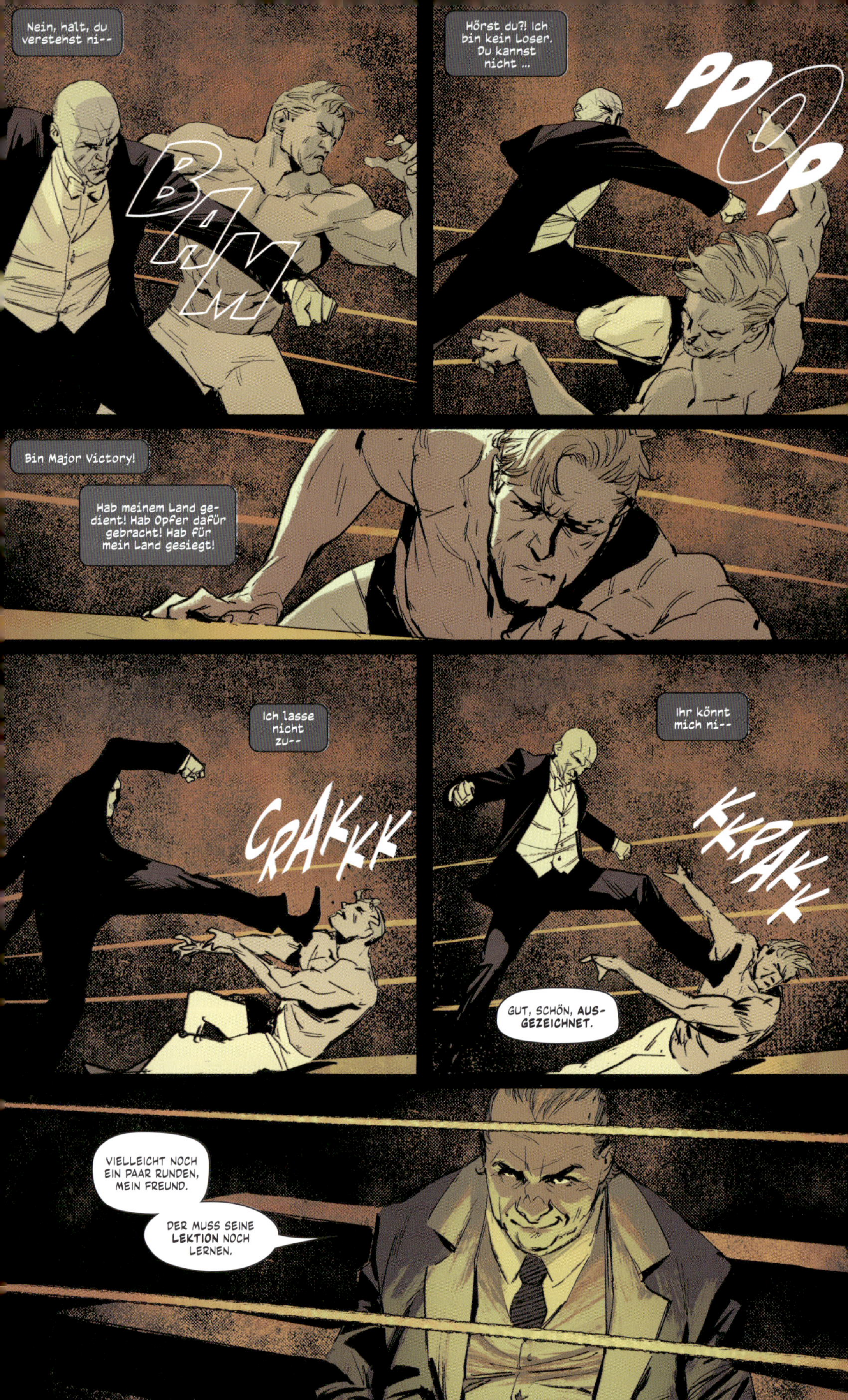
Nein, halt, du versteht ni--
BAM
Hörst du?! Ich bin kein Loser. Du kannst nicht ...
PPOP
Bin Major Victory!
Hab meinem Land gedient! Hab Opfer dafür gebracht! Hab für mein Land gesiegt!
Ich lasse nicht zu--
CRAKKK
Ihr könnt mich ni--
KKRAKK
GUT, SCHÖN, AUSGEZEICHNET.
VIELLEICHT NOCH EIN PAAR RUNDEN, MEIN FREUND.
DER MUSS SEINE LEKTION NOCH LERNEN.

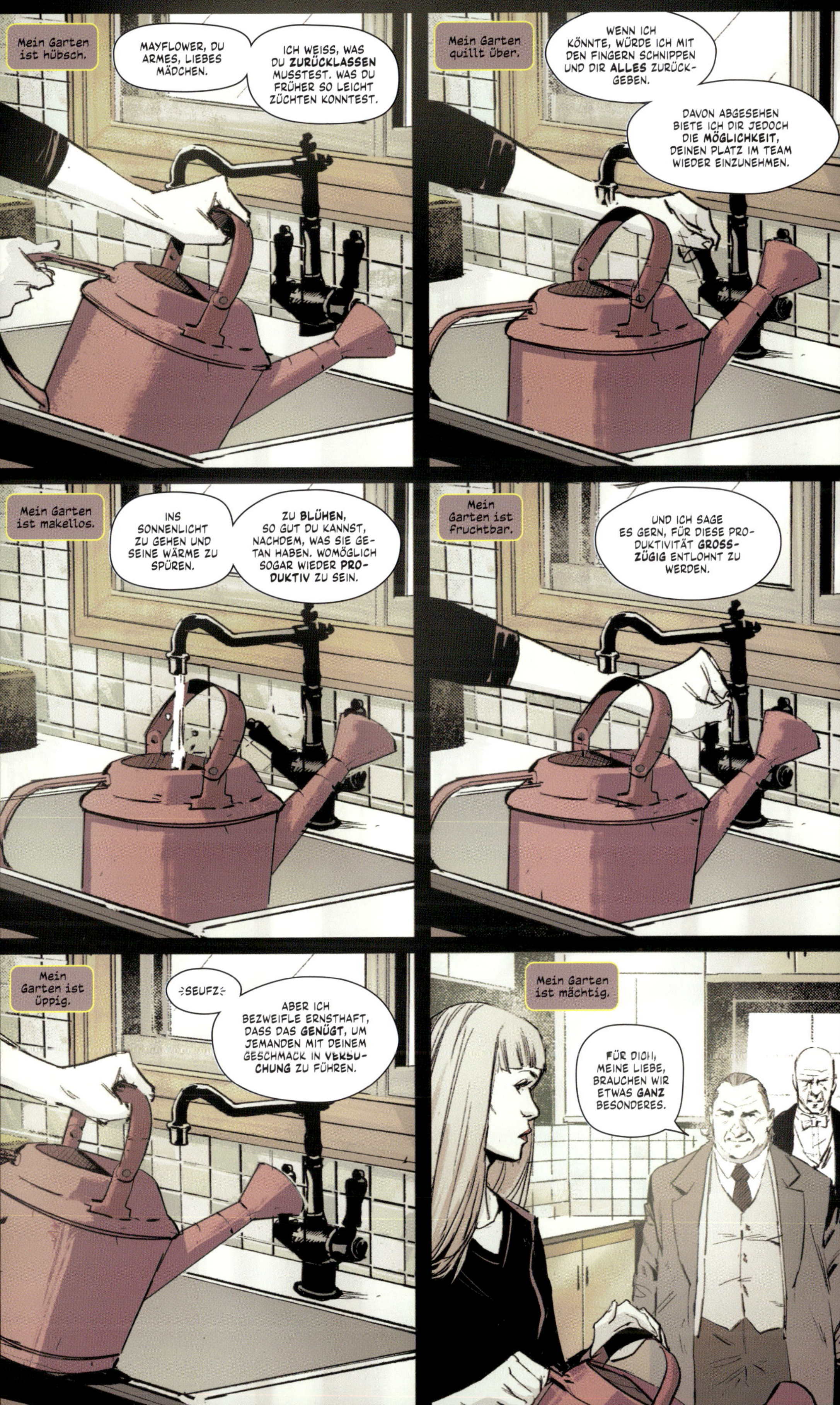
Mein Garten ist hübsch.
MAYFLOWER, DU ARMES, LIEBES MÄDCHEN.
ICH WEISS, WAS DU **ZURÜCKLASSEN** MUSSTEST. WAS DU FRÜHER SO LEICHT ZÜCHTEN KONNTEST.
Mein Garten quillt über.
WENN ICH KÖNNTE, WÜRDE ICH MIT DEN FINGERN SCHNIPPEN UND DIR **ALLES** ZURÜCKGEBEN.
DAVON ABGESEHEN BIETE ICH DIR JEDOCH DIE **MÖGLICHKEIT**, DEINEN PLATZ IM TEAM WIEDER EINZUNEHMEN.
Mein Garten ist makellos.
INS SONNENLICHT ZU GEHEN UND SEINE WÄRME ZU SPÜREN.
ZU **BLÜHEN**, SO GUT DU KANNST, NACHDEM, WAS SIE GETAN HABEN. WOMÖGLICH SOGAR WIEDER **PRODUKTIV** ZU SEIN.
Mein Garten ist fruchtbar.
UND ICH SAGE ES GERN, FÜR DIESE PRODUKTIVITÄT **GROSSZÜGIG** ENTLOHNT ZU WERDEN.
Mein Garten ist üppig.
SEUFZ
ABER ICH BEZWEIFLE ERNSTHAFT, DASS DAS **GENÜGT**, UM JEMANDEN MIT DEINEM GESCHMACK IN **VERSUCHUNG** ZU FÜHREN.
Mein Garten ist mächtig.
FÜR DICH, MEINE LIEBE, BRAUCHEN WIR ETWAS **GANZ** BESONDERES.

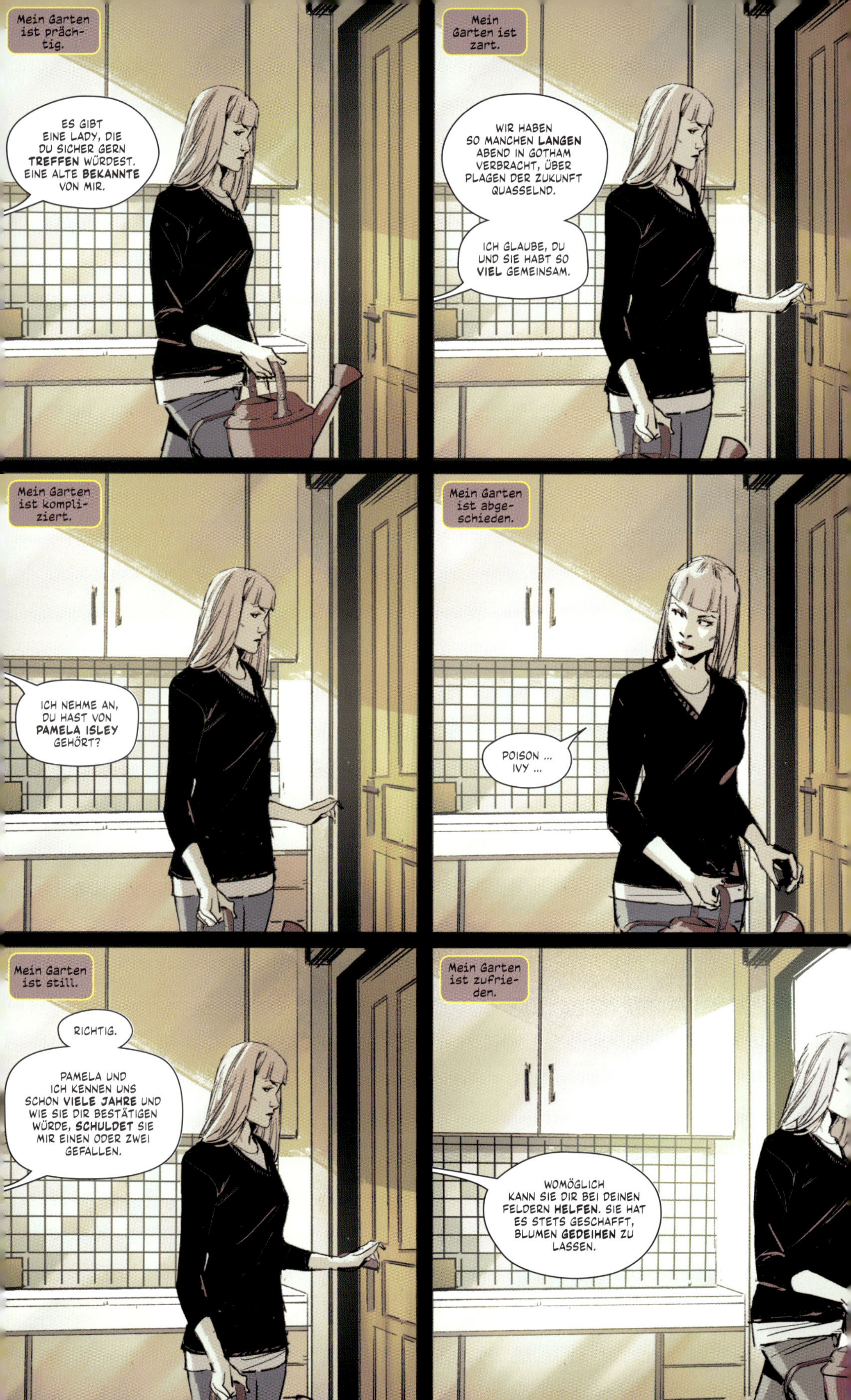
Mein Garten ist prächtig.
ES GIBT EINE LADY, DIE DU SICHER GERN TREFFEN WÜRDEST. EINE ALTE BEKANNTE VON MIR.
Mein Garten ist zart.
WIR HABEN SO MANCHEN LANGEN ABEND IN GOTHAM VERBRACHT, ÜBER PLAGEN DER ZUKUNFT QUASSELND.
ICH GLAUBE, DU UND SIE HABT SO VIEL GEMEINSAM.
Mein Garten ist kompliziert.
ICH NEHME AN, DU HAST VON PAMELA ISLEY GEHÖRT?
Mein Garten ist abgeschieden.
POISON ... IVY ...
Mein Garten ist still.
RICHTIG.
PAMELA UND ICH KENNEN UNS SCHON VIELE JAHRE UND WIE SIE DIR BESTÄTIGEN WÜRDE, SCHULDET SIE MIR EINEN ODER ZWEI GEFALLEN.
Mein Garten ist zufrieden.
WOMÖGLICH KANN SIE DIR BEI DEINEN FELDERN HELFEN. SIE HAT ES STETS GESCHAFFT, BLUMEN GEDEIHEN ZU LASSEN.

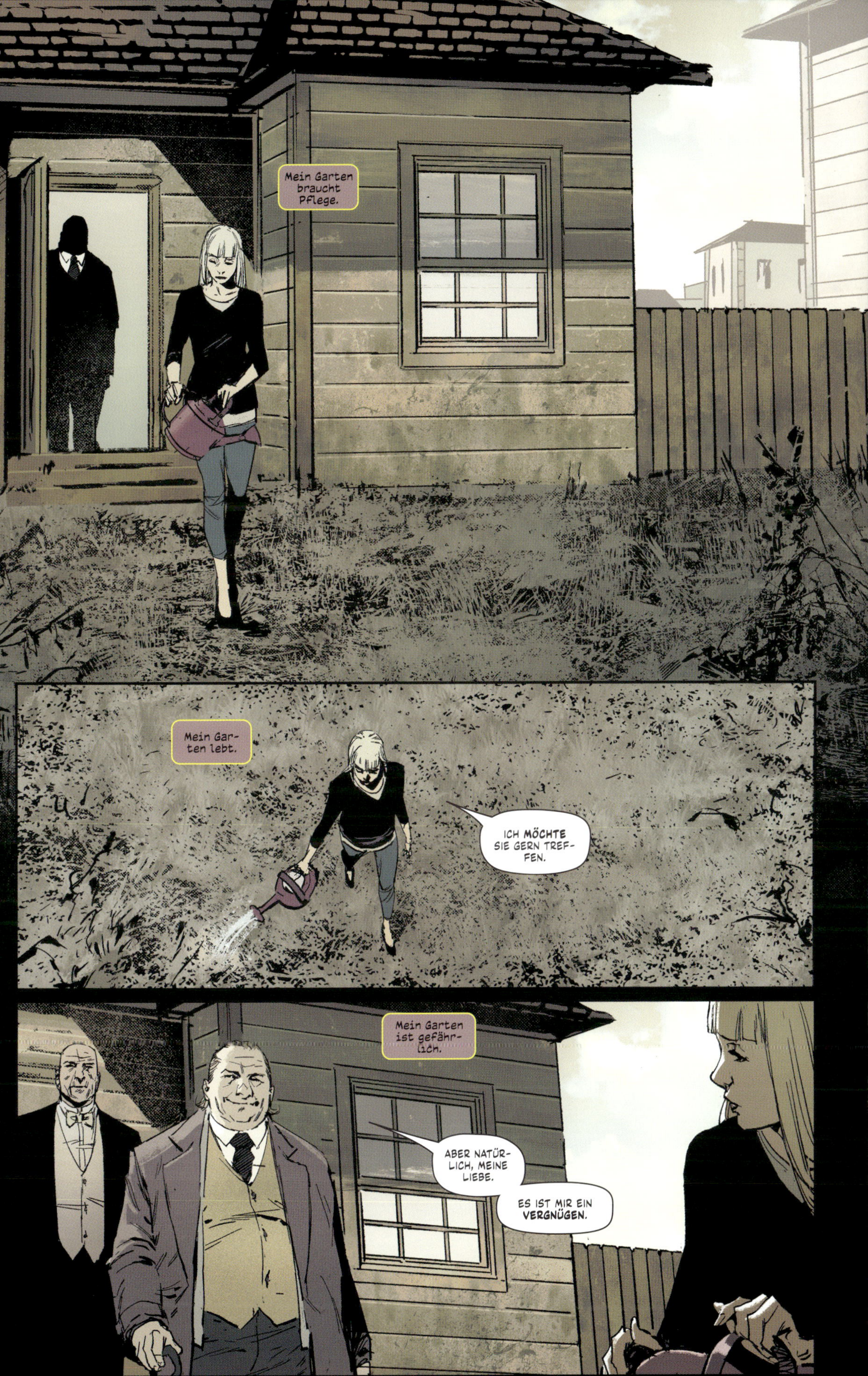
Mein Garten braucht Pflege.
Mein Garten lebt.
ICH MÖCHTE SIE GERN TREFFEN.
Mein Garten ist gefährlich.
ABER NATÜRLICH, MEINE LIEBE.
ES IST MIR EIN VERGNÜGEN.

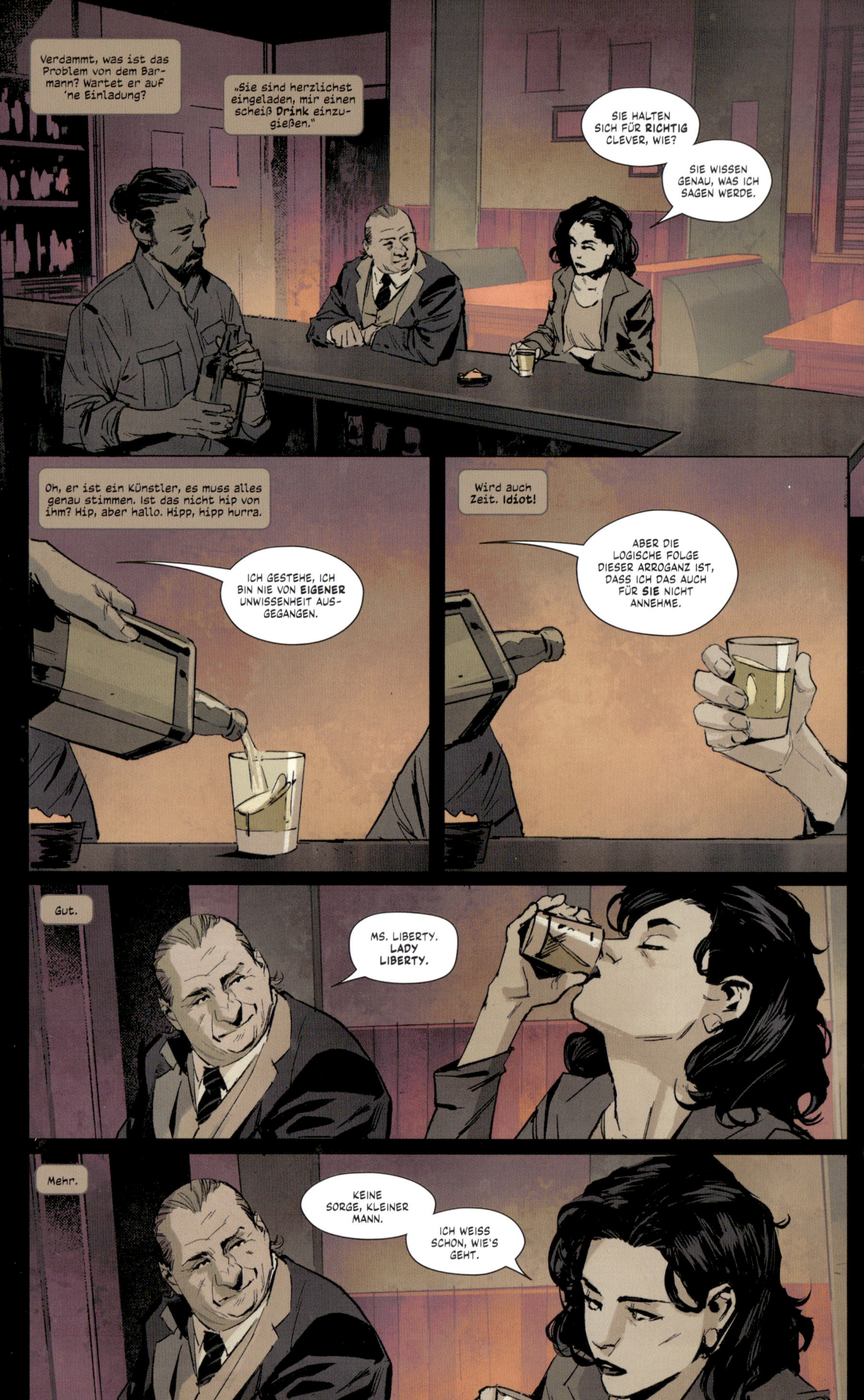
Verdammt, was ist das Problem von dem Barmann? Wartet er auf 'ne Einladung?
„Sie sind herzlichst eingeladen, mir einen scheiß Drink einzugießen."
SIE HALTEN SICH FÜR RICHTIG CLEVER, WIE?
SIE WISSEN GENAU, WAS ICH SAGEN WERDE.
Oh, er ist ein Künstler, es muss alles genau stimmen. Ist das nicht hip von ihm? Hip, aber hallo. Hipp, hipp hurra.
ICH GESTEHE, ICH BIN NIE VON EIGENER UNWISSENHEIT AUSGEGANGEN.
Wird auch Zeit. Idiot!
ABER DIE LOGISCHE FOLGE DIESER ARROGANZ IST, DASS ICH DAS AUCH FÜR SIE NICHT ANNEHME.
Gut.
MS. LIBERTY. LADY LIBERTY.
Mehr.
KEINE SORGE, KLEINER MANN.
ICH WEISS SCHON, WIE'S GEHT.

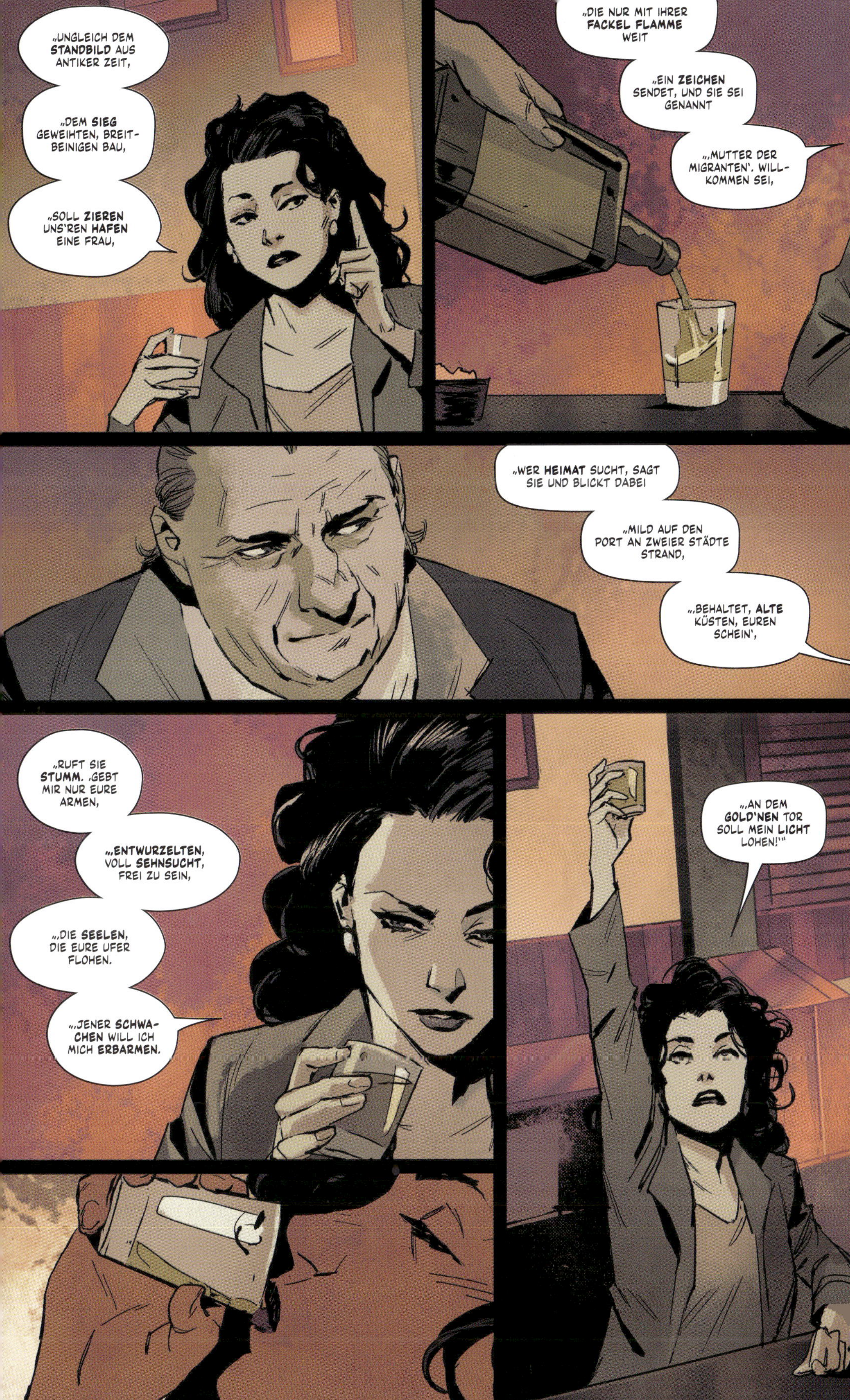
„UNGLEICH DEM STANDBILD AUS ANTIKER ZEIT,
„DEM SIEG GEWEIHTEN, BREIT-BEINIGEN BAU,
„SOLL ZIEREN UNS'REN HAFEN EINE FRAU,
„DIE NUR MIT IHRER FACKEL FLAMME WEIT
„EIN ZEICHEN SENDET, UND SIE SEI GENANNT
„‚MUTTER DER MIGRANTEN'. WILL-KOMMEN SEI,
„WER HEIMAT SUCHT, SAGT SIE UND BLICKT DABEI
„MILD AUF DEN PORT AN ZWEIER STÄDTE STRAND,
„‚BEHALTET, ALTE KÜSTEN, EUREN SCHEIN',
„RUFT SIE STUMM. ‚GEBT MIR NUR EURE ARMEN,
„ENTWURZELTEN, VOLL SEHNSUCHT, FREI ZU SEIN,
„DIE SEELEN, DIE EURE UFER FLOHEN.
„JENER SCHWA-CHEN WILL ICH MICH ERBARMEN.
„AN DEM GOLD'NEN TOR SOLL MEIN LICHT LOHEN!'"

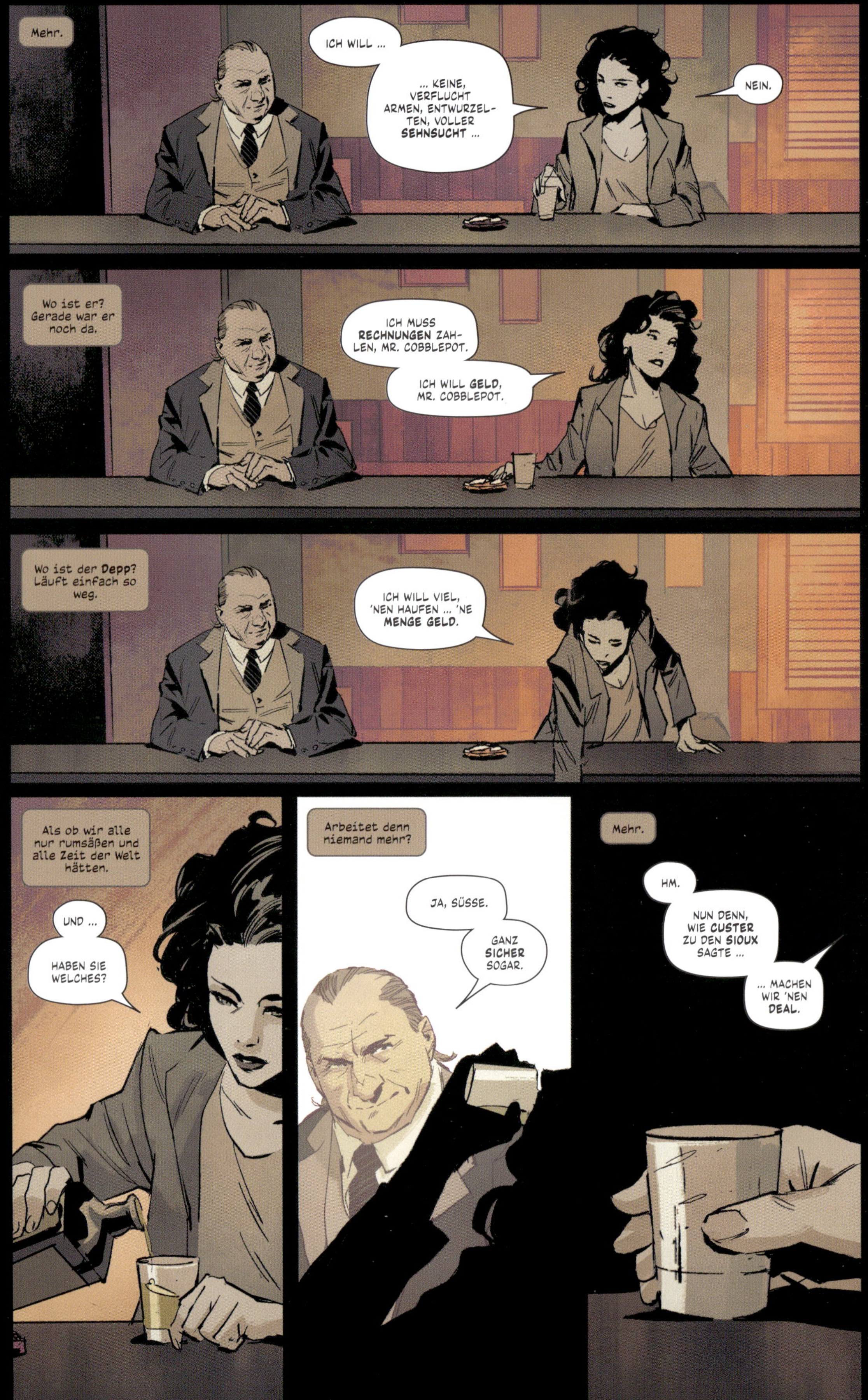
Mehr.
ICH WILL ...
... KEINE, VERFLUCHT ARMEN, ENTWURZEL-TEN, VOLLER SEHNSUCHT ...
NEIN.
Wo ist er? Gerade war er noch da.
ICH MUSS RECHNUNGEN ZAH-LEN, MR. COBBLEPOT.
ICH WILL GELD, MR. COBBLEPOT.
Wo ist der Depp? Läuft einfach so weg.
ICH WILL VIEL, 'NEN HAUFEN ... 'NE MENGE GELD.
Als ob wir alle nur rumsäßen und alle Zeit der Welt hätten.
UND ...
HABEN SIE WELCHES?
Arbeitet denn niemand mehr?
JA, SÜSSE.
GANZ SICHER SOGAR.
Mehr.
HM.
NUN DENN, WIE CUSTER ZU DEN SIOUX SAGTE ...
... MACHEN WIR 'NEN DEAL.

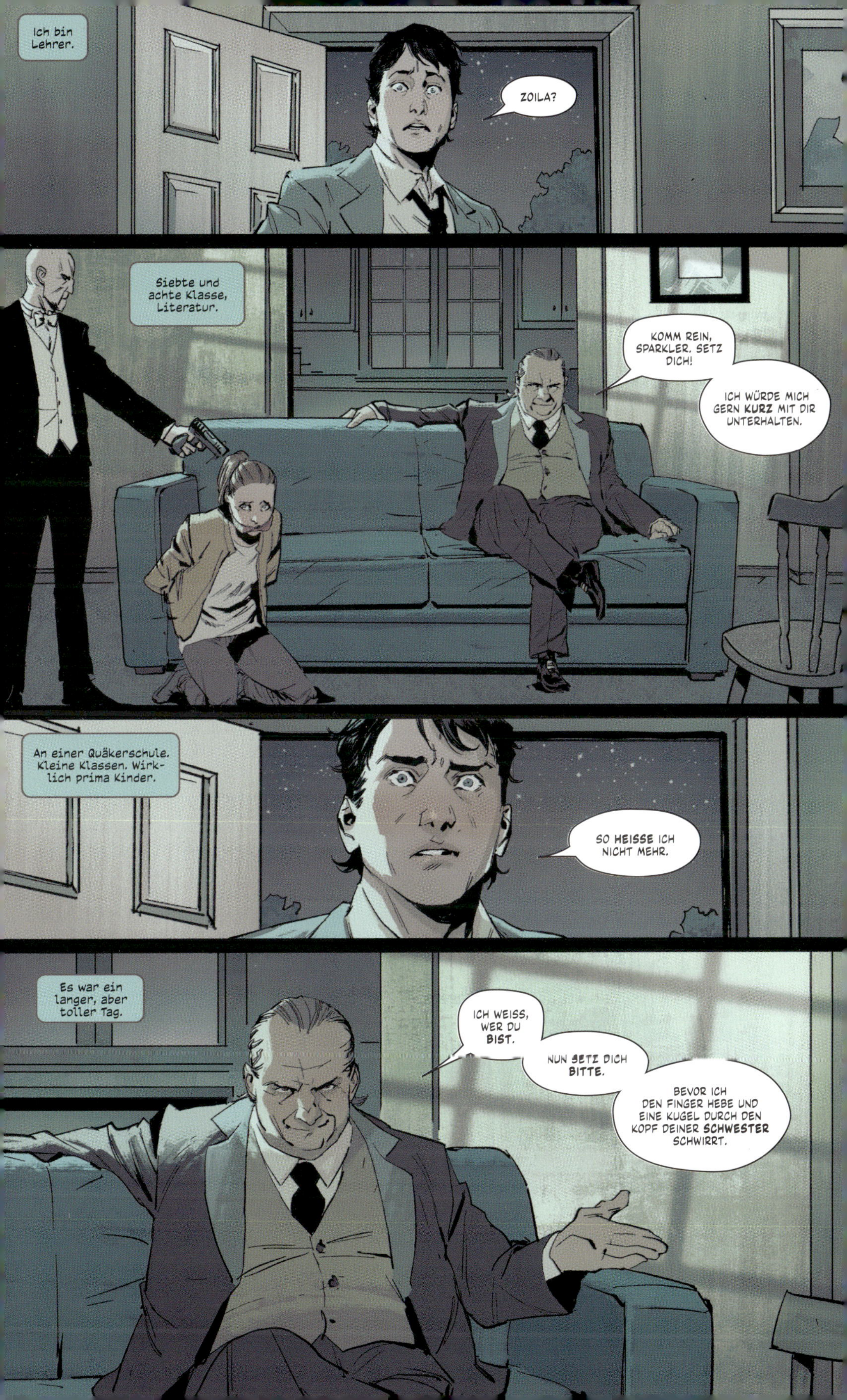
Ich bin Lehrer.
ZOILA?
Siebte und achte Klasse, Literatur.
KOMM REIN, SPARKLER. SETZ DICH!
ICH WÜRDE MICH GERN KURZ MIT DIR UNTERHALTEN.
An einer Quäkerschule. Kleine Klassen. Wirklich prima Kinder.
SO HEISSE ICH NICHT MEHR.
Es war ein langer, aber toller Tag.
ICH WEISS, WER DU BIST.
NUN SETZ DICH BITTE.
BEVOR ICH DEN FINGER HEBE UND EINE KUGEL DURCH DEN KOPF DEINER SCHWESTER SCHWIRRT.

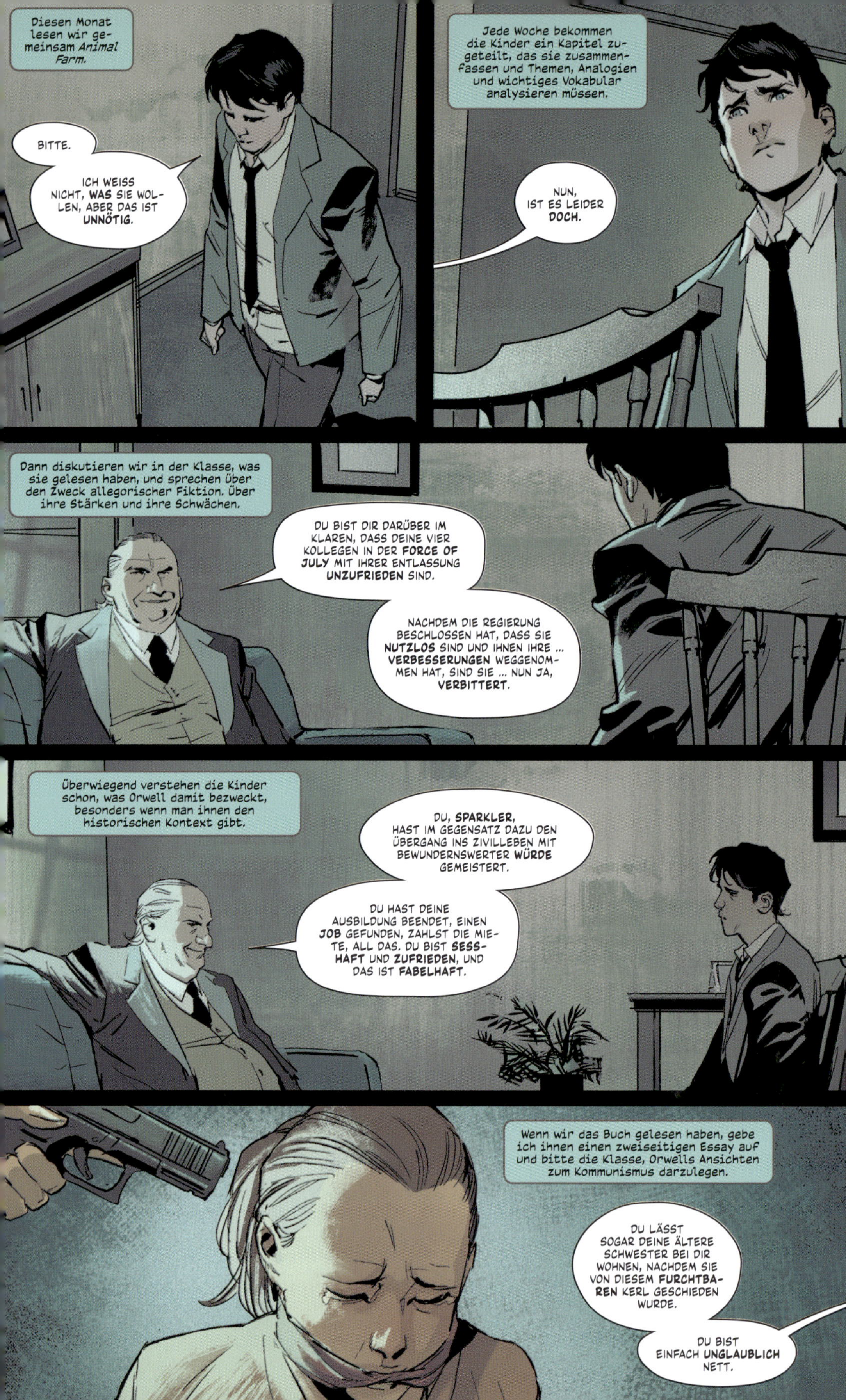
Diesen Monat lesen wir gemeinsam *Animal Farm*.
BITTE.
ICH WEISS NICHT, **WAS** SIE WOLLEN, ABER DAS IST **UNNÖTIG**.
Jede Woche bekommen die Kinder ein Kapitel zugeteilt, das sie zusammenfassen und Themen, Analogien und wichtiges Vokabular analysieren müssen.
NUN, IST ES LEIDER **DOCH**.
Dann diskutieren wir in der Klasse, was sie gelesen haben, und sprechen über den Zweck allegorischer Fiktion. Über ihre Stärken und ihre Schwächen.
DU BIST DIR DARÜBER IM KLAREN, DASS DEINE VIER KOLLEGEN IN DER **FORCE OF JULY** MIT IHRER ENTLASSUNG **UNZUFRIEDEN** SIND.
NACHDEM DIE REGIERUNG BESCHLOSSEN HAT, DASS SIE **NUTZLOS** SIND UND IHNEN IHRE ... **VERBESSERUNGEN** WEGGENOMMEN HAT, SIND SIE ... NUN JA, **VERBITTERT**.
Überwiegend verstehen die Kinder schon, was Orwell damit bezweckt, besonders wenn man ihnen den historischen Kontext gibt.
DU, **SPARKLER**, HAST IM GEGENSATZ DAZU DEN ÜBERGANG INS ZIVILLEBEN MIT BEWUNDERNSWERTER **WÜRDE** GEMEISTERT.
DU HAST DEINE AUSBILDUNG BEENDET, EINEN **JOB** GEFUNDEN, ZAHLST DIE MIETE, ALL DAS. DU BIST **SESSHAFT** UND **ZUFRIEDEN**, UND DAS IST **FABELHAFT**.
Wenn wir das Buch gelesen haben, gebe ich ihnen einen zweiseitigen Essay auf und bitte die Klasse, Orwells Ansichten zum Kommunismus darzulegen.
DU LÄSST SOGAR DEINE ÄLTERE SCHWESTER BEI DIR WOHNEN, NACHDEM SIE VON DIESEM **FURCHTBAREN** KERL GESCHIEDEN WURDE.
DU BIST EINFACH **UNGLAUBLICH** NETT.

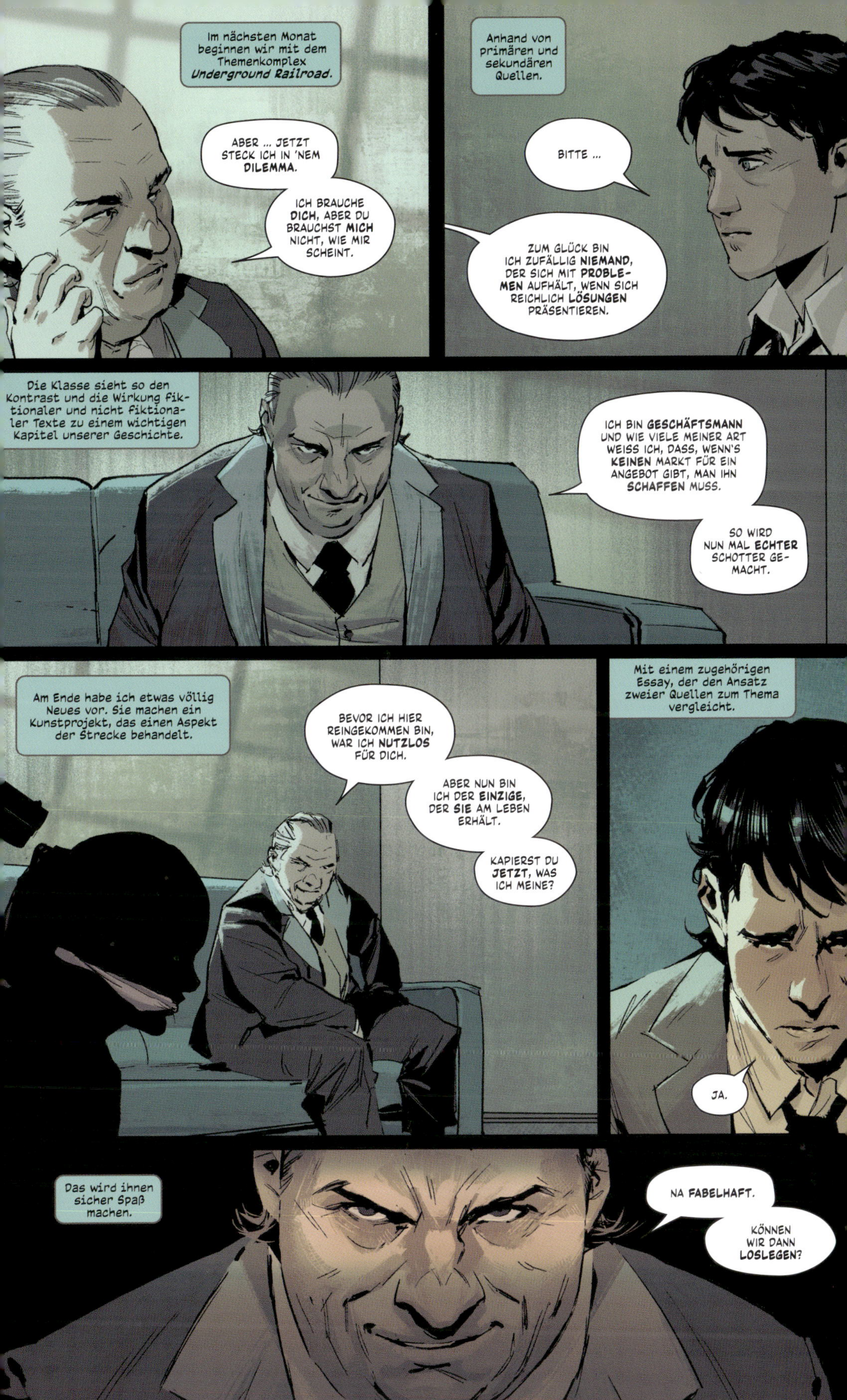

Im nächsten Monat beginnen wir mit dem Themenkomplex Underground Railroad.
ABER ... JETZT STECK ICH IN 'NEM DILEMMA.
ICH BRAUCHE DICH, ABER DU BRAUCHST MICH NICHT, WIE MIR SCHEINT.
Anhand von primären und sekundären Quellen.
BITTE ...
ZUM GLÜCK BIN ICH ZUFÄLLIG NIEMAND, DER SICH MIT PROBLEMEN AUFHÄLT, WENN SICH REICHLICH LÖSUNGEN PRÄSENTIEREN.
Die Klasse sieht so den Kontrast und die Wirkung fiktionaler und nicht fiktionaler Texte zu einem wichtigen Kapitel unserer Geschichte.
ICH BIN GESCHÄFTSMANN UND WIE VIELE MEINER ART WEISS ICH, DASS, WENN'S KEINEN MARKT FÜR EIN ANGEBOT GIBT, MAN IHN SCHAFFEN MUSS.
SO WIRD NUN MAL ECHTER SCHOTTER GEMACHT.
Am Ende habe ich etwas völlig Neues vor. Sie machen ein Kunstprojekt, das einen Aspekt der Strecke behandelt.
BEVOR ICH HIER REINGEKOMMEN BIN, WAR ICH NUTZLOS FÜR DICH.
ABER NUN BIN ICH DER EINZIGE, DER SIE AM LEBEN ERHÄLT.
KAPIERST DU JETZT, WAS ICH MEINE?
Mit einem zugehörigen Essay, der den Ansatz zweier Quellen zum Thema vergleicht.
JA.
Das wird ihnen sicher Spaß machen.
NA FABELHAFT.
KÖNNEN WIR DANN LOSLEGEN?

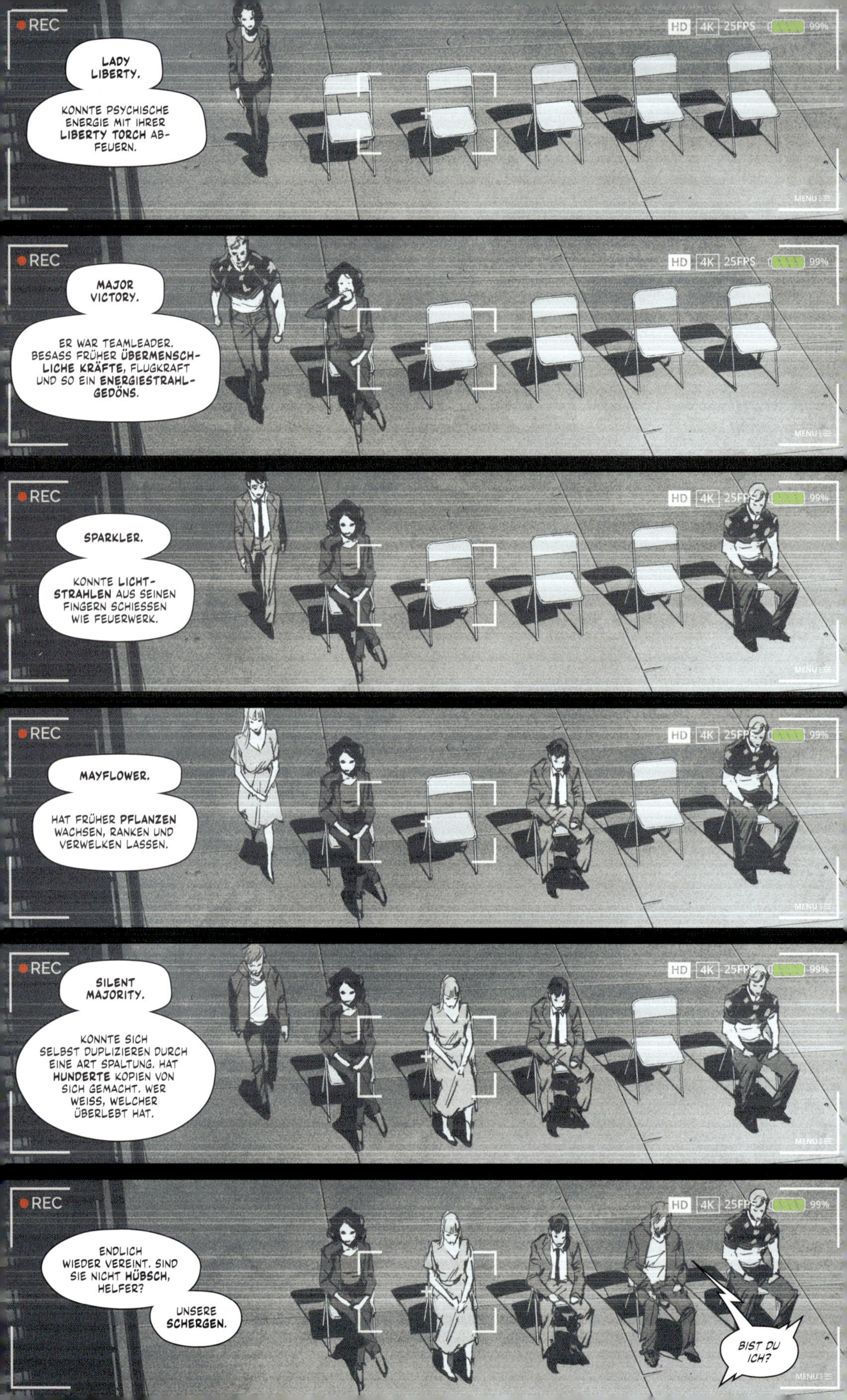

LADY LIBERTY.
KONNTE PSYCHISCHE ENERGIE MIT IHRER **LIBERTY TORCH** ABFEUERN.

MAJOR VICTORY.
ER WAR TEAMLEADER. BESASS FRÜHER **ÜBERMENSCHLICHE KRÄFTE**, FLUGKRAFT UND SO EIN **ENERGIESTRAHL-GEDÖNS**.

SPARKLER.
KONNTE **LICHTSTRAHLEN** AUS SEINEN FINGERN SCHIESSEN WIE FEUERWERK.

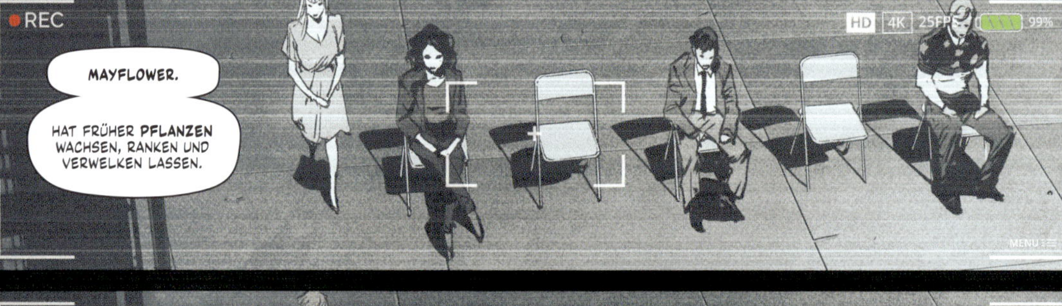

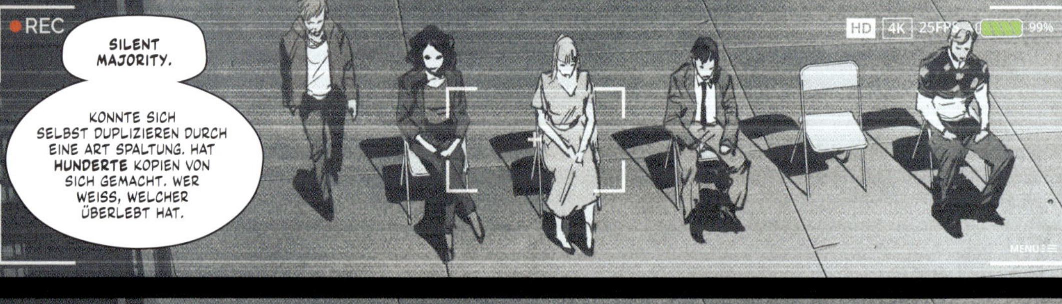

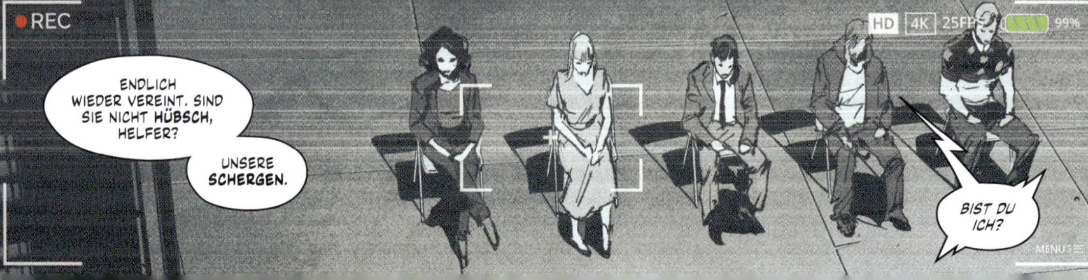

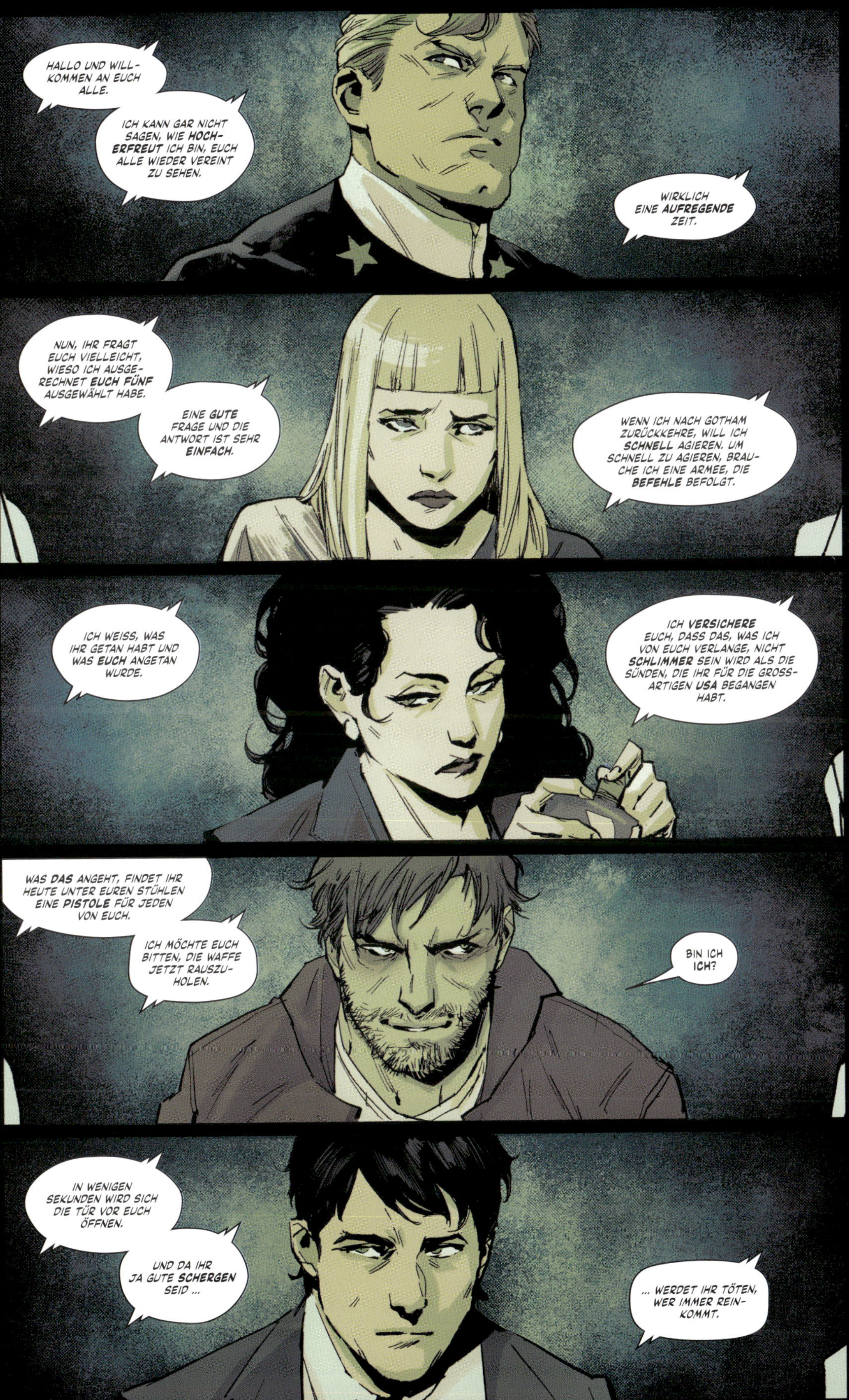
HALLO UND WILLKOMMEN AN EUCH ALLE.
ICH KANN GAR NICHT SAGEN, WIE HOCHERFREUT ICH BIN, EUCH ALLE WIEDER VEREINT ZU SEHEN.
WIRKLICH EINE AUFREGENDE ZEIT.
NUN, IHR FRAGT EUCH VIELLEICHT, WIESO ICH AUSGERECHNET EUCH FÜNF AUSGEWÄHLT HABE.
EINE GUTE FRAGE UND DIE ANTWORT IST SEHR EINFACH.
WENN ICH NACH GOTHAM ZURÜCKKEHRE, WILL ICH SCHNELL AGIEREN. UM SCHNELL ZU AGIEREN, BRAUCHE ICH EINE ARMEE, DIE BEFEHLE BEFOLGT.
ICH WEISS, WAS IHR GETAN HABT UND WAS EUCH ANGETAN WURDE.
ICH VERSICHERE EUCH, DASS DAS, WAS ICH VON EUCH VERLANGE, NICHT SCHLIMMER SEIN WIRD ALS DIE SÜNDEN, DIE IHR FÜR DIE GROSSARTIGEN USA BEGANGEN HABT.
WAS DAS ANGEHT, FINDET IHR HEUTE UNTER EUREN STÜHLEN EINE PISTOLE FÜR JEDEN VON EUCH.
ICH MÖCHTE EUCH BITTEN, DIE WAFFE JETZT RAUSZUHOLEN.
BIN ICH ICH?
IN WENIGEN SEKUNDEN WIRD SICH DIE TÜR VOR EUCH ÖFFNEN.
UND DA IHR JA GUTE SCHERGEN SEID ...
... WERDET IHR TÖTEN, WER IMMER REINKOMMT.

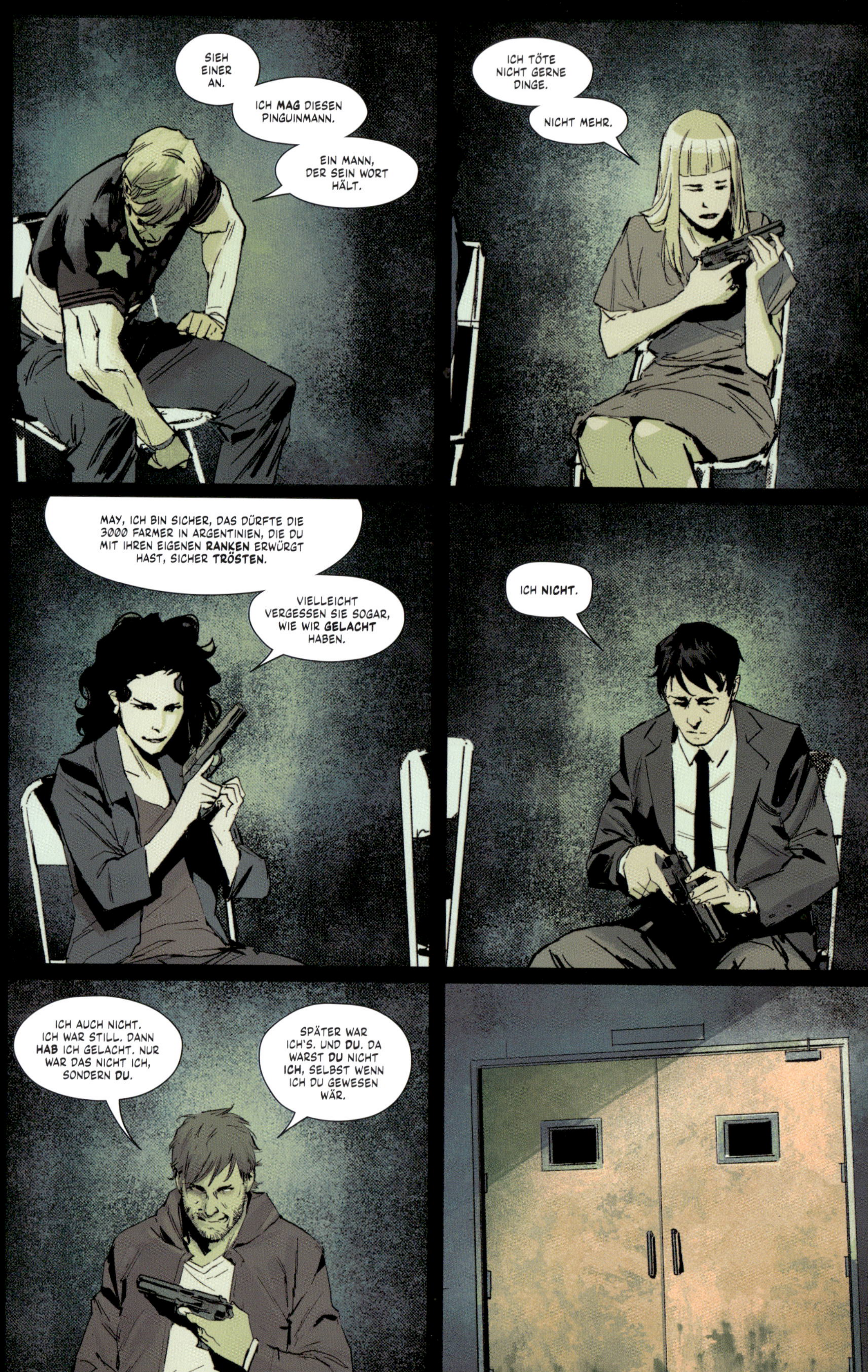
SIEH EINER AN.
ICH MAG DIESEN PINGUINMANN.
EIN MANN, DER SEIN WORT HÄLT.
ICH TÖTE NICHT GERNE DINGE.
NICHT MEHR.
MAY, ICH BIN SICHER, DAS DÜRFTE DIE 3000 FARMER IN ARGENTINIEN, DIE DU MIT IHREN EIGENEN RANKEN ERWÜRGT HAST, SICHER TRÖSTEN.
VIELLEICHT VERGESSEN SIE SOGAR, WIE WIR GELACHT HABEN.
ICH NICHT.
ICH AUCH NICHT. ICH WAR STILL. DANN HAB ICH GELACHT. NUR WAR DAS NICHT ICH, SONDERN DU.
SPÄTER WAR ICH'S. UND DU. DA WARST DU NICHT ICH, SELBST WENN ICH DU GEWESEN WÄR.

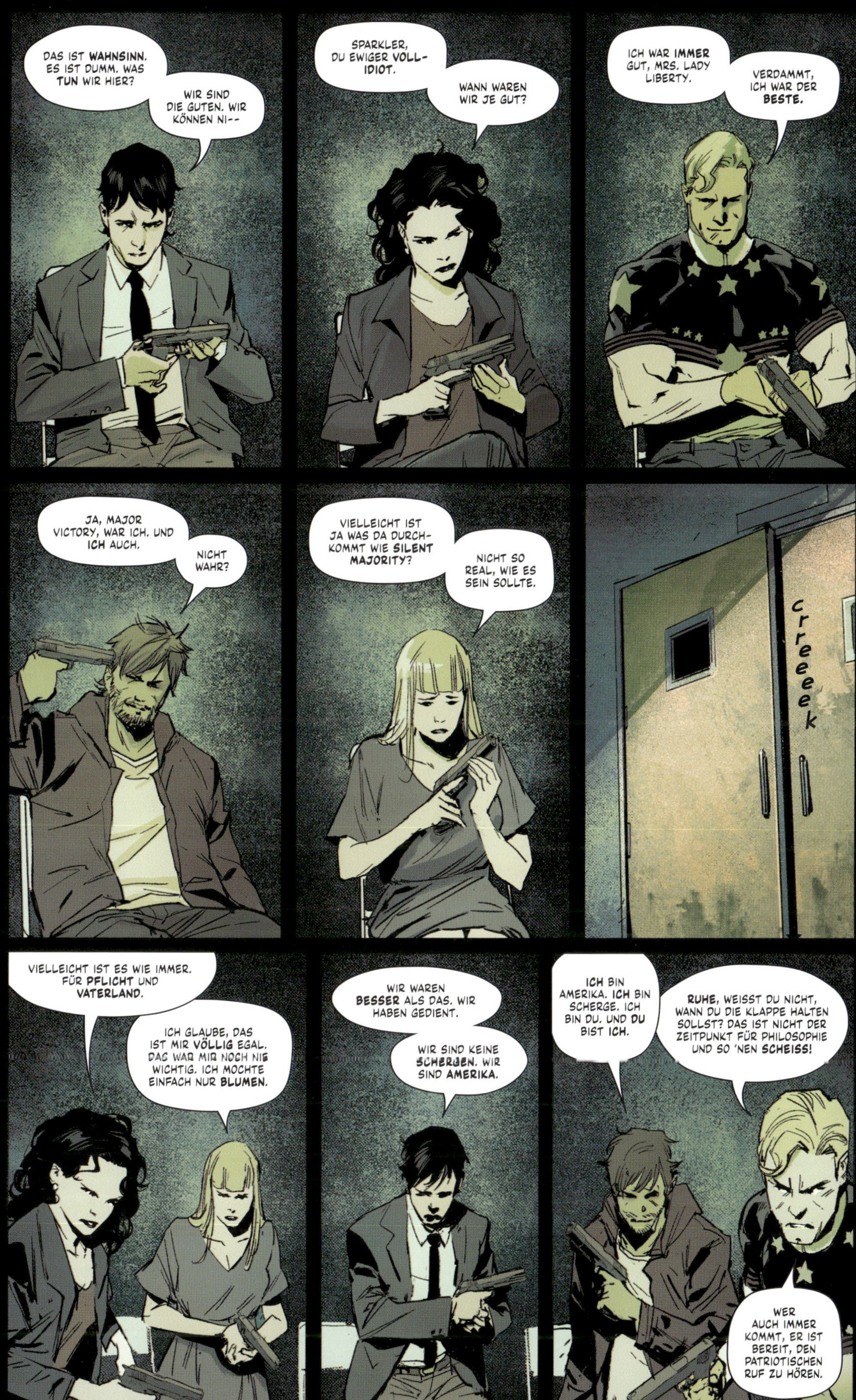
DAS IST WAHNSINN. ES IST DUMM. WAS TUN WIR HIER?
WIR SIND DIE GUTEN. WIR KÖNNEN NI--
SPARKLER, DU EWIGER VOLL-IDIOT.
WANN WAREN WIR JE GUT?
ICH WAR IMMER GUT, MRS. LADY LIBERTY.
VERDAMMT, ICH WAR DER BESTE.
JA, MAJOR VICTORY, WAR ICH. UND ICH AUCH.
NICHT WAHR?
VIELLEICHT IST JA WAS DA DURCH-KOMMT WIE SILENT MAJORITY?
NICHT SO REAL, WIE ES SEIN SOLLTE.
crreeeek
VIELLEICHT IST ES WIE IMMER. FÜR PFLICHT UND VATERLAND.
ICH GLAUBE, DAS IST MIR VÖLLIG EGAL. DAS WAR MIR NOCH NIE WICHTIG. ICH MOCHTE EINFACH NUR BLUMEN.
WIR WAREN BESSER ALS DAS. WIR HABEN GEDIENT.
WIR SIND KEINE SCHERGEN. WIR SIND AMERIKA.
ICH BIN AMERIKA. ICH BIN SCHERGE. ICH BIN DU. UND DU BIST ICH.
RUHE, WEISST DU NICHT, WANN DU DIE KLAPPE HALTEN SOLLST? DAS IST NICHT DER ZEITPUNKT FÜR PHILOSOPHIE UND SO 'NEN SCHEISS!
WER AUCH IMMER KOMMT, ER IST BEREIT, DEN PATRIOTISCHEN RUF ZU HÖREN.

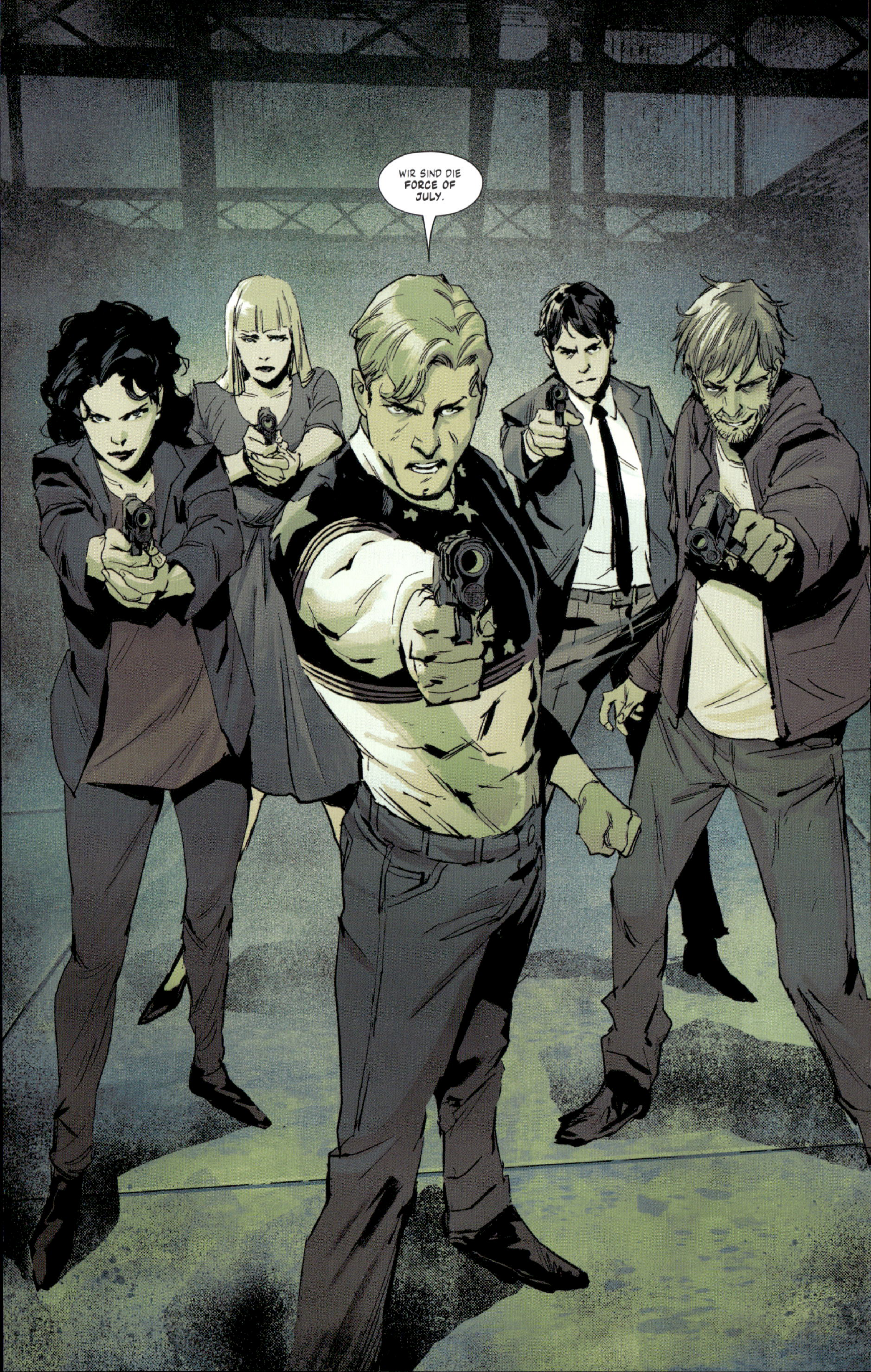
WIR SIND DIE FORCE OF JULY.

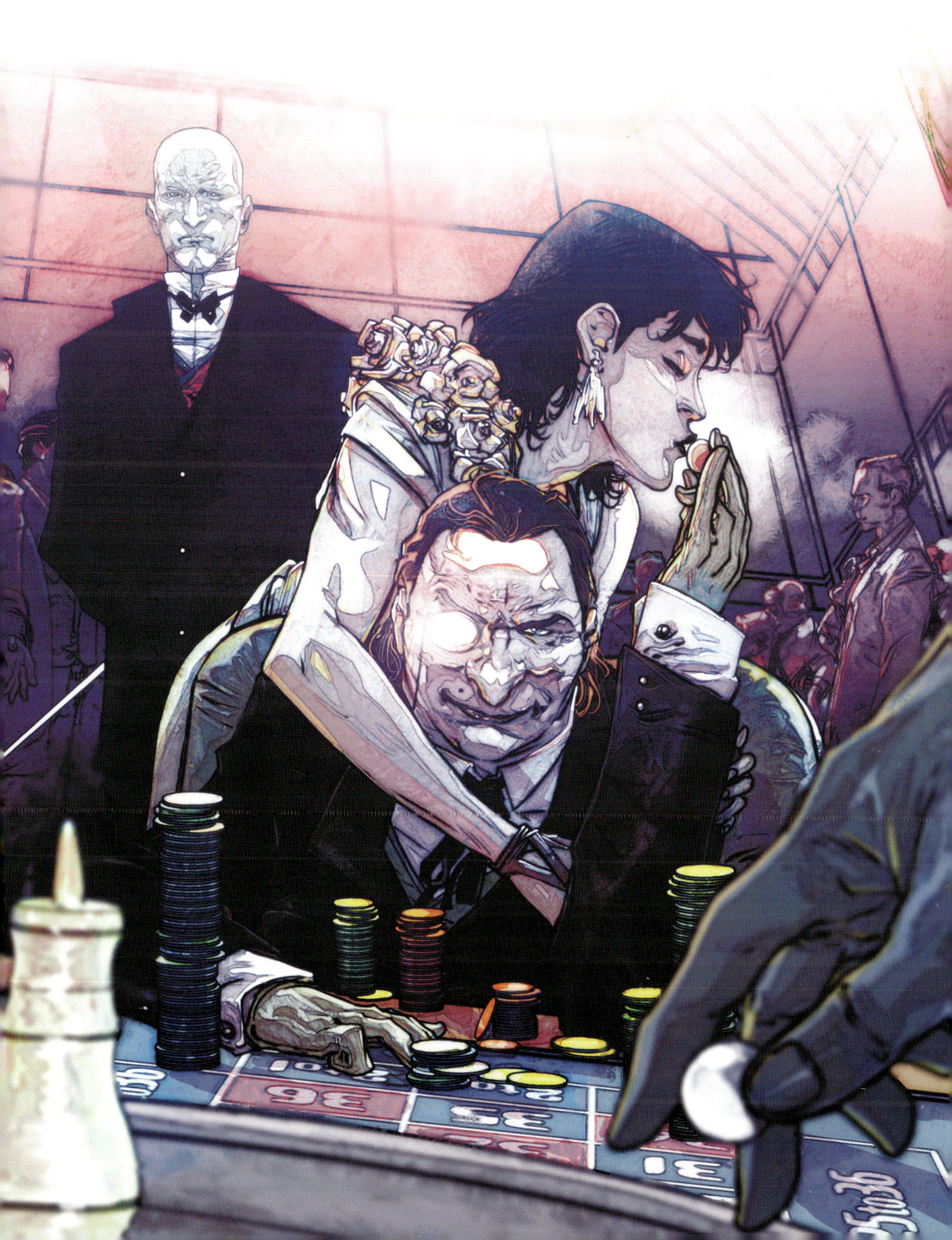

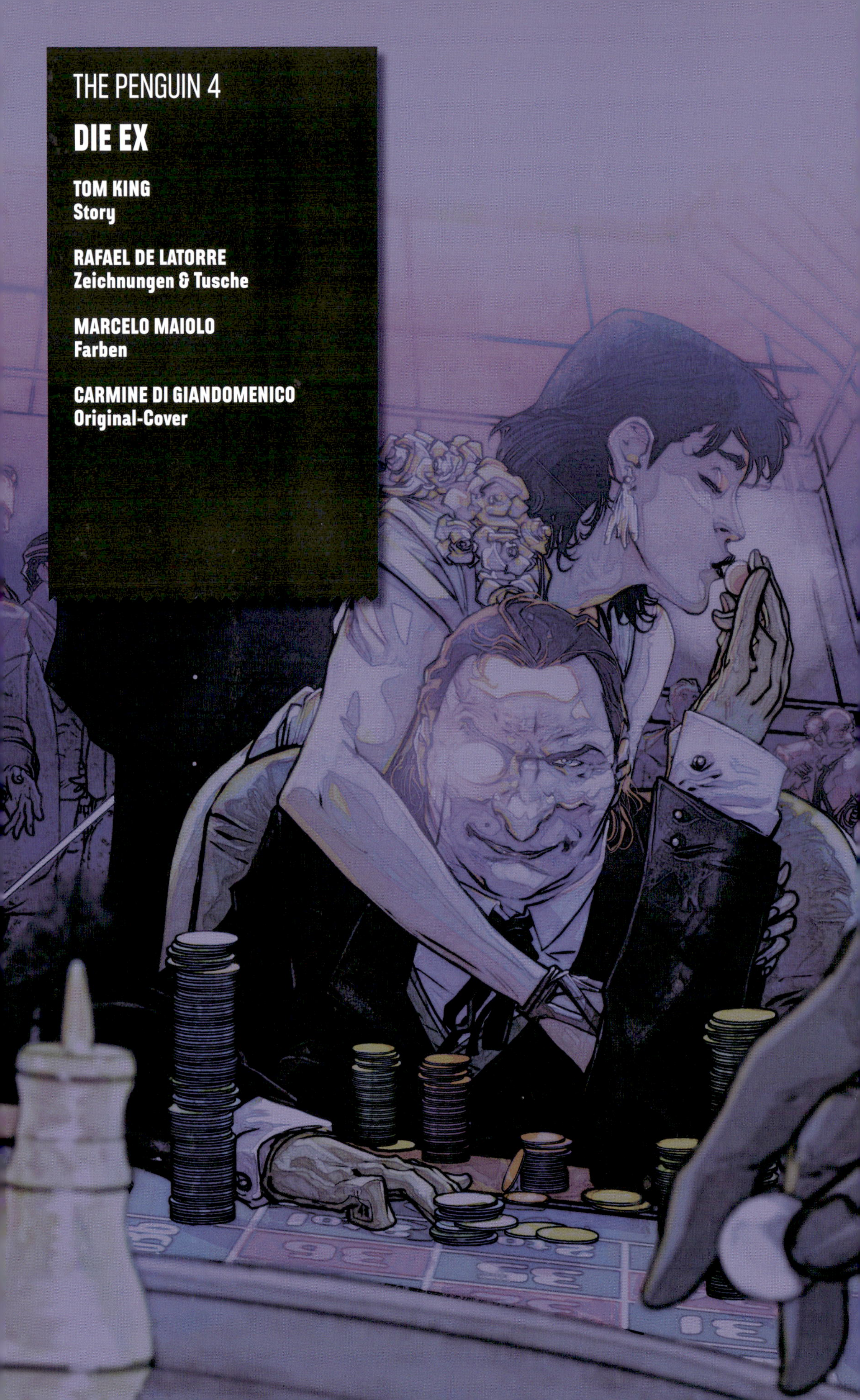
THE PENGUIN 4
DIE EX
TOM KING
Story
RAFAEL DE LATORRE
Zeichnungen & Tusche
MARCELO MAIOLO
Farben
CARMINE DI GIANDOMENICO
Original-Cover

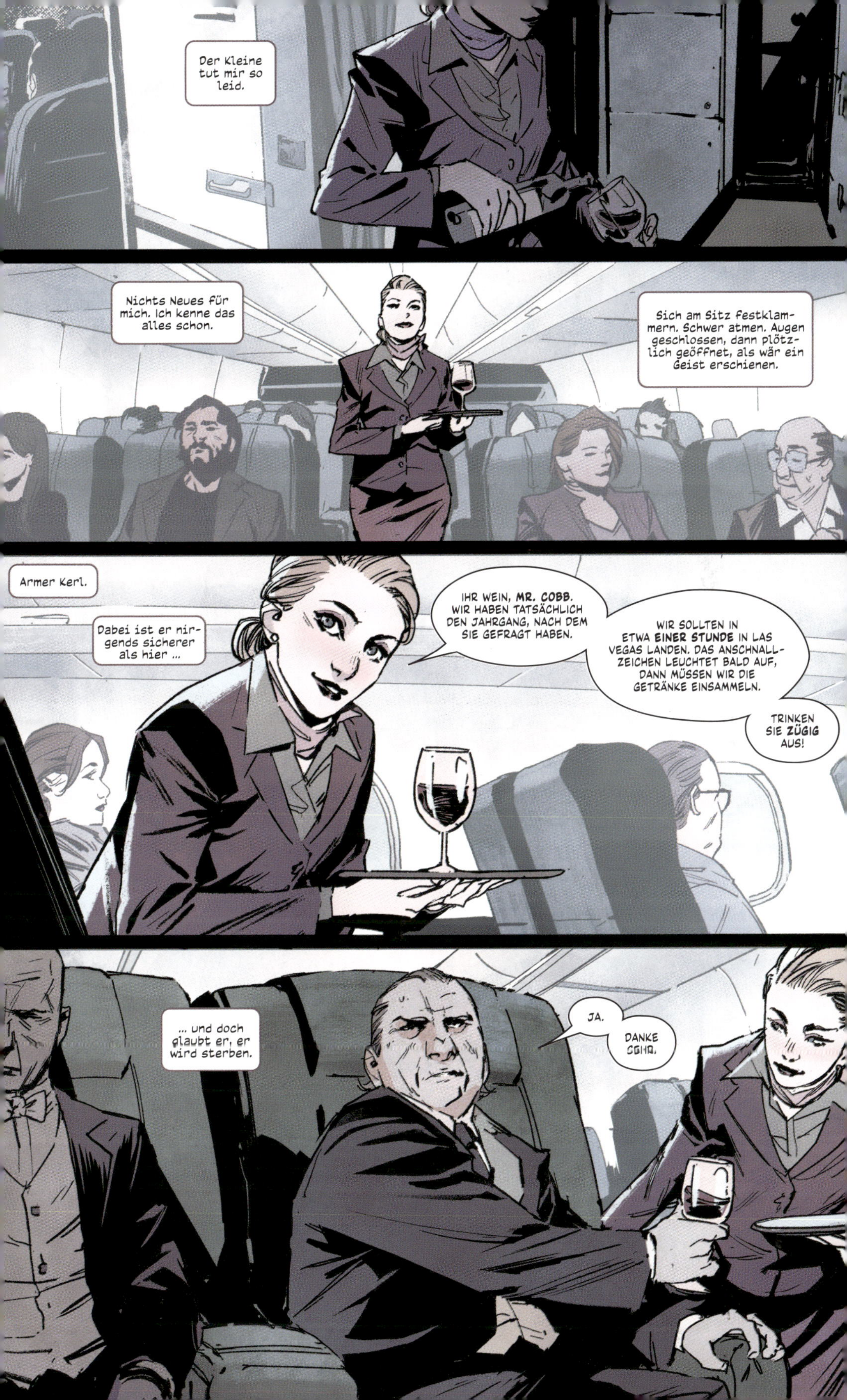
Der Kleine tut mir so leid.
Nichts Neues für mich. Ich kenne das alles schon.
Sich am Sitz festklammern. Schwer atmen. Augen geschlossen, dann plötzlich geöffnet, als wär ein Geist erschienen.
Armer Kerl.
Dabei ist er nirgends sicherer als hier ...
IHR WEIN, **MR. COBB.** WIR HABEN TATSÄCHLICH DEN JAHRGANG, NACH DEM SIE GEFRAGT HABEN.
WIR SOLLTEN IN ETWA **EINER STUNDE** IN LAS VEGAS LANDEN. DAS ANSCHNALLZEICHEN LEUCHTET BALD AUF, DANN MÜSSEN WIR DIE GETRÄNKE EINSAMMELN.
TRINKEN SIE **ZÜGIG** AUS!
... und doch glaubt er, er wird sterben.
JA.
DANKE SEHR.

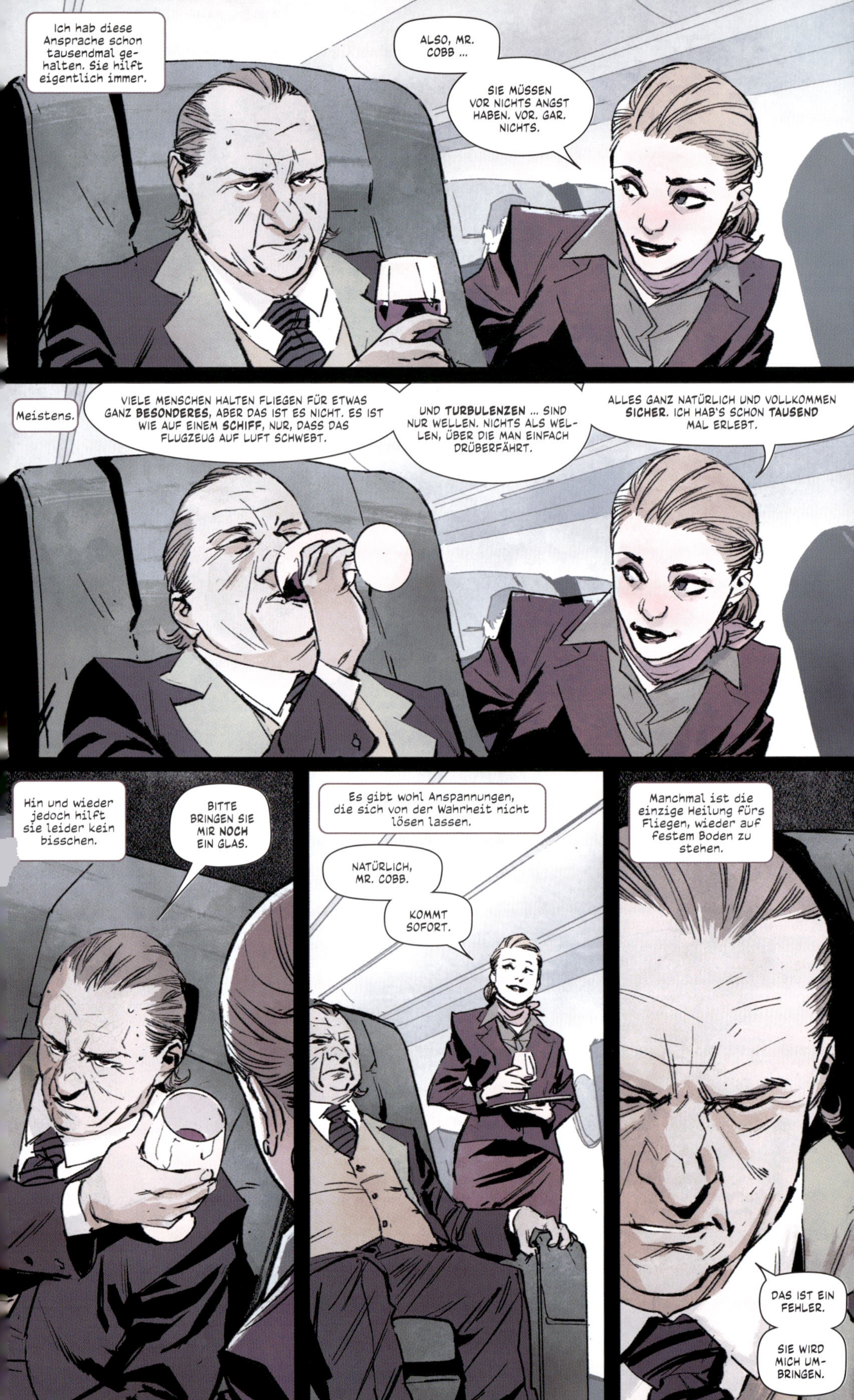
Ich hab diese Ansprache schon tausendmal gehalten. Sie hilft eigentlich immer.
ALSO, MR. COBB ...
SIE MÜSSEN VOR NICHTS ANGST HABEN. VOR. GAR. NICHTS.
Meistens.
VIELE MENSCHEN HALTEN FLIEGEN FÜR ETWAS GANZ **BESONDERES**, ABER DAS IST ES NICHT. ES IST WIE AUF EINEM **SCHIFF**, NUR, DASS DAS FLUGZEUG AUF LUFT SCHWEBT.
UND **TURBULENZEN** ... SIND NUR WELLEN. NICHTS ALS WELLEN, ÜBER DIE MAN EINFACH DRÜBERFÄHRT.
ALLES GANZ NATÜRLICH UND VOLLKOMMEN **SICHER**. ICH HAB'S SCHON **TAUSEND** MAL ERLEBT.
Hin und wieder jedoch hilft sie leider kein bisschen.
BITTE BRINGEN SIE MIR **NOCH** EIN GLAS.
Es gibt wohl Anspannungen, die sich von der Wahrheit nicht lösen lassen.
NATÜRLICH, MR. COBB.
KOMMT SOFORT.
Manchmal ist die einzige Heilung fürs Fliegen, wieder auf festem Boden zu stehen.
DAS IST EIN FEHLER.
SIE WIRD MICH UMBRINGEN.

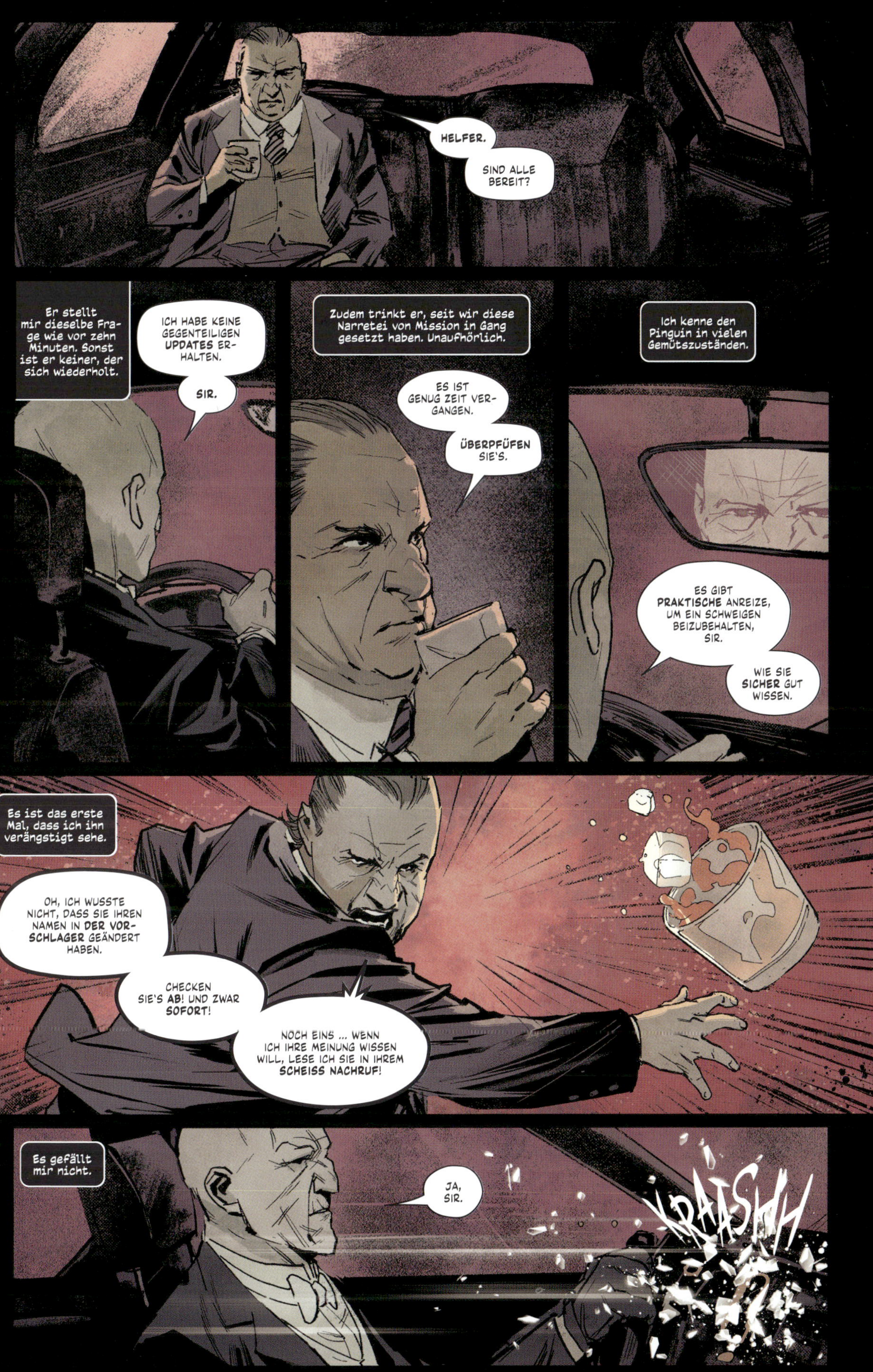
HELFER.
SIND ALLE BEREIT?
Er stellt mir dieselbe Frage wie vor zehn Minuten. Sonst ist er keiner, der sich wiederholt.
ICH HABE KEINE GEGENTEILIGEN UPDATES ERHALTEN.
SIR.
Zudem trinkt er, seit wir diese Narretei von Mission in Gang gesetzt haben. Unaufhörlich.
ES IST GENUG ZEIT VERGANGEN.
ÜBERPFÜFEN SIE'S.
Ich kenne den Pinguin in vielen Gemütszuständen.
ES GIBT PRAKTISCHE ANREIZE, UM EIN SCHWEIGEN BEIZUBEHALTEN, SIR.
WIE SIE SICHER GUT WISSEN.
Es ist das erste Mal, dass ich ihn verängstigt sehe.
OH, ICH WUSSTE NICHT, DASS SIE IHREN NAMEN IN DER VORSCHLAGER GEÄNDERT HABEN.
CHECKEN SIE'S AB! UND ZWAR SOFORT!
NOCH EINS ... WENN ICH IHRE MEINUNG WISSEN WILL, LESE ICH SIE IN IHREM SCHEISS NACHRUF!
Es gefällt mir nicht.
JA, SIR.
KRASHH

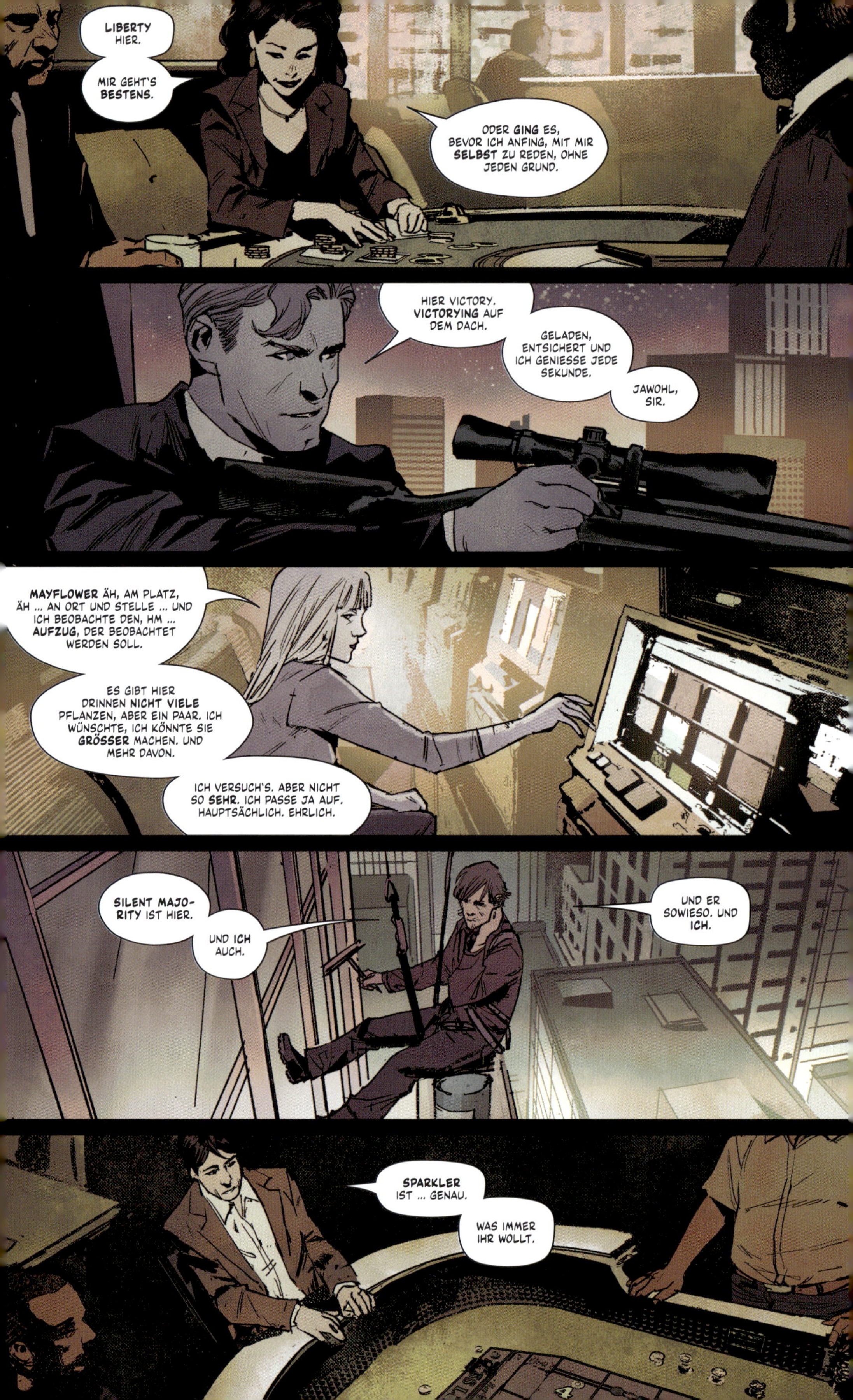
LIBERTY HIER.
MIR GEHT'S BESTENS.
ODER GING ES, BEVOR ICH ANFING, MIT MIR SELBST ZU REDEN, OHNE JEDEN GRUND.
HIER VICTORY. VICTORYING AUF DEM DACH.
GELADEN, ENTSICHERT UND ICH GENIESSE JEDE SEKUNDE.
JAWOHL, SIR.
MAYFLOWER ÄH, AM PLATZ, ÄH ... AN ORT UND STELLE ... UND ICH BEOBACHTE DEN, HM ... AUFZUG, DER BEOBACHTET WERDEN SOLL.
ES GIBT HIER DRINNEN NICHT VIELE PFLANZEN, ABER EIN PAAR. ICH WÜNSCHTE, ICH KÖNNTE SIE GRÖSSER MACHEN. UND MEHR DAVON.
ICH VERSUCH'S. ABER NICHT SO SEHR. ICH PASSE JA AUF. HAUPTSÄCHLICH. EHRLICH.
SILENT MAJORITY IST HIER.
UND ICH AUCH.
UND ER SOWIESO. UND ICH.
SPARKLER IST ... GENAU.
WAS IMMER IHR WOLLT.

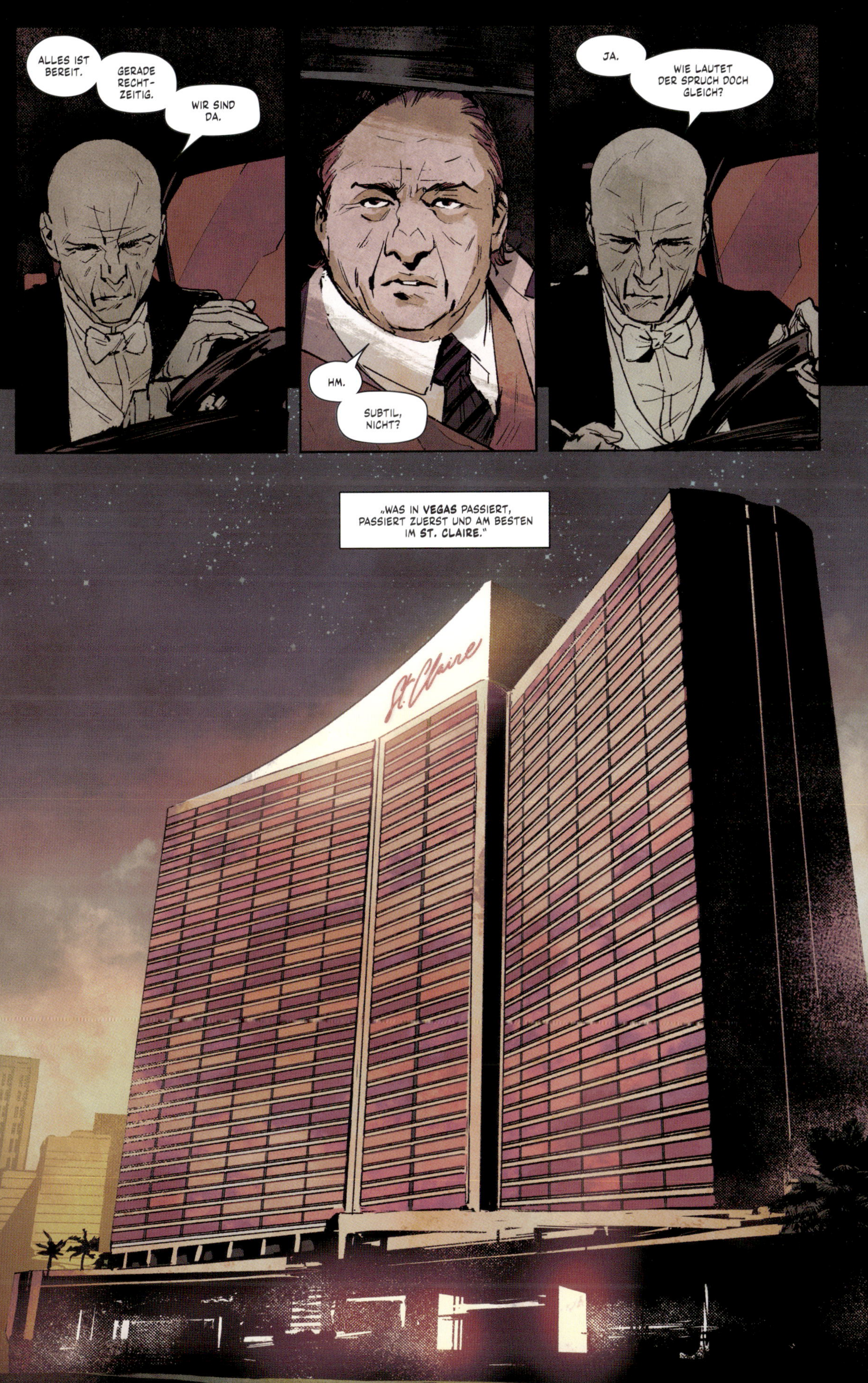
ALLES IST BEREIT.
GERADE RECHT-ZEITIG.
WIR SIND DA.
HM.
SUBTIL, NICHT?
JA.
WIE LAUTET DER SPRUCH DOCH GLEICH?
„WAS IN VEGAS PASSIERT, PASSIERT ZUERST UND AM BESTEN IM ST. CLAIRE."
St. Claire

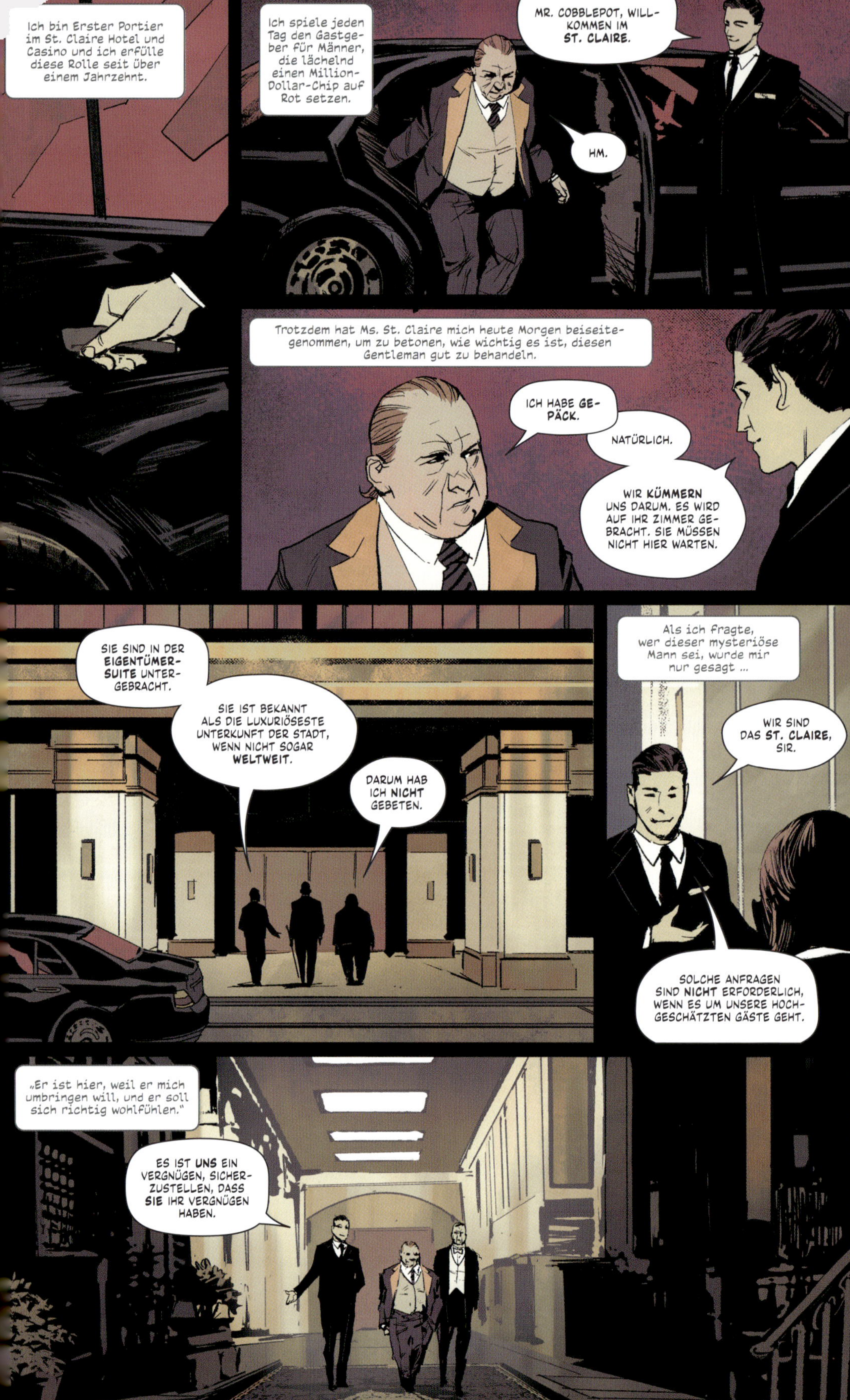
Ich bin Erster Portier im St. Claire Hotel und Casino und ich erfülle diese Rolle seit über einem Jahrzehnt.
Ich spiele jeden Tag den Gastgeber für Männer, die lächelnd einen Million-Dollar-Chip auf Rot setzen.
MR. COBBLEPOT, WILLKOMMEN IM ST. CLAIRE.
HM.
Trotzdem hat Ms. St. Claire mich heute Morgen beiseitegenommen, um zu betonen, wie wichtig es ist, diesen Gentleman gut zu behandeln.
ICH HABE GEPÄCK.
NATÜRLICH.
WIR KÜMMERN UNS DARUM. ES WIRD AUF IHR ZIMMER GEBRACHT. SIE MÜSSEN NICHT HIER WARTEN.
SIE SIND IN DER EIGENTÜMERSUITE UNTERGEBRACHT.
SIE IST BEKANNT ALS DIE LUXURIÖSESTE UNTERKUNFT DER STADT, WENN NICHT SOGAR WELTWEIT.
DARUM HAB ICH NICHT GEBETEN.
Als ich fragte, wer dieser mysteriöse Mann sei, wurde mir nur gesagt ...
WIR SIND DAS ST. CLAIRE, SIR.
SOLCHE ANFRAGEN SIND NICHT ERFORDERLICH, WENN ES UM UNSERE HOCHGESCHÄTZTEN GÄSTE GEHT.
„Er ist hier, weil er mich umbringen will, und er soll sich richtig wohlfühlen."
ES IST UNS EIN VERGNÜGEN, SICHERZUSTELLEN, DASS SIE IHR VERGNÜGEN HABEN.

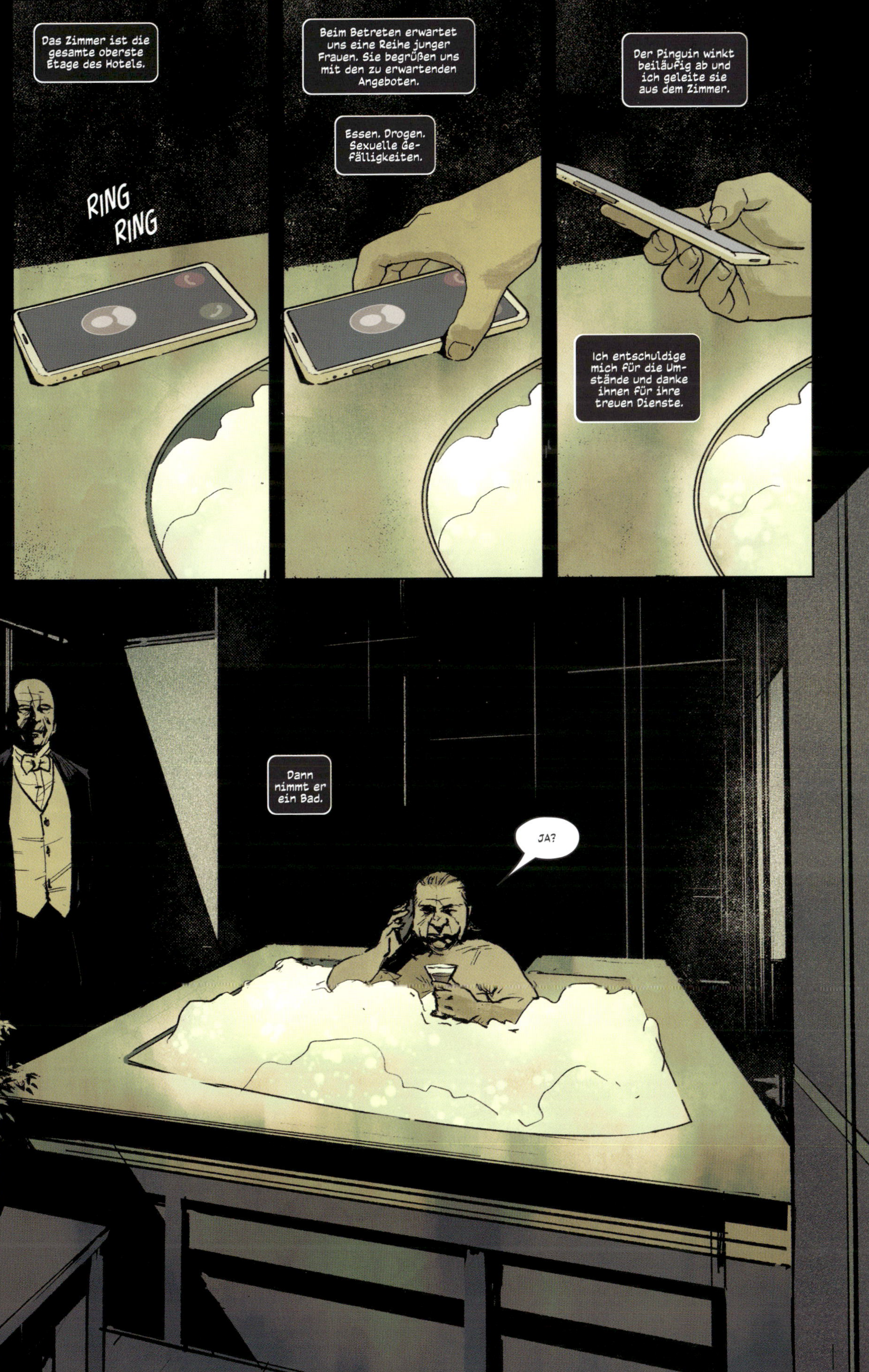
Das Zimmer ist die gesamte oberste Etage des Hotels.
RING RING
Beim Betreten erwartet uns eine Reihe junger Frauen. Sie begrüßen uns mit den zu erwartenden Angeboten.
Essen. Drogen. Sexuelle Gefälligkeiten.
Der Pinguin winkt beiläufig ab und ich geleite sie aus dem Zimmer.
Ich entschuldige mich für die Umstände und danke ihnen für ihre treuen Dienste.
Dann nimmt er ein Bad.
JA?

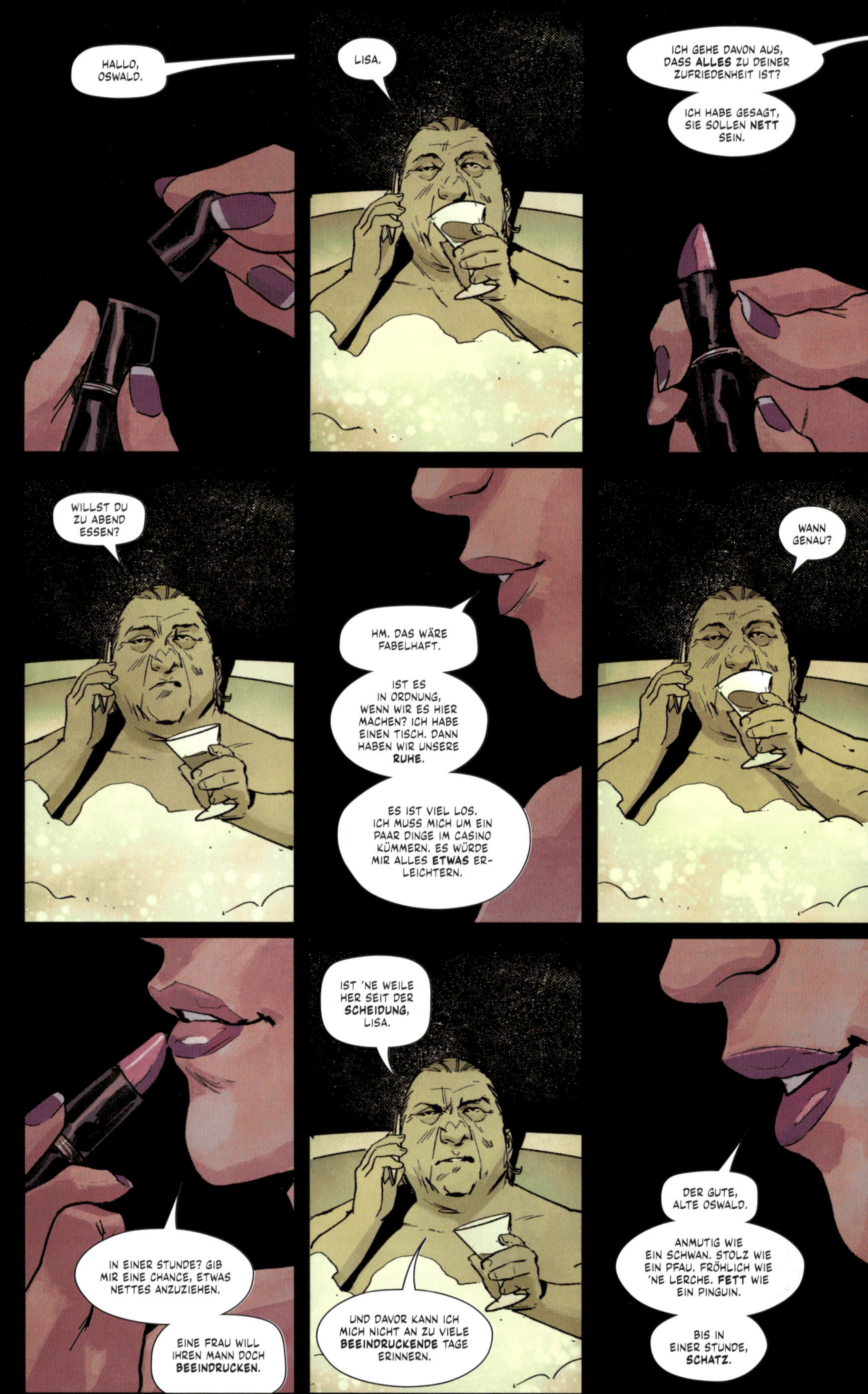
HALLO, OSWALD.
LISA.
ICH GEHE DAVON AUS, DASS ALLES ZU DEINER ZUFRIEDENHEIT IST?
ICH HABE GESAGT, SIE SOLLEN NETT SEIN.
WILLST DU ZU ABEND ESSEN?
HM. DAS WÄRE FABELHAFT.
IST ES IN ORDNUNG, WENN WIR ES HIER MACHEN? ICH HABE EINEN TISCH. DANN HABEN WIR UNSERE RUHE.
ES IST VIEL LOS. ICH MUSS MICH UM EIN PAAR DINGE IM CASINO KÜMMERN. ES WÜRDE MIR ALLES ETWAS ERLEICHTERN.
WANN GENAU?
IN EINER STUNDE? GIB MIR EINE CHANCE, ETWAS NETTES ANZUZIEHEN.
EINE FRAU WILL IHREN MANN DOCH BEEINDRUCKEN.
IST 'NE WEILE HER SEIT DER SCHEIDUNG, LISA.
UND DAVOR KANN ICH MICH NICHT AN ZU VIELE BEEINDRUCKENDE TAGE ERINNERN.
DER GUTE, ALTE OSWALD.
ANMUTIG WIE EIN SCHWAN. STOLZ WIE EIN PFAU. FRÖHLICH WIE 'NE LERCHE. FETT WIE EIN PINGUIN.
BIS IN EINER STUNDE, SCHATZ.

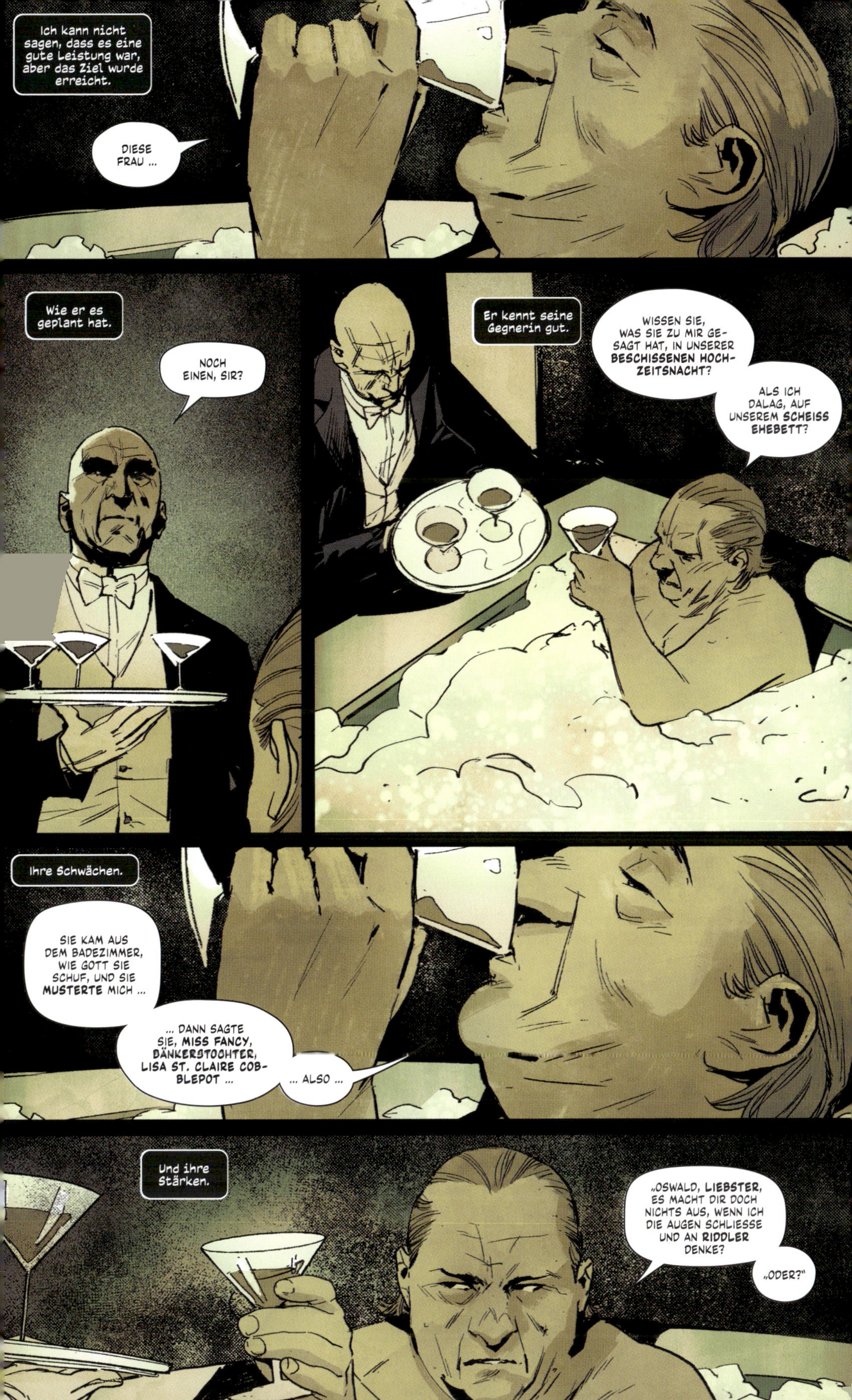
Ich kann nicht sagen, dass es eine gute Leistung war, aber das Ziel wurde erreicht.
DIESE FRAU ...
Wie er es geplant hat.
NOCH EINEN, SIR?
Er kennt seine Gegnerin gut.
WISSEN SIE, WAS SIE ZU MIR GESAGT HAT, IN UNSERER BESCHISSENEN HOCHZEITSNACHT?
ALS ICH DALAG, AUF UNSEREM SCHEISS EHEBETT?
Ihre Schwächen.
SIE KAM AUS DEM BADEZIMMER, WIE GOTT SIE SCHUF, UND SIE MUSTERTE MICH ...
... DANN SAGTE SIE, MISS FANCY, DÄNKERSTOCHTER, LISA ST. CLAIRE COBBLEPOT ...
... ALSO ...
Und ihre Stärken.
„OSWALD, LIEBSTER, ES MACHT DIR DOCH NICHTS AUS, WENN ICH DIE AUGEN SCHLIESSE UND AN RIDDLER DENKE?
„ODER?"

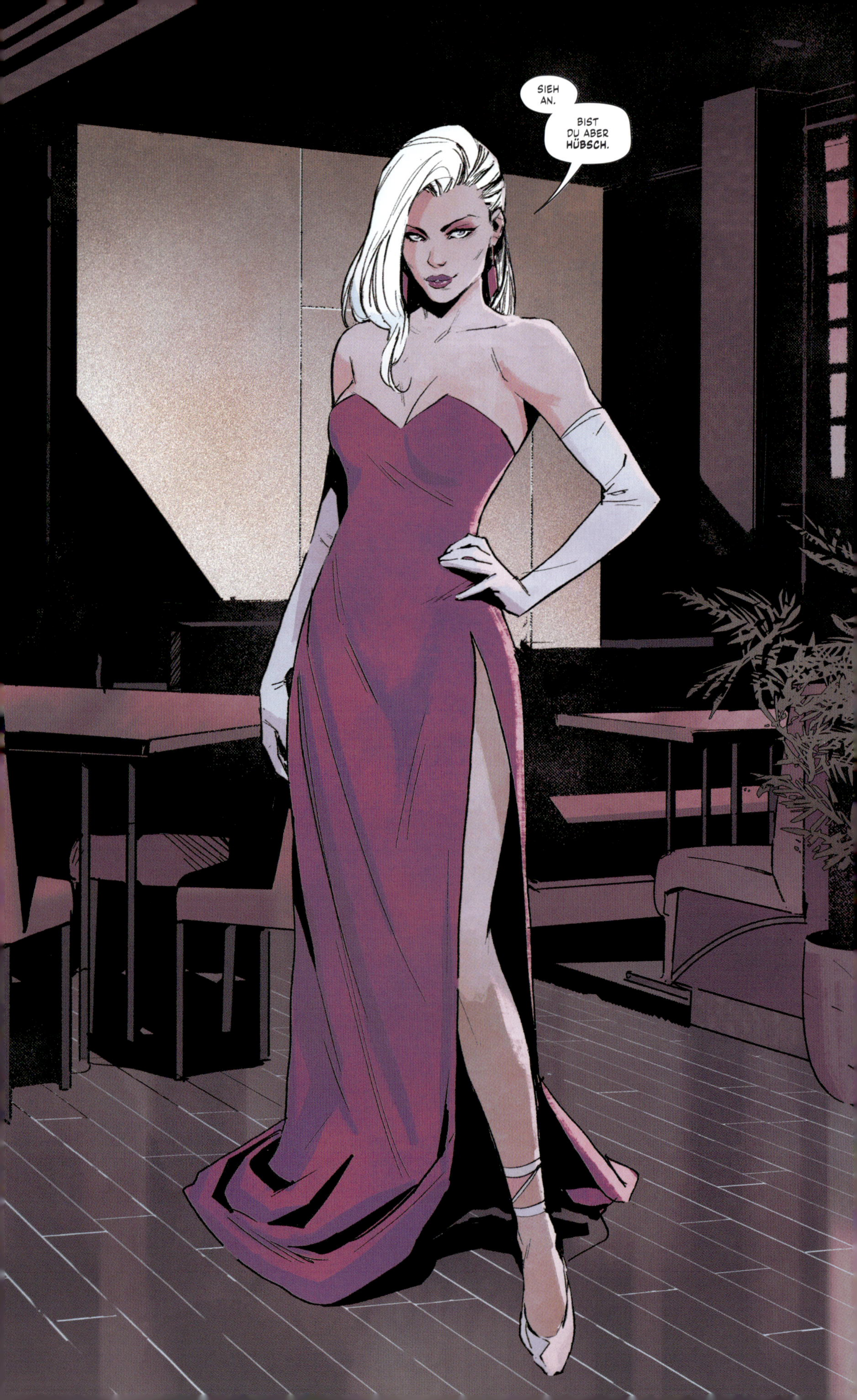
SIEH AN.
BIST DU ABER HÜBSCH.

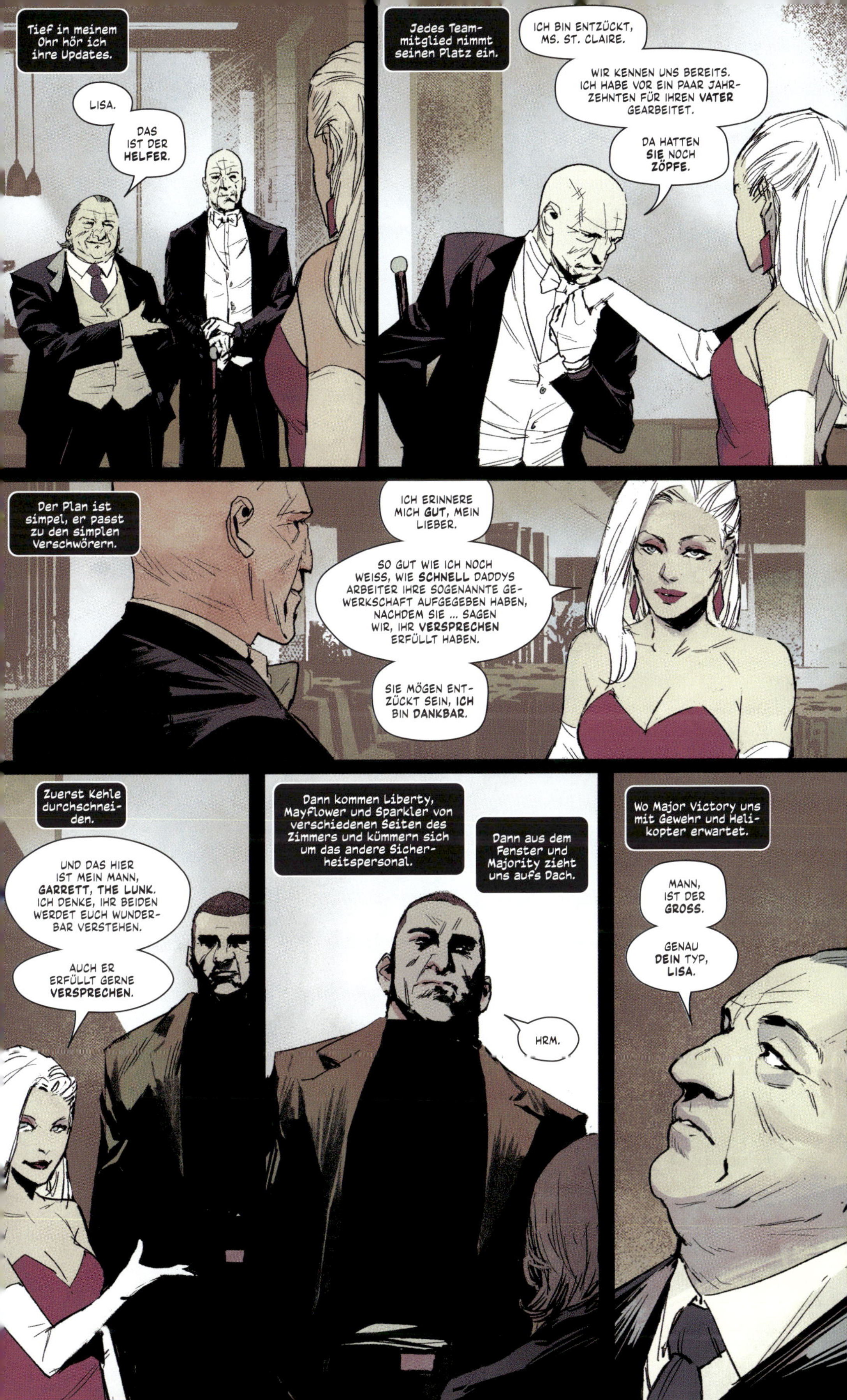
Tief in meinem Ohr hör ich ihre Updates.
LISA.
DAS IST DER HELFER.
Jedes Teammitglied nimmt seinen Platz ein.
ICH BIN ENTZÜCKT, MS. ST. CLAIRE.
WIR KENNEN UNS BEREITS. ICH HABE VOR EIN PAAR JAHRZEHNTEN FÜR IHREN VATER GEARBEITET.
DA HATTEN SIE NOCH ZÖPFE.
Der Plan ist simpel, er passt zu den simplen Verschwörern.
ICH ERINNERE MICH GUT, MEIN LIEBER.
SO GUT WIE ICH NOCH WEISS, WIE SCHNELL DADDYS ARBEITER IHRE SOGENANNTE GEWERKSCHAFT AUFGEGEBEN HABEN, NACHDEM SIE ... SAGEN WIR, IHR VERSPRECHEN ERFÜLLT HABEN.
SIE MÖGEN ENTZÜCKT SEIN, ICH BIN DANKBAR.
Zuerst Kehle durchschneiden.
UND DAS HIER IST MEIN MANN, GARRETT, THE LUNK. ICH DENKE, IHR BEIDEN WERDET EUCH WUNDERBAR VERSTEHEN.
AUCH ER ERFÜLLT GERNE VERSPRECHEN.
Dann kommen Liberty, Mayflower und Sparkler von verschiedenen Seiten des Zimmers und kümmern sich um das andere Sicherheitspersonal.
Dann aus dem Fenster und Majority zieht uns aufs Dach.
HRM.
Wo Major Victory uns mit Gewehr und Helikopter erwartet.
MANN, IST DER GROSS.
GENAU DEIN TYP, LISA.

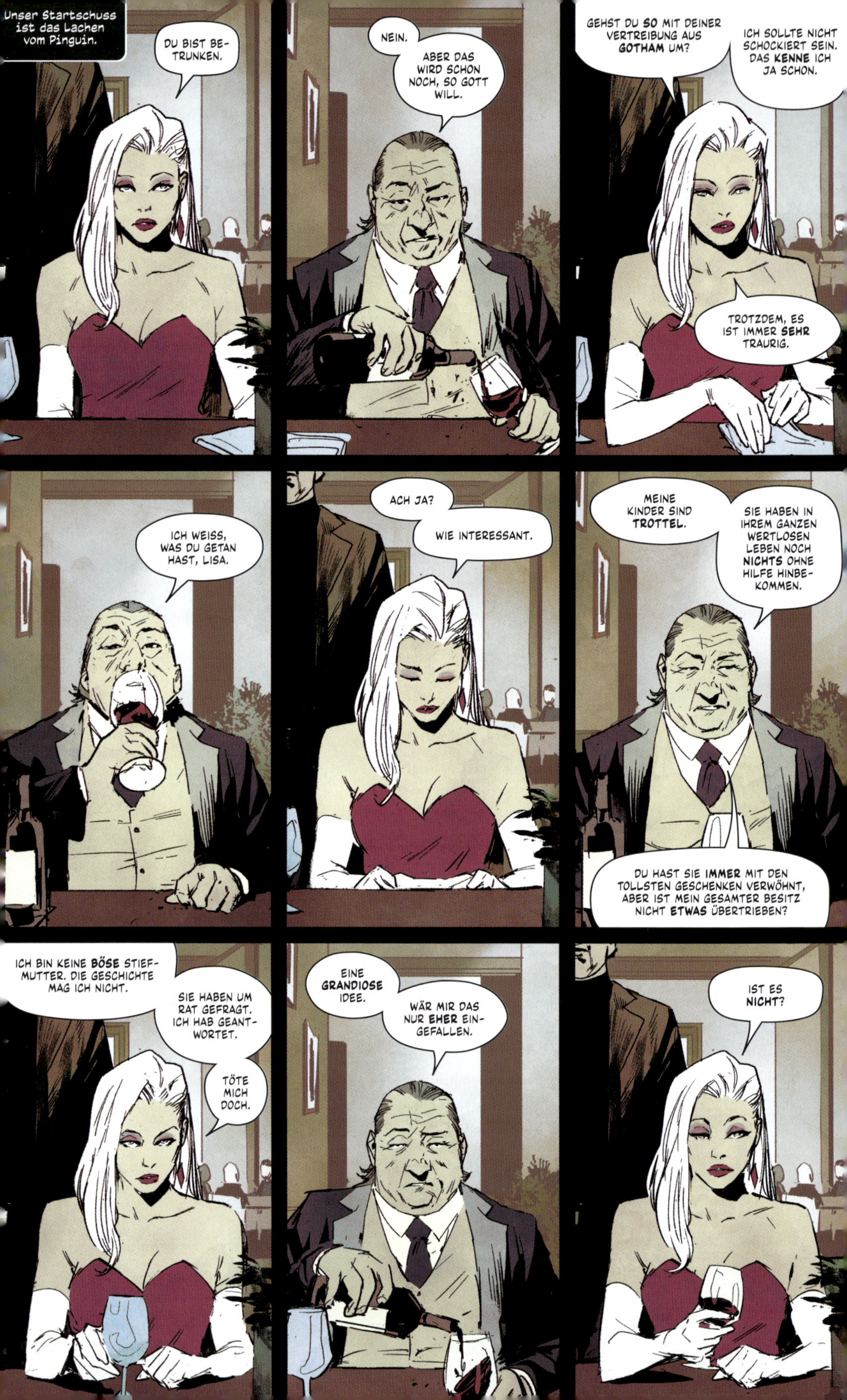

Unser Startschuss ist das Lachen vom Pinguin.

DU BIST BETRUNKEN.

NEIN.

ABER DAS WIRD SCHON NOCH, SO GOTT WILL.

GEHST DU **SO** MIT DEINER VERTREIBUNG AUS **GOTHAM** UM?

ICH SOLLTE NICHT SCHOCKIERT SEIN. DAS **KENNE** ICH JA SCHON.

TROTZDEM, ES IST IMMER **SEHR** TRAURIG.

ICH WEISS, WAS DU GETAN HAST, LISA.

ACH JA?

WIE INTERESSANT.

MEINE KINDER SIND **TROTTEL.**

SIE HABEN IN IHREM GANZEN WERTLOSEN LEBEN NOCH **NICHTS** OHNE HILFE HINBEKOMMEN.

DU HAST SIE **IMMER** MIT DEN TOLLSTEN GESCHENKEN VERWÖHNT, ABER IST MEIN GESAMTER BESITZ NICHT **ETWAS** ÜBERTRIEBEN?

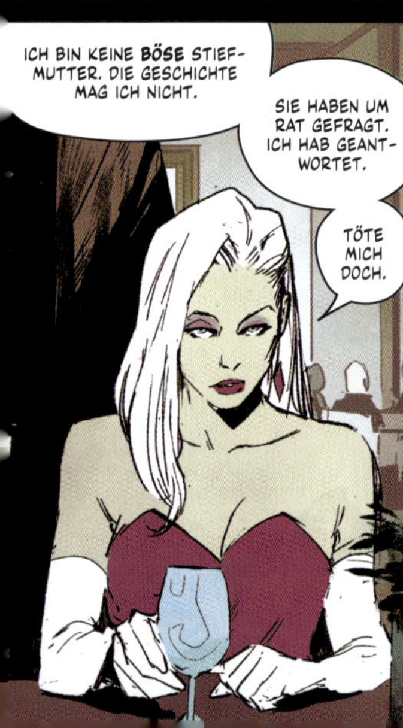

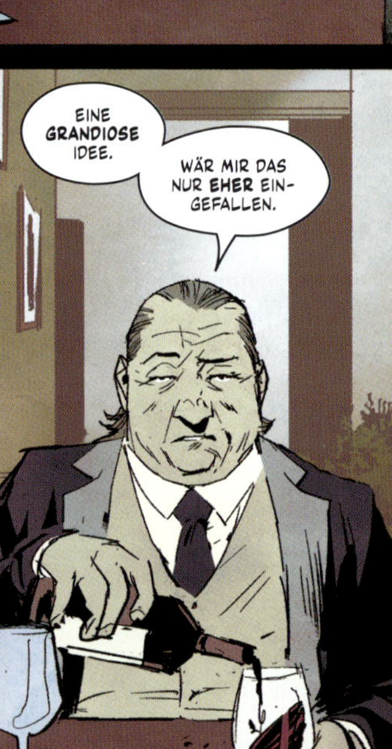

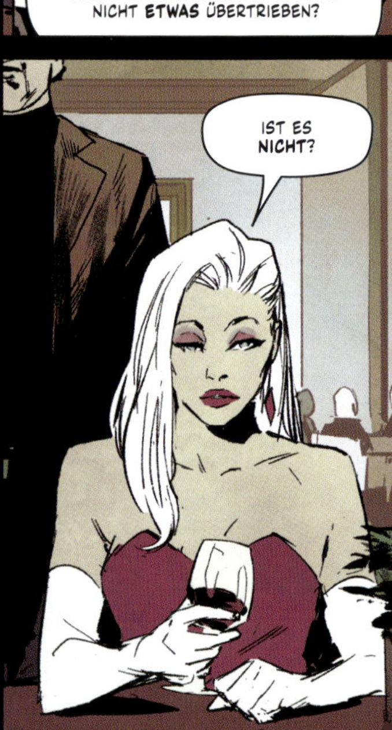

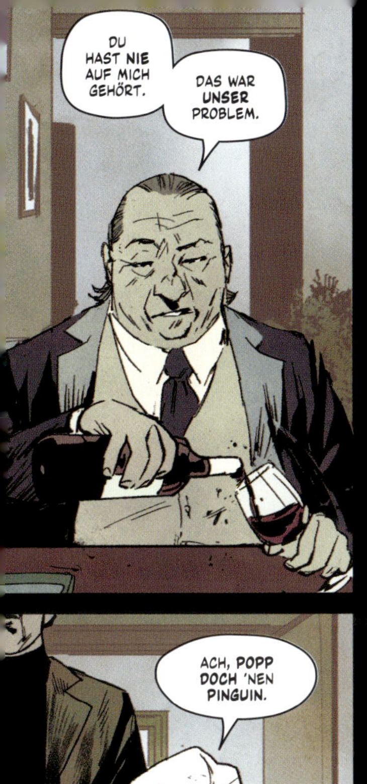
DU HAST NIE AUF MICH GEHÖRT.
DAS WAR UNSER PROBLEM.

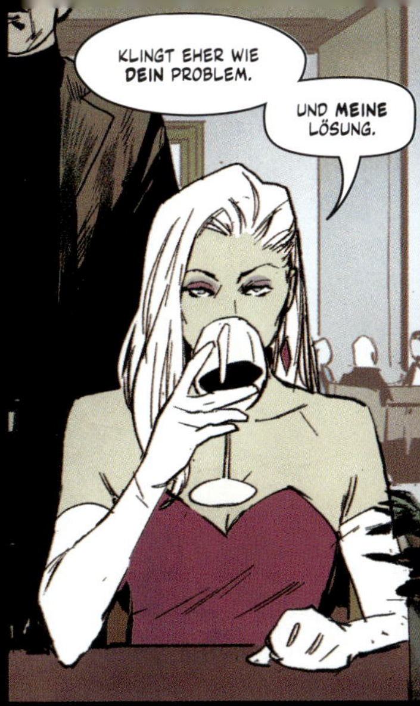
KLINGT EHER WIE DEIN PROBLEM.
UND MEINE LÖSUNG.

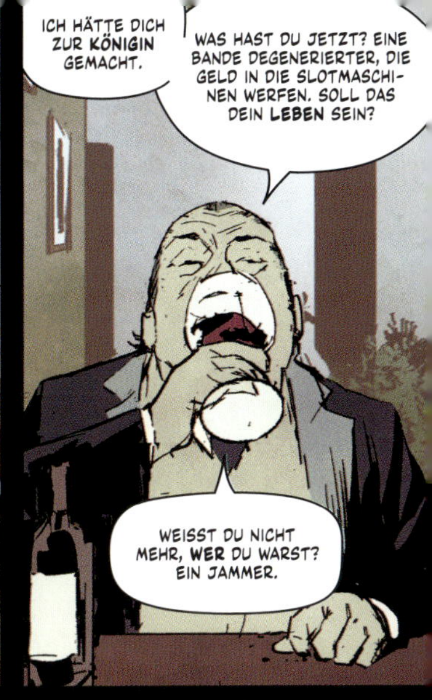
ICH HÄTTE DICH ZUR KÖNIGIN GEMACHT.
WAS HAST DU JETZT? EINE BANDE DEGENERIERTER, DIE GELD IN DIE SLOTMASCHI-NEN WERFEN. SOLL DAS DEIN LEBEN SEIN?
WEISST DU NICHT MEHR, WER DU WARST? EIN JAMMER.

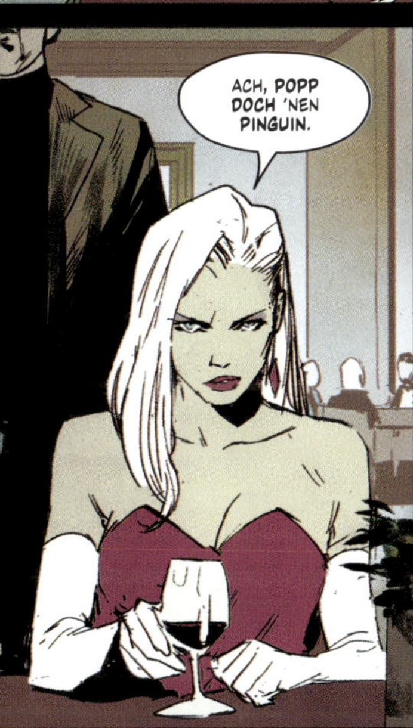
ACH, POPP DOCH 'NEN PINGUIN.

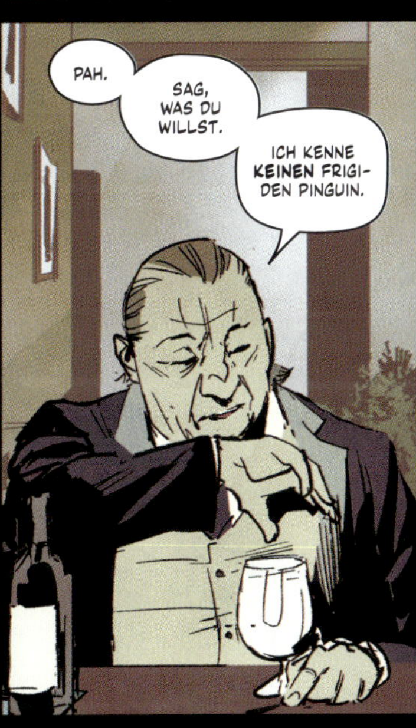
PAH.
SAG, WAS DU WILLST.
ICH KENNE KEINEN FRIGI-DEN PINGUIN.

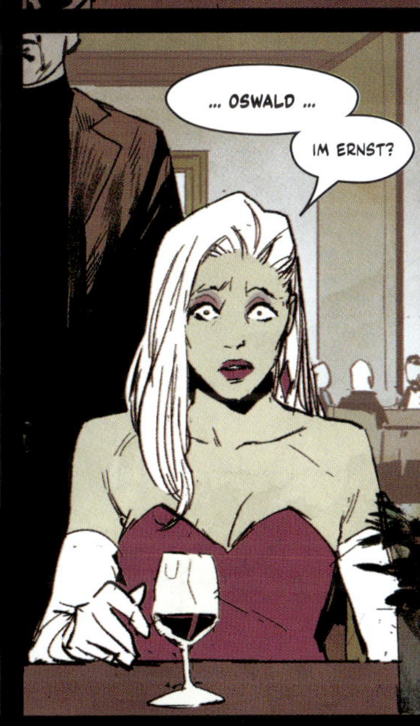
... OSWALD ...
IM ERNST?

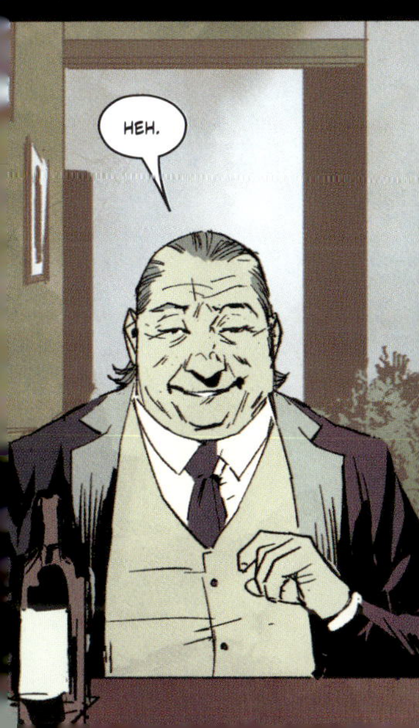
HEH.

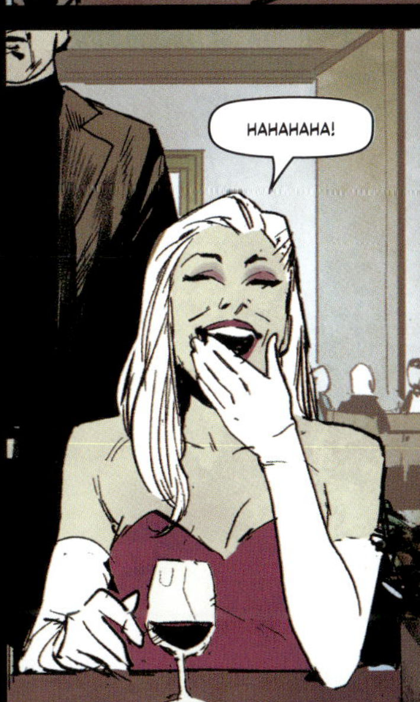
HAHAHAHA!

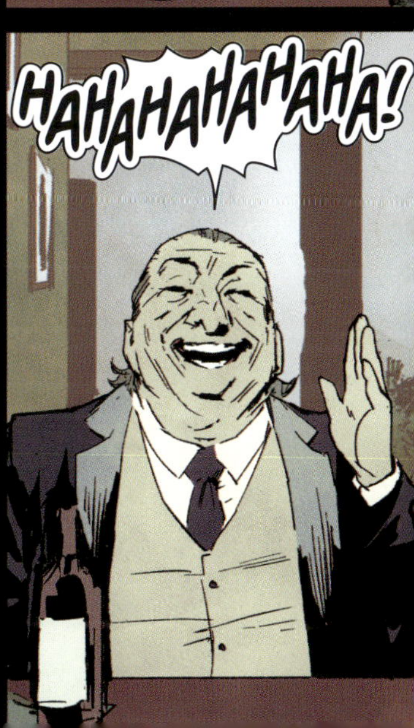
HAHAHAHAHAHA!

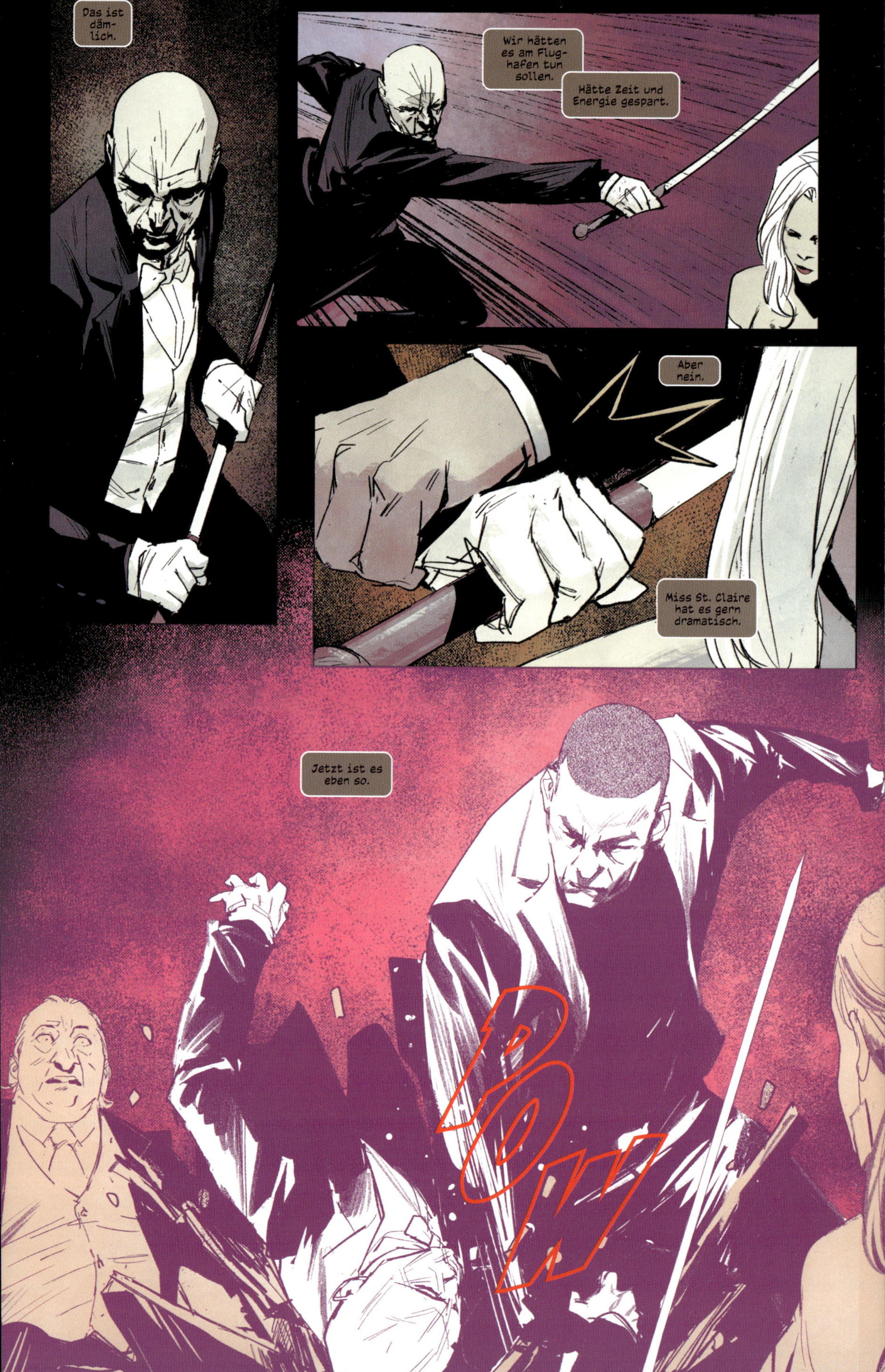
Das ist däm-lich.
Wir hätten es am Flug-hafen tun sollen.
Hätte Zeit und Energie gespart.
Aber nein.
Miss St. Claire hat es gern dramatisch.
Jetzt ist es eben so.
POW

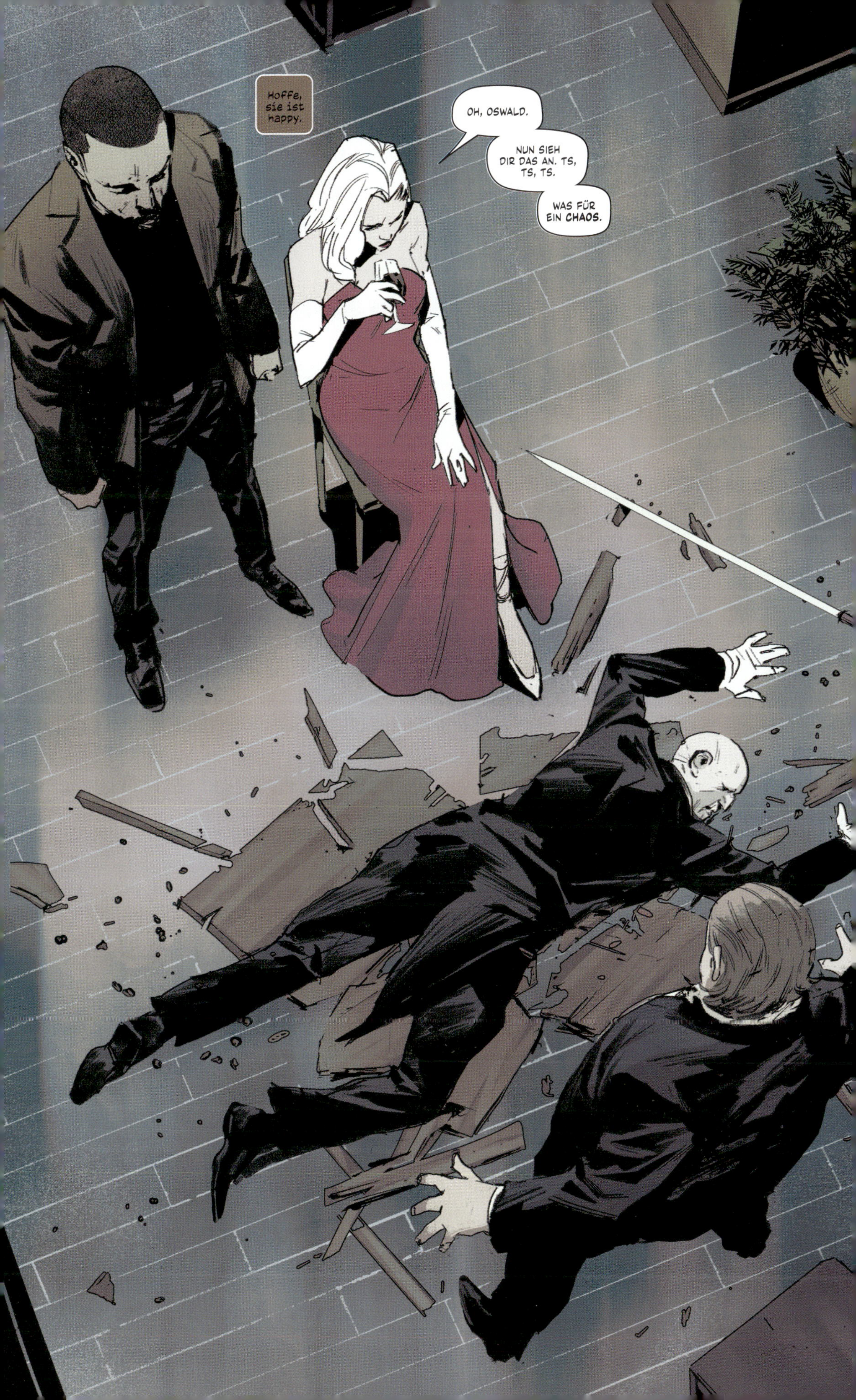
Hoffe, sie ist happy.
OH, OSWALD.
NUN SIEH DIR DAS AN. TS, TS, TS.
WAS FÜR EIN **CHAOS**.

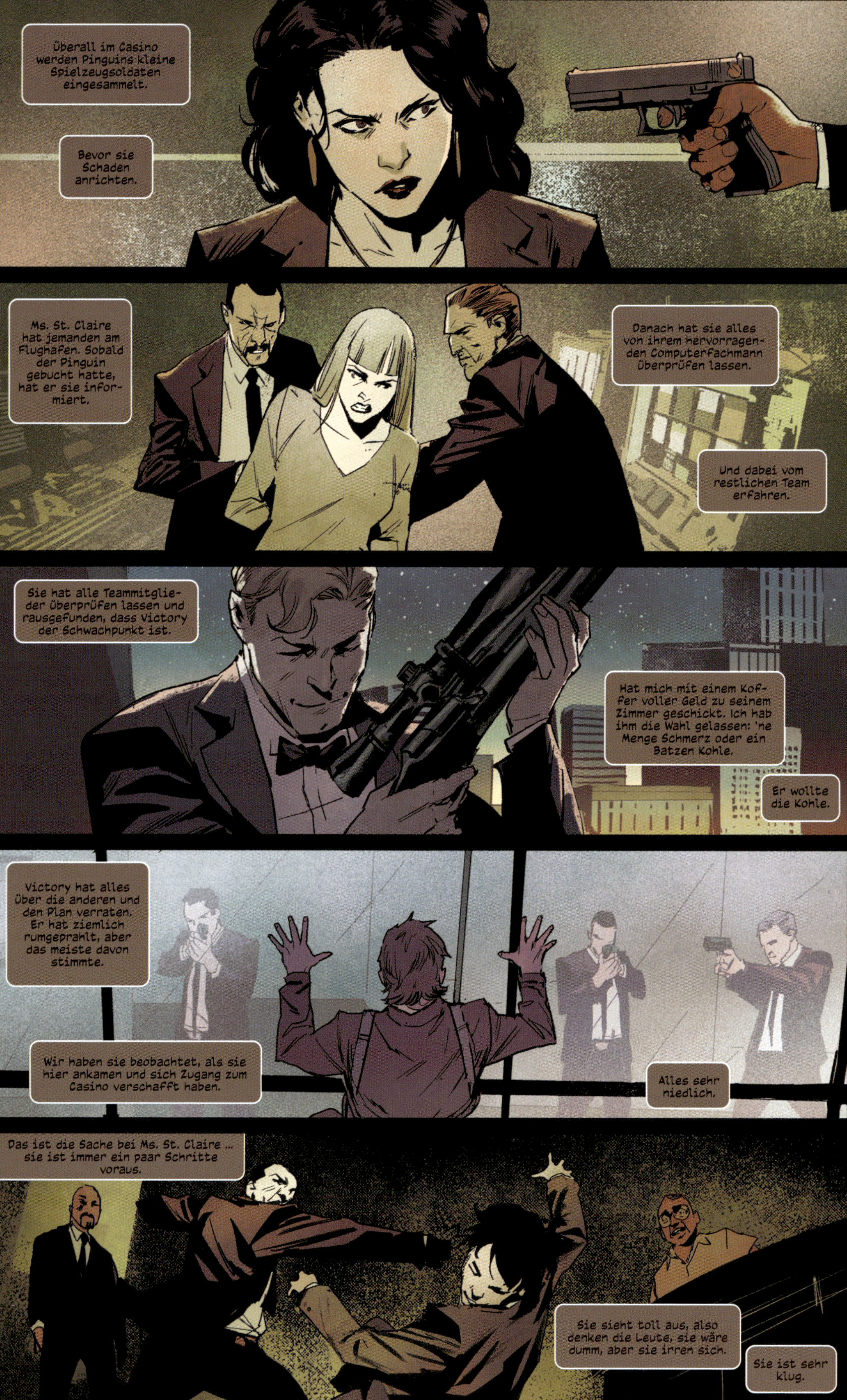
Überall im Casino werden Pinguins kleine Spielzeugsoldaten eingesammelt.
Bevor sie Schaden anrichten.
Ms. St. Claire hat jemanden am Flughafen. Sobald der Pinguin gebucht hatte, hat er sie informiert.
Danach hat sie alles von ihrem hervorragenden Computerfachmann überprüfen lassen.
Und dabei vom restlichen Team erfahren.
Sie hat alle Teammitglieder überprüfen lassen und rausgefunden, dass Victory der Schwachpunkt ist.
Hat mich mit einem Koffer voller Geld zu seinem Zimmer geschickt. Ich hab ihm die Wahl gelassen: 'ne Menge Schmerz oder ein Batzen Kohle.
Er wollte die Kohle.
Victory hat alles über die anderen und den Plan verraten. Er hat ziemlich rumgeprahlt, aber das meiste davon stimmte.
Wir haben sie beobachtet, als sie hier ankamen und sich Zugang zum Casino verschafft haben.
Alles sehr niedlich.
Das ist die Sache bei Ms. St. Claire ... sie ist immer ein paar Schritte voraus.
Sie sieht toll aus, also denken die Leute, sie wäre dumm, aber sie irren sich.
Sie ist sehr klug.

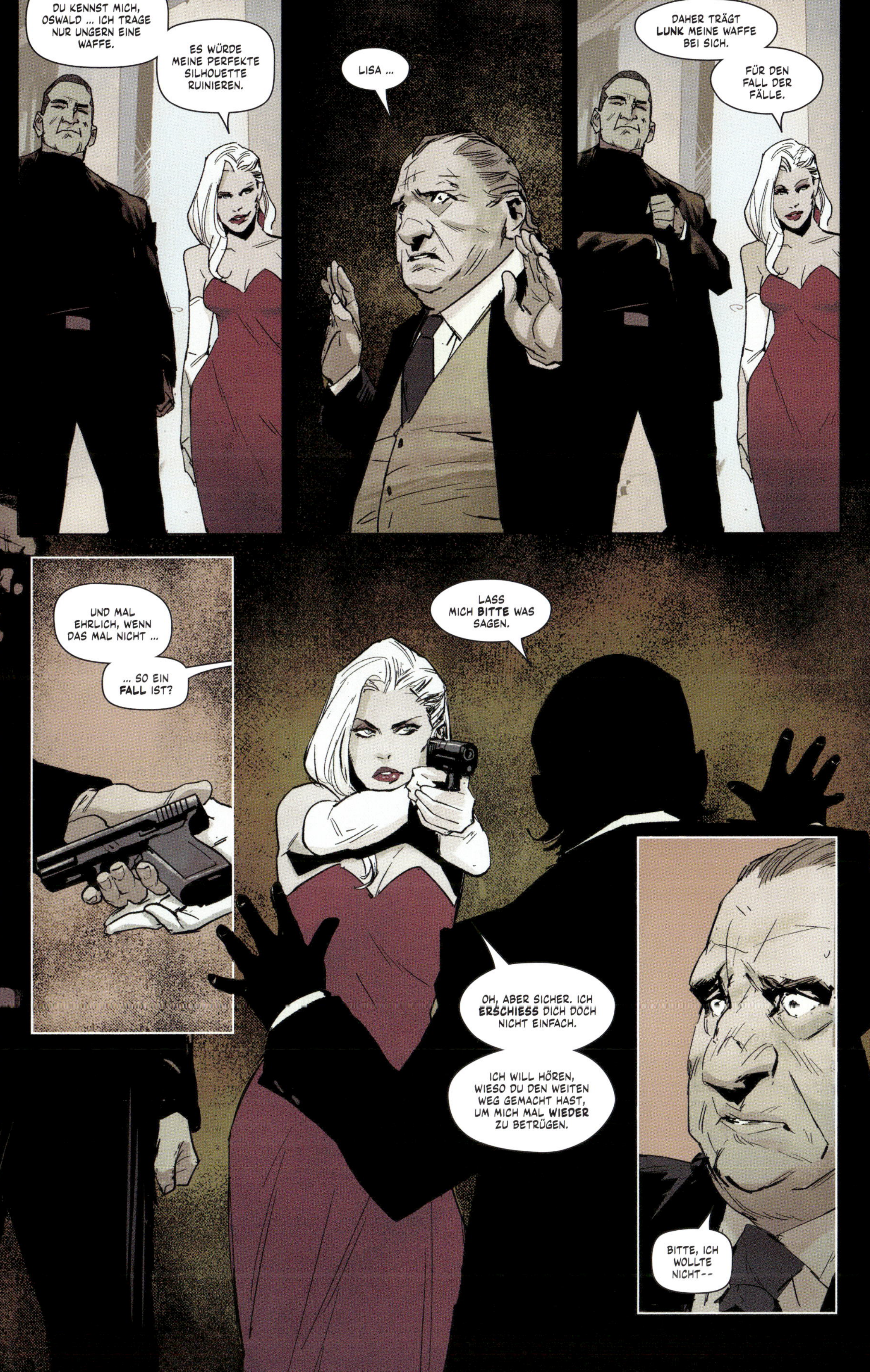
DU KENNST MICH, OSWALD ... ICH TRAGE NUR UNGERN EINE WAFFE.
ES WÜRDE MEINE PERFEKTE SILHOUETTE RUINIEREN.
LISA ...
DAHER TRÄGT LUNK MEINE WAFFE BEI SICH.
FÜR DEN FALL DER FÄLLE.
UND MAL EHRLICH, WENN DAS MAL NICHT ...
... SO EIN FALL IST?
LASS MICH BITTE WAS SAGEN.
OH, ABER SICHER. ICH ERSCHIESS DICH DOCH NICHT EINFACH.
ICH WILL HÖREN, WIESO DU DEN WEITEN WEG GEMACHT HAST, UM MICH MAL WIEDER ZU BETRÜGEN.
BITTE, ICH WOLLTE NICHT--

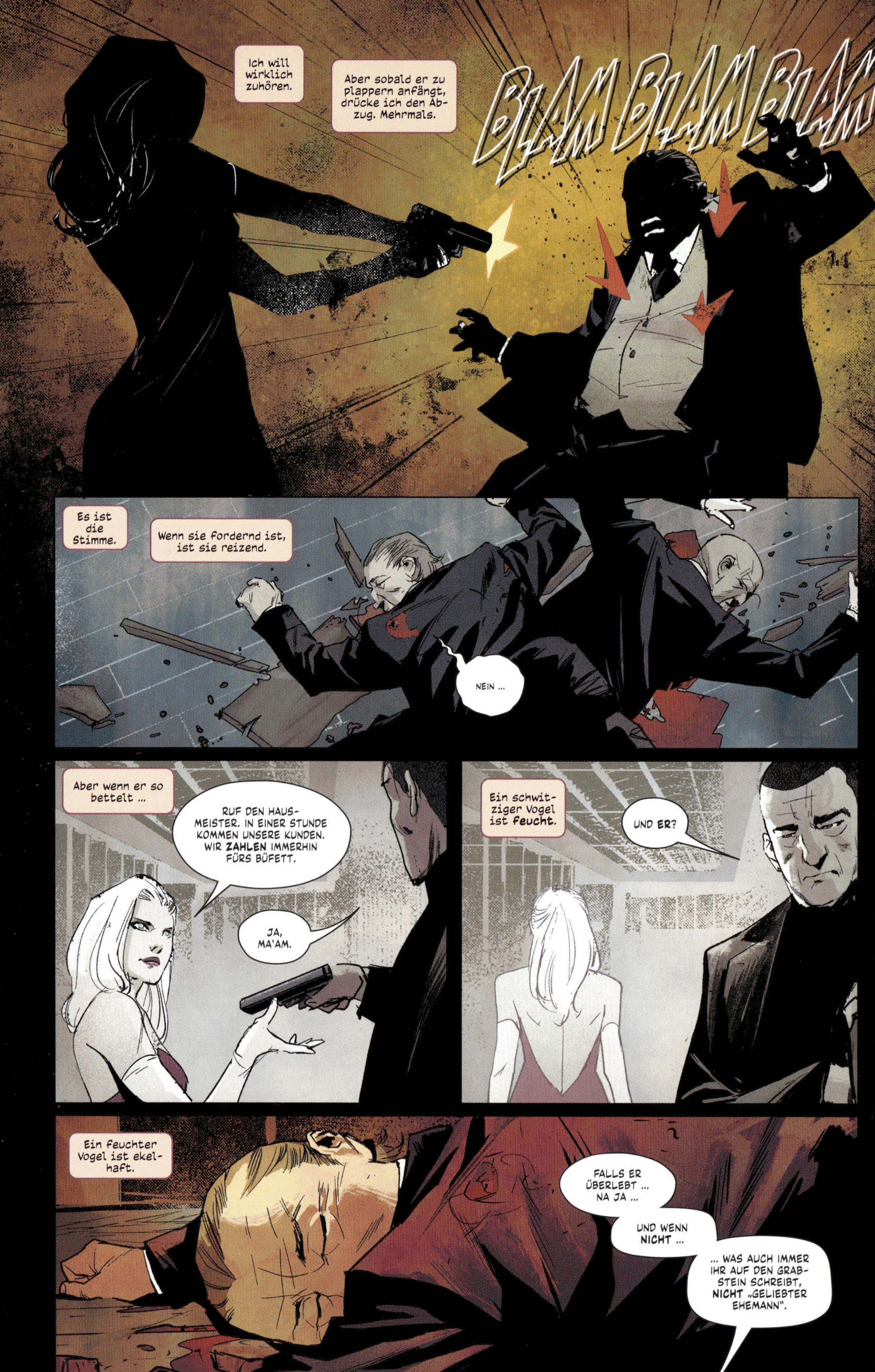
Ich will wirklich zuhören.
Aber sobald er zu plappern anfängt, drücke ich den Abzug. Mehrmals.
BLAM BLAM BLAM
Es ist die Stimme.
Wenn sie fordernd ist, ist sie reizend.
NEIN ...
Aber wenn er so bettelt ...
RUF DEN HAUSMEISTER. IN EINER STUNDE KOMMEN UNSERE KUNDEN. WIR ZAHLEN IMMERHIN FÜRS BÜFETT.
JA, MA'AM.
Ein schwitziger Vogel ist feucht.
UND ER?
Ein feuchter Vogel ist ekelhaft.
FALLS ER ÜBERLEBT ... NA JA ...
UND WENN NICHT ...
... WAS AUCH IMMER IHR AUF DEN GRABSTEIN SCHREIBT, NICHT „GELIEBTER EHEMANN".

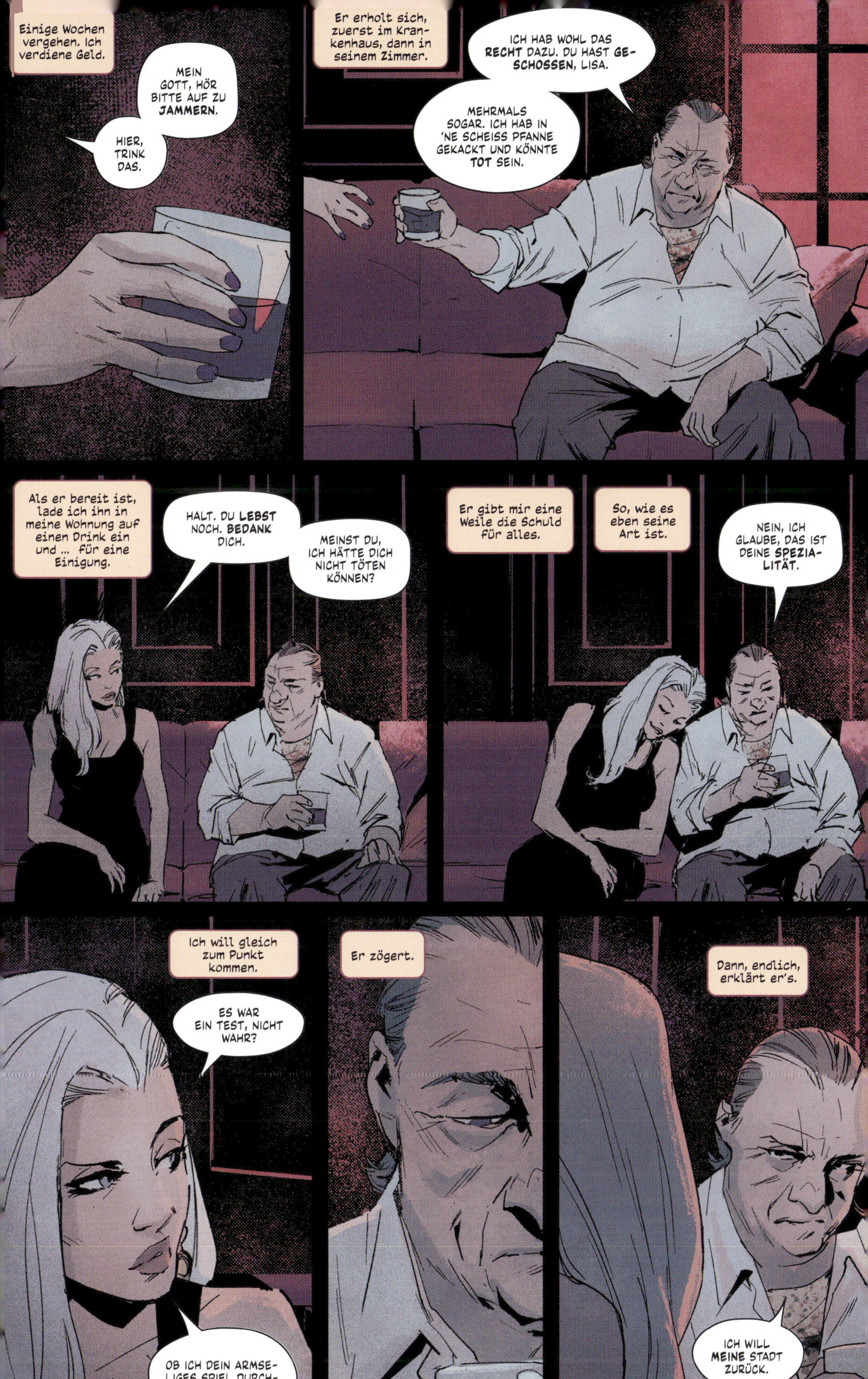
Einige Wochen vergehen. Ich verdiene Geld.
MEIN GOTT, HÖR BITTE AUF ZU JAMMERN.
HIER, TRINK DAS.
Er erholt sich, zuerst im Krankenhaus, dann in seinem Zimmer.
ICH HAB WOHL DAS RECHT DAZU. DU HAST GESCHOSSEN, LISA.
MEHRMALS SOGAR. ICH HAB IN 'NE SCHEISS PFANNE GEKACKT UND KÖNNTE TOT SEIN.
Als er bereit ist, lade ich ihn in meine Wohnung auf einen Drink ein und ... für eine Einigung.
HALT. DU LEBST NOCH. BEDANK DICH.
MEINST DU, ICH HÄTTE DICH NICHT TÖTEN KÖNNEN?
Er gibt mir eine Weile die Schuld für alles.
So, wie es eben seine Art ist.
NEIN, ICH GLAUBE, DAS IST DEINE SPEZIALITÄT.
Ich will gleich zum Punkt kommen.
ES WAR EIN TEST, NICHT WAHR?
OB ICH DEIN ARMSELIGES SPIEL DURCHSCHAUEN KANN.
Er zögert.
Dann, endlich, erklärt er's.
ICH WILL MEINE STADT ZURÜCK.
MIT DEINER HILFE.

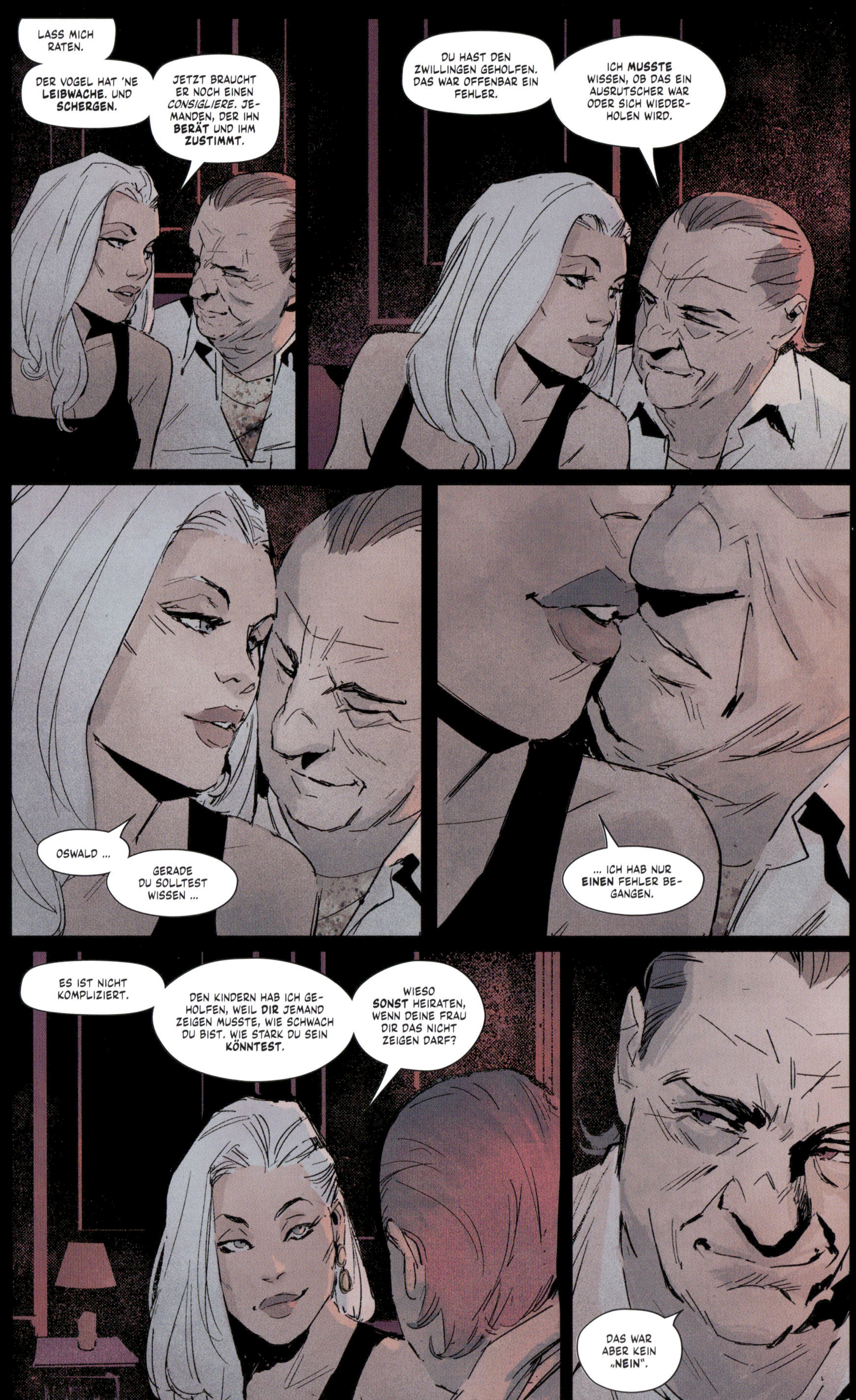

LASS MICH RATEN.
DER VOGEL HAT 'NE **LEIBWACHE**. UND **SCHERGEN**.
JETZT BRAUCHT ER NOCH EINEN *CONSIGLIERE*. JEMANDEN, DER IHN **BERÄT** UND IHM **ZUSTIMMT**.
DU HAST DEN ZWILLINGEN GEHOLFEN. DAS WAR OFFENBAR EIN FEHLER.
ICH **MUSSTE** WISSEN, OB DAS EIN AUSRUTSCHER WAR ODER SICH WIEDERHOLEN WIRD.
OSWALD ...
GERADE DU SOLLTEST WISSEN ...
... ICH HAB NUR **EINEN** FEHLER BEGANGEN.
ES IST NICHT KOMPLIZIERT.
DEN KINDERN HAB ICH GEHOLFEN, WEIL **DIR** JEMAND ZEIGEN MUSSTE, WIE SCHWACH DU BIST. WIE STARK DU SEIN **KÖNNTEST**.
WIESO **SONST** HEIRATEN, WENN DEINE FRAU DIR DAS NICHT ZEIGEN DARF?
DAS WAR ABER KEIN **„NEIN“**.

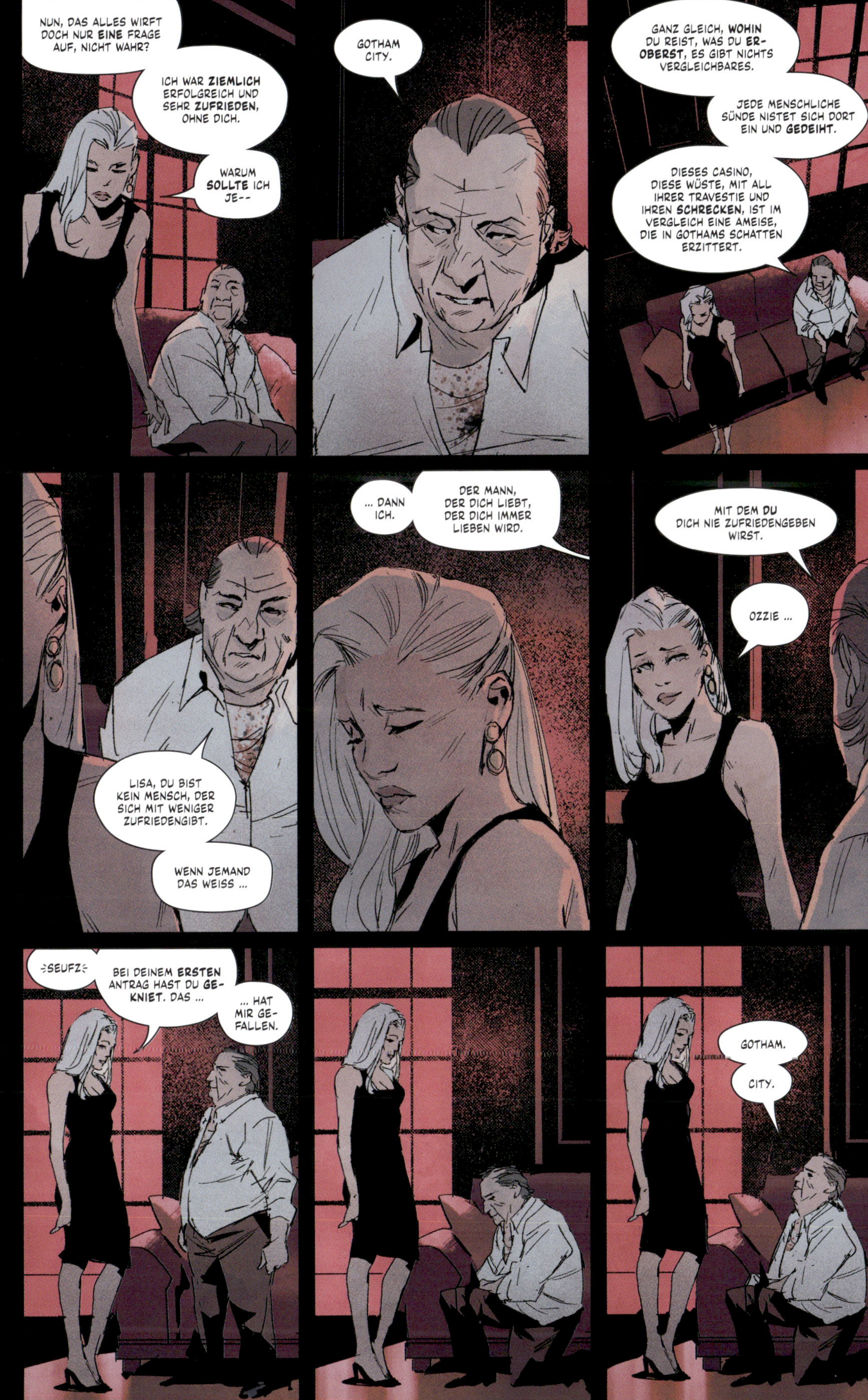
NUN, DAS ALLES WIRFT DOCH NUR **EINE** FRAGE AUF, NICHT WAHR?
ICH WAR **ZIEMLICH** ERFOLGREICH UND SEHR **ZUFRIEDEN**, OHNE DICH.
WARUM **SOLLTE** ICH JE--
GOTHAM CITY.
GANZ GLEICH, **WOHIN** DU REIST, WAS DU **EROBERST**, ES GIBT NICHTS VERGLEICHBARES.
JEDE MENSCHLICHE SÜNDE NISTET SICH DORT EIN UND **GEDEIHT**.
DIESES CASINO, DIESE WÜSTE, MIT ALL IHRER TRAVESTIE UND IHREN **SCHRECKEN**, IST IM VERGLEICH EINE AMEISE, DIE IN GOTHAMS SCHATTEN ERZITTERT.
LISA, DU BIST KEIN MENSCH, DER SICH MIT WENIGER ZUFRIEDENGIBT.
WENN JEMAND DAS WEISS ...
... DANN ICH.
DER MANN, DER DICH LIEBT, DER DICH IMMER LIEBEN WIRD.
MIT DEM **DU** DICH NIE ZUFRIEDENGEBEN WIRST.
OZZIE ...
SEUFZ
BEI DEINEM **ERSTEN** ANTRAG HAST DU **GEKNIET**. DAS ...
... HAT MIR GEFALLEN.
GOTHAM.
CITY.

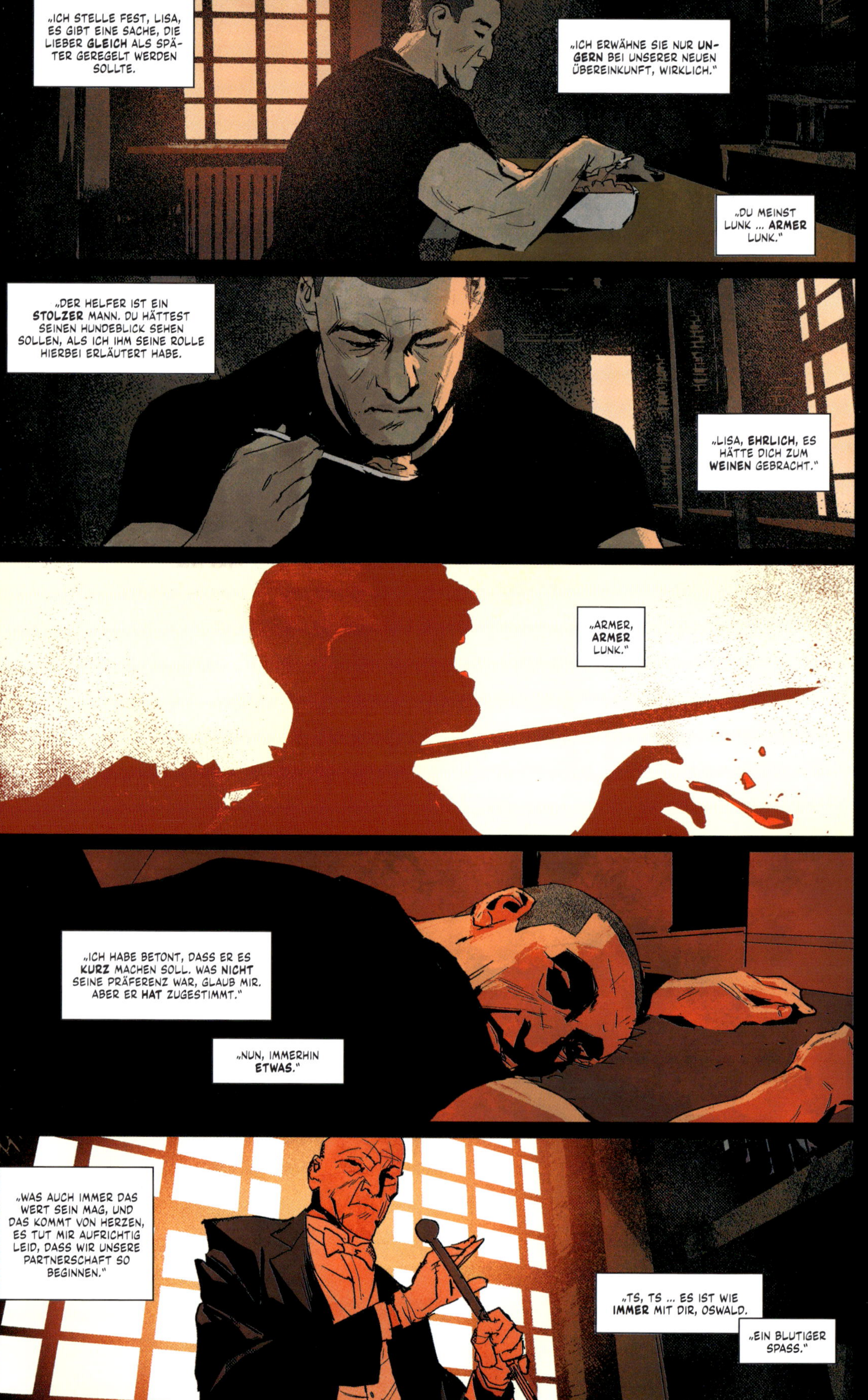
„ICH STELLE FEST, LISA, ES GIBT EINE SACHE, DIE LIEBER GLEICH ALS SPÄTER GEREGELT WERDEN SOLLTE.
„ICH ERWÄHNE SIE NUR UNGERN BEI UNSERER NEUEN ÜBEREINKUNFT, WIRKLICH."
„DU MEINST LUNK ... ARMER LUNK."
„DER HELFER IST EIN STOLZER MANN. DU HÄTTEST SEINEN HUNDEBLICK SEHEN SOLLEN, ALS ICH IHM SEINE ROLLE HIERBEI ERLÄUTERT HABE.
„LISA, EHRLICH, ES HÄTTE DICH ZUM WEINEN GEBRACHT."
„ARMER, ARMER LUNK."
„ICH HABE BETONT, DASS ER ES KURZ MACHEN SOLL. WAS NICHT SEINE PRÄFERENZ WAR, GLAUB MIR. ABER ER HAT ZUGESTIMMT."
„NUN, IMMERHIN ETWAS."
„WAS AUCH IMMER DAS WERT SEIN MAG, UND DAS KOMMT VON HERZEN, ES TUT MIR AUFRICHTIG LEID, DASS WIR UNSERE PARTNERSCHAFT SO BEGINNEN."
„TS, TS ... ES IST WIE IMMER MIT DIR, OSWALD.
„EIN BLUTIGER SPASS."

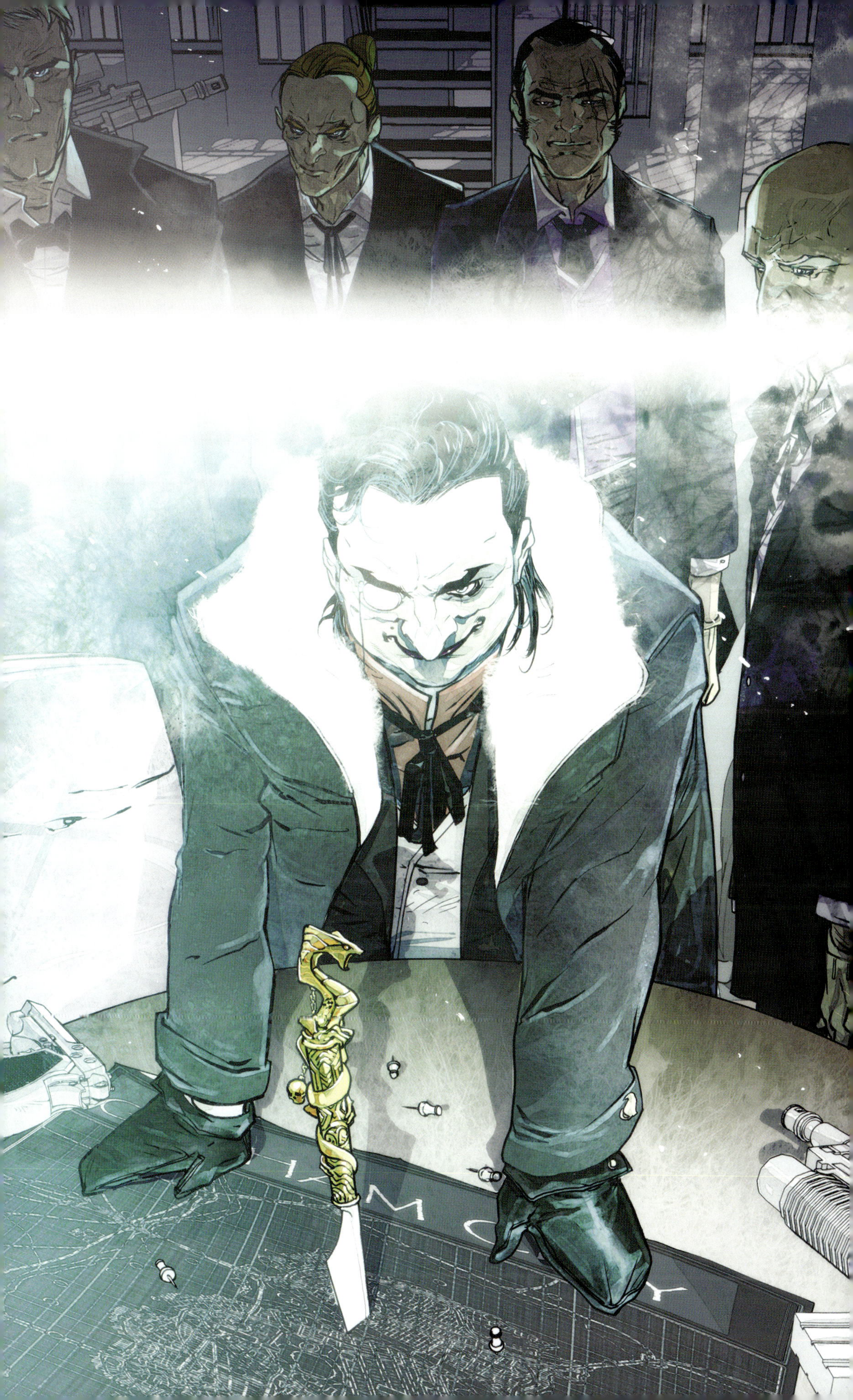

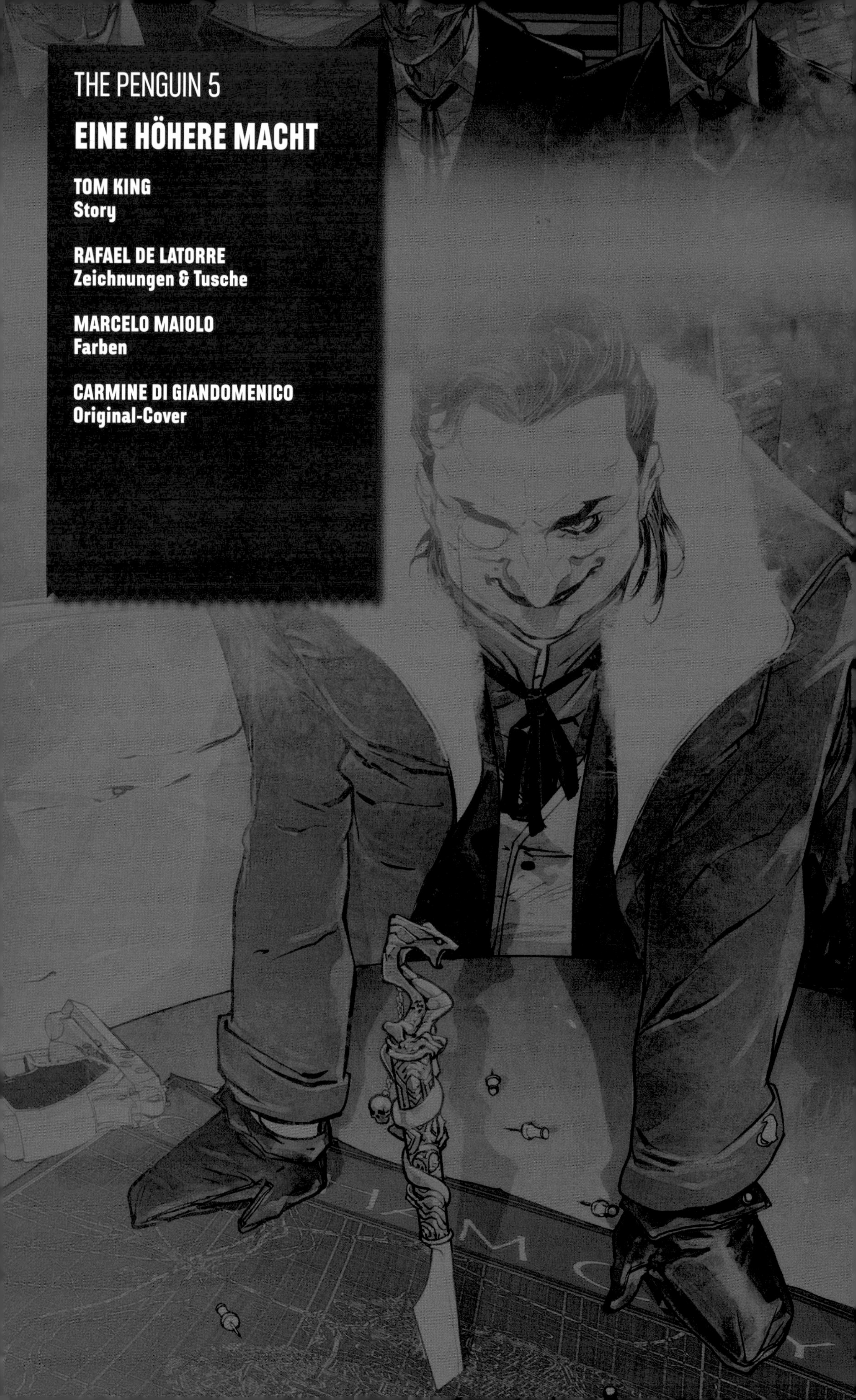

THE PENGUIN 5

EINE HÖHERE MACHT

TOM KING
Story

RAFAEL DE LATORRE
Zeichnungen & Tusche

MARCELO MAIOLO
Farben

CARMINE DI GIANDOMENICO
Original-Cover

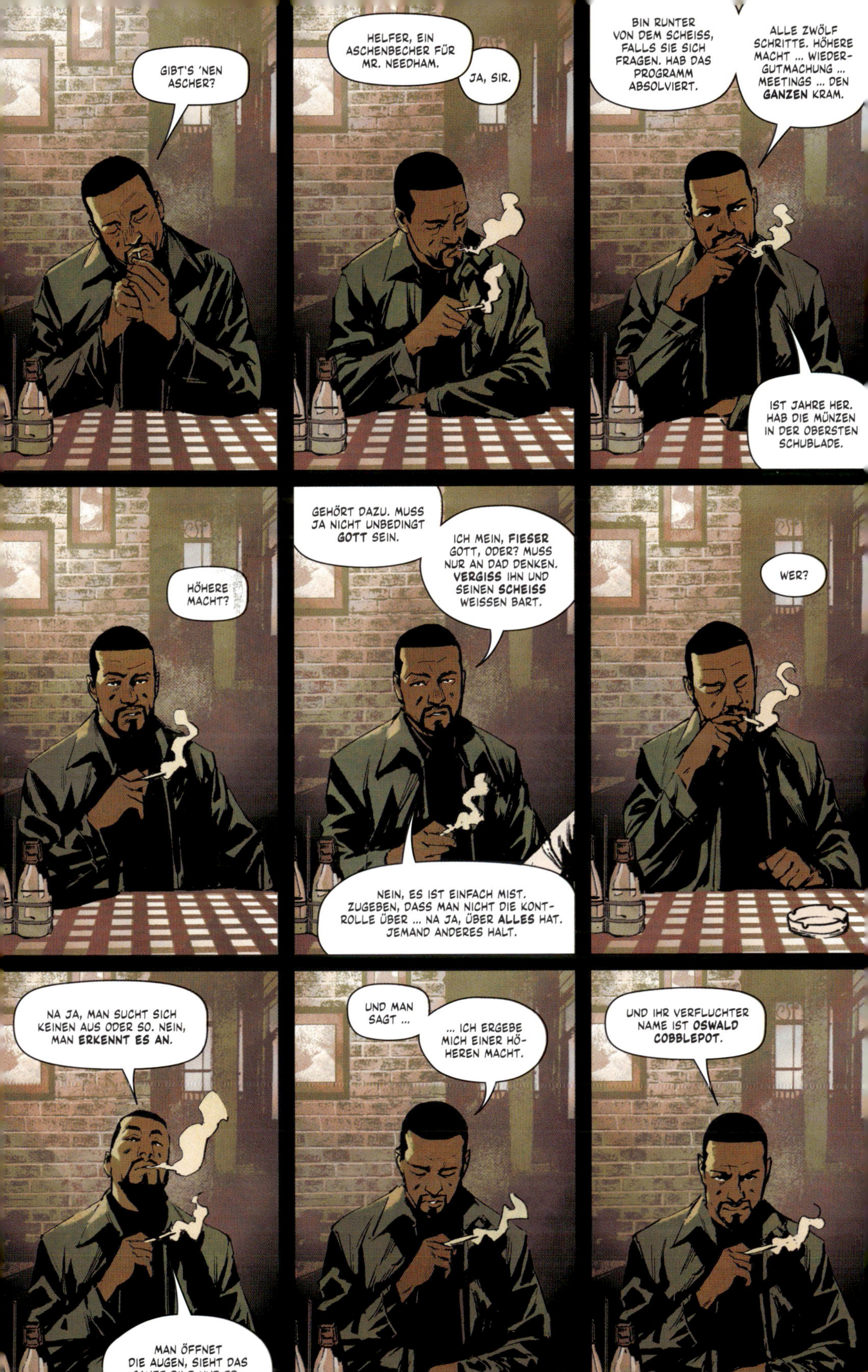
GIBT'S 'NEN ASCHER?
HELFER, EIN ASCHENBECHER FÜR MR. NEEDHAM.
JA, SIR.
BIN RUNTER VON DEM SCHEISS, FALLS SIE SICH FRAGEN. HAB DAS PROGRAMM ABSOLVIERT.
ALLE ZWÖLF SCHRITTE. HÖHERE MACHT ... WIEDER-GUTMACHUNG ... MEETINGS ... DEN **GANZEN** KRAM.
IST JAHRE HER. HAB DIE MÜNZEN IN DER OBERSTEN SCHUBLADE.
HÖHERE MACHT?
GEHÖRT DAZU. MUSS JA NICHT UNBEDINGT **GOTT** SEIN.
ICH MEIN, **FIESER** GOTT, ODER? MUSS NUR AN DAD DENKEN. **VERGISS** IHN UND SEINEN **SCHEISS** WEISSEN BART.
NEIN, ES IST EINFACH MIST. ZUGEBEN, DASS MAN NICHT DIE KONT-ROLLE ÜBER ... NA JA, ÜBER **ALLES** HAT. JEMAND ANDERES HALT.
WER?
NA JA, MAN SUCHT SICH KEINEN AUS ODER SO. NEIN, MAN **ERKENNT ES AN.**
MAN ÖFFNET DIE AUGEN, SIEHT DAS GANZE BILD UND ER-KENNT, WER DEN MIST **GEMALT** HAT.
UND MAN SAGT ...
... ICH ERGEBE MICH EINER HÖ-HEREN MACHT.
UND IHR VERFLUCHTER NAME IST **OSWALD COBBLEPOT.**

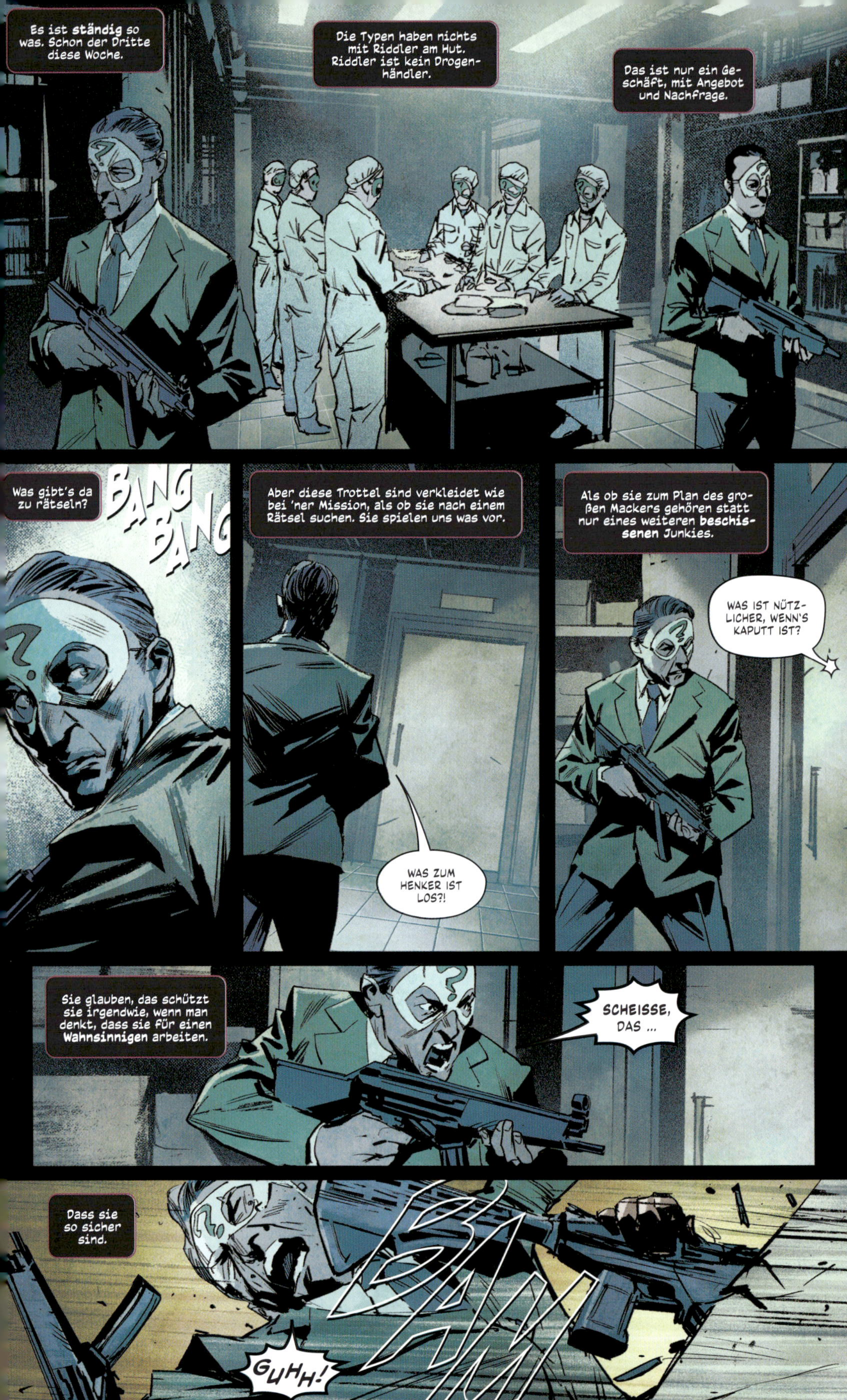
Es ist ständig so was. Schon der Dritte diese Woche.
Die Typen haben nichts mit Riddler am Hut. Riddler ist kein Drogenhändler.
Das ist nur ein Geschäft, mit Angebot und Nachfrage.
Was gibt's da zu rätseln?
BANG BANG
Aber diese Trottel sind verkleidet wie bei 'ner Mission, als ob sie nach einem Rätsel suchen. Sie spielen uns was vor.
WAS ZUM HENKER IST LOS?!
Als ob sie zum Plan des großen Mackers gehören statt nur eines weiteren beschissenen Junkies.
WAS IST NÜTZLICHER, WENN'S KAPUTT IST?
Sie glauben, das schützt sie irgendwie, wenn man denkt, dass sie für einen Wahnsinnigen arbeiten.
SCHEISSE, DAS ...
Dass sie so sicher sind.
BAM
GUHH!

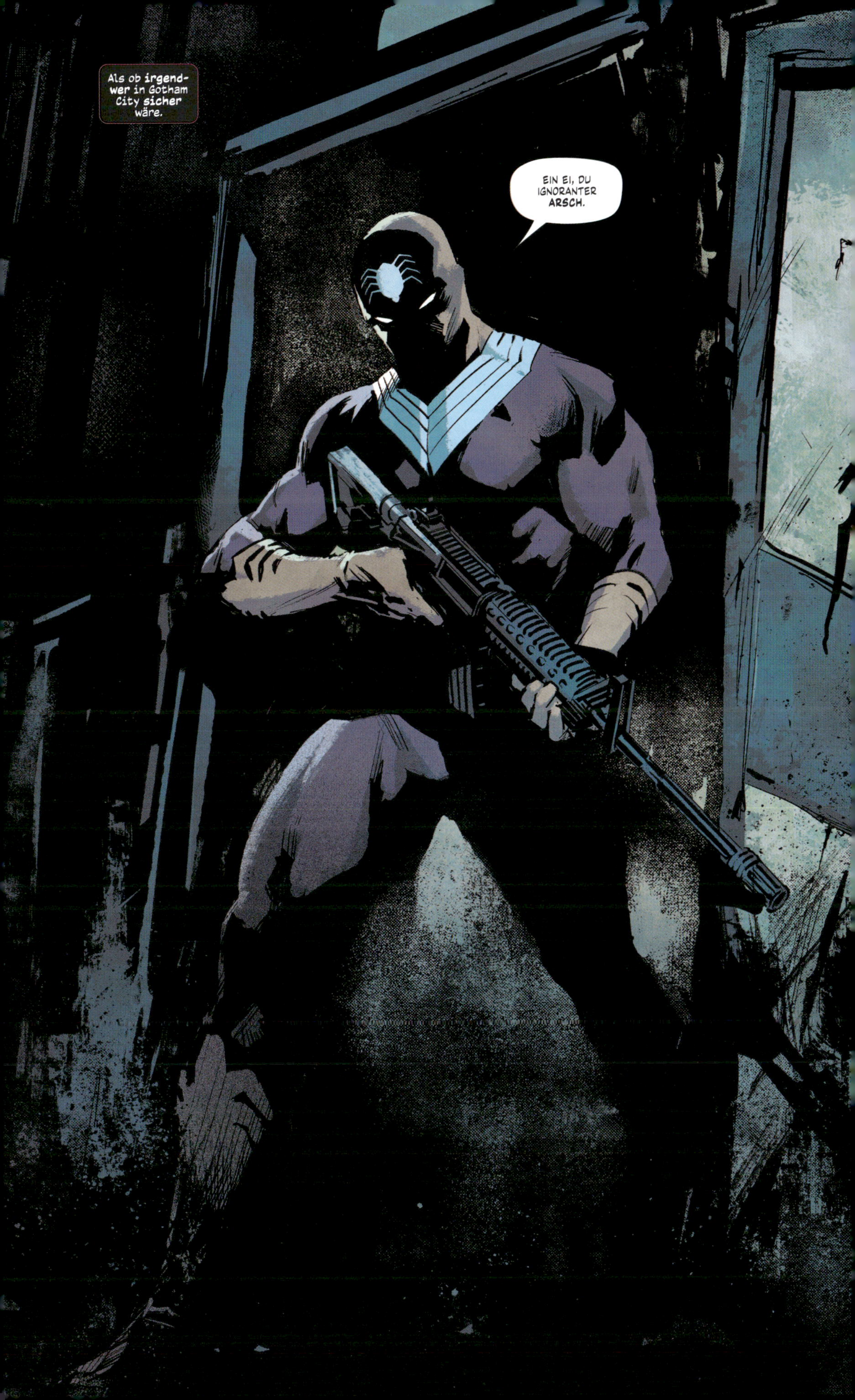
Als ob irgendwer in Gotham City sicher wäre.
EIN EI, DU IGNORANTER ARSCH.

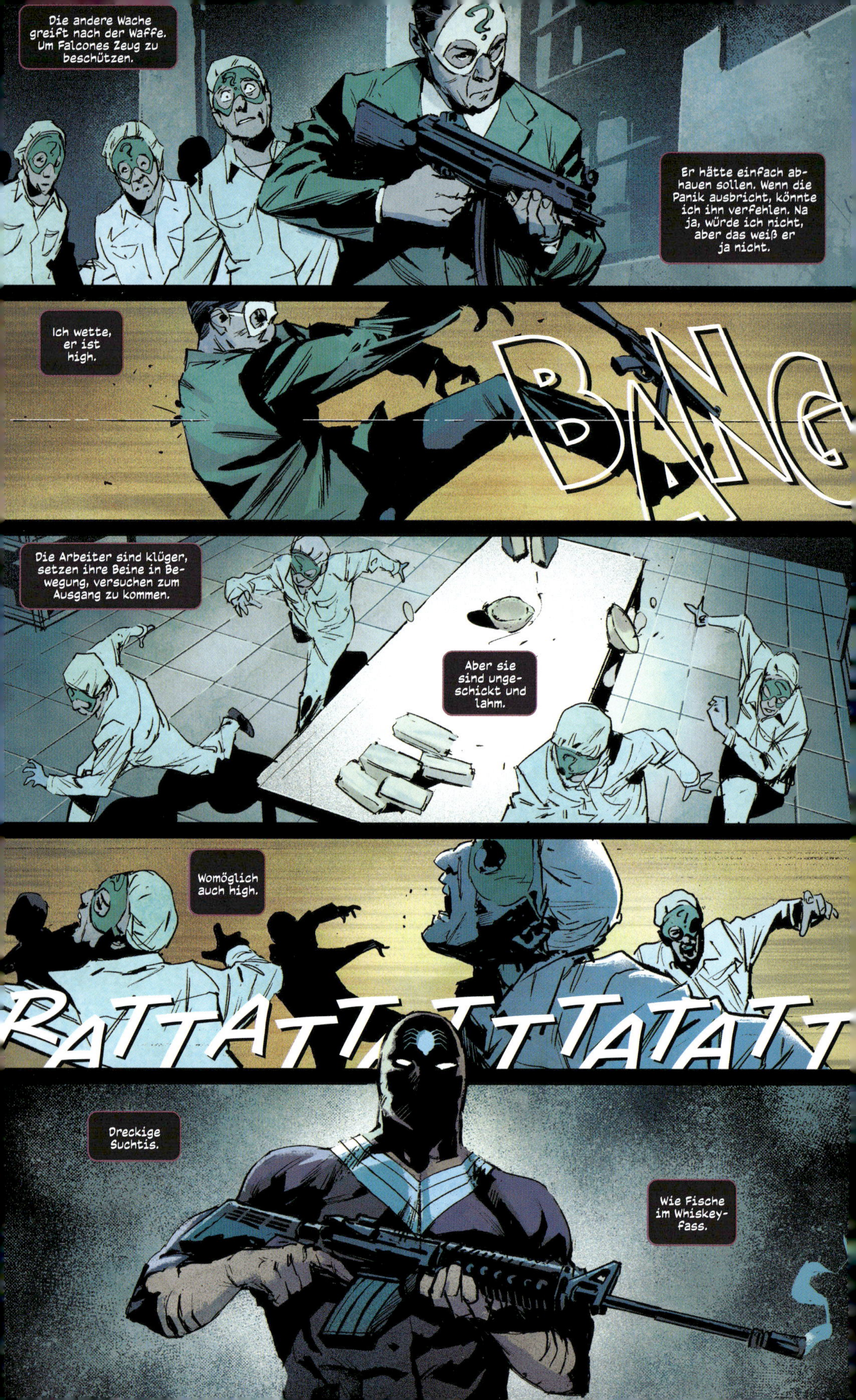
Die andere Wache greift nach der Waffe. Um Falcones Zeug zu beschützen.
Er hätte einfach abhauen sollen. Wenn die Panik ausbricht, könnte ich ihn verfehlen. Na ja, würde ich nicht, aber das weiß er ja nicht.
Ich wette, er ist high.
BANG
Die Arbeiter sind klüger, setzen ihre Beine in Bewegung, versuchen zum Ausgang zu kommen.
Aber sie sind ungeschickt und lahm.
Womöglich auch high.
RATTATTATTTTATATT
Dreckige Suchtis.
Wie Fische im Whiskeyfass.

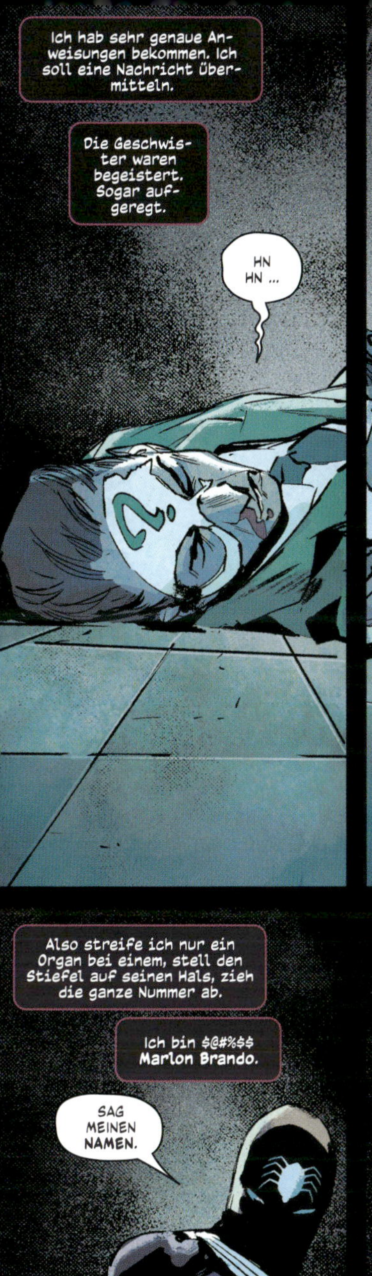

Ich hab sehr genaue Anweisungen bekommen. Ich soll eine Nachricht übermitteln.
Die Geschwister waren begeistert. Sogar aufgeregt.
HN HN ...

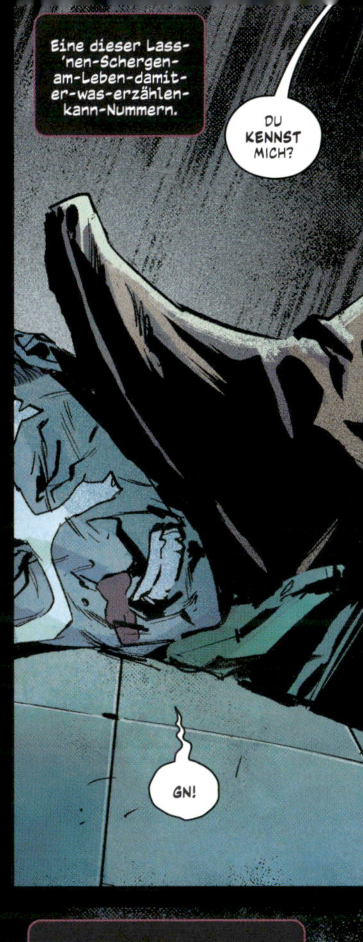

Eine dieser Lass'nen-Schergen-am-Leben-damit-er-was-erzählen-kann-Nummern.
DU KENNST MICH?
GN!

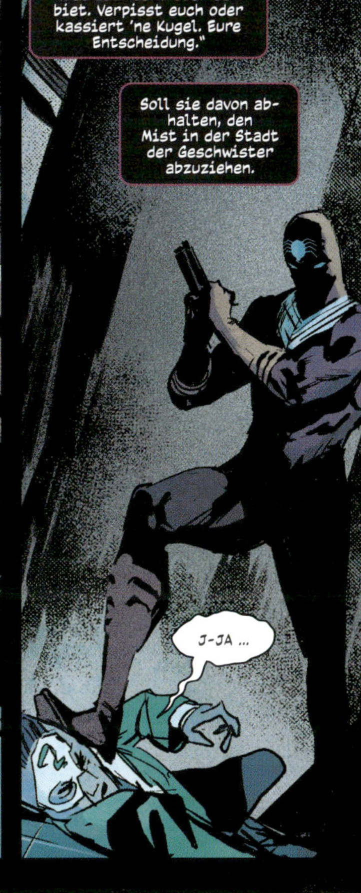

„Das ist nicht euer Gebiet. Verpisst euch oder kassiert 'ne Kugel. Eure Entscheidung."
Soll sie davon abhalten, den Mist in der Stadt der Geschwister abzuziehen.
J-JA ...

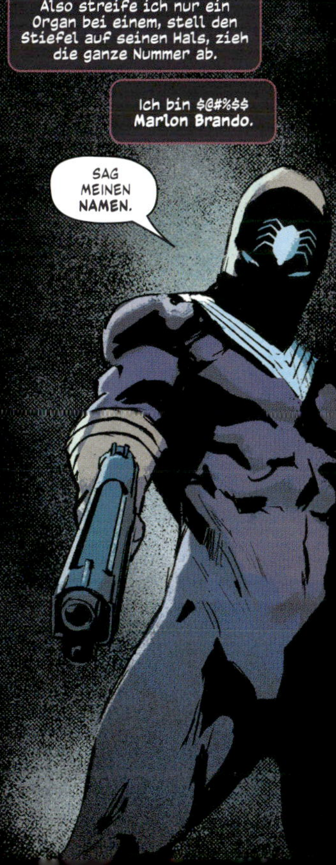

Also streife ich nur ein Organ bei einem, stell den Stiefel auf seinen Hals, zieh die ganze Nummer ab.
Ich bin $@#%$$ **Marlon Brando.**
SAG MEINEN **NAMEN.**

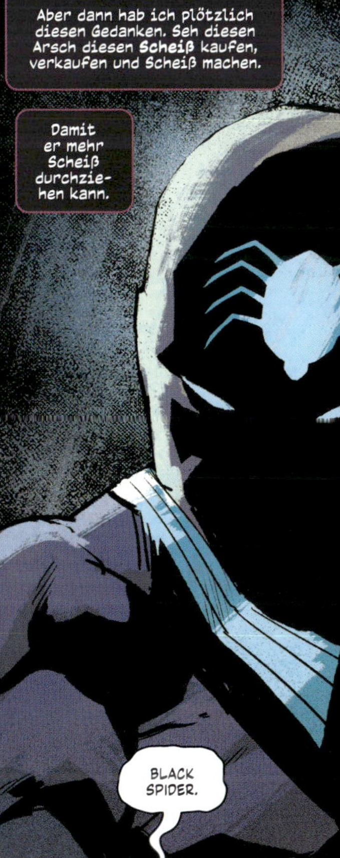

Aber dann hab ich plötzlich diesen Gedanken. Seh diesen Arsch diesen **Scheiß** kaufen, verkaufen und Scheiß machen.
Damit er mehr Scheiß durchziehen kann.
BLACK SPIDER.

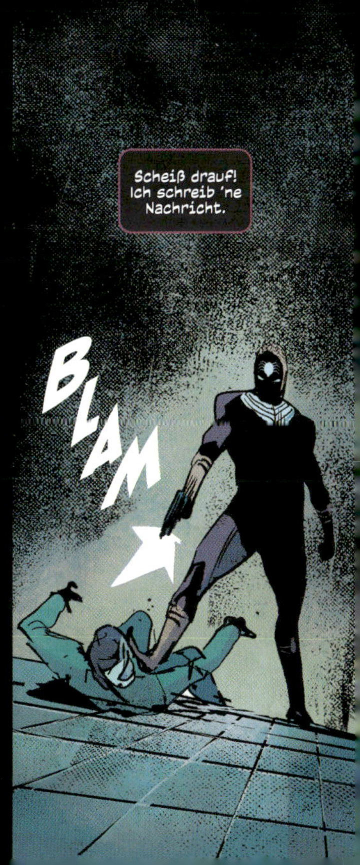

Scheiß drauf! Ich schreib 'ne Nachricht.
BLAM

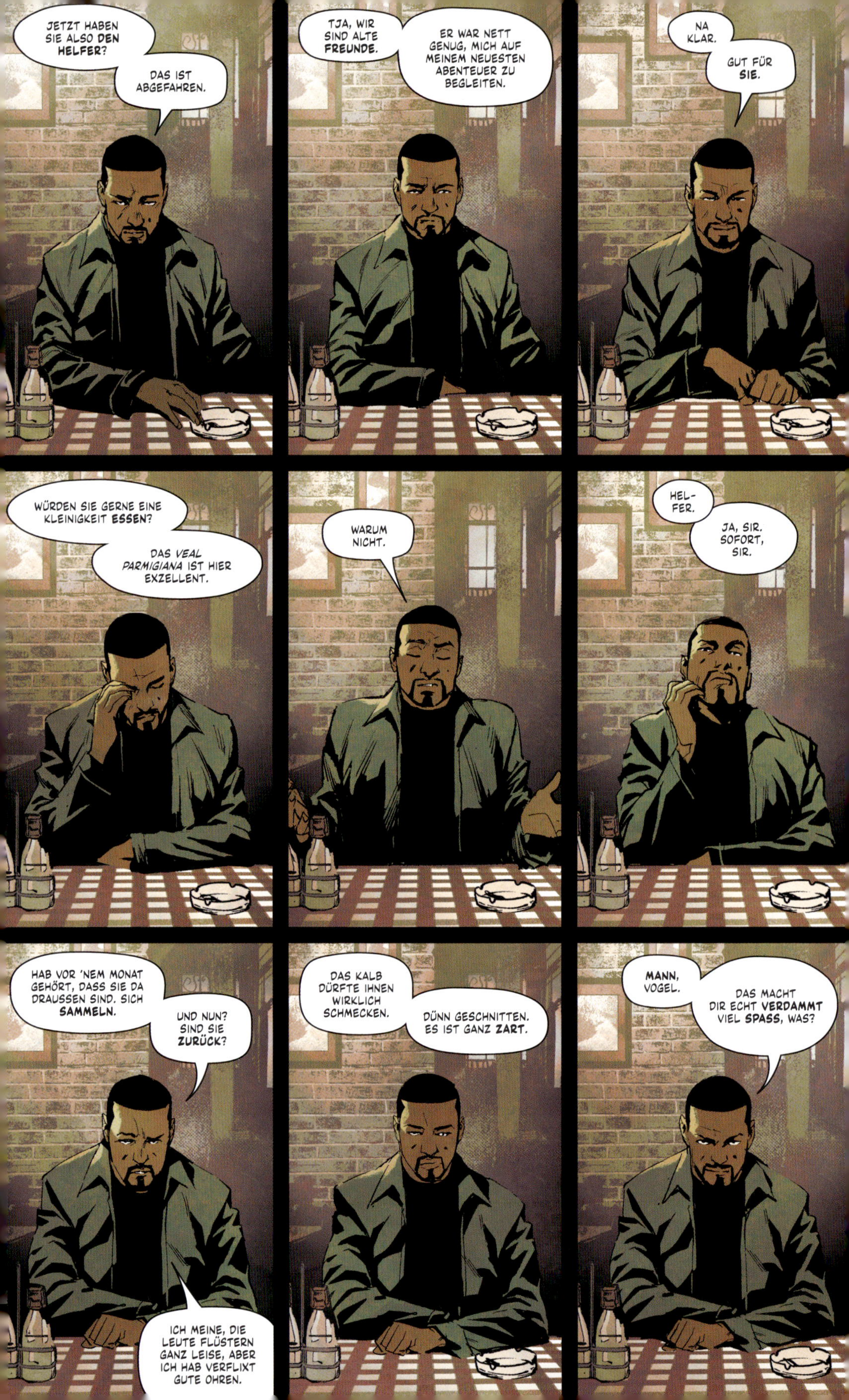

JETZT HABEN SIE ALSO **DEN HELFER**?
DAS IST ABGEFAHREN.
TJA, WIR SIND ALTE **FREUNDE**.
ER WAR NETT GENUG, MICH AUF MEINEM NEUESTEN ABENTEUER ZU BEGLEITEN.
NA KLAR.
GUT FÜR **SIE**.
WÜRDEN SIE GERNE EINE KLEINIGKEIT **ESSEN**?
DAS *VEAL PARMIGIANA* IST HIER EXZELLENT.
WARUM NICHT.
HEL-FER.
JA, SIR. SOFORT, SIR.

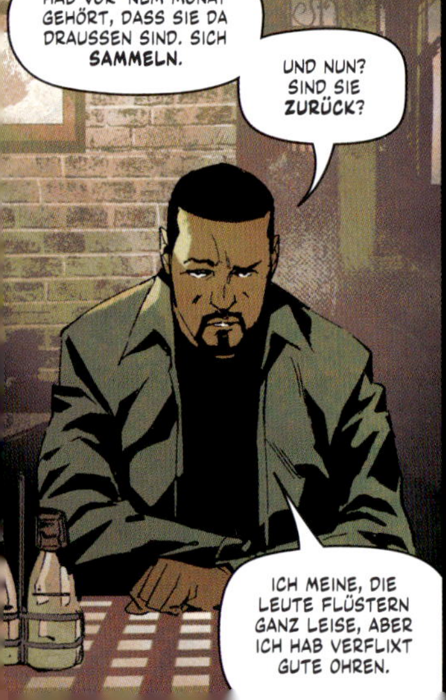
HAB VOR 'NEM MONAT GEHÖRT, DASS SIE DA DRAUSSEN SIND. SICH **SAMMELN**.
UND NUN? SIND SIE **ZURÜCK**?
ICH MEINE, DIE LEUTE FLÜSTERN GANZ LEISE, ABER ICH HAB VERFLIXT GUTE OHREN.

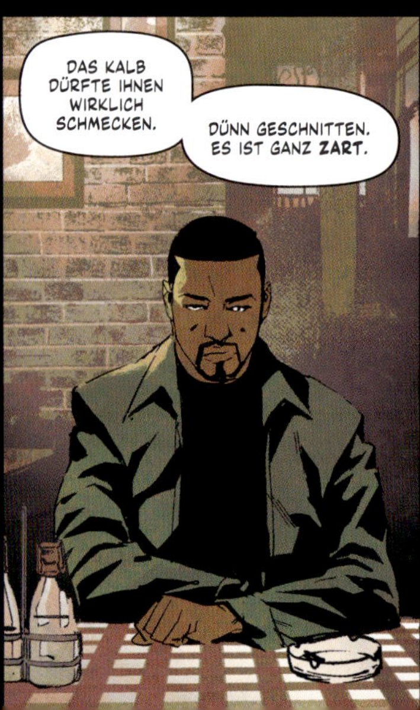
DAS KALB DÜRFTE IHNEN WIRKLICH SCHMECKEN.
DÜNN GESCHNITTEN. ES IST GANZ **ZART**.

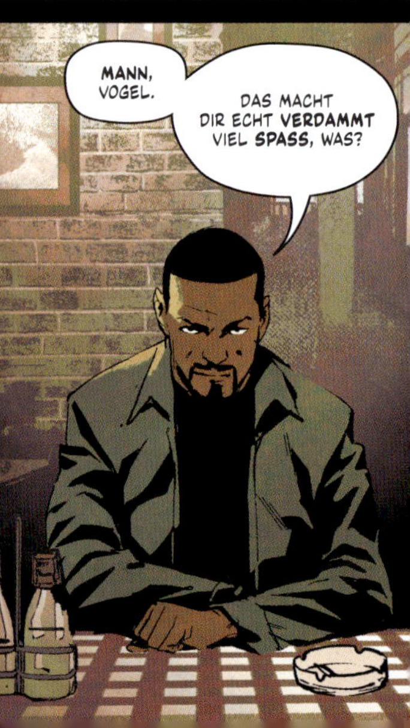
MANN, VOGEL.
DAS MACHT DIR ECHT **VERDAMMT** VIEL **SPASS**, WAS?

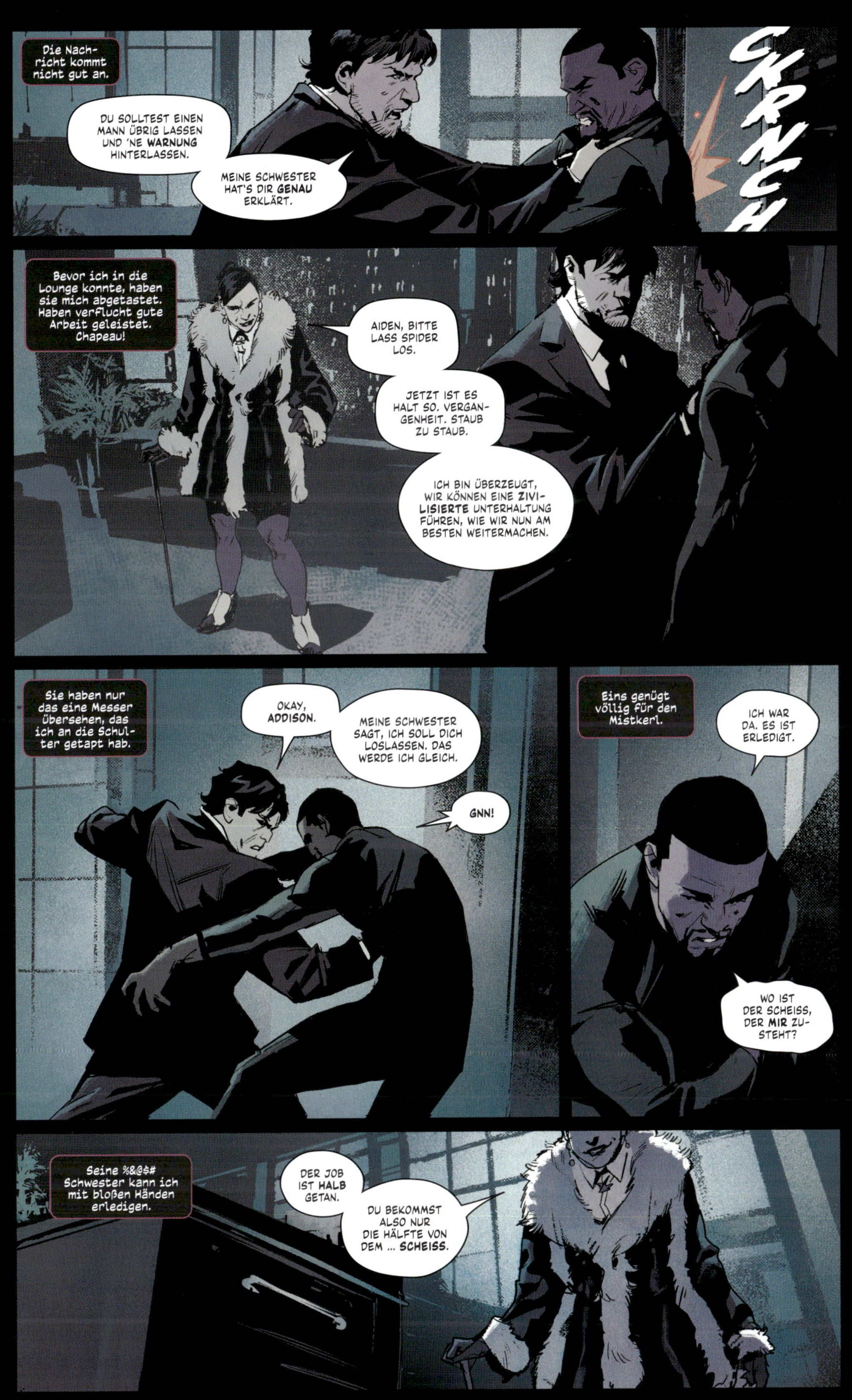
Die Nachricht kommt nicht gut an.
DU SOLLTEST EINEN MANN ÜBRIG LASSEN UND 'NE WARNUNG HINTERLASSEN.
MEINE SCHWESTER HAT'S DIR GENAU ERKLÄRT.
CKRNCH
Bevor ich in die Lounge konnte, haben sie mich abgetastet. Haben verflucht gute Arbeit geleistet. Chapeau!
AIDEN, BITTE LASS SPIDER LOS.
JETZT IST ES HALT SO. VERGANGENHEIT. STAUB ZU STAUB.
ICH BIN ÜBERZEUGT, WIR KÖNNEN EINE ZIVILISIERTE UNTERHALTUNG FÜHREN, WIE WIR NUN AM BESTEN WEITERMACHEN.
Sie haben nur das eine Messer übersehen, das ich an die Schulter getapt hab.
OKAY, ADDISON.
MEINE SCHWESTER SAGT, ICH SOLL DICH LOSLASSEN. DAS WERDE ICH GLEICH.
GNN!
Eins genügt völlig für den Mistkerl.
ICH WAR DA. ES IST ERLEDIGT.
WO IST DER SCHEISS, DER MIR ZUSTEHT?
Seine %&@$# Schwester kann ich mit bloßen Händen erledigen.
DER JOB IST HALB GETAN.
DU BEKOMMST ALSO NUR DIE HÄLFTE VON DEM ... SCHEISS.

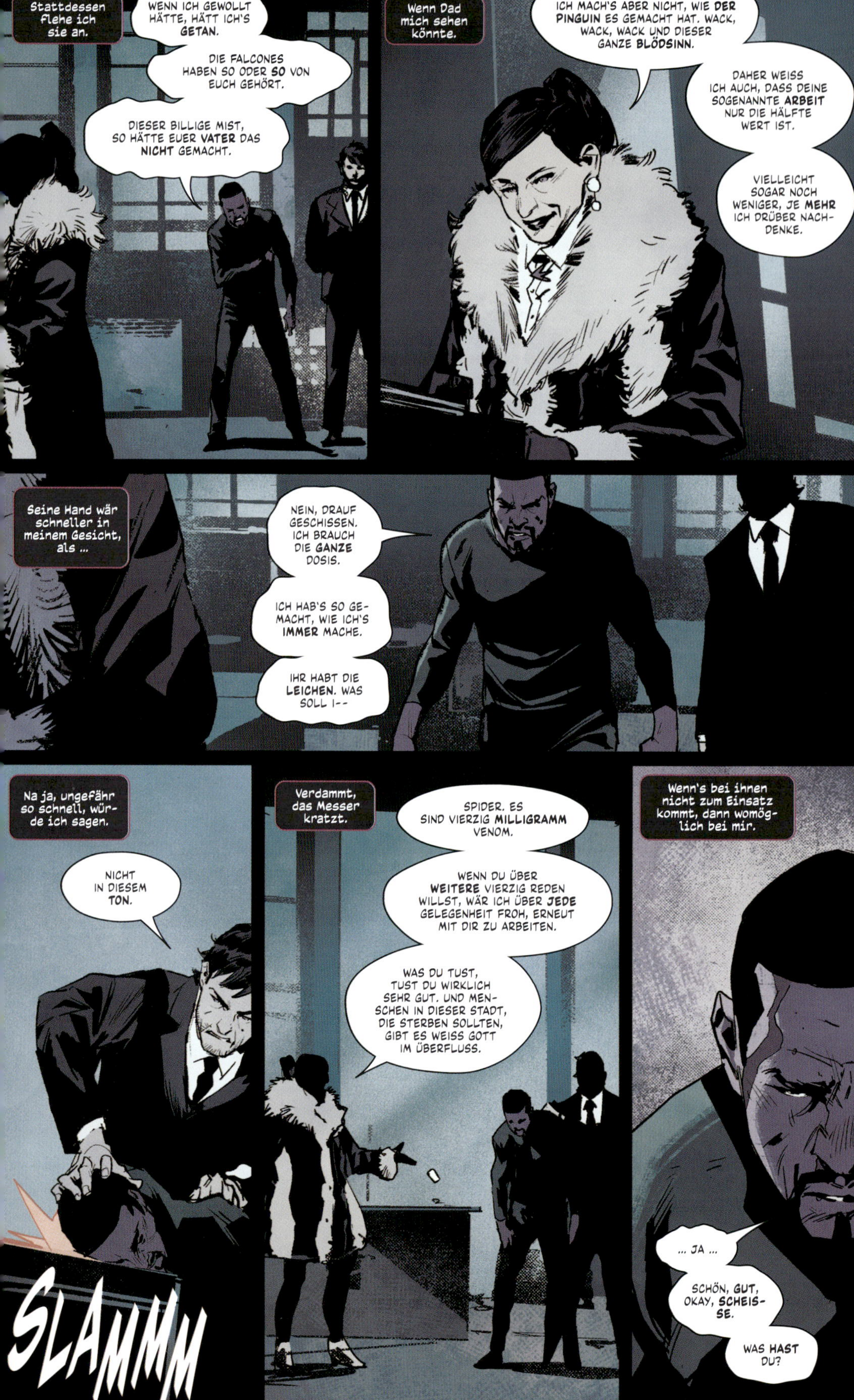
Stattdessen flehe ich sie an.
WENN ICH GEWOLLT HÄTTE, HÄTT ICH'S GETAN.
DIE FALCONES HABEN SO ODER SO VON EUCH GEHÖRT.
DIESER BILLIGE MIST, SO HÄTTE EUER VATER DAS NICHT GEMACHT.
Wenn Dad mich sehen könnte.
ICH MACH'S ABER NICHT, WIE DER PINGUIN ES GEMACHT HAT. WACK, WACK, WACK UND DIESER GANZE BLÖDSINN.
DAHER WEISS ICH AUCH, DASS DEINE SOGENANNTE ARBEIT NUR DIE HÄLFTE WERT IST.
VIELLEICHT SOGAR NOCH WENIGER, JE MEHR ICH DRÜBER NACH-DENKE.
Seine Hand wär schneller in meinem Gesicht, als ...
NEIN, DRAUF GESCHISSEN. ICH BRAUCH DIE GANZE DOSIS.
ICH HAB'S SO GE-MACHT, WIE ICH'S IMMER MACHE.
IHR HABT DIE LEICHEN. WAS SOLL I--
Na ja, ungefähr so schnell, wür-de ich sagen.
NICHT IN DIESEM TON.
SLAMMM
Verdammt, das Messer kratzt.
SPIDER. ES SIND VIERZIG MILLIGRAMM VENOM.
WENN DU ÜBER WEITERE VIERZIG REDEN WILLST, WÄR ICH ÜBER JEDE GELEGENHEIT FROH, ERNEUT MIT DIR ZU ARBEITEN.
WAS DU TUST, TUST DU WIRKLICH SEHR GUT. UND MEN-SCHEN IN DIESER STADT, DIE STERBEN SOLLTEN, GIBT ES WEISS GOTT IM ÜBERFLUSS.
Wenn's bei ihnen nicht zum Einsatz kommt, dann womög-lich bei mir.
... JA ...
SCHÖN, GUT, OKAY, SCHEIS-SE.
WAS HAST DU?

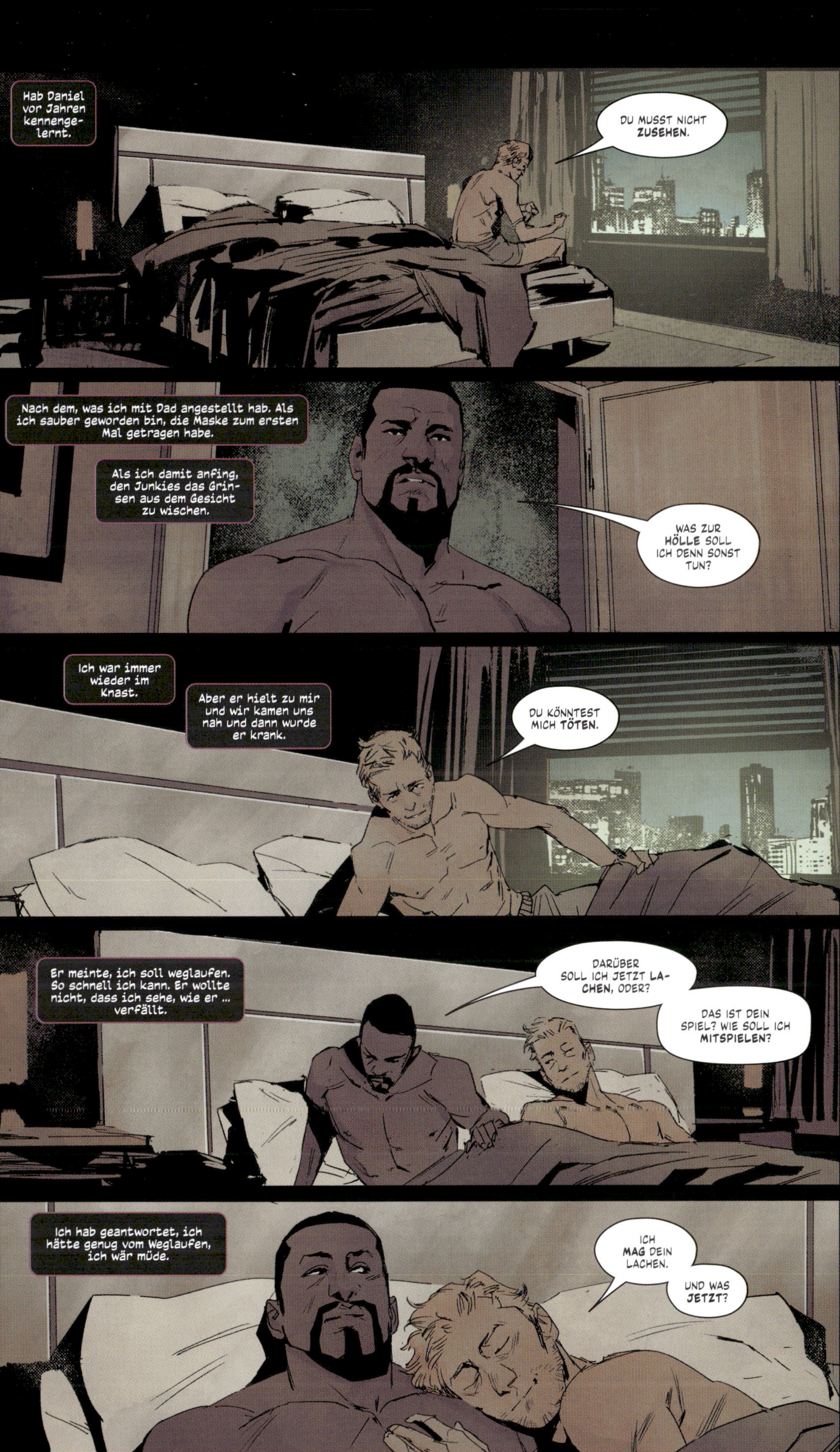

Hab Daniel vor Jahren kennengelernt.
DU MUSST NICHT ZUSEHEN.
Nach dem, was ich mit Dad angestellt hab. Als ich sauber geworden bin, die Maske zum ersten Mal getragen habe.
Als ich damit anfing, den Junkies das Grinsen aus dem Gesicht zu wischen.
WAS ZUR HÖLLE SOLL ICH DENN SONST TUN?
Ich war immer wieder im Knast.
Aber er hielt zu mir und wir kamen uns nah und dann wurde er krank.
DU KÖNNTEST MICH TÖTEN.
Er meinte, ich soll weglaufen. So schnell ich kann. Er wollte nicht, dass ich sehe, wie er ... verfällt.
DARÜBER SOLL ICH JETZT LACHEN, ODER?
DAS IST DEIN SPIEL? WIE SOLL ICH MITSPIELEN?
Ich hab geantwortet, ich hätte genug vom Weglaufen, ich wär müde.
ICH MAG DEIN LACHEN.
UND WAS JETZT?

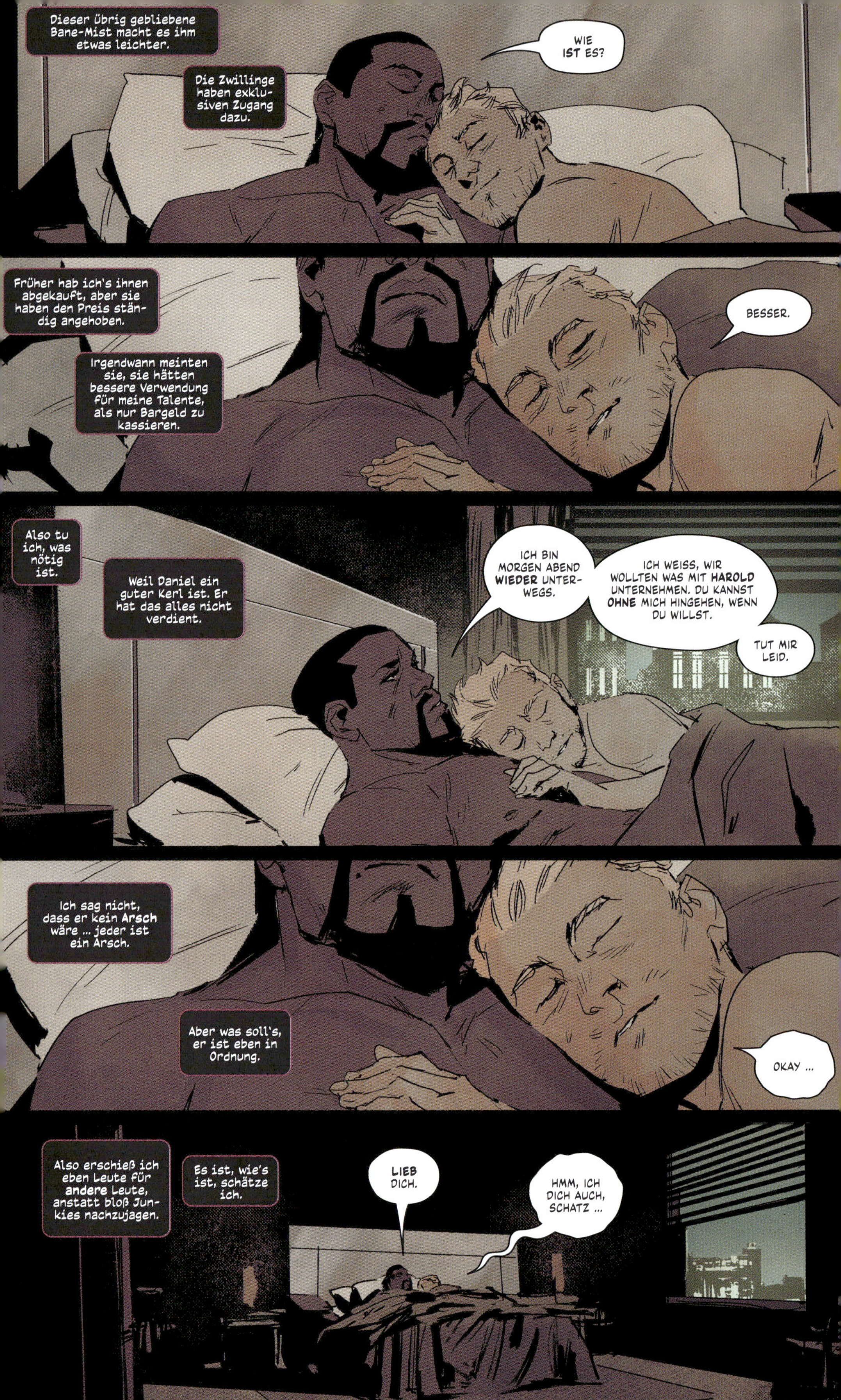

Dieser übrig gebliebene Bane-Mist macht es ihm etwas leichter.
Die Zwillinge haben exklusiven Zugang dazu.
WIE IST ES?
Früher hab ich's ihnen abgekauft, aber sie haben den Preis ständig angehoben.
Irgendwann meinten sie, sie hätten bessere Verwendung für meine Talente, als nur Bargeld zu kassieren.
BESSER.
Also tu ich, was nötig ist.
Weil Daniel ein guter Kerl ist. Er hat das alles nicht verdient.
ICH BIN MORGEN ABEND WIEDER UNTERWEGS.
ICH WEISS, WIR WOLLTEN WAS MIT HAROLD UNTERNEHMEN. DU KANNST OHNE MICH HINGEHEN, WENN DU WILLST.
TUT MIR LEID.
Ich sag nicht, dass er kein Arsch wäre ... jeder ist ein Arsch.
Aber was soll's, er ist eben in Ordnung.
OKAY ...
Also erschieß ich eben Leute für andere Leute, anstatt bloß Junkies nachzujagen.
Es ist, wie's ist, schätze ich.
LIEB DICH.
HMM, ICH DICH AUCH, SCHATZ ...

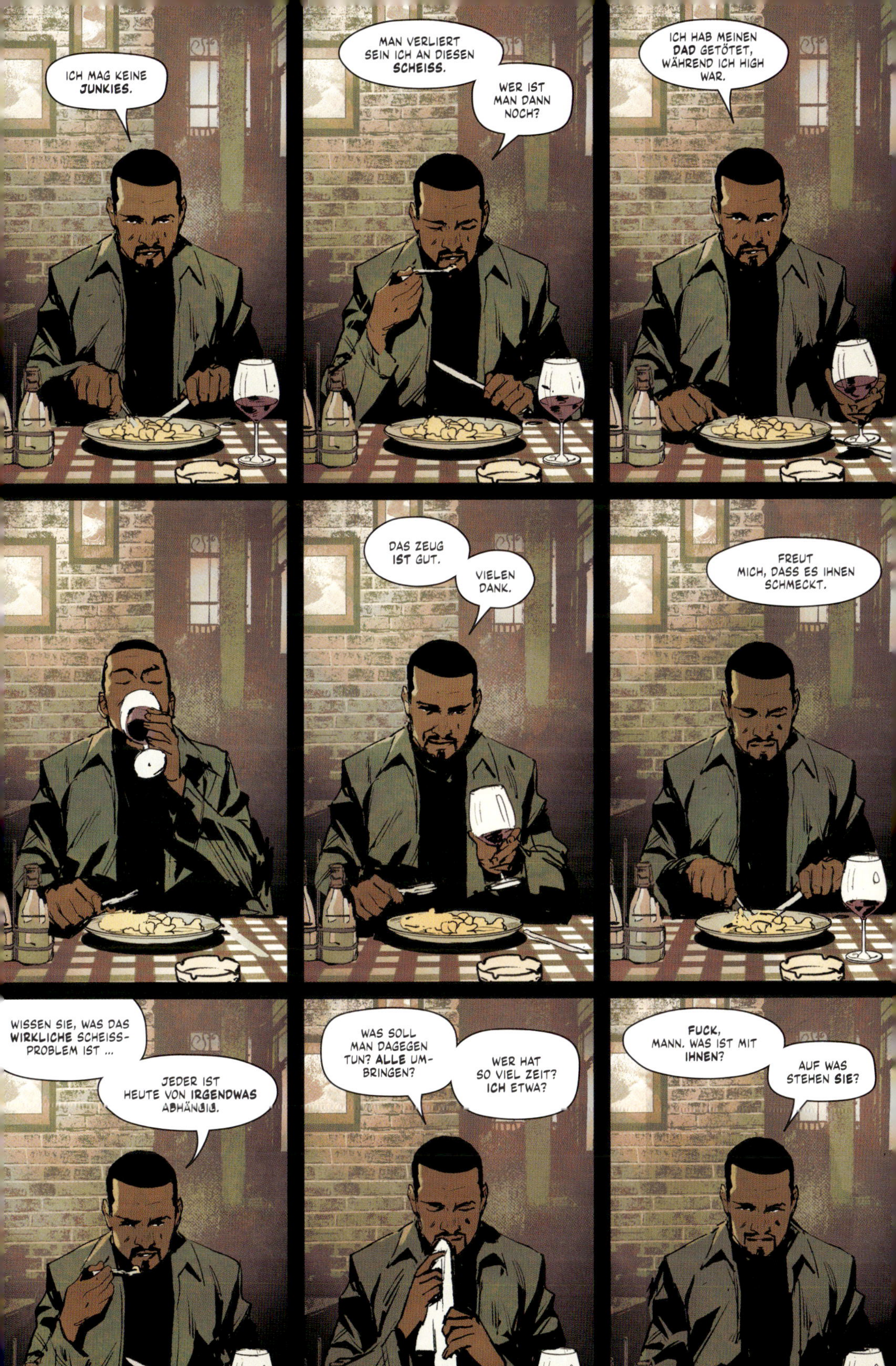
ICH MAG KEINE JUNKIES.
MAN VERLIERT SEIN ICH AN DIESEN SCHEISS.
WER IST MAN DANN NOCH?
ICH HAB MEINEN DAD GETÖTET, WÄHREND ICH HIGH WAR.
DAS ZEUG IST GUT.
VIELEN DANK.
FREUT MICH, DASS ES IHNEN SCHMECKT.
WISSEN SIE, WAS DAS WIRKLICHE SCHEISS-PROBLEM IST ...
JEDER IST HEUTE VON IRGENDWAS ABHÄNGIG.
WAS SOLL MAN DAGEGEN TUN? ALLE UMBRINGEN?
WER HAT SO VIEL ZEIT? ICH ETWA?
FUCK, MANN. WAS IST MIT IHNEN?
AUF WAS STEHEN SIE?

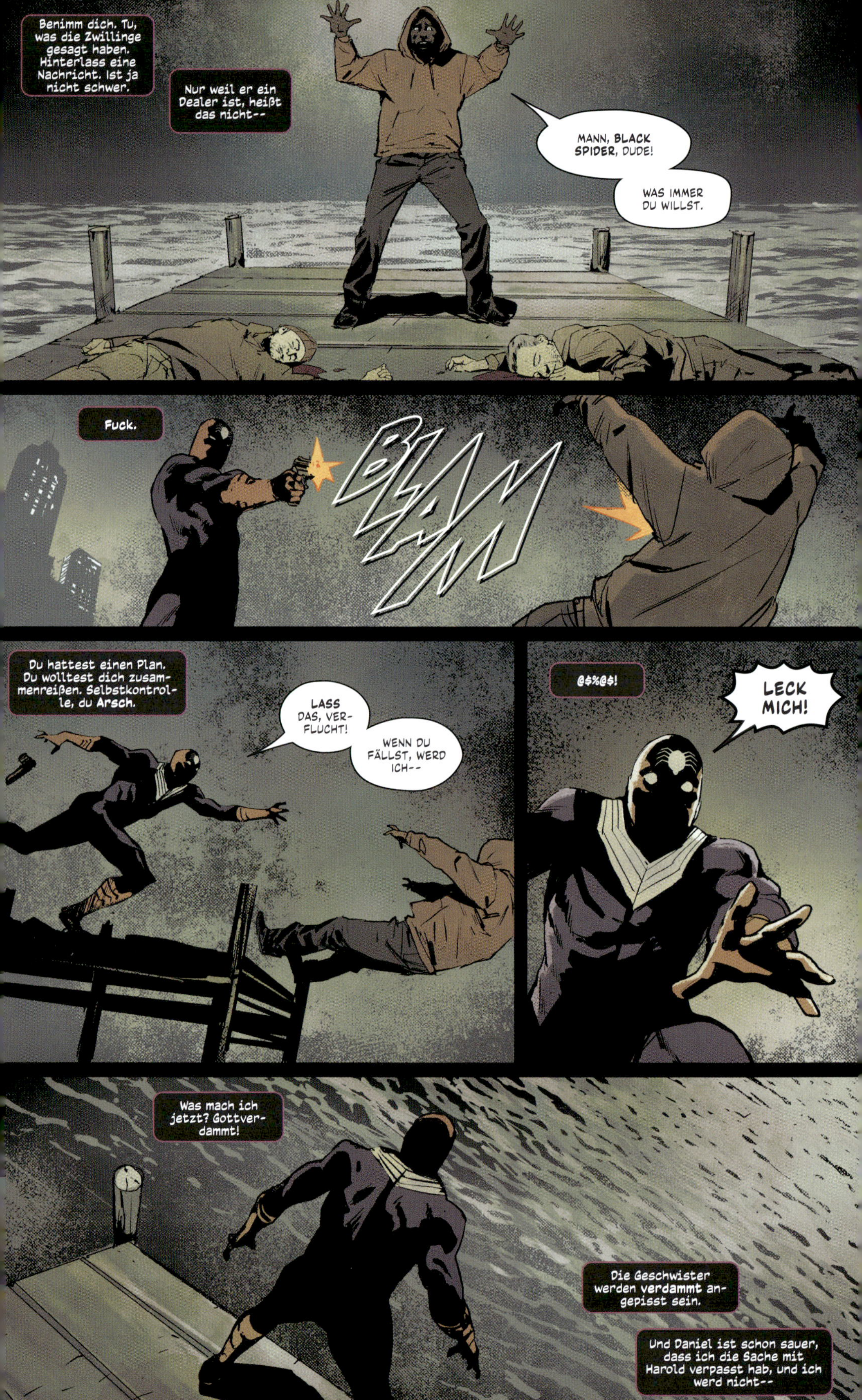

Benimm dich. Tu, was die Zwillinge gesagt haben. Hinterlass eine Nachricht. Ist ja nicht schwer.
Nur weil er ein Dealer ist, heißt das nicht--
MANN, BLACK SPIDER, DUDE!
WAS IMMER DU WILLST.
Fuck.
BLAM
Du hattest einen Plan. Du wolltest dich zusammenreißen. Selbstkontrolle, du Arsch.
LASS DAS, VERFLUCHT!
WENN DU FÄLLST, WERD ICH--
@$%@$!
LECK MICH!
Was mach ich jetzt? Gottverdammt!
Die Geschwister werden verdammt angepisst sein.
Und Daniel ist schon sauer, dass ich die Sache mit Harold verpasst hab, und ich werd nicht--

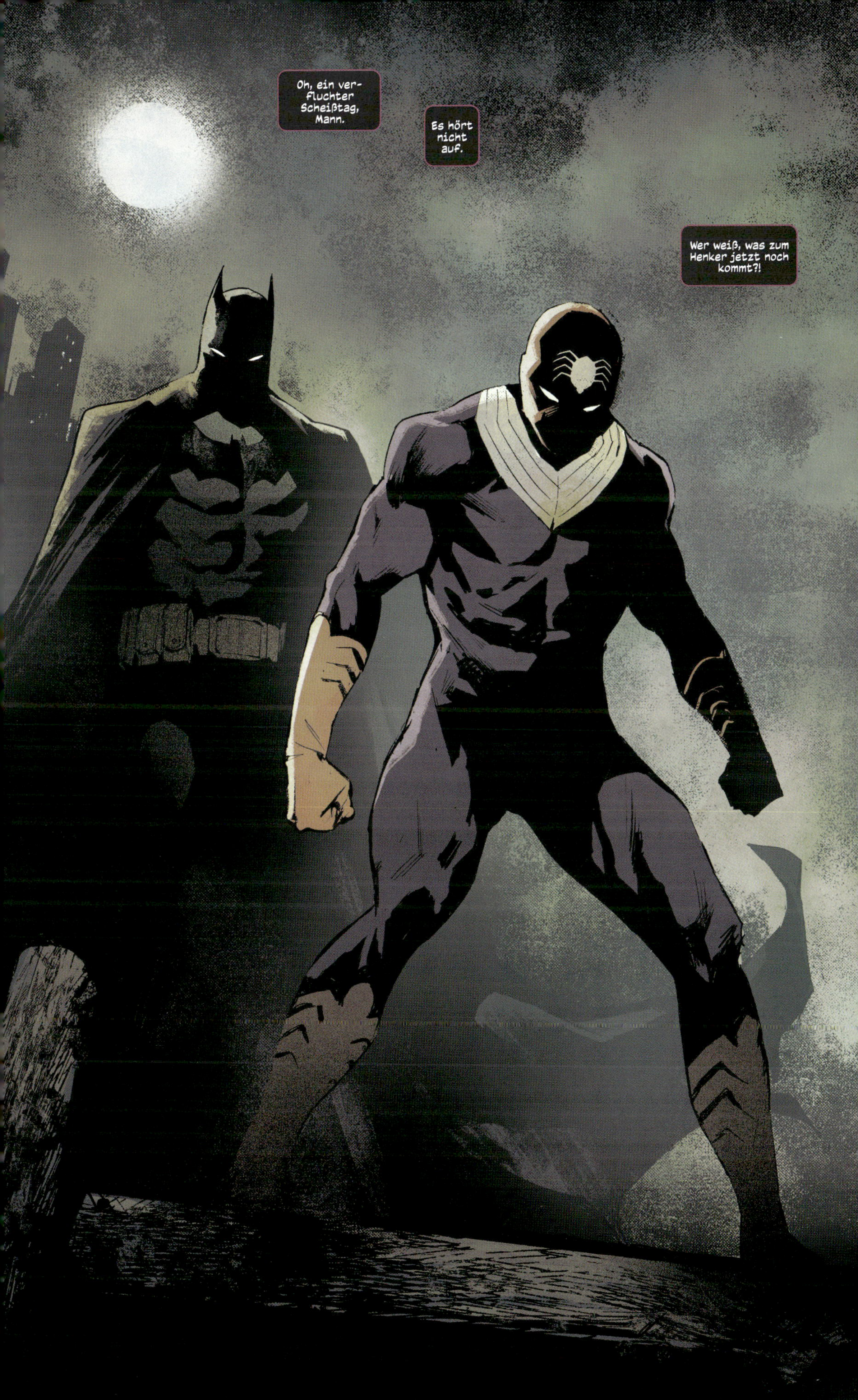
Oh, ein verfluchter Scheißtag, Mann.
Es hört nicht auf.
Wer weiß, was zum Henker jetzt noch kommt?!

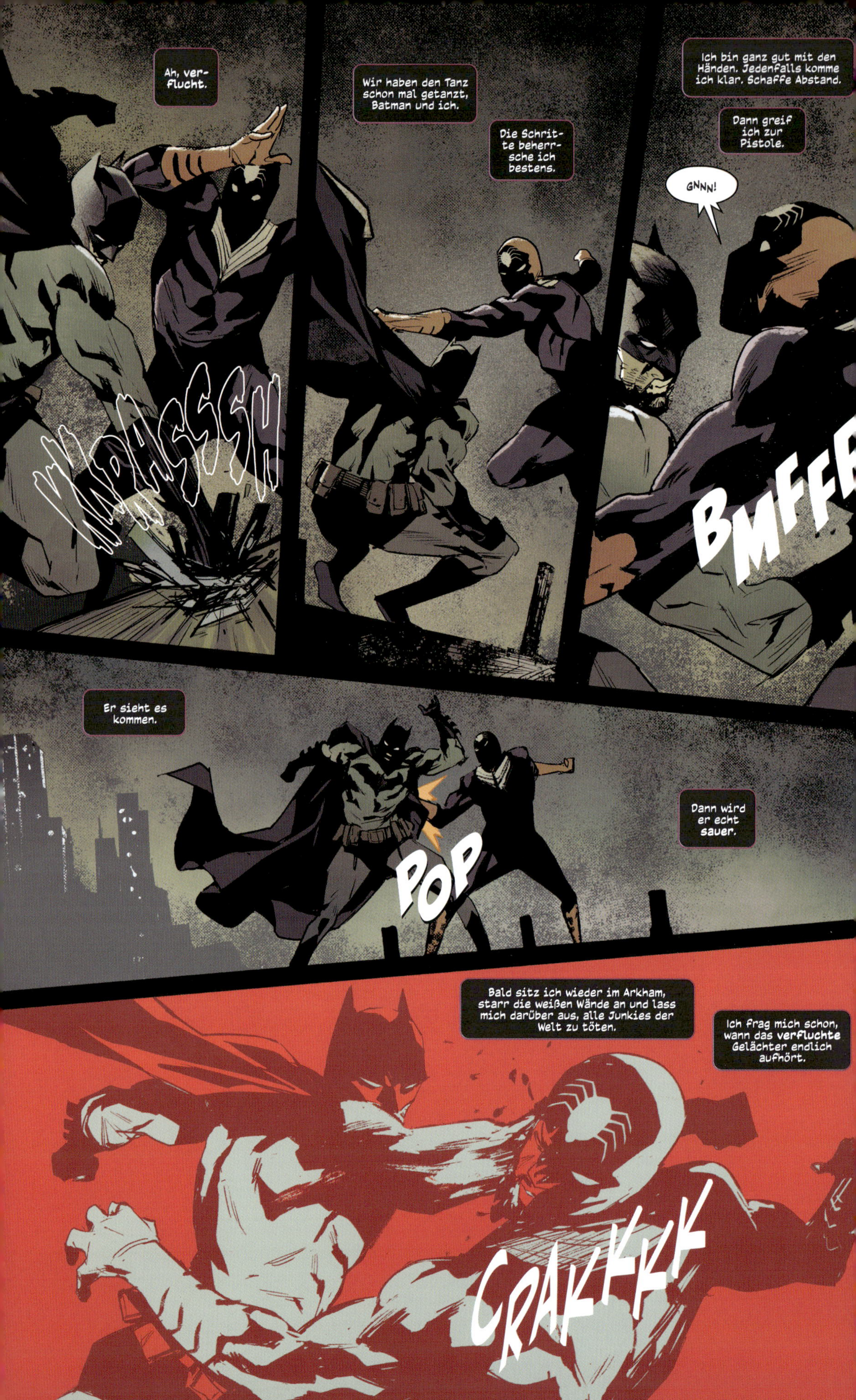
Ah, verflucht.
WHPASSSH
Wir haben den Tanz schon mal getanzt, Batman und ich.
Die Schritte beherrsche ich bestens.
Ich bin ganz gut mit den Händen. Jedenfalls komme ich klar. Schaffe Abstand.
Dann greif ich zur Pistole.
GNNN!
BMFFF
Er sieht es kommen.
POP
Dann wird er echt sauer.
Bald sitz ich wieder im Arkham, starr die weißen Wände an und lass mich darüber aus, alle Junkies der Welt zu töten.
Ich frag mich schon, wann das verfluchte Gelächter endlich aufhört.
CRAKKKK

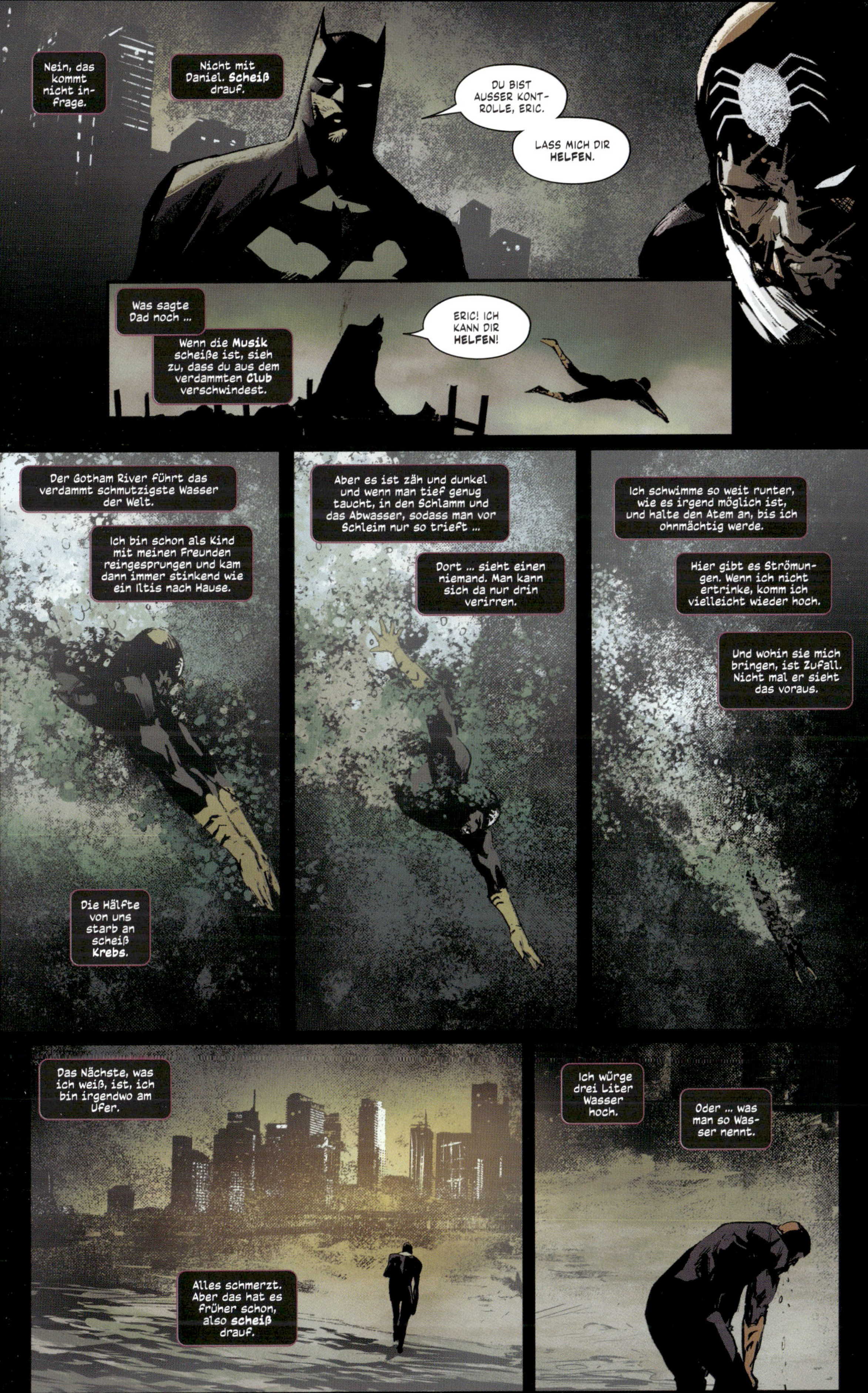

Nein, das kommt nicht in-frage.
Nicht mit Daniel. Scheiß drauf.
DU BIST AUSSER KONT-ROLLE, ERIC.
LASS MICH DIR HELFEN.
Was sagte Dad noch ...
Wenn die Musik scheiße ist, sieh zu, dass du aus dem verdammten Club verschwindest.
ERIC! ICH KANN DIR HELFEN!
Der Gotham River führt das verdammt schmutzigste Wasser der Welt.
Ich bin schon als Kind mit meinen Freunden reingesprungen und kam dann immer stinkend wie ein Iltis nach Hause.
Die Hälfte von uns starb an scheiß Krebs.
Aber es ist zäh und dunkel und wenn man tief genug taucht, in den Schlamm und das Abwasser, sodass man vor Schleim nur so trieft ...
Dort ... sieht einen niemand. Man kann sich da nur drin verirren.
Ich schwimme so weit runter, wie es irgend möglich ist, und halte den Atem an, bis ich ohnmächtig werde.
Hier gibt es Strömun-gen. Wenn ich nicht ertrinke, komm ich vielleicht wieder hoch.
Und wohin sie mich bringen, ist Zufall. Nicht mal er sieht das voraus.

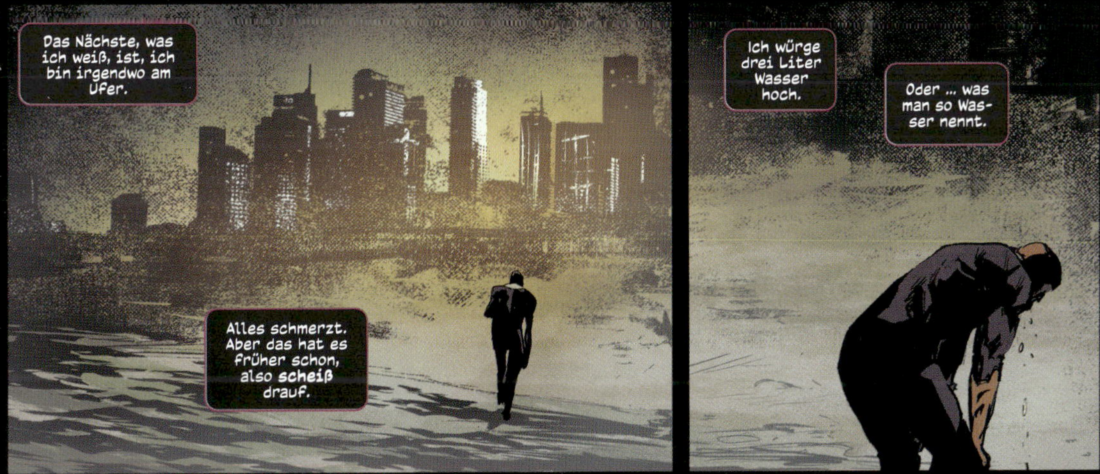
Das Nächste, was ich weiß, ist, ich bin irgendwo am Ufer.
Alles schmerzt. Aber das hat es früher schon, also scheiß drauf.
Ich würge drei Liter Wasser hoch.
Oder ... was man so Was-ser nennt.

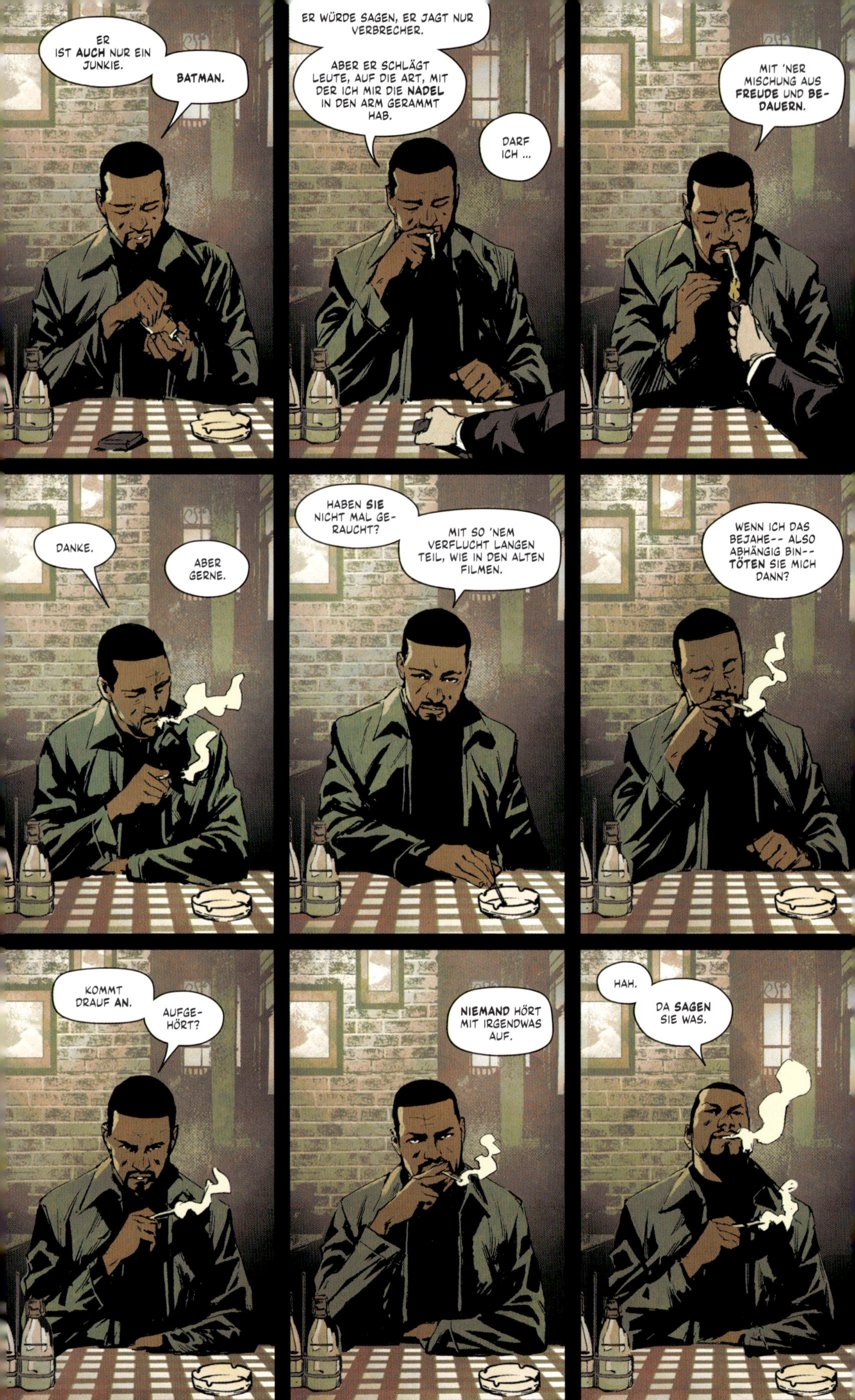
ER IST AUCH NUR EIN JUNKIE.
BATMAN.
ER WÜRDE SAGEN, ER JAGT NUR VERBRECHER.
ABER ER SCHLÄGT LEUTE, AUF DIE ART, MIT DER ICH MIR DIE NADEL IN DEN ARM GERAMMT HAB.
DARF ICH ...
MIT 'NER MISCHUNG AUS FREUDE UND BEDAUERN.
DANKE.
ABER GERNE.
HABEN SIE NICHT MAL GERAUCHT?
MIT SO 'NEM VERFLUCHT LANGEN TEIL, WIE IN DEN ALTEN FILMEN.
WENN ICH DAS BEJAHE-- ALSO ABHÄNGIG BIN-- TÖTEN SIE MICH DANN?
KOMMT DRAUF AN.
AUFGEHÖRT?
NIEMAND HÖRT MIT IRGENDWAS AUF.
HAH.
DA SAGEN SIE WAS.

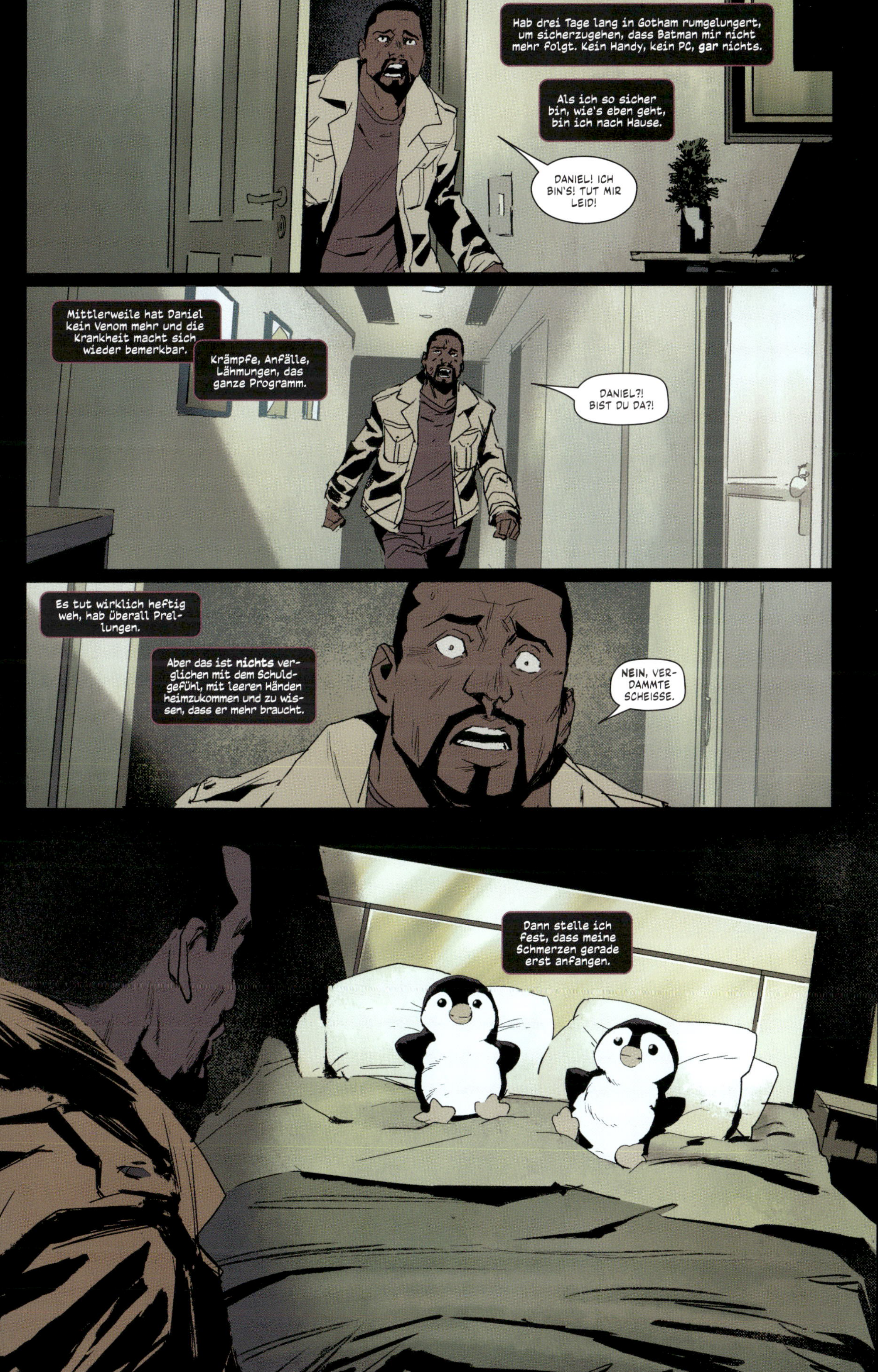
Hab drei Tage lang in Gotham rumgelungert, um sicherzugehen, dass Batman mir nicht mehr folgt. Kein Handy, kein PC, gar nichts.
Als ich so sicher bin, wie's eben geht, bin ich nach Hause.
DANIEL! ICH BIN'S! TUT MIR LEID!
Mittlerweile hat Daniel kein Venom mehr und die Krankheit macht sich wieder bemerkbar.
Krämpfe, Anfälle, Lähmungen, das ganze Programm.
DANIEL?! BIST DU DA?!
Es tut wirklich heftig weh, hab überall Prellungen.
Aber das ist nichts verglichen mit dem Schuldgefühl, mit leeren Händen heimzukommen und zu wissen, dass er mehr braucht.
NEIN, VERDAMMTE SCHEISSE.
Dann stelle ich fest, dass meine Schmerzen gerade erst anfangen.

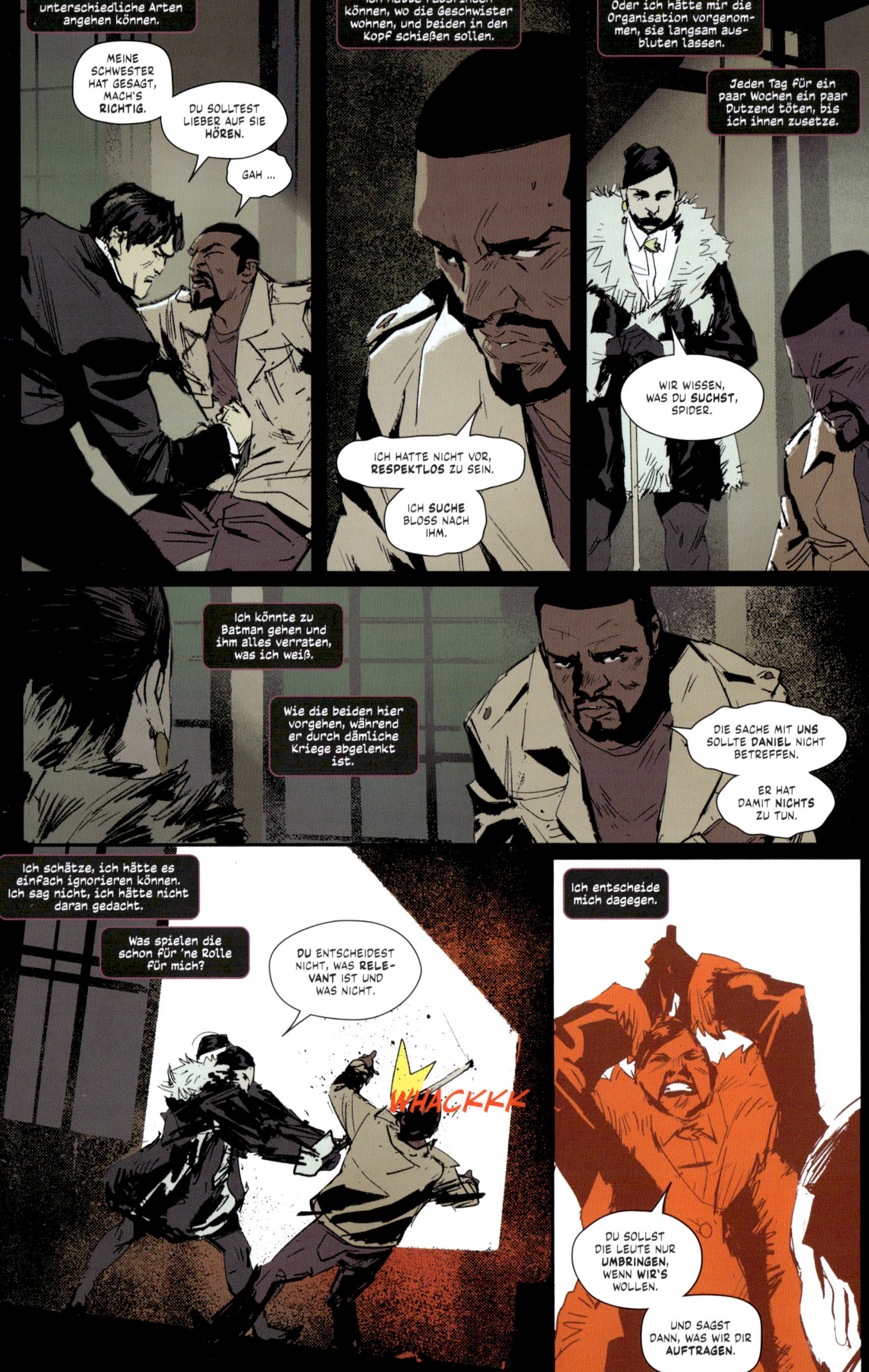
Ich hätte das auf unterschiedliche Arten angehen können.
MEINE SCHWESTER HAT GESAGT, MACH'S **RICHTIG**.
DU SOLLTEST LIEBER AUF SIE **HÖREN**.
GAH ...
Ich hätte rausfinden können, wo die Geschwister wohnen, und beiden in den Kopf schießen sollen.
ICH HATTE NICHT VOR, **RESPEKTLOS** ZU SEIN.
ICH **SUCHE** BLOSS NACH IHM.
Oder ich hätte mir die Organisation vorgenommen, sie langsam ausbluten lassen.
Jeden Tag für ein paar Wochen ein paar Dutzend töten, bis ich ihnen zusetze.
WIR WISSEN, WAS DU **SUCHST**, SPIDER.
Ich könnte zu Batman gehen und ihm alles verraten, was ich weiß.
Wie die beiden hier vorgehen, während er durch dämliche Kriege abgelenkt ist.
DIE SACHE MIT **UNS** SOLLTE **DANIEL** NICHT BETREFFEN.
ER HAT DAMIT **NICHTS** ZU TUN.
Ich schätze, ich hätte es einfach ignorieren können. Ich sag nicht, ich hätte nicht daran gedacht.
Was spielen die schon für 'ne Rolle für mich?
DU ENTSCHEIDEST NICHT, WAS **RELEVANT** IST UND WAS NICHT.
WHACKKK
Ich entscheide mich dagegen.
DU SOLLST DIE LEUTE NUR **UMBRINGEN**, WENN **WIR'S** WOLLEN.
UND SAGST DANN, WAS WIR DIR **AUFTRAGEN**.

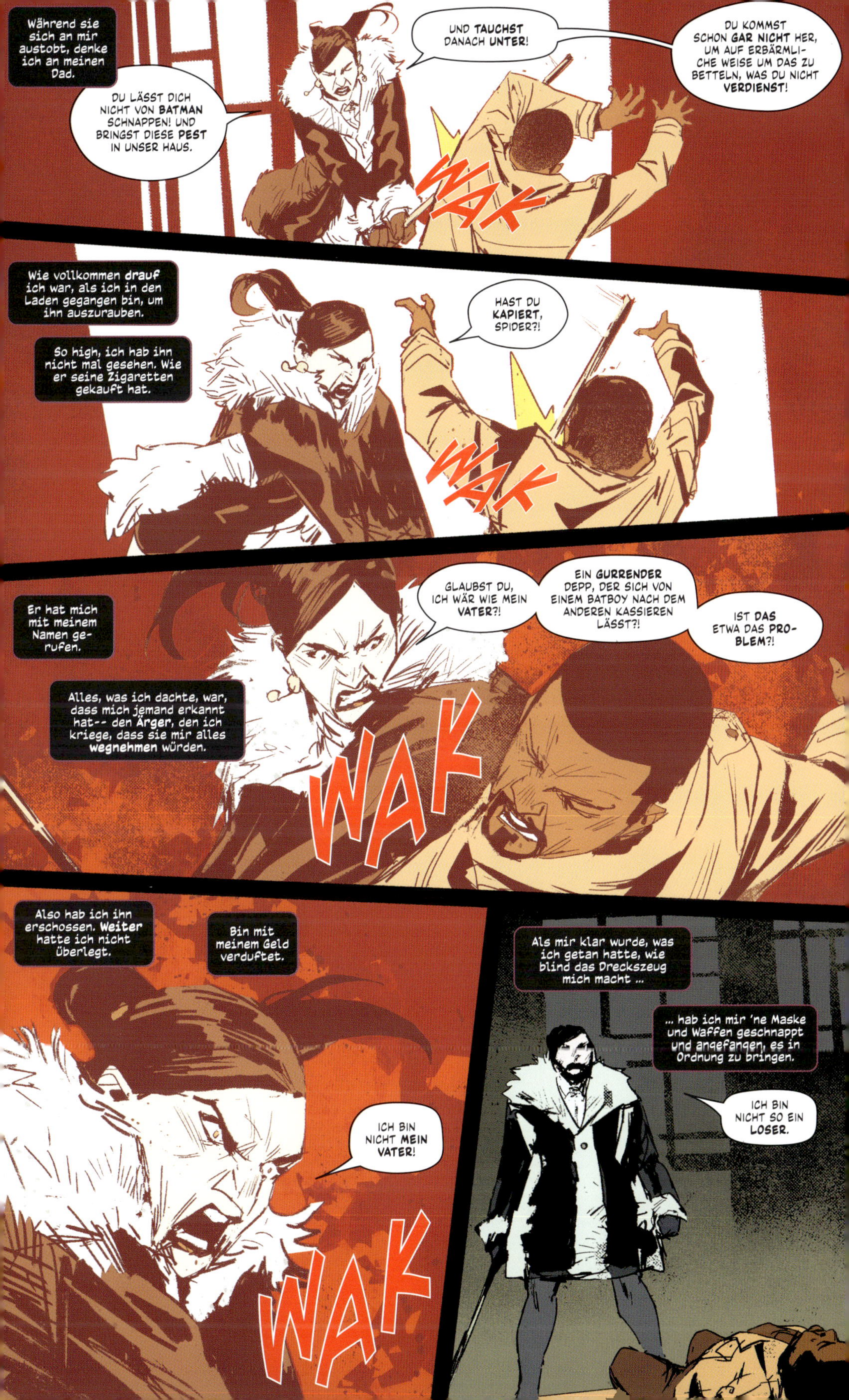
Während sie sich an mir austobt, denke ich an meinen Dad.
DU LÄSST DICH NICHT VON BATMAN SCHNAPPEN! UND BRINGST DIESE PEST IN UNSER HAUS.
UND TAUCHST DANACH UNTER!
DU KOMMST SCHON GAR NICHT HER, UM AUF ERBÄRMLICHE WEISE UM DAS ZU BETTELN, WAS DU NICHT VERDIENST!
WAK
Wie vollkommen drauf ich war, als ich in den Laden gegangen bin, um ihn auszurauben.
So high, ich hab ihn nicht mal gesehen. Wie er seine Zigaretten gekauft hat.
HAST DU KAPIERT, SPIDER?!
WAK
Er hat mich mit meinem Namen gerufen.
Alles, was ich dachte, war, dass mich jemand erkannt hat-- den Ärger, den ich kriege, dass sie mir alles wegnehmen würden.
GLAUBST DU, ICH WÄR WIE MEIN VATER?!
EIN GURRENDER DEPP, DER SICH VON EINEM BATBOY NACH DEM ANDEREN KASSIEREN LÄSST?!
IST DAS ETWA DAS PROBLEM?!
WAK
Also hab ich ihn erschossen. Weiter hatte ich nicht überlegt.
Bin mit meinem Geld verduftet.
ICH BIN NICHT MEIN VATER!
WAK
Als mir klar wurde, was ich getan hatte, wie blind das Dreckszeug mich macht ...
... hab ich mir 'ne Maske und Waffen geschnappt und angefangen, es in Ordnung zu bringen.
ICH BIN NICHT SO EIN LOSER.

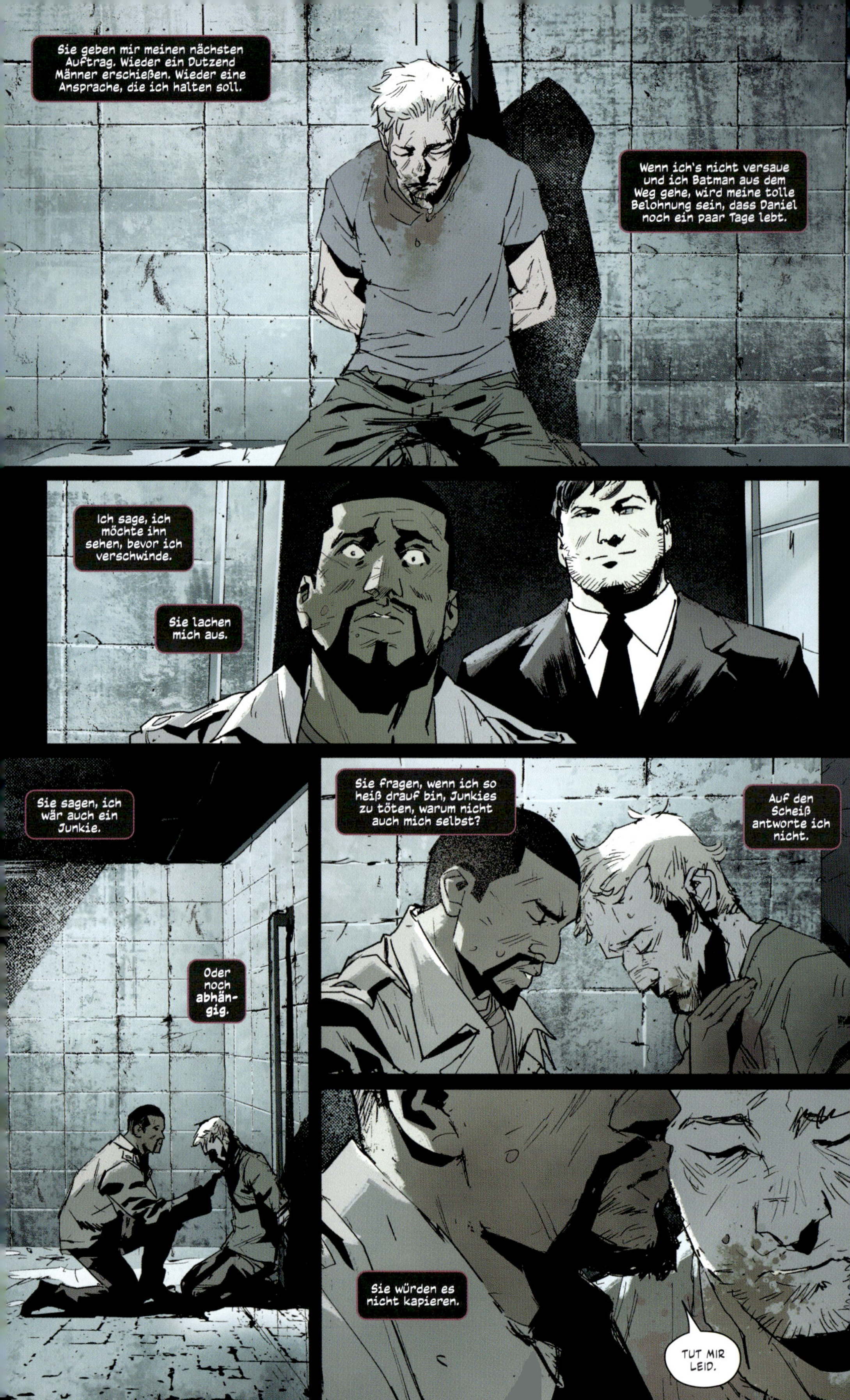
Sie geben mir meinen nächsten Auftrag. Wieder ein Dutzend Männer erschießen. Wieder eine Ansprache, die ich halten soll.
Wenn ich's nicht versaue und ich Batman aus dem Weg gehe, wird meine tolle Belohnung sein, dass Daniel noch ein paar Tage lebt.
Ich sage, ich möchte ihn sehen, bevor ich verschwinde.
Sie lachen mich aus.
Sie sagen, ich wär auch ein Junkie.
Oder noch abhängig.
Sie fragen, wenn ich so heiß drauf bin, Junkies zu töten, warum nicht auch mich selbst?
Auf den Scheiß antworte ich nicht.
Sie würden es nicht kapieren.
TUT MIR LEID.

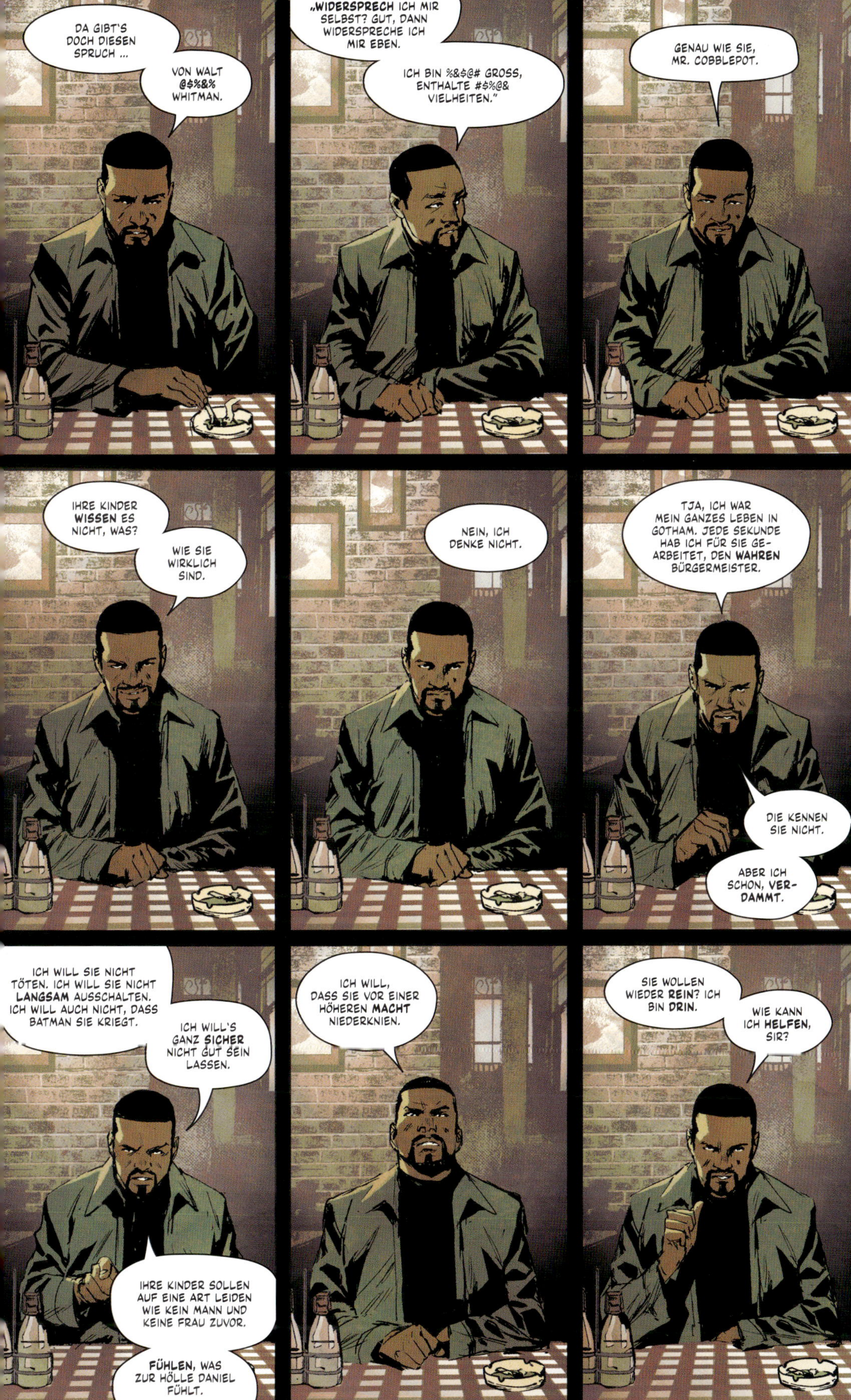
DA GIBT'S DOCH DIESEN SPRUCH ...
VON WALT @$%&% WHITMAN.
„WIDERSPRECH ICH MIR SELBST? GUT, DANN WIDERSPRECHE ICH MIR EBEN.
ICH BIN %&$@# GROSS, ENTHALTE #$%@& VIELHEITEN."
GENAU WIE SIE, MR. COBBLEPOT.
IHRE KINDER WISSEN ES NICHT, WAS?
WIE SIE WIRKLICH SIND.
NEIN, ICH DENKE NICHT.
TJA, ICH WAR MEIN GANZES LEBEN IN GOTHAM. JEDE SEKUNDE HAB ICH FÜR SIE GEARBEITET, DEN WAHREN BÜRGERMEISTER.
DIE KENNEN SIE NICHT.
ABER ICH SCHON, VERDAMMT.
ICH WILL SIE NICHT TÖTEN. ICH WILL SIE NICHT LANGSAM AUSSCHALTEN. ICH WILL AUCH NICHT, DASS BATMAN SIE KRIEGT.
ICH WILL'S GANZ SICHER NICHT GUT SEIN LASSEN.
IHRE KINDER SOLLEN AUF EINE ART LEIDEN WIE KEIN MANN UND KEINE FRAU ZUVOR.
FÜHLEN, WAS ZUR HÖLLE DANIEL FÜHLT.
ICH WILL, DASS SIE VOR EINER HÖHEREN MACHT NIEDERKNIEN.
SIE WOLLEN WIEDER REIN? ICH BIN DRIN.
WIE KANN ICH HELFEN, SIR?

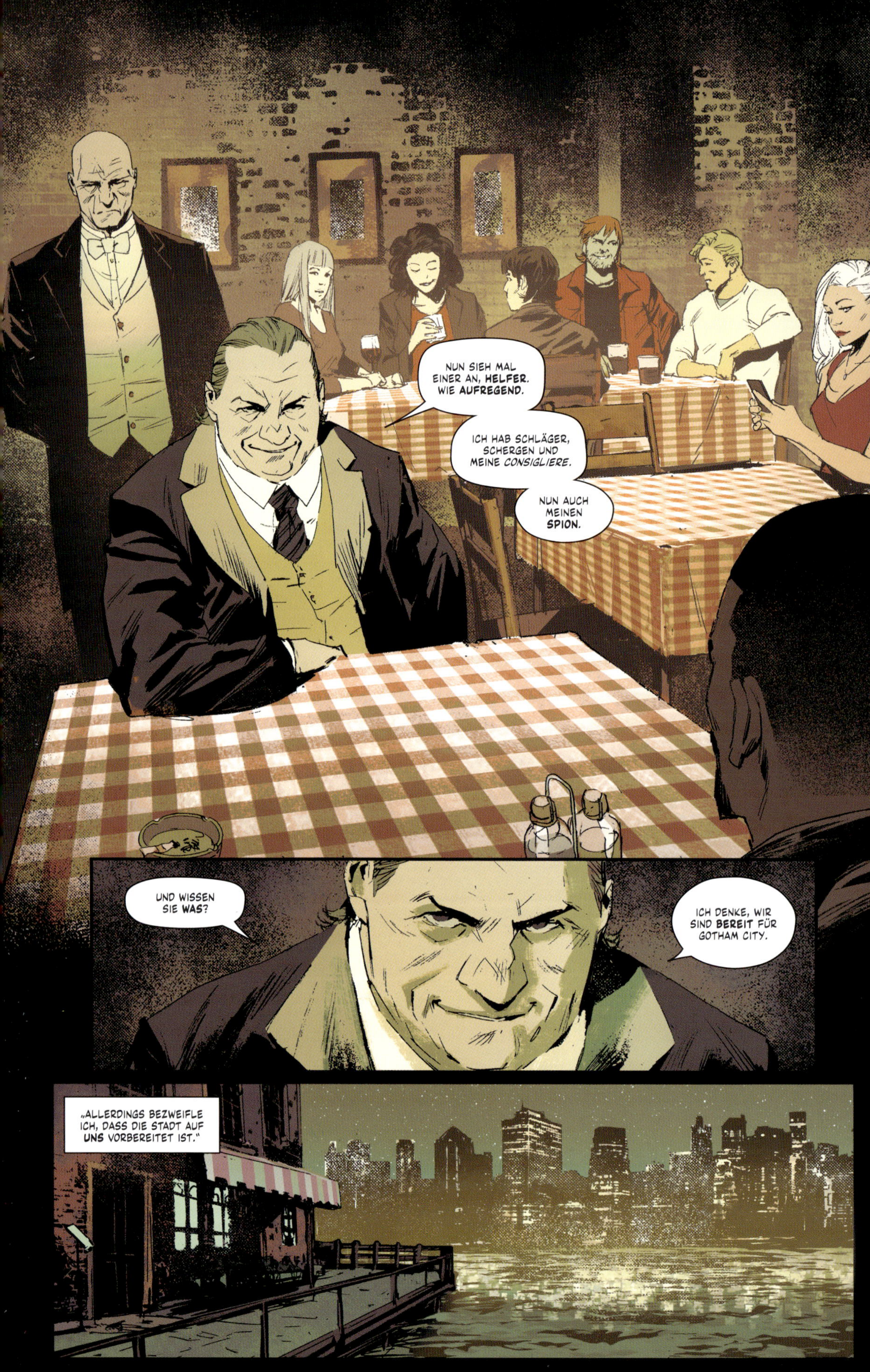
NUN SIEH MAL EINER AN, HELFER. WIE AUFREGEND.
ICH HAB SCHLÄGER, SCHERGEN UND MEINE CONSIGLIERE.
NUN AUCH MEINEN SPION.
UND WISSEN SIE WAS?
ICH DENKE, WIR SIND BEREIT FÜR GOTHAM CITY.
„ALLERDINGS BEZWEIFLE ICH, DASS DIE STADT AUF UNS VORBEREITET IST."

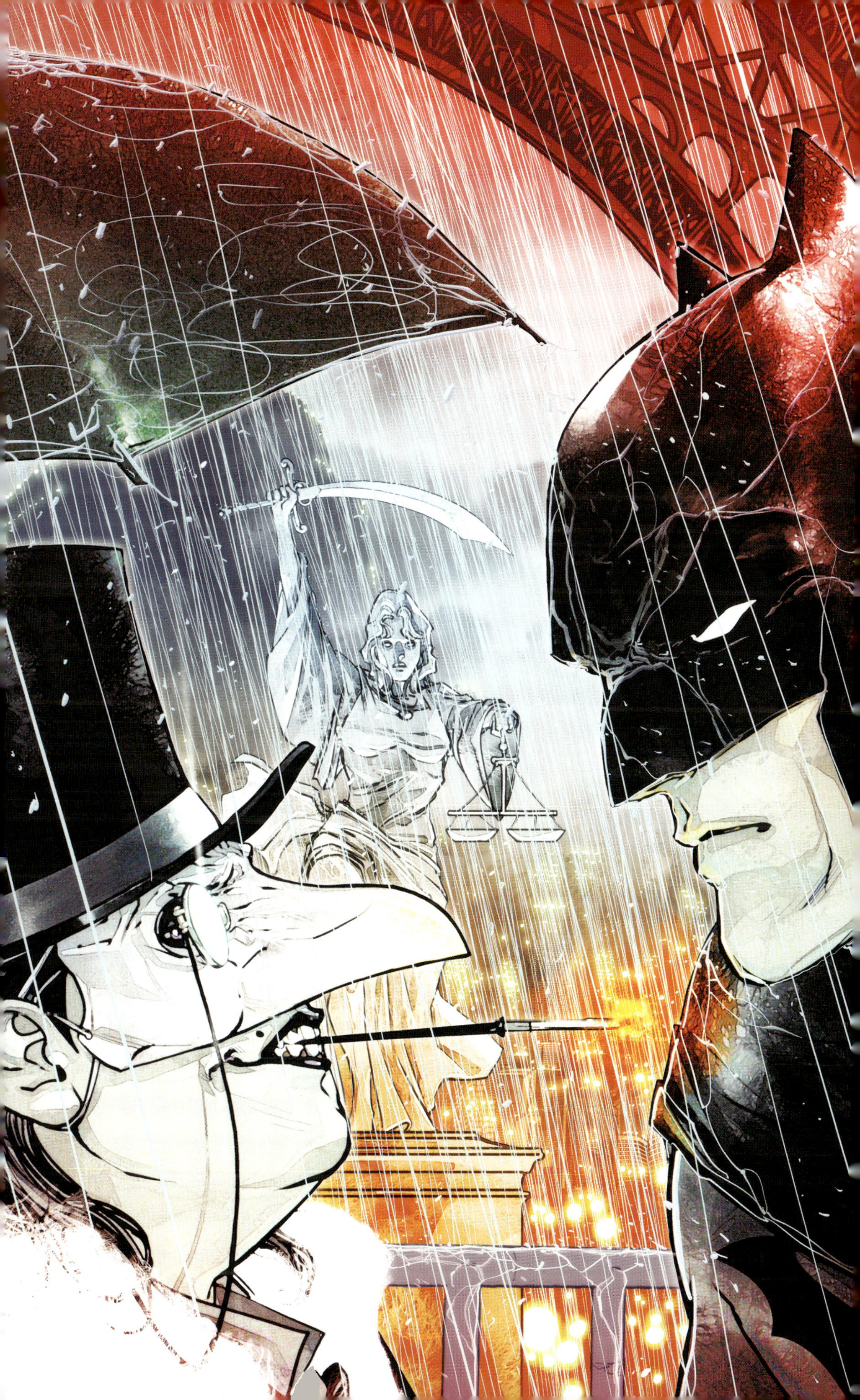

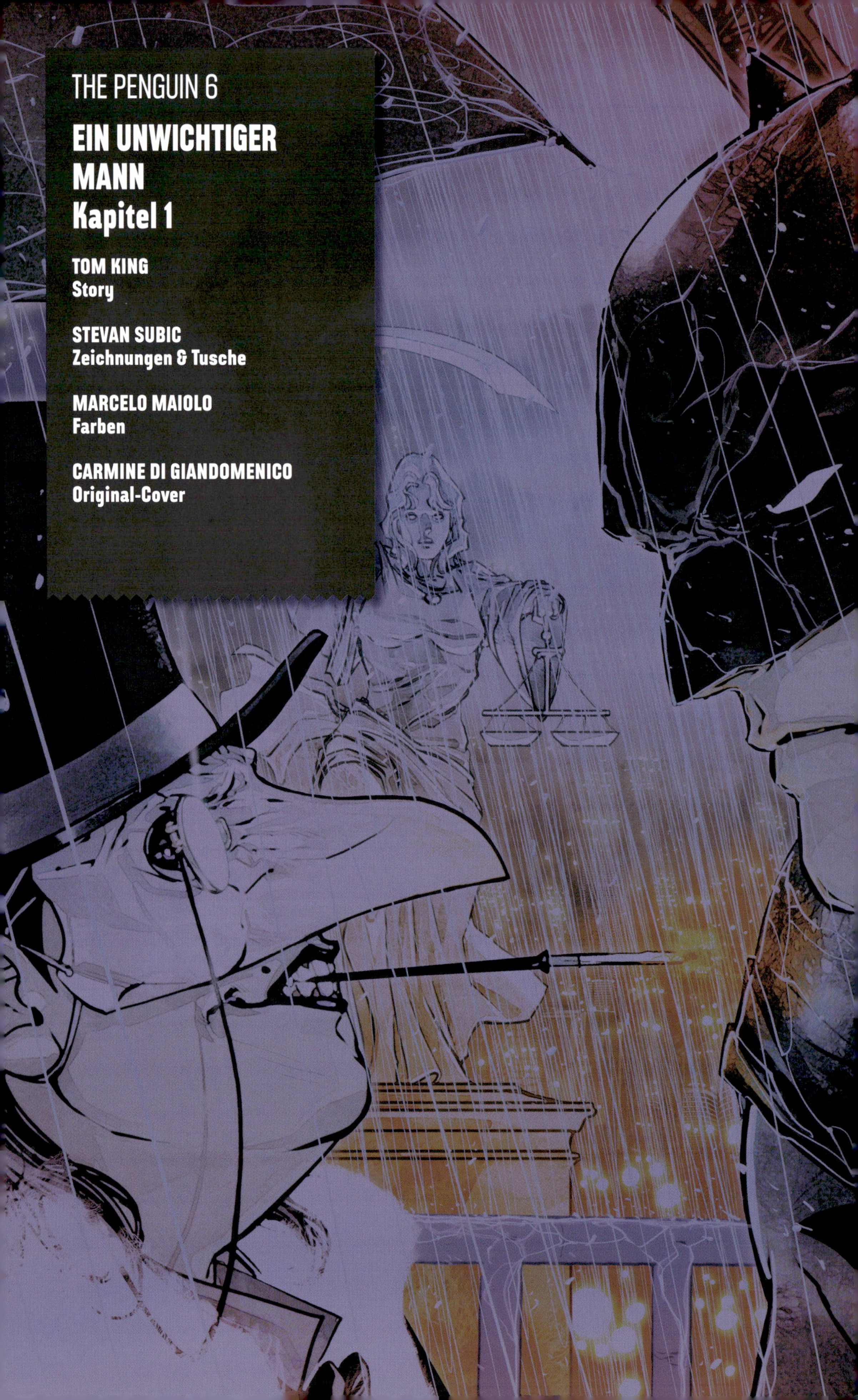
THE PENGUIN 6
EIN UNWICHTIGER MANN
Kapitel 1
TOM KING
Story
STEVAN SUBIC
Zeichnungen & Tusche
MARCELO MAIOLO
Farben
CARMINE DI GIANDOMENICO
Original-Cover

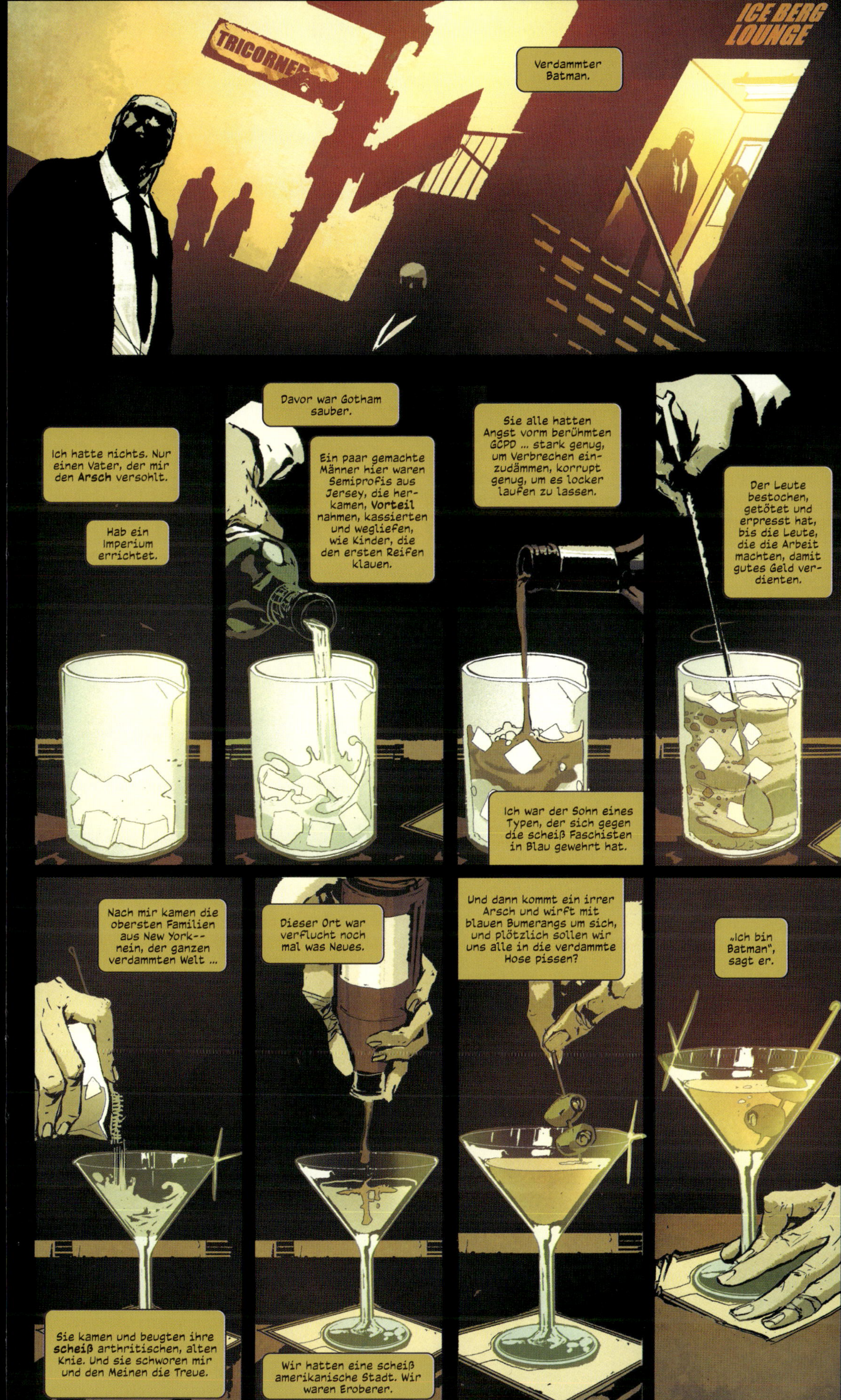
TRICORNER
ICE BERG LOUNGE
Verdammter Batman.
Ich hatte nichts. Nur einen Vater, der mir den **Arsch** versohlt.
Hab ein Imperium errichtet.
Davor war Gotham sauber.
Ein paar gemachte Männer hier waren Semiprofis aus Jersey, die herkamen, **Vorteil** nahmen, kassierten und wegliefen, wie Kinder, die den ersten Reifen klauen.
Sie alle hatten Angst vorm berühmten GCPD ... stark genug, um Verbrechen einzudämmen, korrupt genug, um es locker laufen zu lassen.
Ich war der Sohn eines Typen, der sich gegen die scheiß Faschisten in Blau gewehrt hat.
Der Leute bestochen, getötet und erpresst hat, bis die Leute, die die Arbeit machten, damit gutes Geld verdienten.
Nach mir kamen die obersten Familien aus New York--nein, der ganzen verdammten Welt ...
Sie kamen und beugten ihre **scheiß** arthritischen, alten Knie. Und sie schworen mir und den Meinen die Treue.
Dieser Ort war verflucht noch mal was Neues.
Wir hatten eine scheiß amerikanische Stadt. Wir waren Eroberer.
Und dann kommt ein irrer Arsch und wirft mit blauen Bumerangs um sich, und plötzlich sollen wir uns alle in die verdammte Hose pissen?
„Ich bin Batman", sagt er.

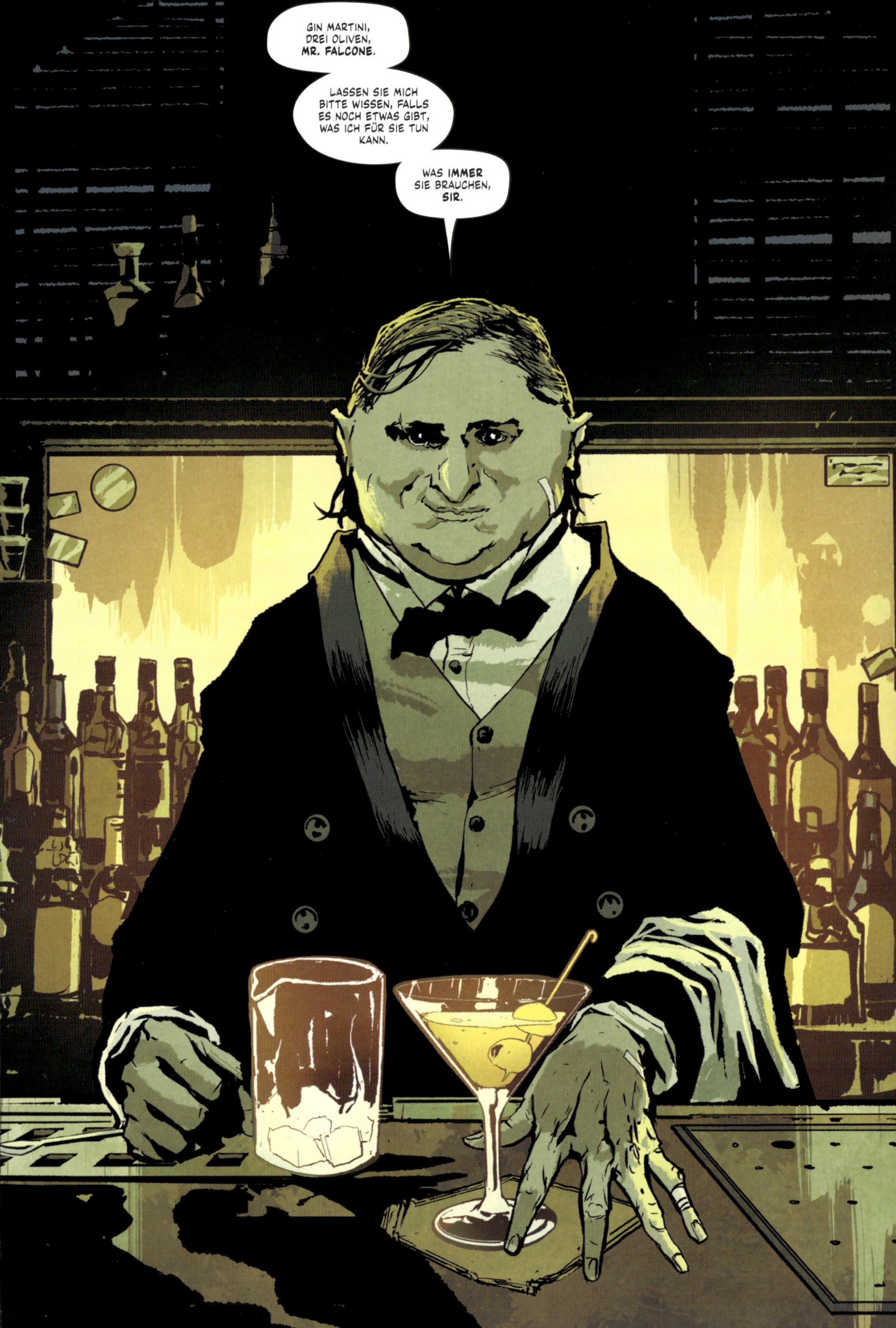
GIN MARTINI, DREI OLIVEN, **MR. FALCONE.**
LASSEN SIE MICH BITTE WISSEN, FALLS ES NOCH ETWAS GIBT, WAS ICH FÜR SIE TUN KANN.
WAS **IMMER** SIE BRAUCHEN, **SIR.**

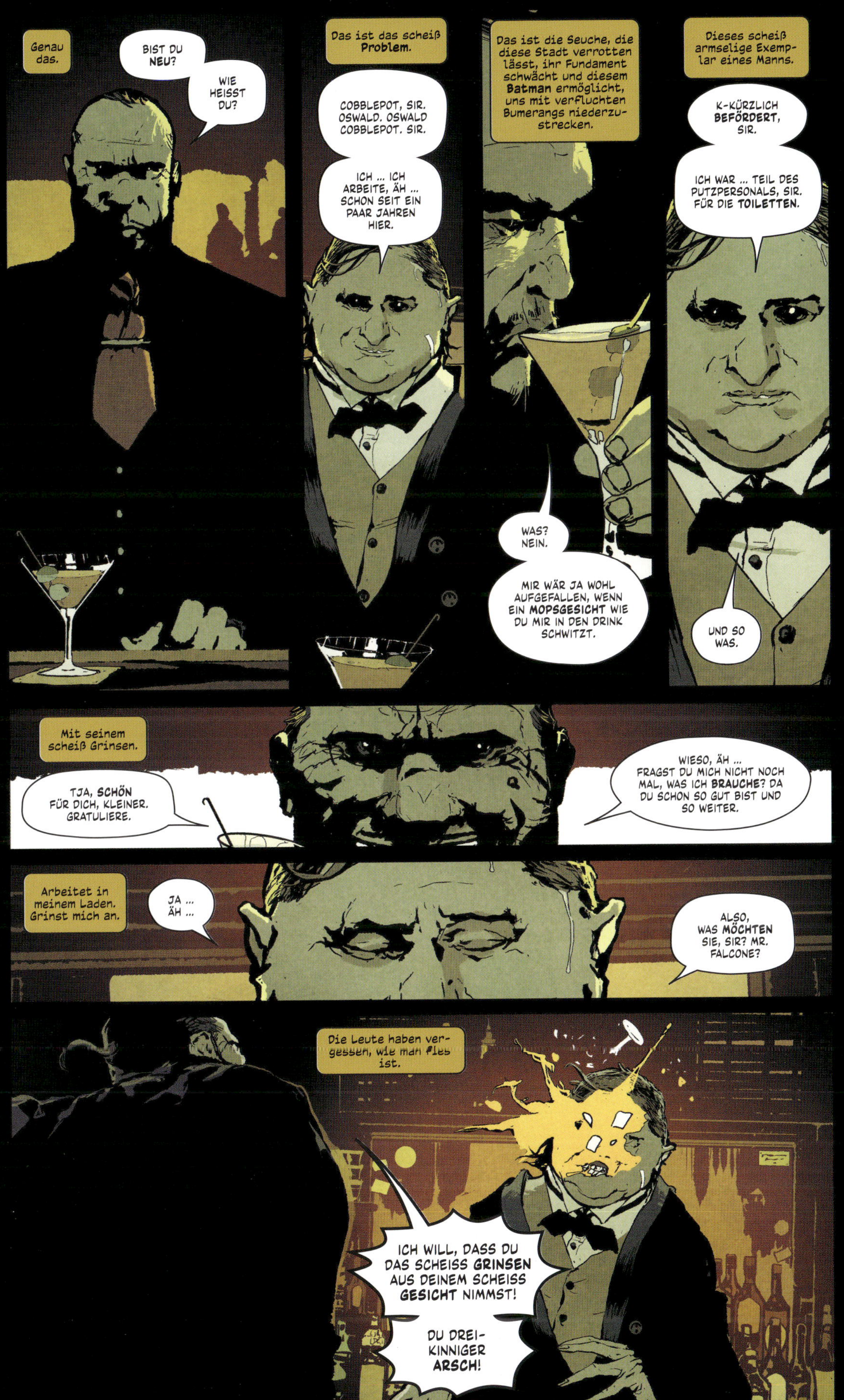
Genau das.
BIST DU NEU?
WIE HEISST DU?
Das ist das scheiß Problem.
COBBLEPOT, SIR. OSWALD. OSWALD COBBLEPOT. SIR.
ICH ... ICH ARBEITE, ÄH ... SCHON SEIT EIN PAAR JAHREN HIER.
Das ist die Seuche, die diese Stadt verrotten lässt, ihr Fundament schwächt und diesem Batman ermöglicht, uns mit verfluchten Bumerangs niederzustrecken.
WAS? NEIN.
MIR WÄR JA WOHL AUFGEFALLEN, WENN EIN MOPSGESICHT WIE DU MIR IN DEN DRINK SCHWITZT.
Dieses scheiß armselige Exemplar eines Manns.
K-KÜRZLICH BEFÖRDERT, SIR.
ICH WAR ... TEIL DES PUTZPERSONALS, SIR. FÜR DIE TOILETTEN.
UND SO WAS.
Mit seinem scheiß Grinsen.
TJA, SCHÖN FÜR DICH, KLEINER. GRATULIERE.
WIESO, ÄH ... FRAGST DU MICH NICHT NOCH MAL, WAS ICH BRAUCHE? DA DU SCHON SO GUT BIST UND SO WEITER.
Arbeitet in meinem Laden. Grinst mich an.
JA ... ÄH ...
ALSO, WAS MÖCHTEN SIE, SIR? MR. FALCONE?
Die Leute haben vergessen, wie man fies ist.
ICH WILL, DASS DU DAS SCHEISS GRINSEN AUS DEINEM SCHEISS GESICHT NIMMST!
DU DREIKINNIGER ARSCH!

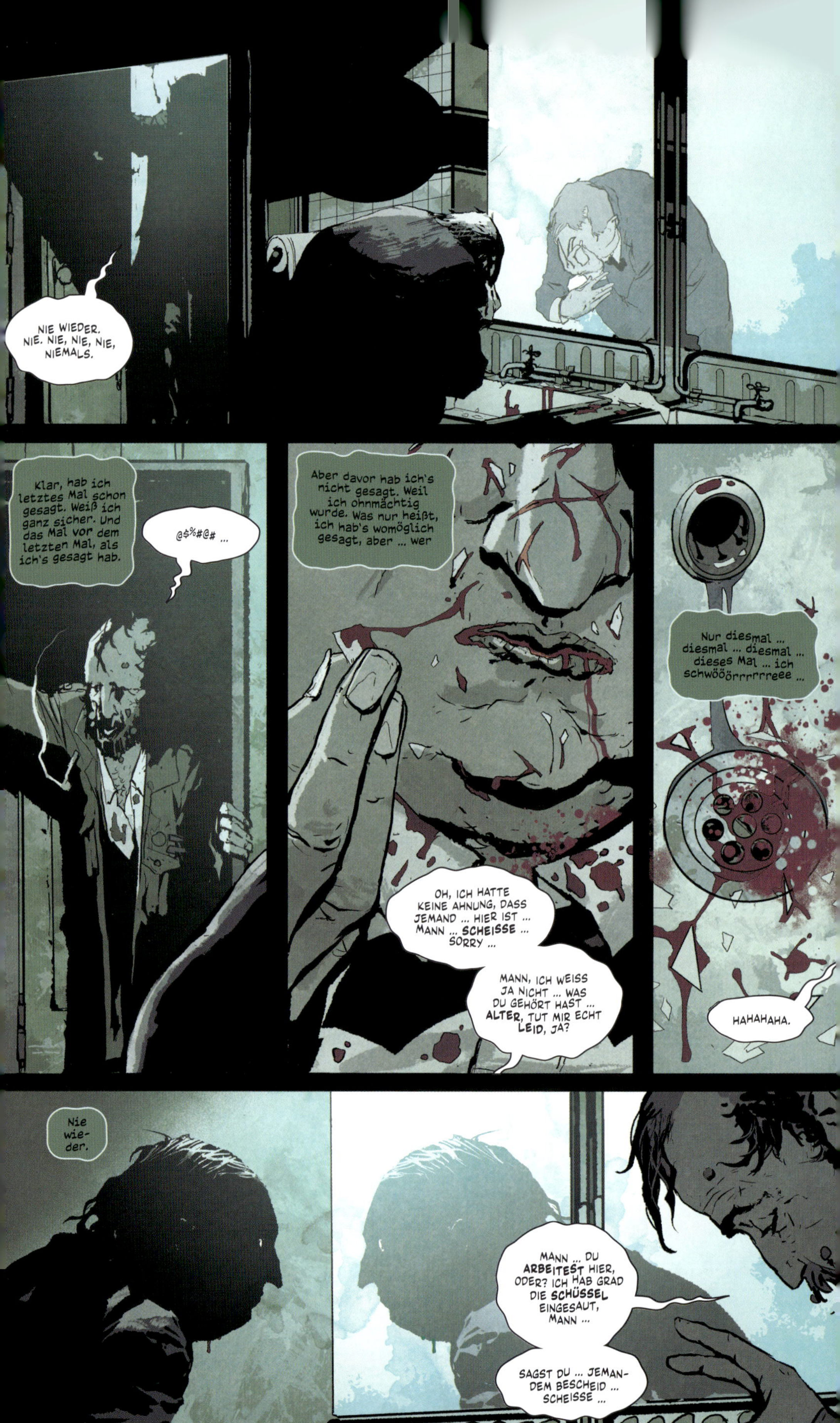

NIE WIEDER.
NIE. NIE, NIE, NIE, NIEMALS.
Klar, hab ich letztes Mal schon gesagt. Weiß ich ganz sicher. Und das Mal vor dem letzten Mal, als ich's gesagt hab.
@$%#@# ...
Aber davor hab ich's nicht gesagt. Weil ich ohnmächtig wurde. Was nur heißt, ich hab's womöglich gesagt, aber ... wer
Nur diesmal ... diesmal ... diesmal ... dieses Mal ... ich schwöööörrrrrreee ...
OH, ICH HATTE KEINE AHNUNG, DASS JEMAND ... HIER IST ... MANN ... SCHEISSE ... SORRY ...
MANN, ICH WEISS JA NICHT ... WAS DU GEHÖRT HAST ... ALTER, TUT MIR ECHT LEID, JA?
HAHAHAHA.
Nie wieder.
MANN ... DU ARBEITEST HIER, ODER? ICH HAB GRAD DIE SCHÜSSEL EINGESAUT, MANN ...
SAGST DU ... JEMANDEM BESCHEID ... SCHEISSE ...

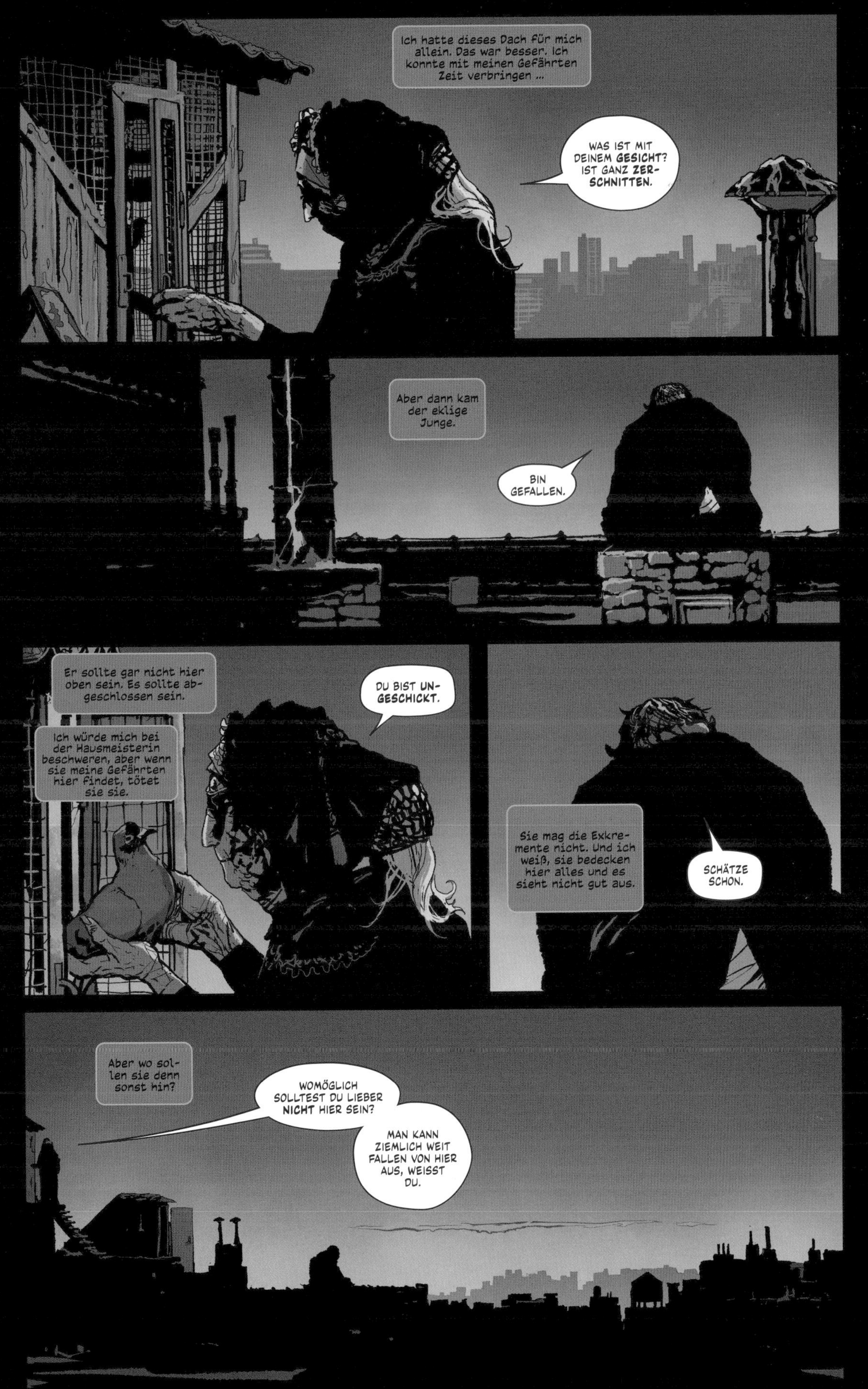
Ich hatte dieses Dach für mich allein. Das war besser. Ich konnte mit meinen Gefährten Zeit verbringen ...
WAS IST MIT DEINEM GESICHT? IST GANZ ZERSCHNITTEN.
Aber dann kam der eklige Junge.
BIN GEFALLEN.
Er sollte gar nicht hier oben sein. Es sollte abgeschlossen sein.
Ich würde mich bei der Hausmeisterin beschweren, aber wenn sie meine Gefährten hier findet, tötet sie sie.
DU BIST UNGESCHICKT.
Sie mag die Exkremente nicht. Und ich weiß, sie bedecken hier alles und es sieht nicht gut aus.
SCHÄTZE SCHON.
Aber wo sollen sie denn sonst hin?
WOMÖGLICH SOLLTEST DU LIEBER NICHT HIER SEIN?
MAN KANN ZIEMLICH WEIT FALLEN VON HIER AUS, WEISST DU.

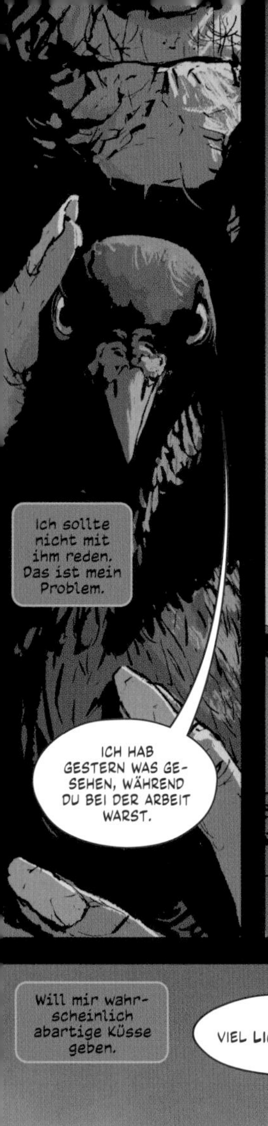
Ich sollte nicht mit ihm reden. Das ist mein Problem.
ICH HAB GESTERN WAS GE-SEHEN, WÄHREND DU BEI DER ARBEIT WARST.

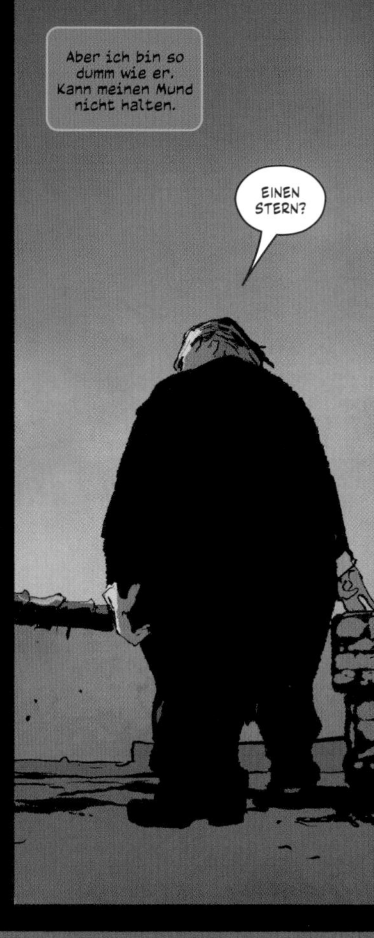
Aber ich bin so dumm wie er. Kann meinen Mund nicht halten.
EINEN STERN?

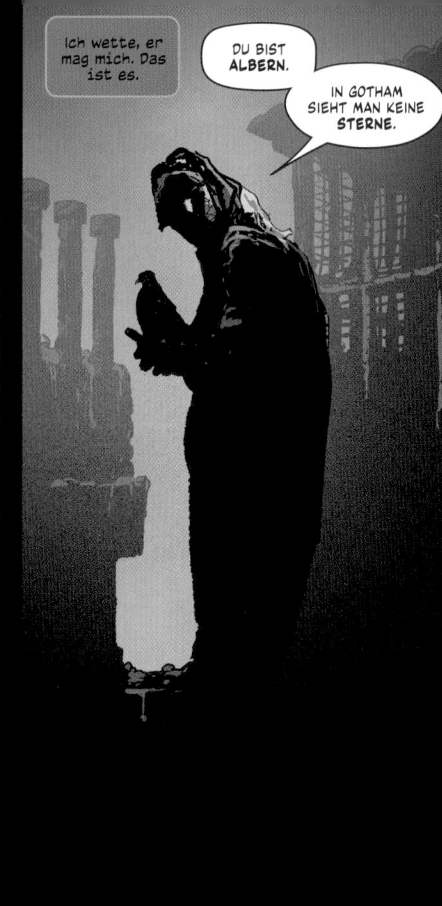
Ich wette, er mag mich. Das ist es.
DU BIST **ALBERN.**
IN GOTHAM SIEHT MAN KEINE **STERNE.**

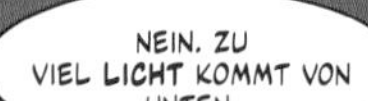
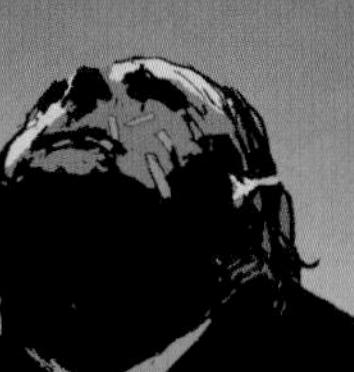
Will mir wahr-scheinlich abartige Küsse geben.
NEIN. ZU VIEL **LICHT** KOMMT VON UNTEN.
DAS HAT MEINE MA IMMER GESAGT. HAT GESAGT, SIE WÜRDE MICH VON HIER WEGBRINGEN. MIR 'NEN **SCHÖNEREN** HIMMEL ZEIGEN.
UND DASS MAN DAS GANZE UNIVERSUM SEHEN KÖNNTE, WENN MAN NUR DIESE STADT VERLÄSST.

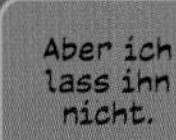
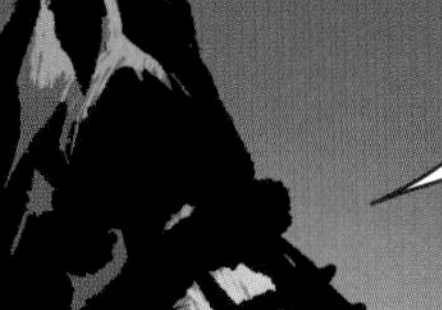
Aber ich lass ihn nicht.
NEIN, ES WAR **BATMAN!**

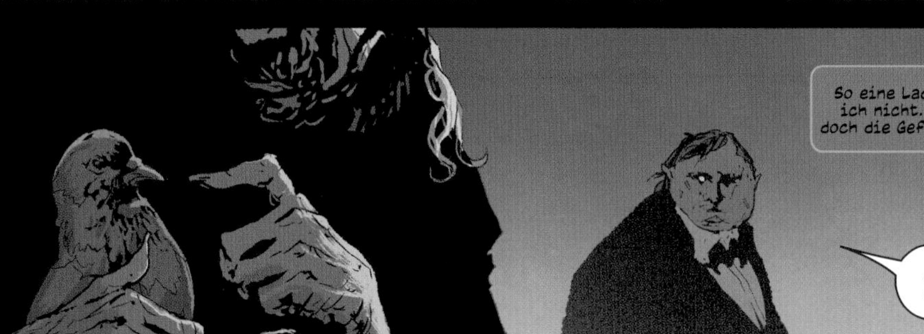
So eine Lady bin ich nicht. Frag doch die Gefährten.
ACH **JA?**

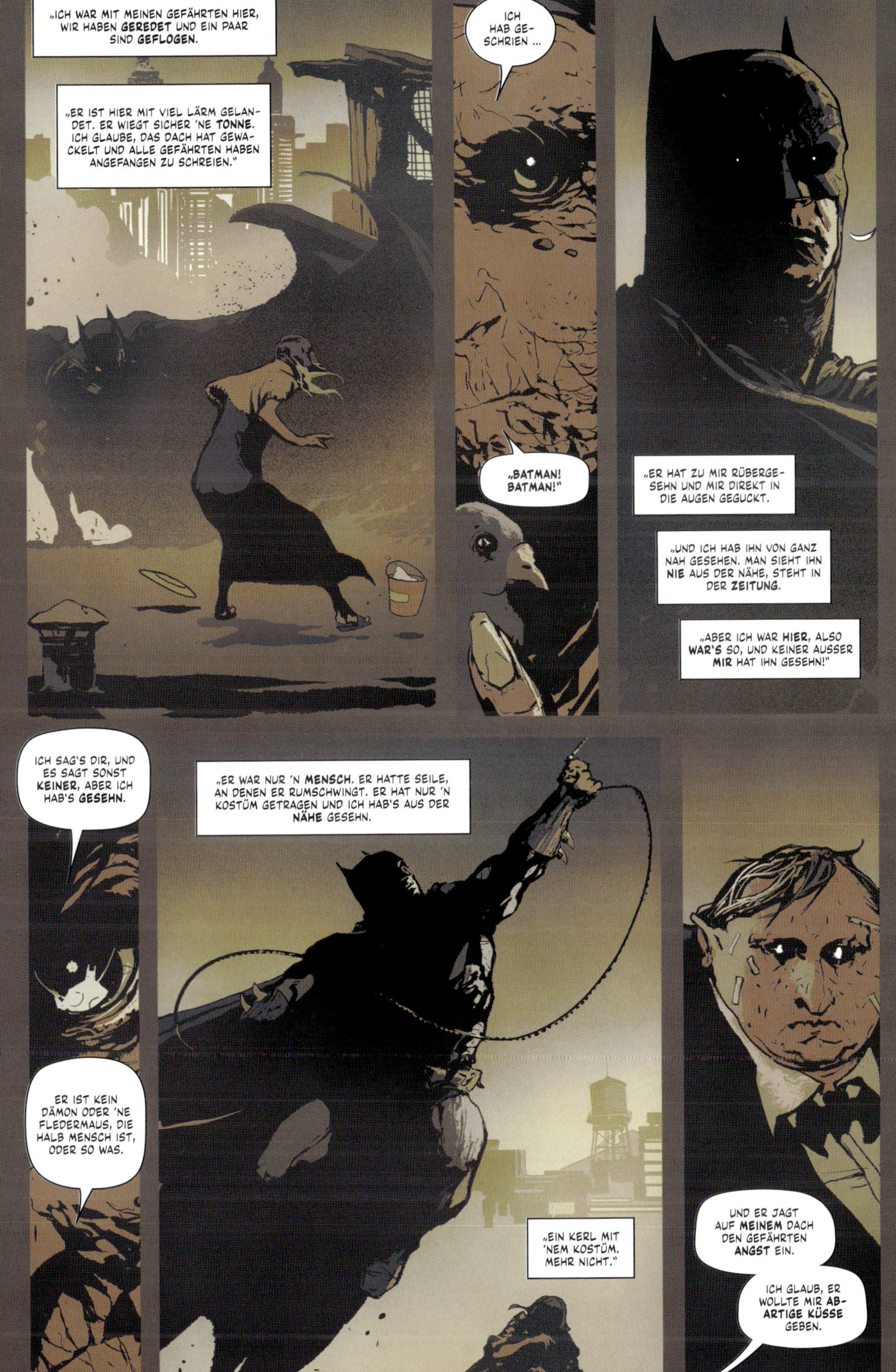
„ICH WAR MIT MEINEN GEFÄHRTEN HIER, WIR HABEN GEREDET UND EIN PAAR SIND GEFLOGEN.
„ER IST HIER MIT VIEL LÄRM GELANDET. ER WIEGT SICHER 'NE TONNE. ICH GLAUBE, DAS DACH HAT GEWACKELT UND ALLE GEFÄHRTEN HABEN ANGEFANGEN ZU SCHREIEN."
ICH HAB GESCHRIEN ...
„BATMAN! BATMAN!"
„ER HAT ZU MIR RÜBERGESEHN UND MIR DIREKT IN DIE AUGEN GEGUCKT.
„UND ICH HAB IHN VON GANZ NAH GESEHEN. MAN SIEHT IHN NIE AUS DER NÄHE, STEHT IN DER ZEITUNG.
„ABER ICH WAR HIER, ALSO WAR'S SO, UND KEINER AUSSER MIR HAT IHN GESEHN!"
ICH SAG'S DIR, UND ES SAGT SONST KEINER, ABER ICH HAB'S GESEHN.
ER IST KEIN DÄMON ODER 'NE FLEDERMAUS, DIE HALB MENSCH IST, ODER SO WAS.
„ER WAR NUR 'N MENSCH. ER HATTE SEILE, AN DENEN ER RUMSCHWINGT. ER HAT NUR 'N KOSTÜM GETRAGEN UND ICH HAB'S AUS DER NÄHE GESEHN.
„EIN KERL MIT 'NEM KOSTÜM. MEHR NICHT."
UND ER JAGT AUF MEINEM DACH DEN GEFÄHRTEN ANGST EIN.
ICH GLAUB, ER WOLLTE MIR ABARTIGE KÜSSE GEBEN.

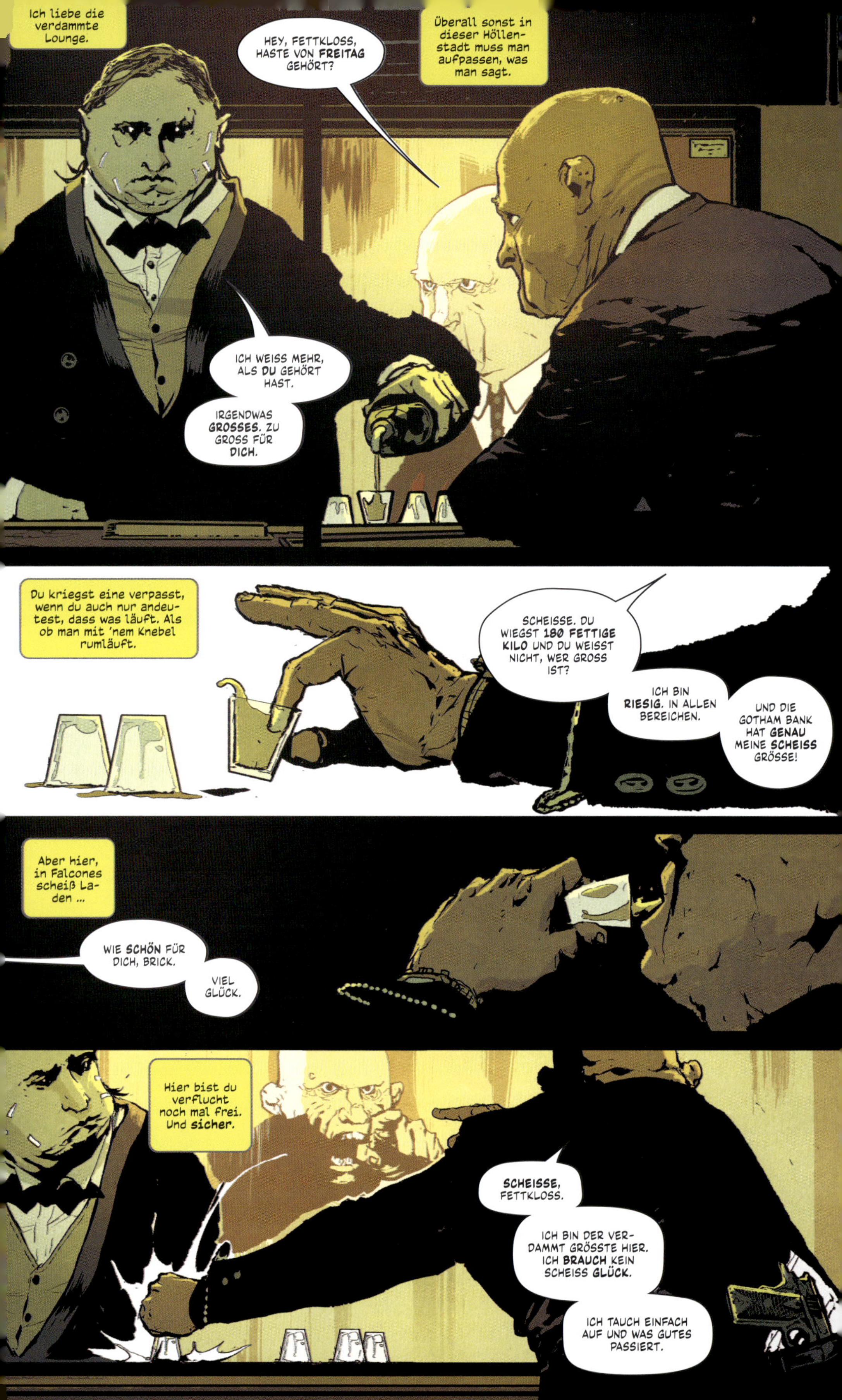
Ich liebe die verdammte Lounge.
HEY, FETTKLOSS, HASTE VON FREITAG GEHÖRT?
Überall sonst in dieser Höllenstadt muss man aufpassen, was man sagt.
ICH WEISS MEHR, ALS DU GEHÖRT HAST.
IRGENDWAS GROSSES. ZU GROSS FÜR DICH.
Du kriegst eine verpasst, wenn du auch nur andeutest, dass was läuft. Als ob man mit 'nem Knebel rumläuft.
SCHEISSE. DU WIEGST 180 FETTIGE KILO UND DU WEISST NICHT, WER GROSS IST?
ICH BIN RIESIG. IN ALLEN BEREICHEN.
UND DIE GOTHAM BANK HAT GENAU MEINE SCHEISS GRÖSSE!
Aber hier, in Falcones scheiß Laden ...
WIE SCHÖN FÜR DICH, BRICK.
VIEL GLÜCK.
Hier bist du verflucht noch mal frei. Und sicher.
SCHEISSE, FETTKLOSS.
ICH BIN DER VERDAMMT GRÖSSTE HIER. ICH BRAUCH KEIN SCHEISS GLÜCK.
ICH TAUCH EINFACH AUF UND WAS GUTES PASSIERT.

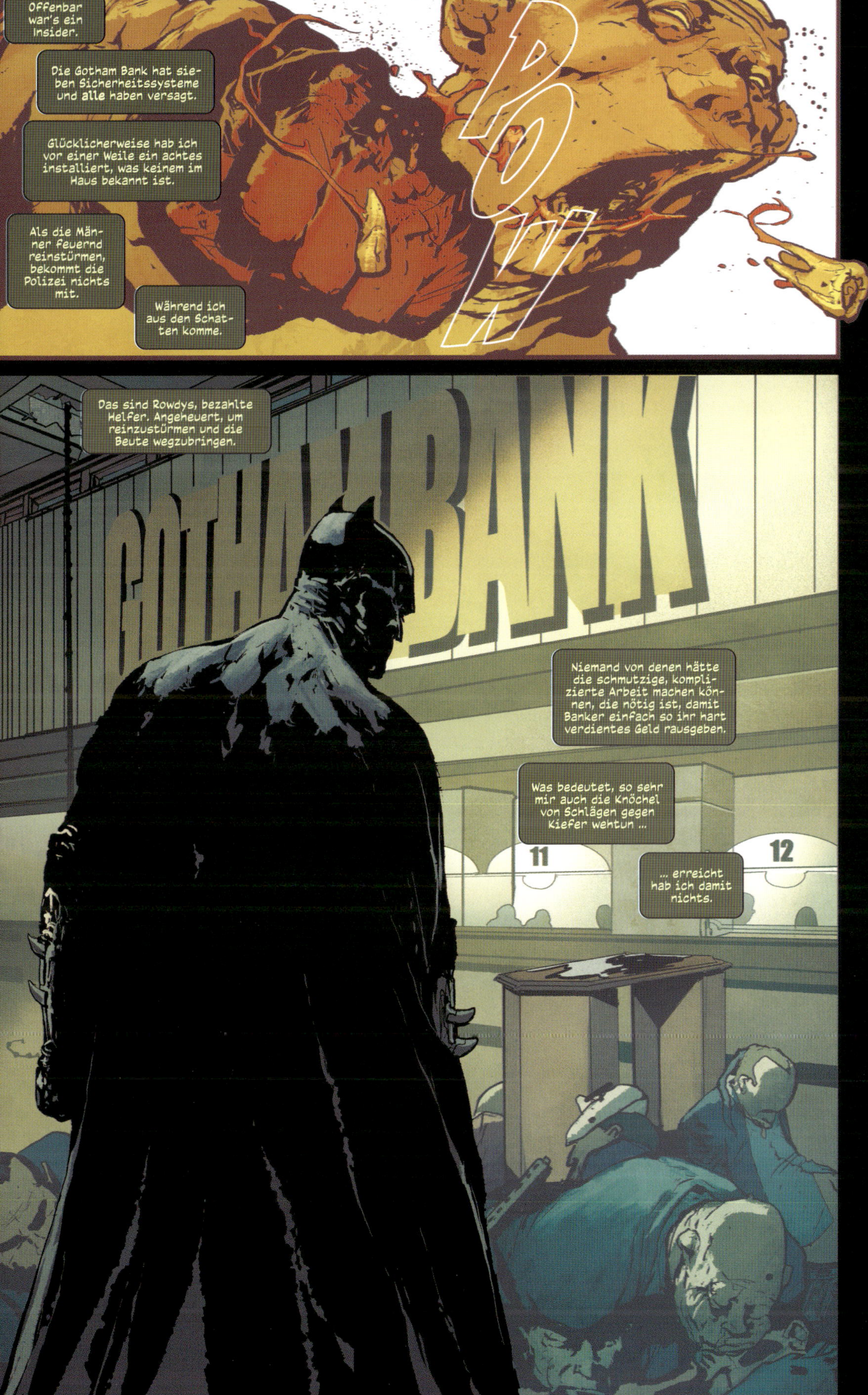
Offenbar war's ein Insider.
Die Gotham Bank hat sieben Sicherheitssysteme und **alle** haben versagt.
Glücklicherweise hab ich vor einer Weile ein achtes installiert, was keinem im Haus bekannt ist.
Als die Männer feuernd reinstürmen, bekommt die Polizei nichts mit.
Während ich aus den Schatten komme.
POW
Das sind Rowdys, bezahlte Helfer. Angeheuert, um reinzustürmen und die Beute wegzubringen.
GOTHAM BANK
Niemand von denen hätte die schmutzige, komplizierte Arbeit machen können, die nötig ist, damit Banker einfach so ihr hart verdientes Geld rausgeben.
Was bedeutet, so sehr mir auch die Knöchel von Schlägen gegen Kiefer wehtun ...
11
12
... erreicht hab ich damit nichts.

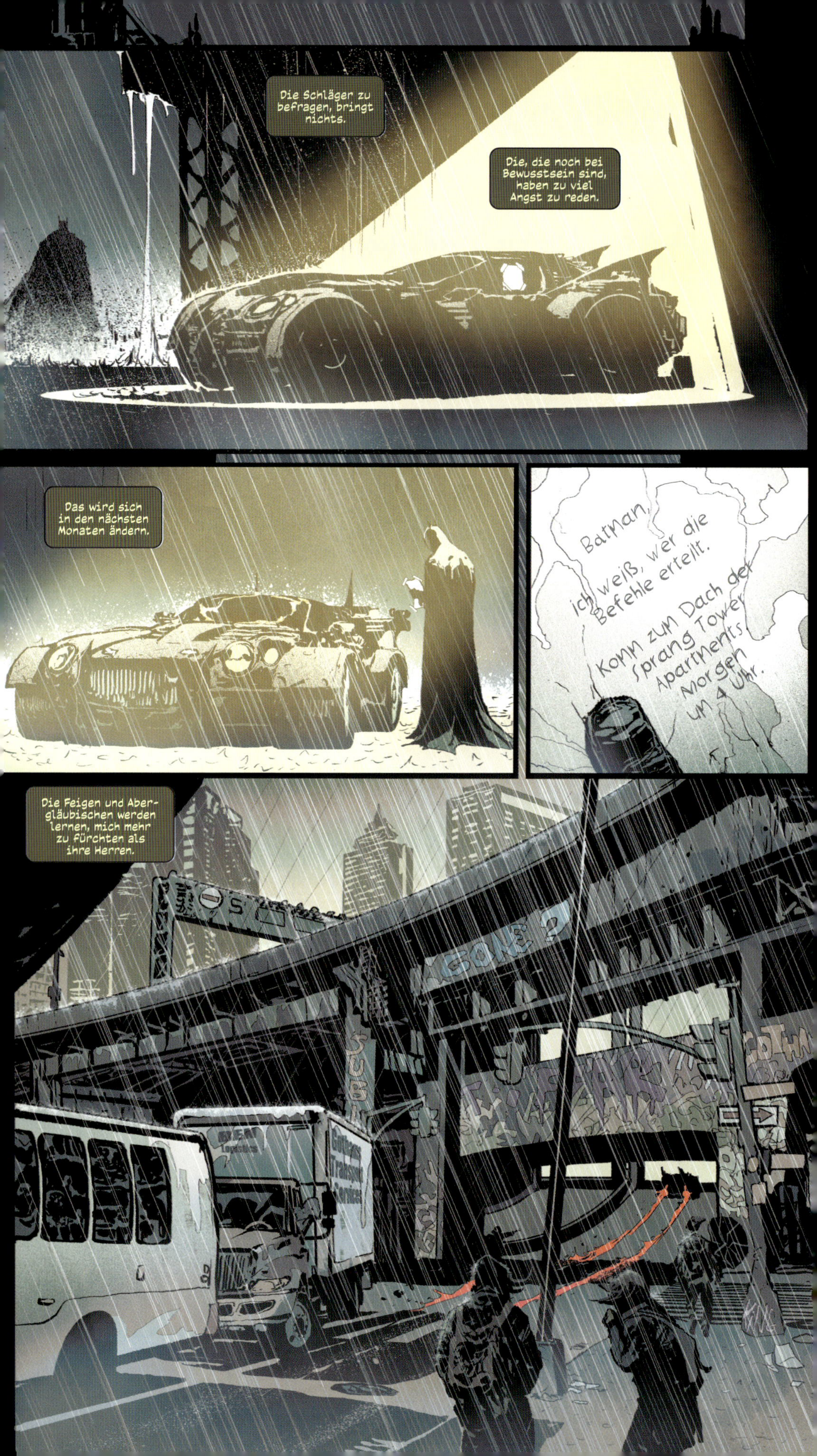
Die Schläger zu befragen, bringt nichts.
Die, die noch bei Bewusstsein sind, haben zu viel Angst zu reden.
Das wird sich in den nächsten Monaten ändern.
Batman,
ich weiß, wer die Befehle erteilt.
Komm zum Dach der Sprang Tower Apartments morgen um 4 Uhr.
Die Feigen und Abergläubischen werden lernen, mich mehr zu fürchten als ihre Herren.
GONE ?

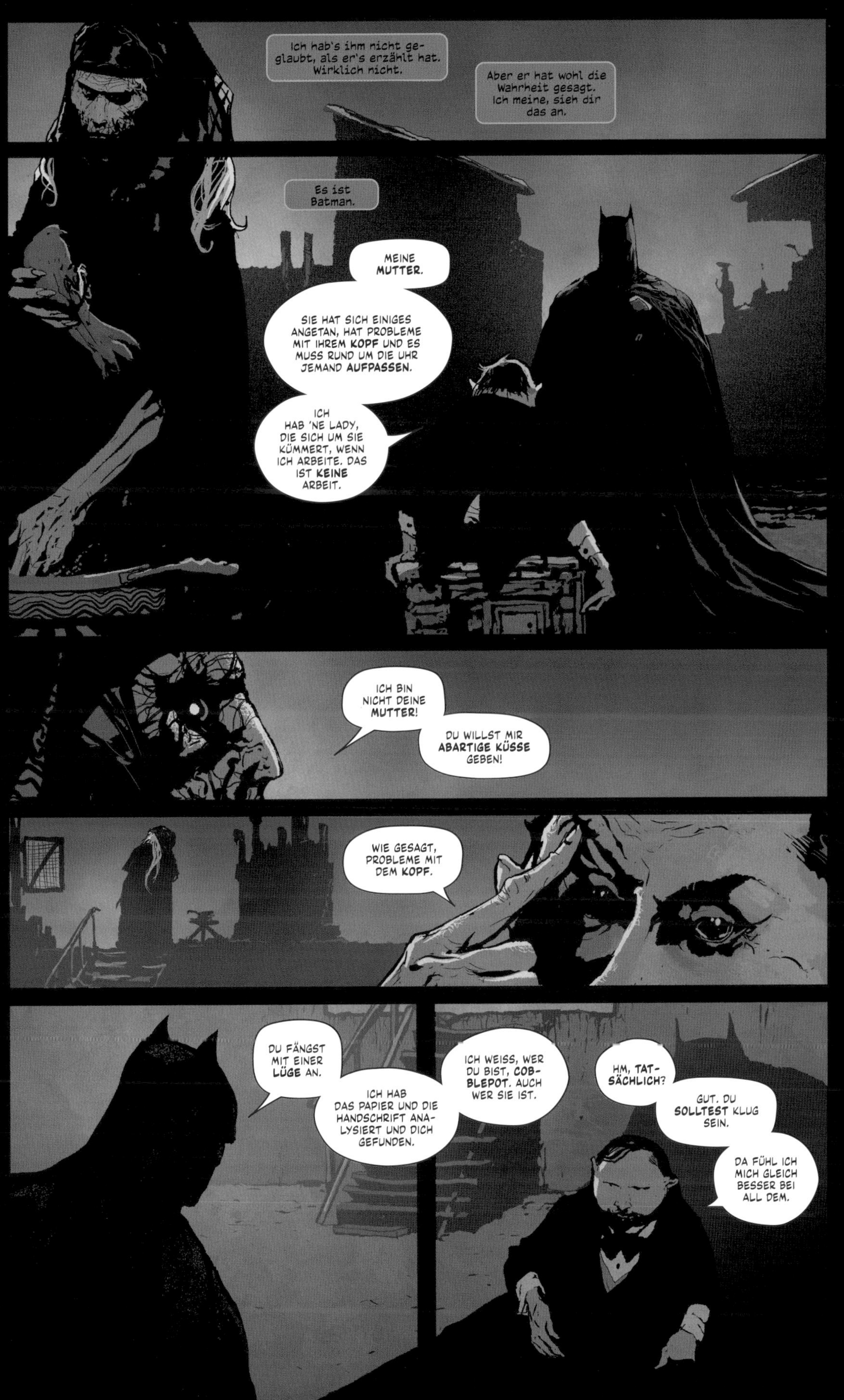
Ich hab's ihm nicht geglaubt, als er's erzählt hat. Wirklich nicht.
Aber er hat wohl die Wahrheit gesagt. Ich meine, sieh dir das an.
Es ist Batman.
MEINE MUTTER.
SIE HAT SICH EINIGES ANGETAN, HAT PROBLEME MIT IHREM KOPF UND ES MUSS RUND UM DIE UHR JEMAND AUFPASSEN.
ICH HAB 'NE LADY, DIE SICH UM SIE KÜMMERT, WENN ICH ARBEITE. DAS IST KEINE ARBEIT.
ICH BIN NICHT DEINE MUTTER!
DU WILLST MIR ABARTIGE KÜSSE GEBEN!
WIE GESAGT, PROBLEME MIT DEM KOPF.
DU FÄNGST MIT EINER LÜGE AN.
ICH HAB DAS PAPIER UND DIE HANDSCHRIFT ANALYSIERT UND DICH GEFUNDEN.
ICH WEISS, WER DU BIST, COBBLEPOT. AUCH WER SIE IST.
HM, TATSÄCHLICH?
GUT. DU SOLLTEST KLUG SEIN.
DA FÜHL ICH MICH GLEICH BESSER BEI ALL DEM.

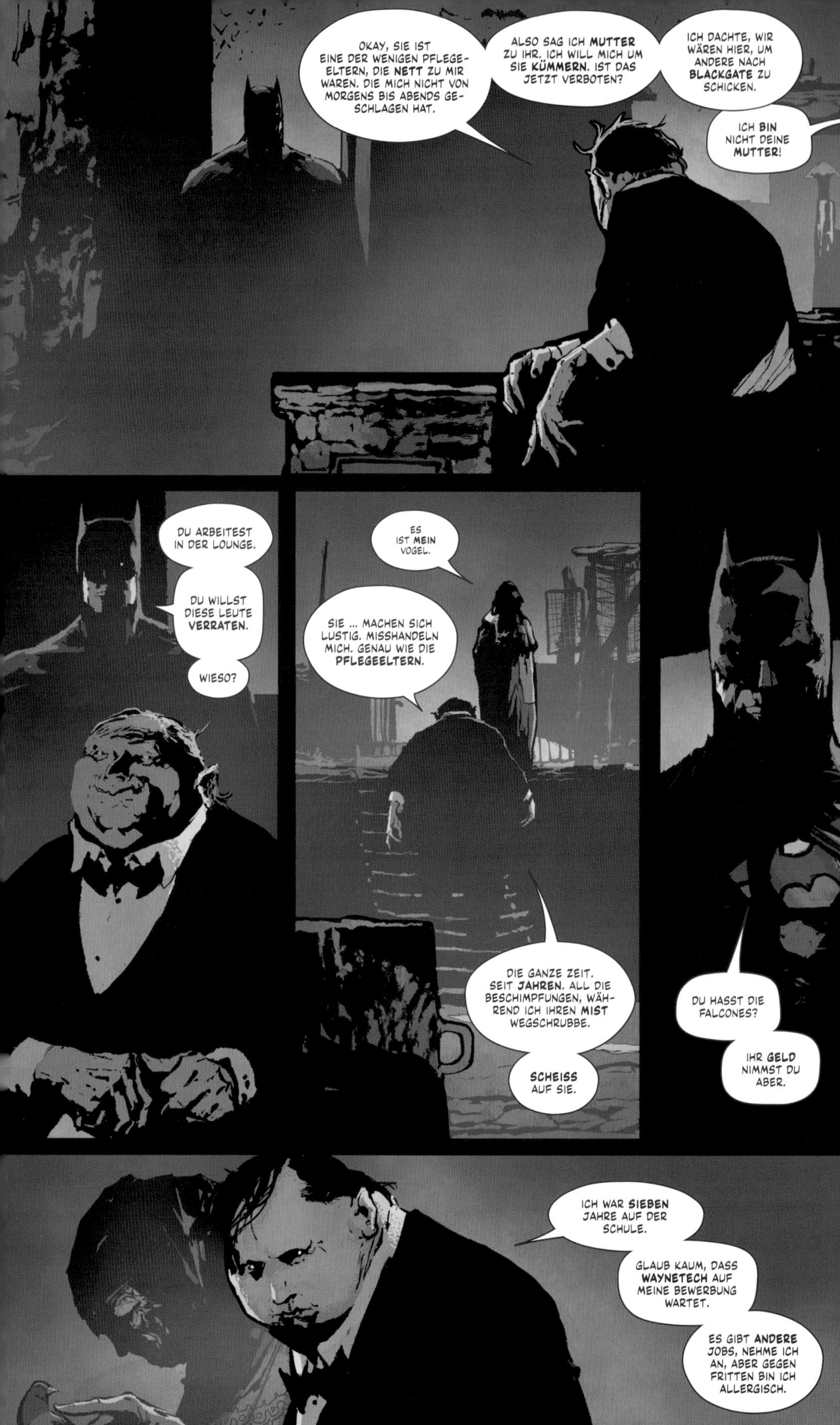
OKAY, SIE IST EINE DER WENIGEN PFLEGE-ELTERN, DIE NETT ZU MIR WAREN. DIE MICH NICHT VON MORGENS BIS ABENDS GE-SCHLAGEN HAT.
ALSO SAG ICH MUTTER ZU IHR. ICH WILL MICH UM SIE KÜMMERN. IST DAS JETZT VERBOTEN?
ICH DACHTE, WIR WÄREN HIER, UM ANDERE NACH BLACKGATE ZU SCHICKEN.
ICH BIN NICHT DEINE MUTTER!
DU ARBEITEST IN DER LOUNGE.
DU WILLST DIESE LEUTE VERRATEN.
WIESO?
ES IST MEIN VOGEL.
SIE ... MACHEN SICH LUSTIG. MISSHANDELN MICH. GENAU WIE DIE PFLEGEELTERN.
DIE GANZE ZEIT. SEIT JAHREN. ALL DIE BESCHIMPFUNGEN, WÄH-REND ICH IHREN MIST WEGSCHRUBBE.
SCHEISS AUF SIE.
DU HASST DIE FALCONES?
IHR GELD NIMMST DU ABER.
ICH WAR SIEBEN JAHRE AUF DER SCHULE.
GLAUB KAUM, DASS WAYNETECH AUF MEINE BEWERBUNG WARTET.
ES GIBT ANDERE JOBS, NEHME ICH AN, ABER GEGEN FRITTEN BIN ICH ALLERGISCH.

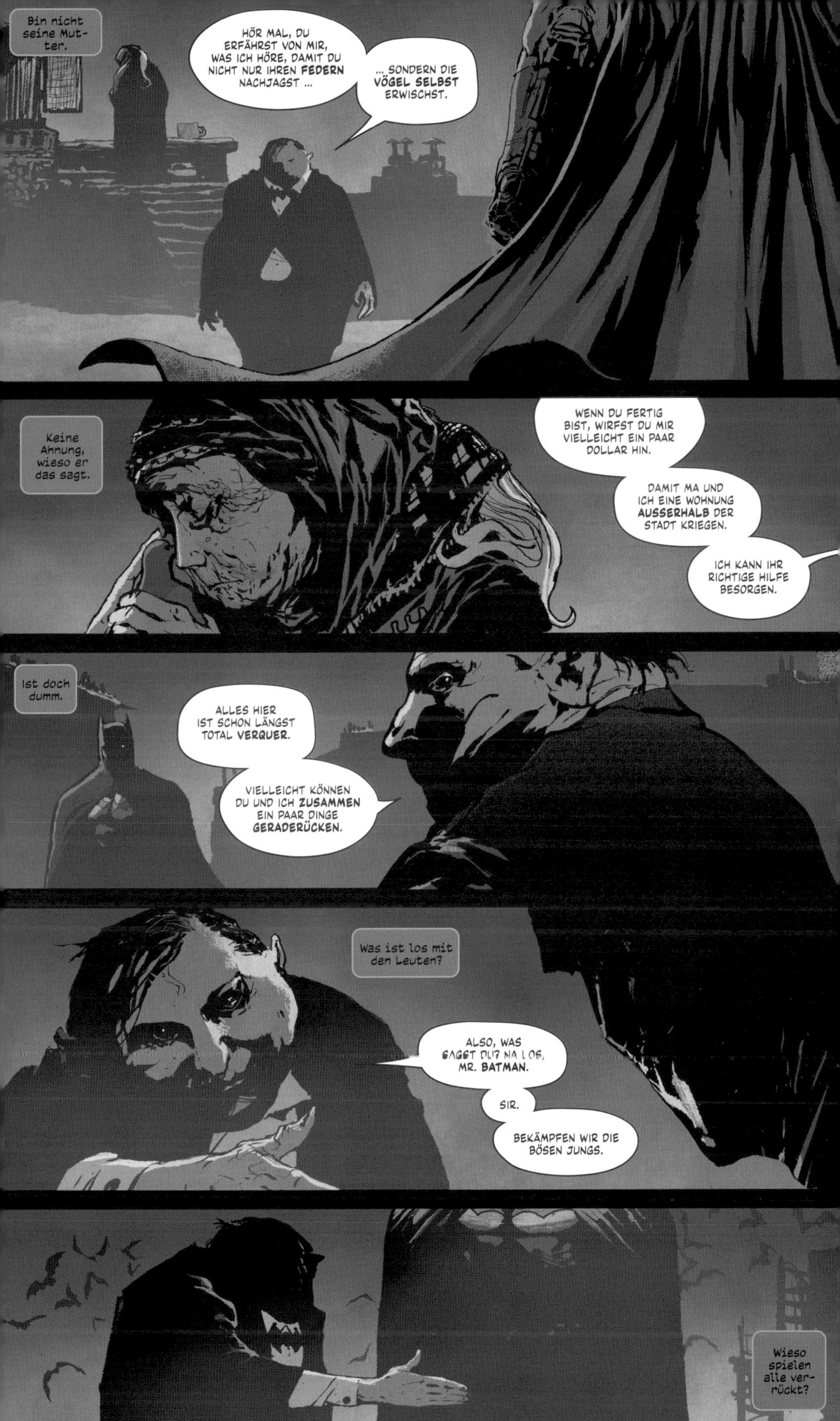

Bin nicht seine Mutter.
HÖR MAL, DU ERFÄHRST VON MIR, WAS ICH HÖRE, DAMIT DU NICHT NUR IHREN FEDERN NACHJAGST …
… SONDERN DIE VÖGEL SELBST ERWISCHST.
Keine Ahnung, wieso er das sagt.
WENN DU FERTIG BIST, WIRFST DU MIR VIELLEICHT EIN PAAR DOLLAR HIN.
DAMIT MA UND ICH EINE WOHNUNG AUSSERHALB DER STADT KRIEGEN.
ICH KANN IHR RICHTIGE HILFE BESORGEN.
Ist doch dumm.
ALLES HIER IST SCHON LÄNGST TOTAL VERQUER.
VIELLEICHT KÖNNEN DU UND ICH ZUSAMMEN EIN PAAR DINGE GERADERÜCKEN.
Was ist los mit den Leuten?
ALSO, WAS SAGST DU? NA LOS, MR. BATMAN.
SIR.
BEKÄMPFEN WIR DIE BÖSEN JUNGS.
Wieso spielen alle verrückt?

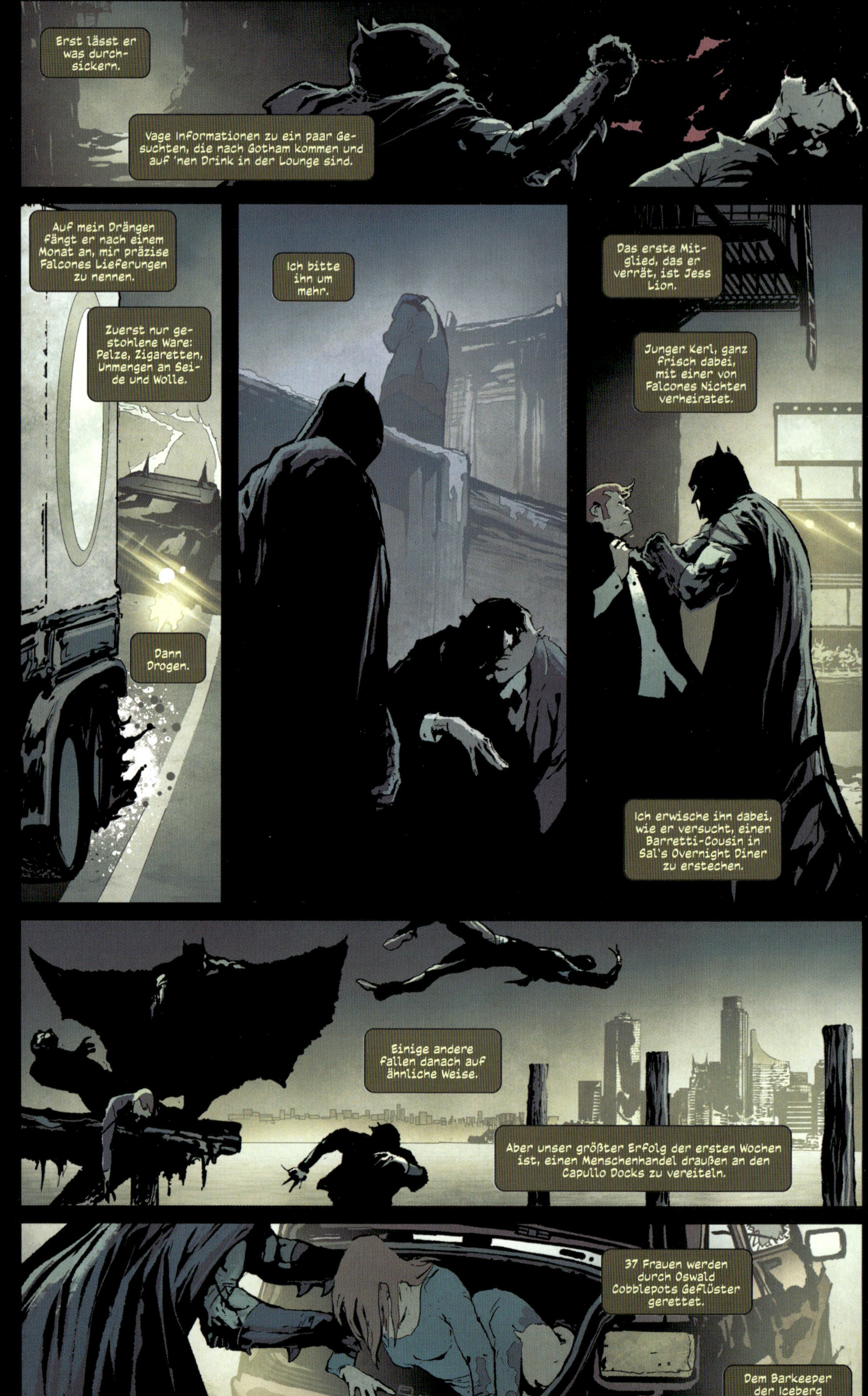
Erst lässt er was durch- sickern.
Vage Informationen zu ein paar Ge- suchten, die nach Gotham kommen und auf 'nen Drink in der Lounge sind.
Auf mein Drängen fängt er nach einem Monat an, mir präzise Falcones Lieferungen zu nennen.
Zuerst nur ge- stohlene Ware: Pelze, Zigaretten, Unmengen an Sei- de und Wolle.
Dann Drogen.
Ich bitte ihn um mehr.
Das erste Mit- glied, das er verrät, ist Jess Lion.
Junger Kerl, ganz frisch dabei, mit einer von Falcones Nichten verheiratet.
Ich erwische ihn dabei, wie er versucht, einen Barretti-Cousin in Sal's Overnight Diner zu erstechen.
Einige andere fallen danach auf ähnliche Weise.
Aber unser größter Erfolg der ersten Wochen ist, einen Menschenhandel draußen an den Capullo Docks zu vereiteln.
37 Frauen werden durch Oswald Cobblepots Geflüster gerettet.
Dem Barkeeper der Iceberg Lounge.

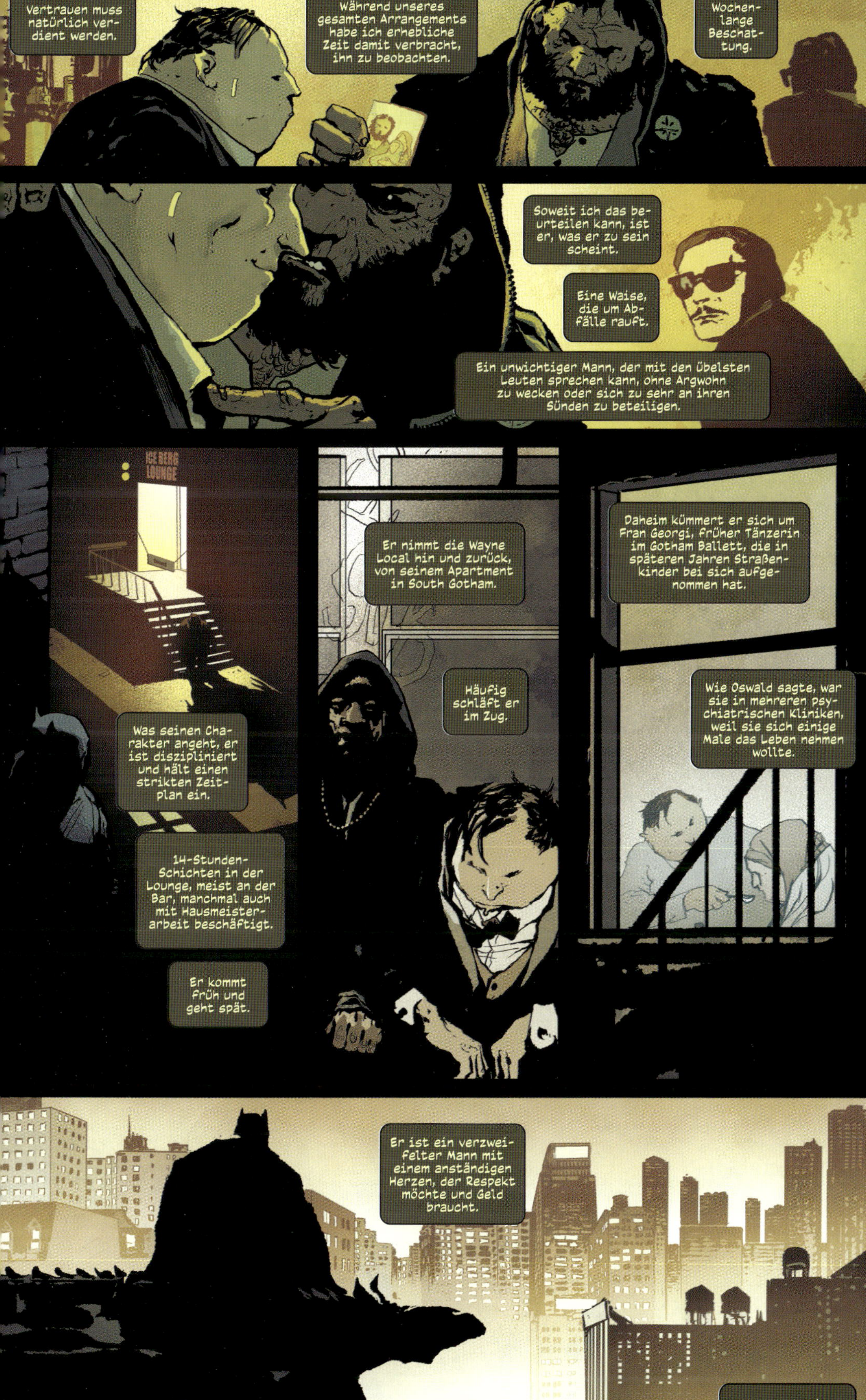
Vertrauen muss natürlich verdient werden.
Während unseres gesamten Arrangements habe ich erhebliche Zeit damit verbracht, ihn zu beobachten.
Wochenlange Beschattung.
Soweit ich das beurteilen kann, ist er, was er zu sein scheint.
Eine Waise, die um Abfälle rauft.
Ein unwichtiger Mann, der mit den übelsten Leuten sprechen kann, ohne Argwohn zu wecken oder sich zu sehr an ihren Sünden zu beteiligen.
ICEBERG LOUNGE
Was seinen Charakter angeht, er ist diszipliniert und hält einen strikten Zeitplan ein.
14-Stunden-Schichten in der Lounge, meist an der Bar, manchmal auch mit Hausmeisterarbeit beschäftigt.
Er kommt früh und geht spät.
Er nimmt die Wayne Local hin und zurück, von seinem Apartment in South Gotham.
Häufig schläft er im Zug.
Daheim kümmert er sich um Fran Georgi, früher Tänzerin im Gotham Ballett, die in späteren Jahren Straßenkinder bei sich aufgenommen hat.
Wie Oswald sagte, war sie in mehreren psychiatrischen Kliniken, weil sie sich einige Male das Leben nehmen wollte.
Er ist ein verzweifelter Mann mit einem anständigen Herzen, der Respekt möchte und Geld braucht.
Unsere Vereinbarung ermöglicht ihm beides.

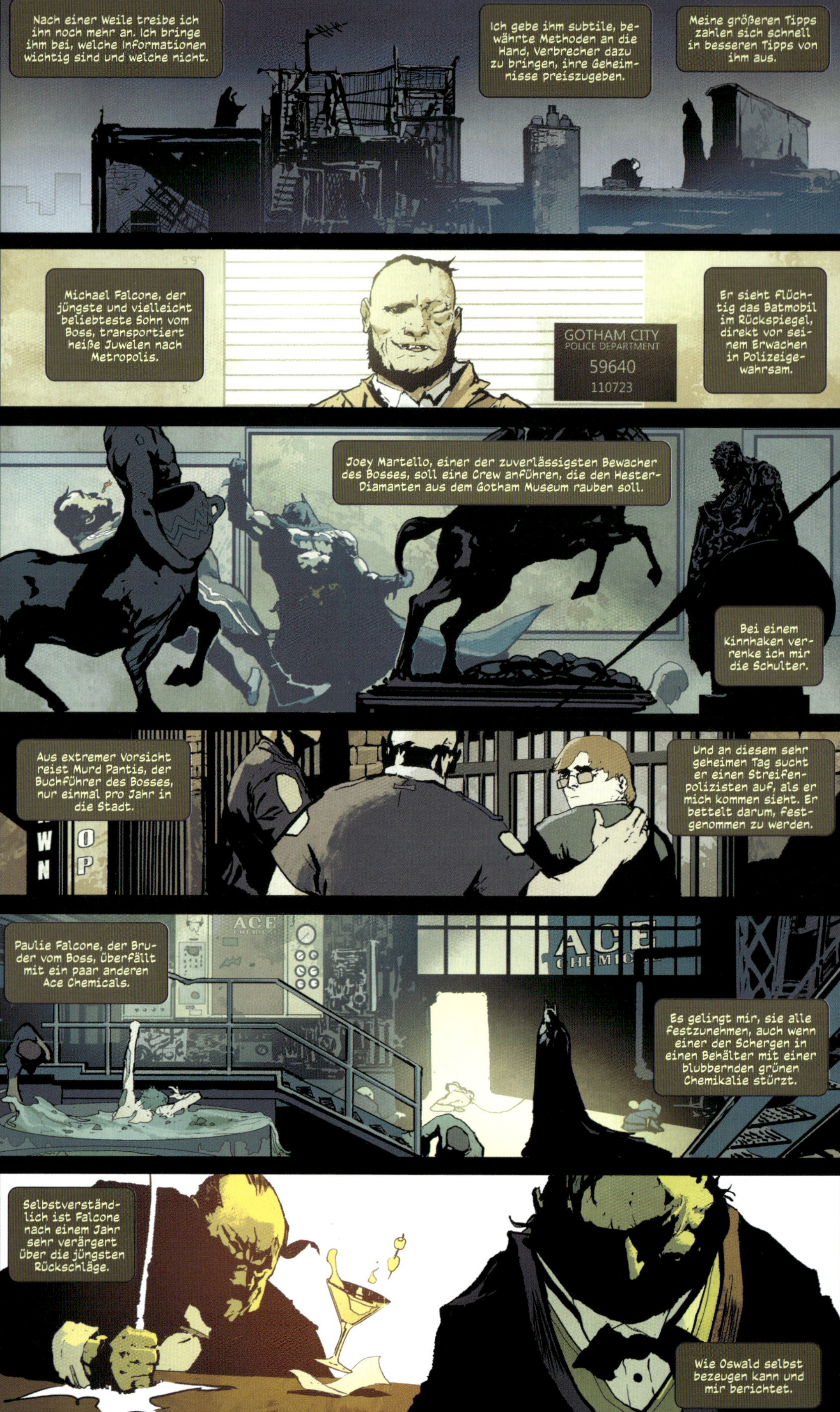

Nach einer Weile treibe ich ihn noch mehr an. Ich bringe ihm bei, welche Informationen wichtig sind und welche nicht.
Ich gebe ihm subtile, bewährte Methoden an die Hand, Verbrecher dazu zu bringen, ihre Geheimnisse preiszugeben.
Meine größeren Tipps zahlen sich schnell in besseren Tipps von ihm aus.
Michael Falcone, der jüngste und vielleicht beliebteste Sohn vom Boss, transportiert heiße Juwelen nach Metropolis.
GOTHAM CITY
POLICE DEPARTMENT
59640
110723
Er sieht flüchtig das Batmobil im Rückspiegel, direkt vor seinem Erwachen in Polizeigewahrsam.
Joey Martello, einer der zuverlässigsten Bewacher des Bosses, soll eine Crew anführen, die den Hester-Diamanten aus dem Gotham Museum rauben soll.
Bei einem Kinnhaken verrenke ich mir die Schulter.
Aus extremer Vorsicht reist Murd Pantis, der Buchführer des Bosses, nur einmal pro Jahr in die Stadt.
Und an diesem sehr geheimen Tag sucht er einen Streifenpolizisten auf, als er mich kommen sieht. Er bettelt darum, festgenommen zu werden.
Paulie Falcone, der Bruder vom Boss, überfällt mit ein paar anderen Ace Chemicals.
ACE
Es gelingt mir, sie alle festzunehmen, auch wenn einer der Schergen in einen Behälter mit einer blubbernden grünen Chemikalie stürzt.
Selbstverständlich ist Falcone nach einem Jahr sehr verärgert über die jüngsten Rückschläge.
Wie Oswald selbst bezeugen kann und mir berichtet.

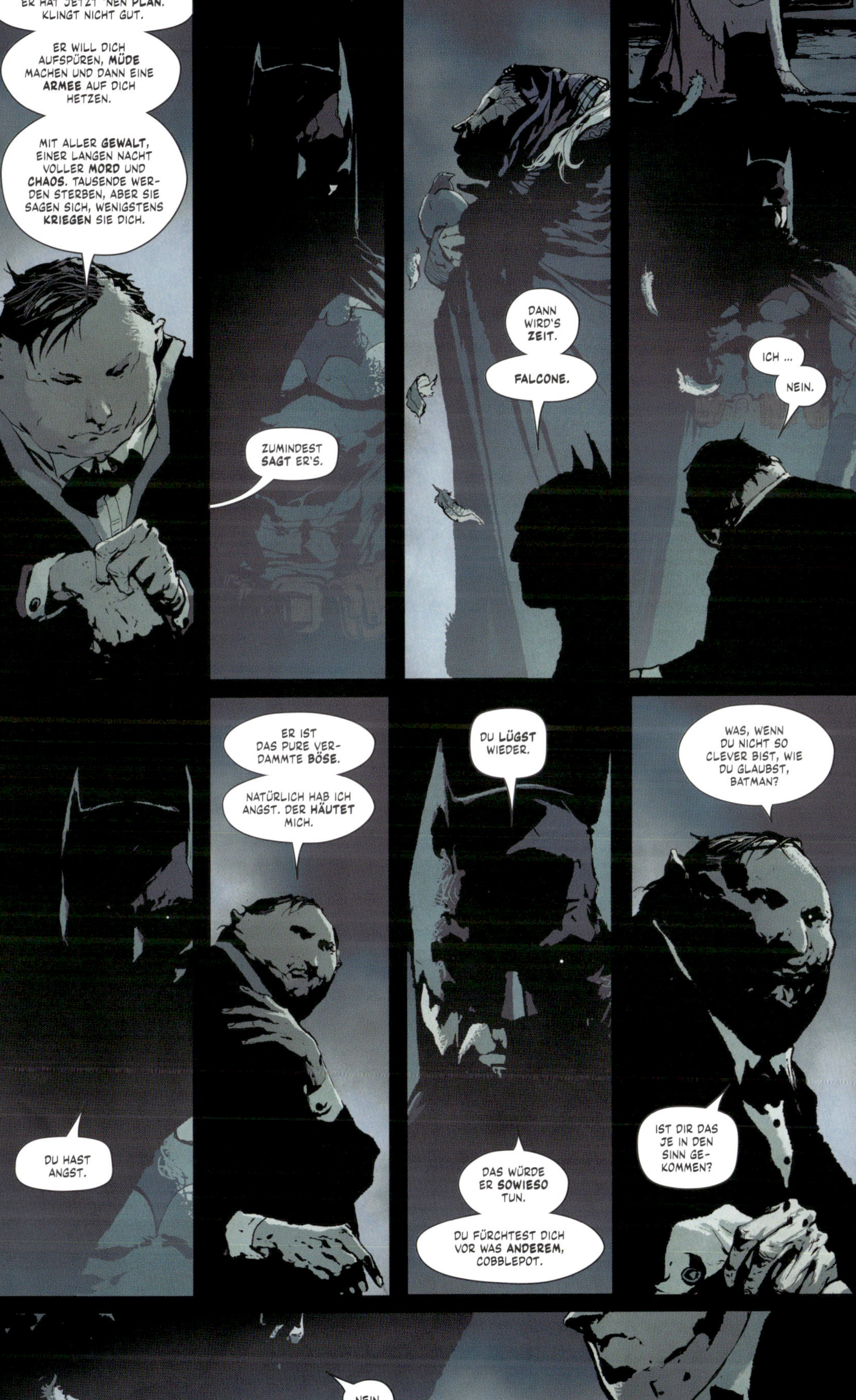
ER HAT JETZT 'NEN PLAN. KLINGT NICHT GUT.
ER WILL DICH AUFSPÜREN, MÜDE MACHEN UND DANN EINE ARMEE AUF DICH HETZEN.
MIT ALLER GEWALT, EINER LANGEN NACHT VOLLER MORD UND CHAOS. TAUSENDE WERDEN STERBEN, ABER SIE SAGEN SICH, WENIGSTENS KRIEGEN SIE DICH.
ZUMINDEST SAGT ER'S.
DANN WIRD'S ZEIT.
FALCONE.
ICH ...
NEIN.
DU HAST ANGST.
ER IST DAS PURE VERDAMMTE BÖSE.
NATÜRLICH HAB ICH ANGST. DER HÄUTET MICH.
DU LÜGST WIEDER.
DAS WÜRDE ER SOWIESO TUN.
DU FÜRCHTEST DICH VOR WAS ANDEREM, COBBLEPOT.
WAS, WENN DU NICHT SO CLEVER BIST, WIE DU GLAUBST, BATMAN?
IST DIR DAS JE IN DEN SINN GEKOMMEN?
NEIN.

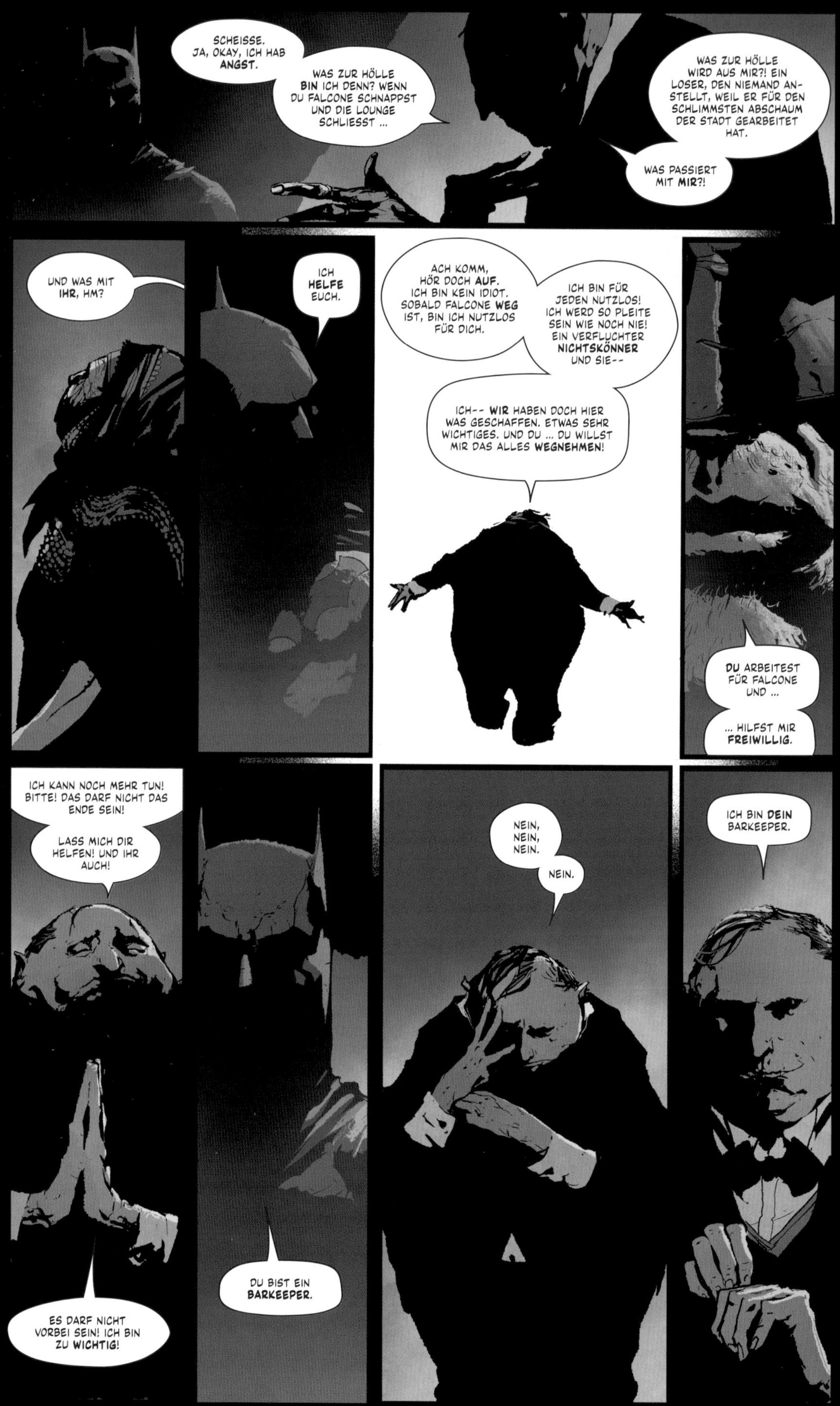
SCHEISSE. JA, OKAY, ICH HAB ANGST.
WAS ZUR HÖLLE BIN ICH DENN? WENN DU FALCONE SCHNAPPST UND DIE LOUNGE SCHLIESST ...
WAS ZUR HÖLLE WIRD AUS MIR?! EIN LOSER, DEN NIEMAND AN-STELLT, WEIL ER FÜR DEN SCHLIMMSTEN ABSCHAUM DER STADT GEARBEITET HAT.
WAS PASSIERT MIT MIR?!
UND WAS MIT IHR, HM?
ICH HELFE EUCH.
ACH KOMM, HÖR DOCH AUF. ICH BIN KEIN IDIOT. SOBALD FALCONE WEG IST, BIN ICH NUTZLOS FÜR DICH.
ICH BIN FÜR JEDEN NUTZLOS! ICH WERD SO PLEITE SEIN WIE NOCH NIE! EIN VERFLUCHTER NICHTSKÖNNER UND SIE--
ICH-- WIR HABEN DOCH HIER WAS GESCHAFFEN. ETWAS SEHR WICHTIGES. UND DU ... DU WILLST MIR DAS ALLES WEGNEHMEN!
DU ARBEITEST FÜR FALCONE UND ...
... HILFST MIR FREIWILLIG.
ICH KANN NOCH MEHR TUN! BITTE! DAS DARF NICHT DAS ENDE SEIN!
LASS MICH DIR HELFEN! UND IHR AUCH!
ES DARF NICHT VORBEI SEIN! ICH BIN ZU WICHTIG!
DU BIST EIN BARKEEPER.
NEIN, NEIN, NEIN.
NEIN.
ICH BIN DEIN BARKEEPER.

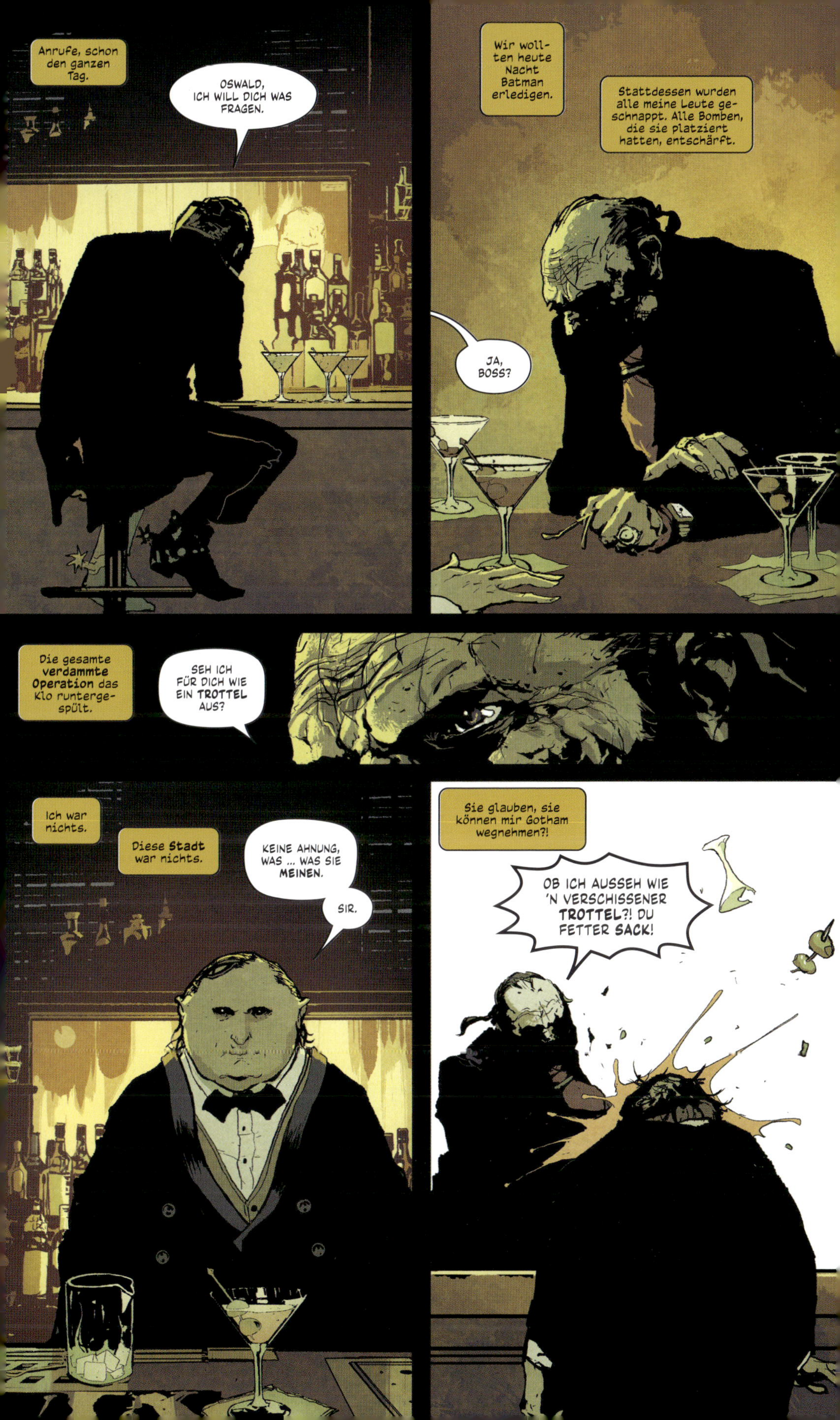

Anrufe, schon den ganzen Tag.
OSWALD, ICH WILL DICH WAS FRAGEN.
Wir wollten heute Nacht Batman erledigen.
Stattdessen wurden alle meine Leute geschnappt. Alle Bomben, die sie platziert hatten, entschärft.
JA, BOSS?
Die gesamte **verdammte Operation** das Klo runtergespült.
SEH ICH FÜR DICH WIE EIN **TROTTEL** AUS?

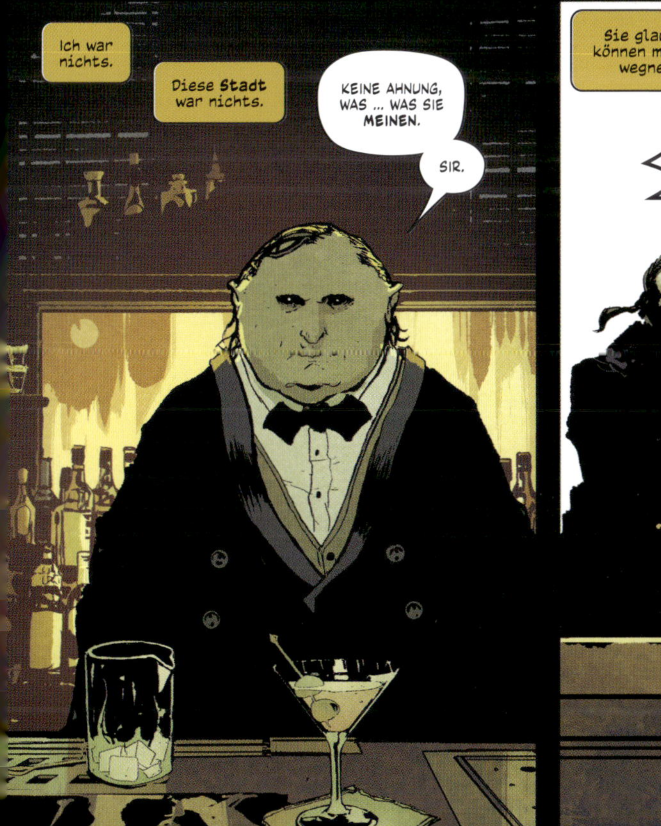
Ich war nichts.
Diese **Stadt** war nichts.
KEINE AHNUNG, WAS ... WAS SIE **MEINEN.**
SIR.

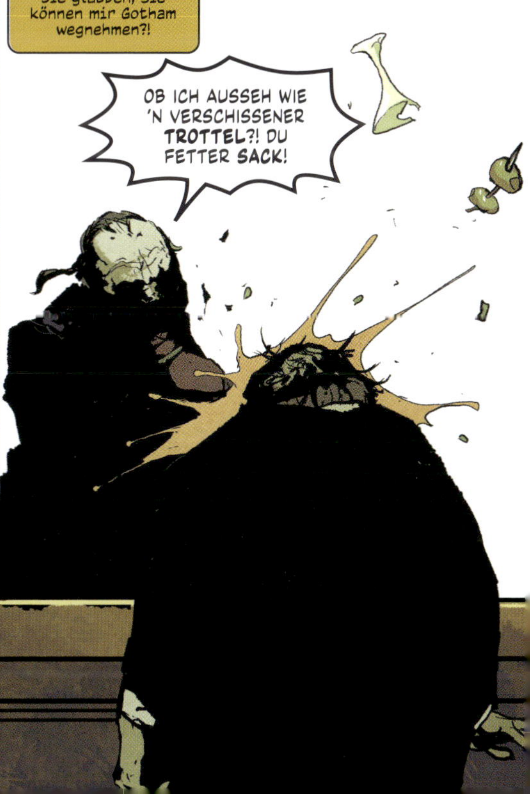
Sie glauben, sie können mir Gotham wegnehmen?!
OB ICH AUSSEH WIE 'N VERSCHISSENER **TROTTEL**?! DU FETTER **SACK!**

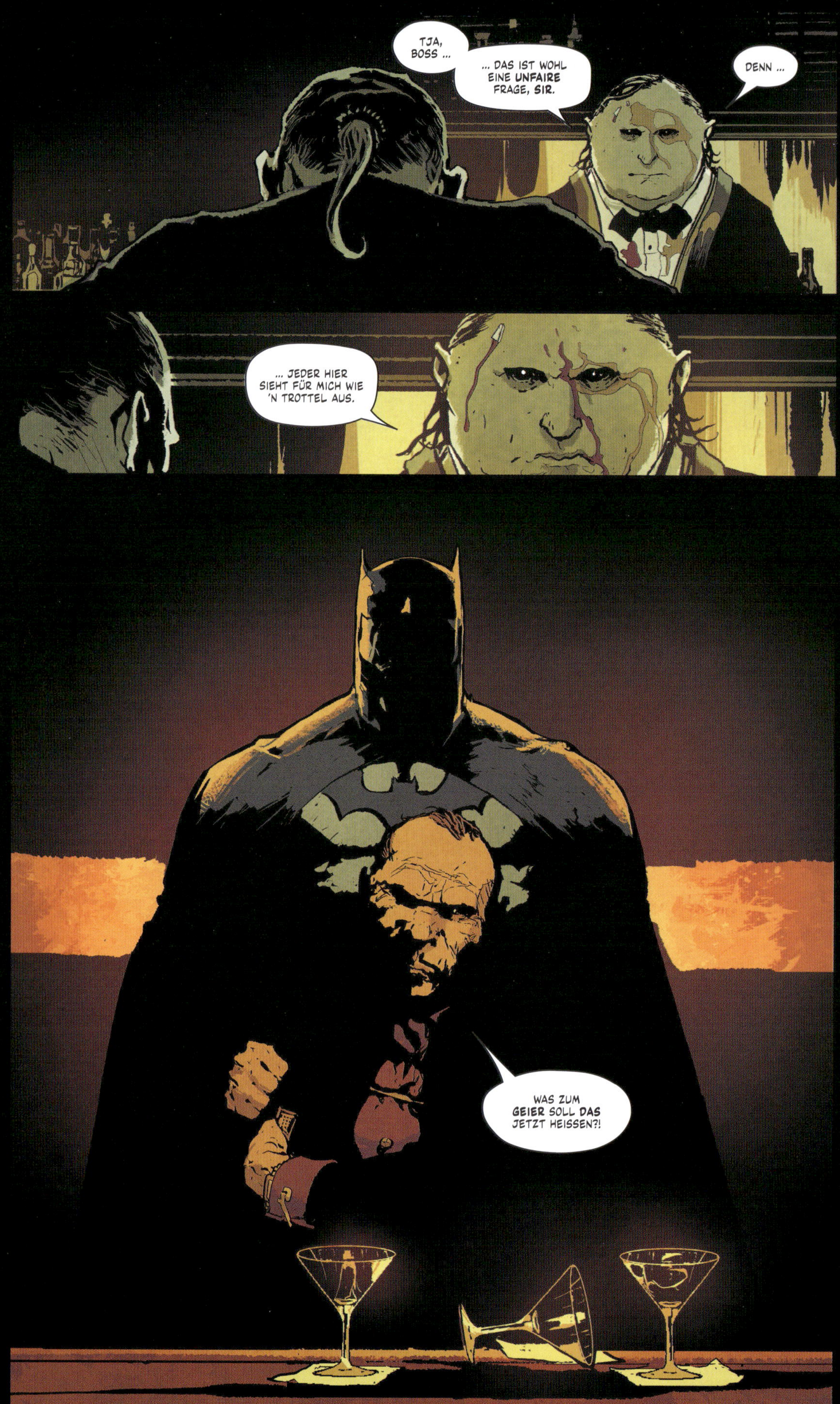
TJA, BOSS ...
... DAS IST WOHL EINE UNFAIRE FRAGE, SIR.
DENN ...
... JEDER HIER SIEHT FÜR MICH WIE 'N TROTTEL AUS.
WAS ZUM GEIER SOLL DAS JETZT HEISSEN?!

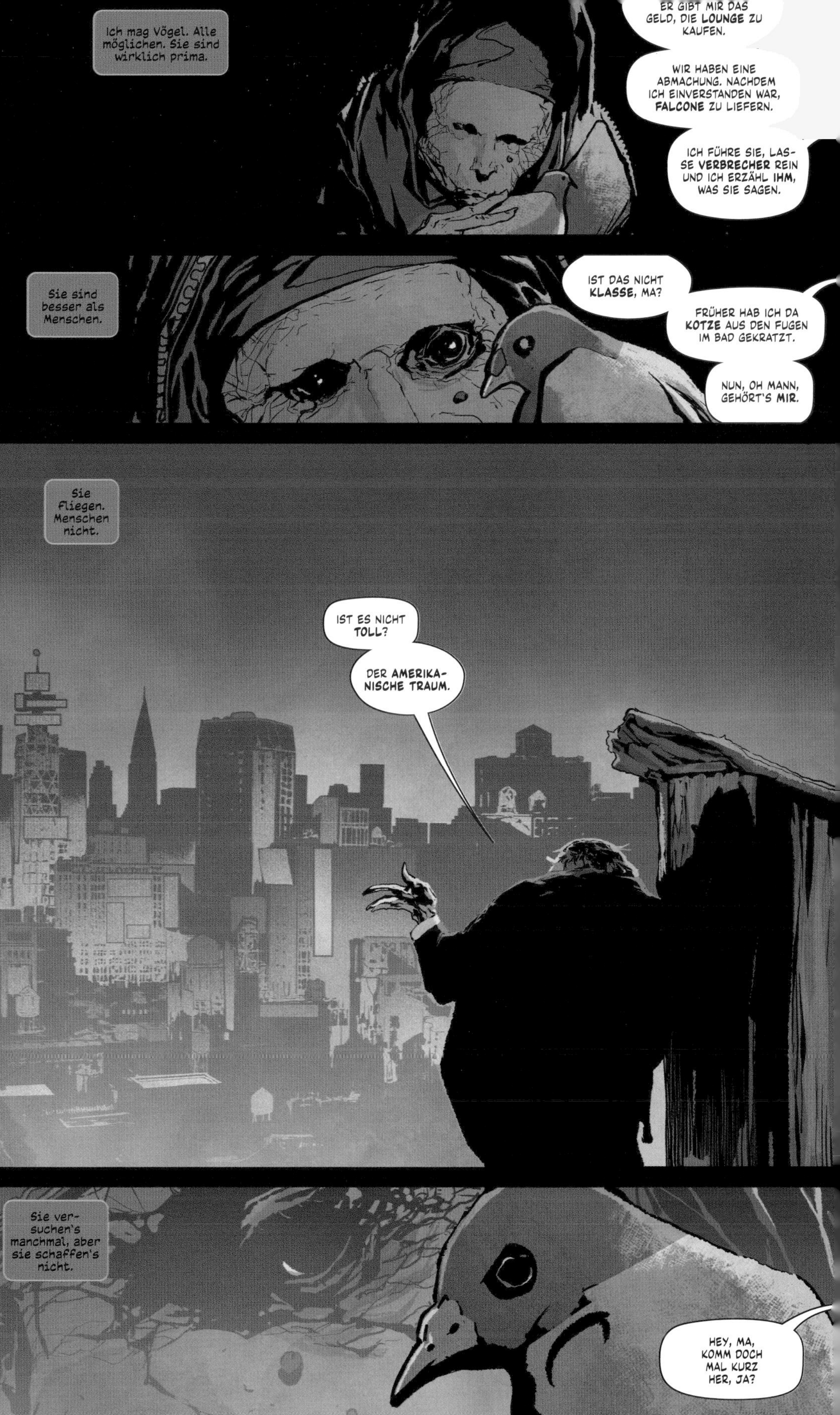
Ich mag Vögel. Alle möglichen. Sie sind wirklich prima.
ER GIBT MIR DAS GELD, DIE LOUNGE ZU KAUFEN.
WIR HABEN EINE ABMACHUNG. NACHDEM ICH EINVERSTANDEN WAR, FALCONE ZU LIEFERN.
ICH FÜHRE SIE, LASSE VERBRECHER REIN UND ICH ERZÄHL IHM, WAS SIE SAGEN.
Sie sind besser als Menschen.
IST DAS NICHT KLASSE, MA?
FRÜHER HAB ICH DA KOTZE AUS DEN FUGEN IM BAD GEKRATZT.
NUN, OH MANN, GEHÖRT'S MIR.
Sie fliegen. Menschen nicht.
IST ES NICHT TOLL?
DER AMERIKANISCHE TRAUM.
Sie versuchen's manchmal, aber sie schaffen's nicht.
HEY, MA, KOMM DOCH MAL KURZ HER, JA?

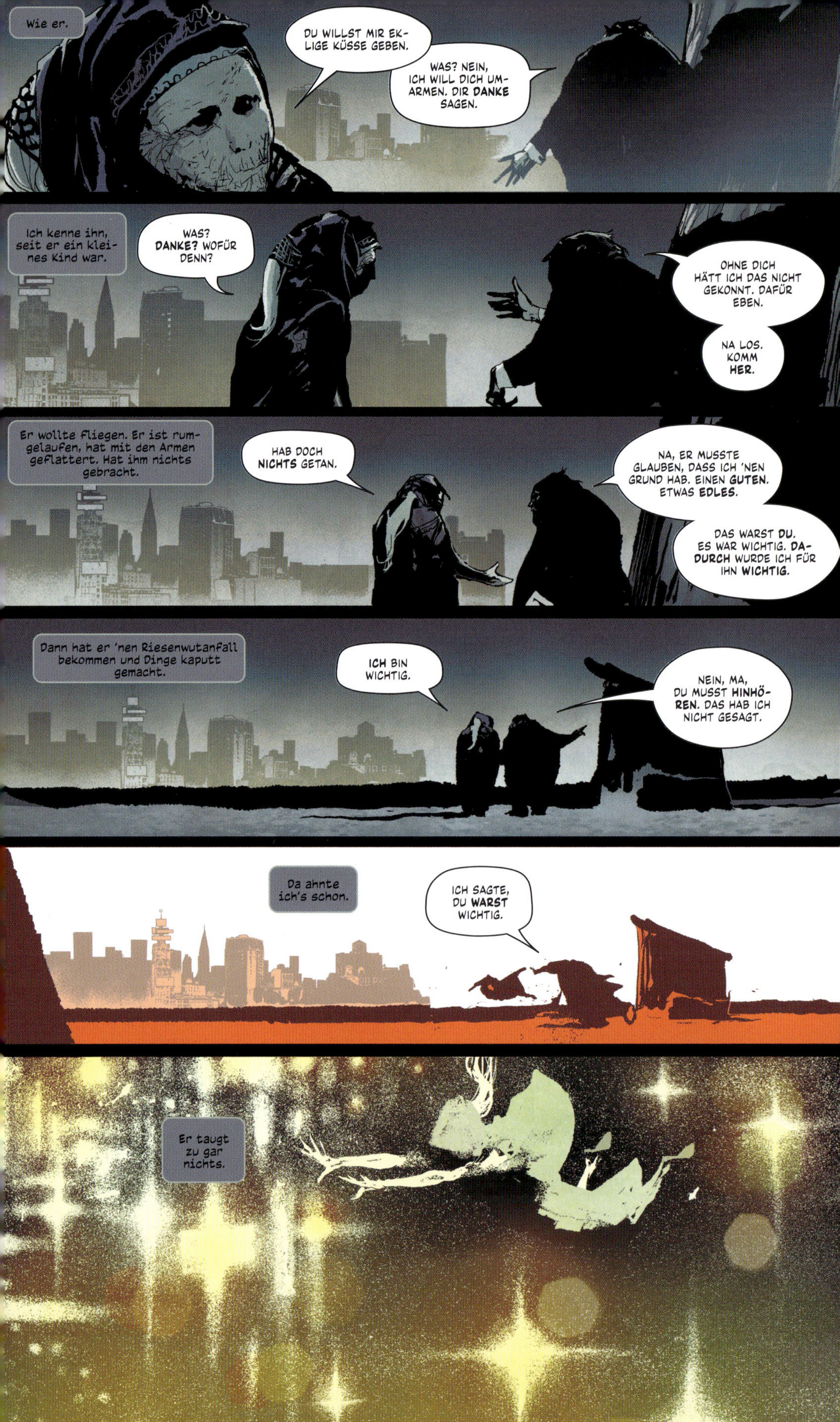

Wie er.
DU WILLST MIR EKLIGE KÜSSE GEBEN.
WAS? NEIN, ICH WILL DICH UMARMEN. DIR DANKE SAGEN.
Ich kenne ihn, seit er ein kleines Kind war.
WAS? DANKE? WOFÜR DENN?
OHNE DICH HÄTT ICH DAS NICHT GEKONNT. DAFÜR EBEN.
NA LOS. KOMM HER.
Er wollte fliegen. Er ist rumgelaufen, hat mit den Armen geflattert. Hat ihm nichts gebracht.
HAB DOCH NICHTS GETAN.
NA, ER MUSSTE GLAUBEN, DASS ICH 'NEN GRUND HAB. EINEN GUTEN. ETWAS EDLES.
DAS WARST DU. ES WAR WICHTIG. DADURCH WURDE ICH FÜR IHN WICHTIG.
Dann hat er 'nen Riesenwutanfall bekommen und Dinge kaputt gemacht.
ICH BIN WICHTIG.
NEIN, MA, DU MUSST HINHÖREN. DAS HAB ICH NICHT GESAGT.
Da ahnte ich's schon.
ICH SAGTE, DU WARST WICHTIG.
Er taugt zu gar nichts.

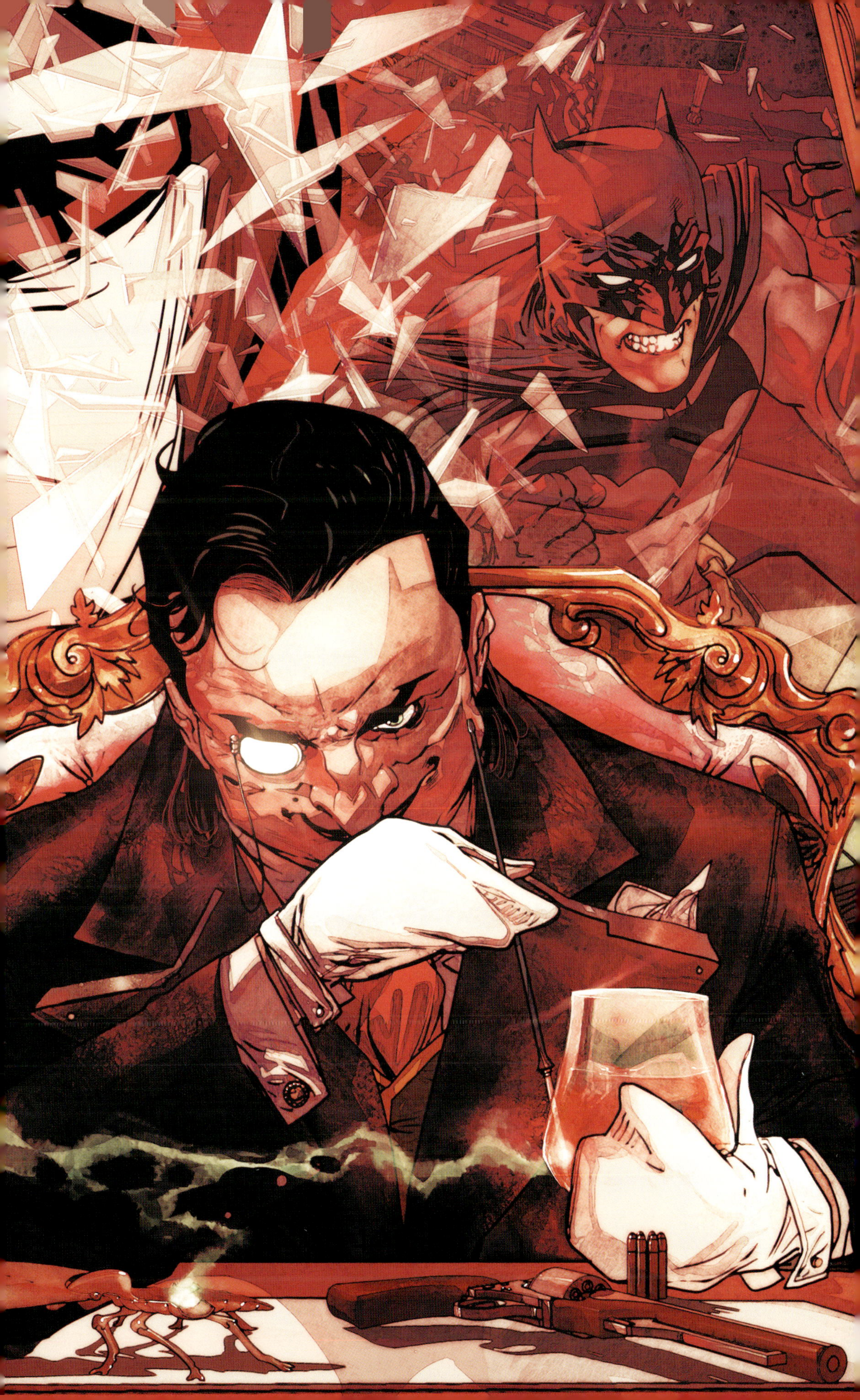

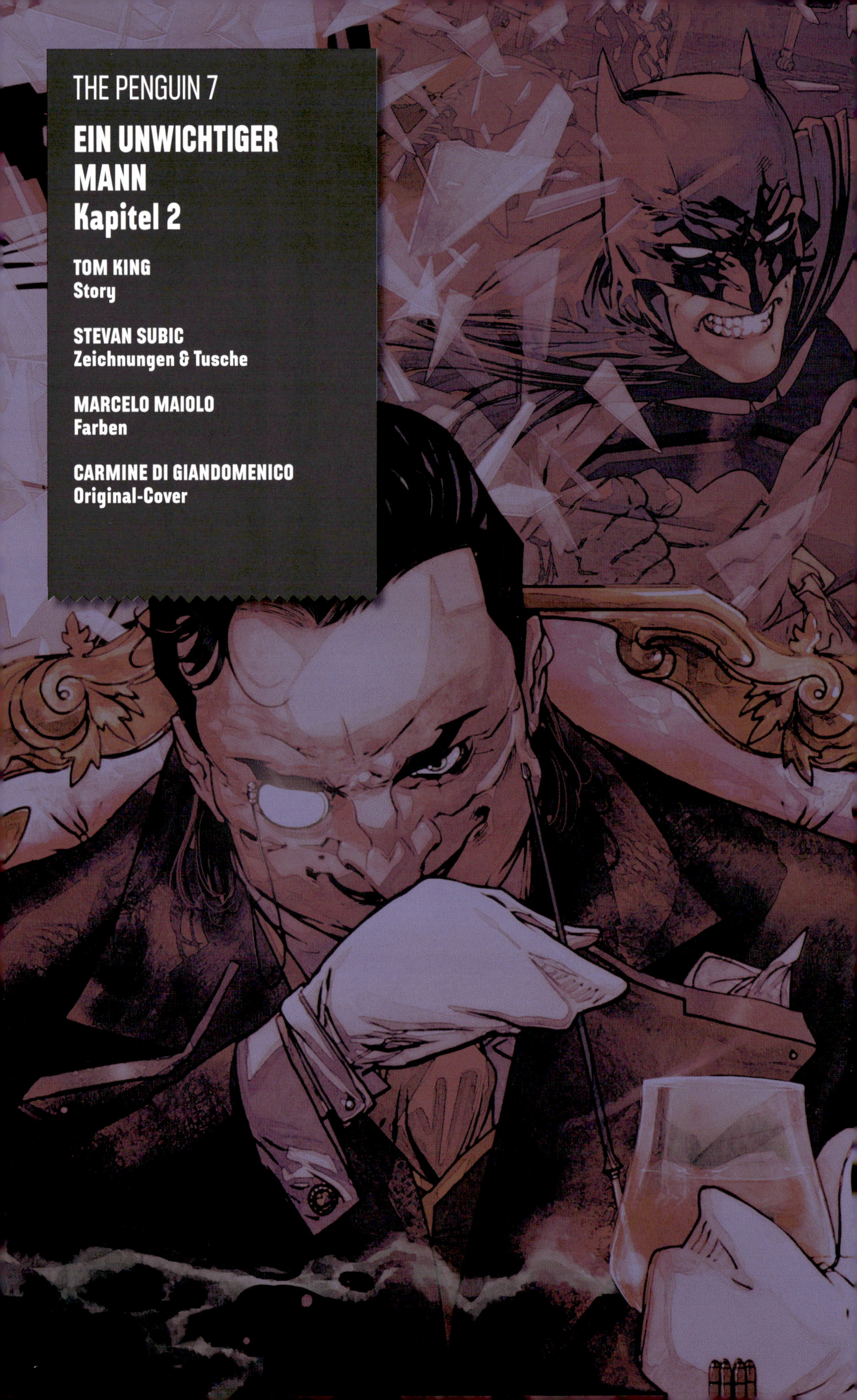
THE PENGUIN 7
EIN UNWICHTIGER MANN
Kapitel 2
TOM KING
Story
STEVAN SUBIC
Zeichnungen & Tusche
MARCELO MAIOLO
Farben
CARMINE DI GIANDOMENICO
Original-Cover

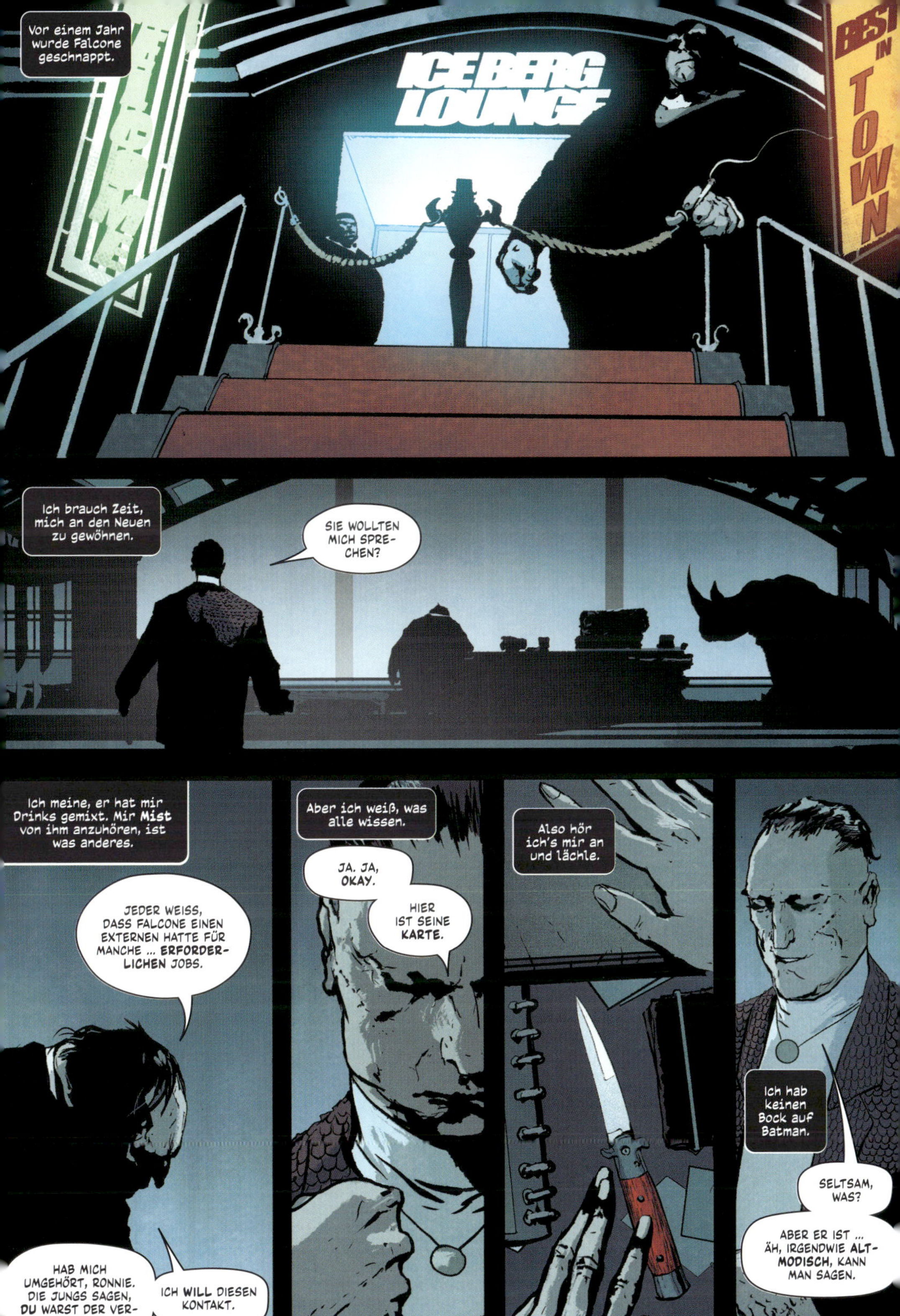
Vor einem Jahr wurde Falcone geschnappt.
ICEBERG LOUNGE
BEST IN TOWN
Ich brauch Zeit, mich an den Neuen zu gewöhnen.
SIE WOLLTEN MICH SPRECHEN?
Ich meine, er hat mir Drinks gemixt. Mir **Mist** von ihm anzuhören, ist was anderes.
JEDER WEISS, DASS FALCONE EINEN EXTERNEN HATTE FÜR MANCHE ... **ERFORDERLICHEN** JOBS.
HAB MICH UMGEHÖRT, RONNIE. DIE JUNGS SAGEN, **DU** WARST DER VERMITTLER.
ICH **WILL** DIESEN KONTAKT.
Aber ich weiß, was alle wissen.
JA. JA, **OKAY**.
HIER IST SEINE **KARTE**.
Also hör ich's mir an und lächle.
ER HAT ... 'NE **KARTE**?
Ich hab keinen Bock auf Batman.
SELTSAM, WAS?
ABER ER IST ... ÄH, IRGENDWIE **ALTMODISCH**, KANN MAN SAGEN.

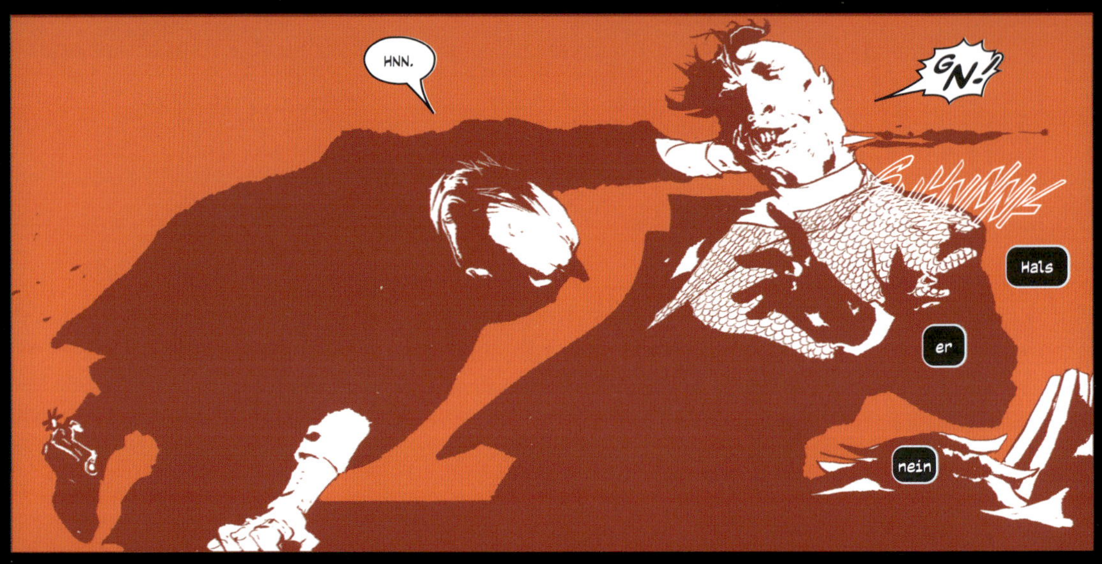
HNN.
GN!
Hals
er
nein

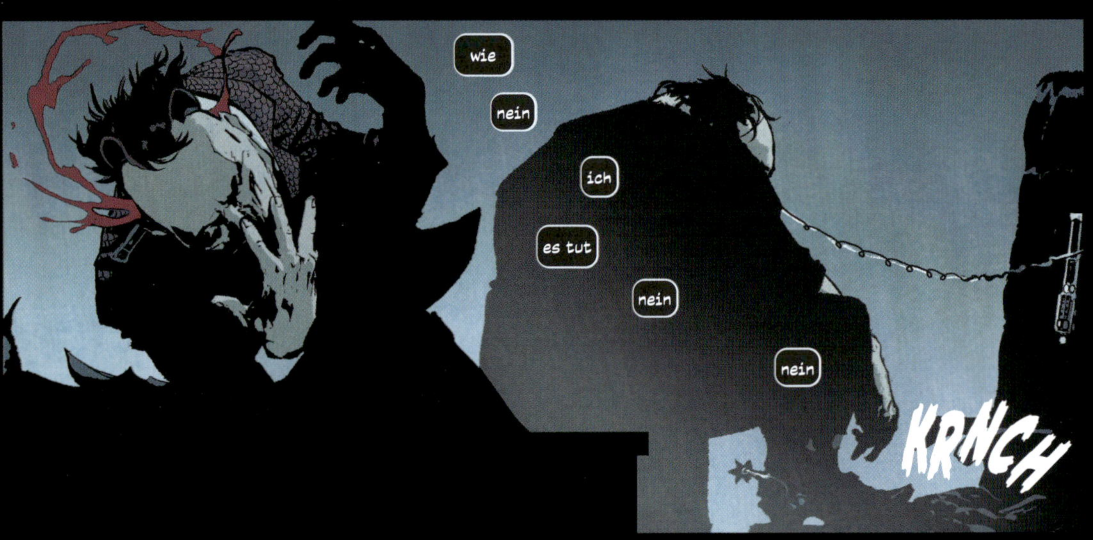
wie
nein
ich
es tut
nein
nein
KRNCH

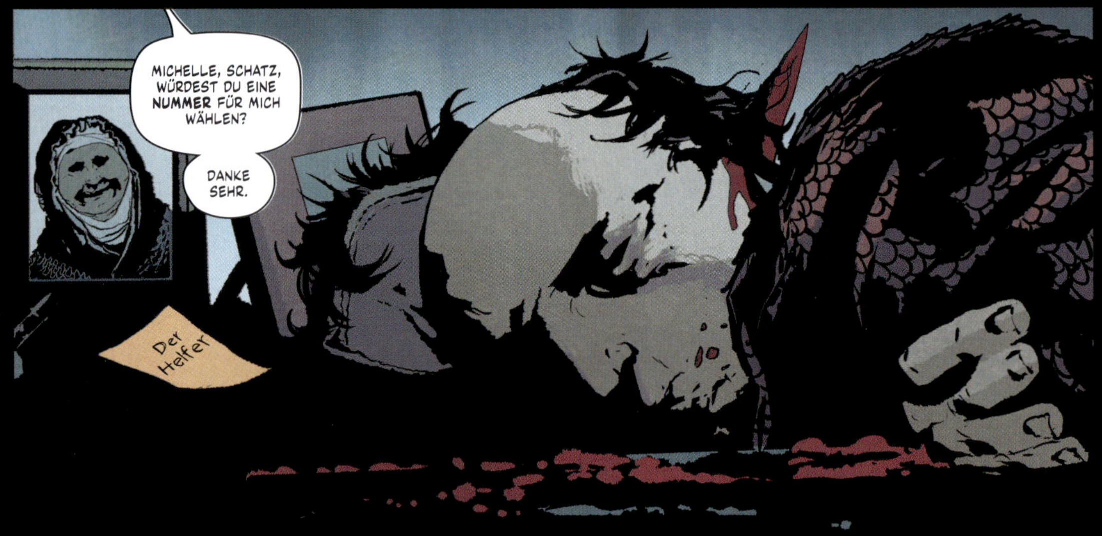
MICHELLE, SCHATZ, WÜRDEST DU EINE **NUMMER** FÜR MICH WÄHLEN?
DANKE SEHR.
Der Helfer

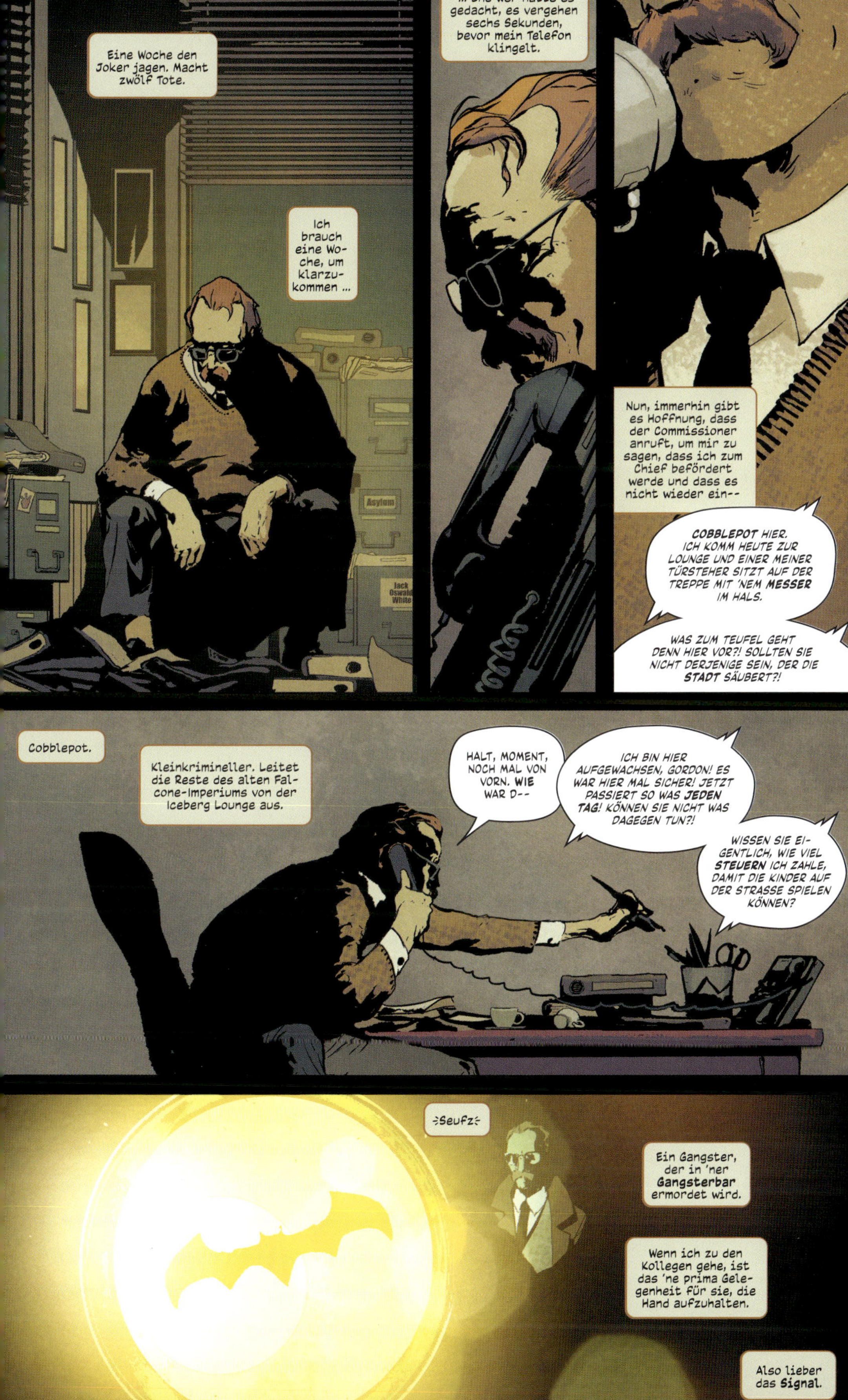
Eine Woche den Joker jagen. Macht zwölf Tote.
Ich brauch eine Woche, um klarzukommen ...
Asylum
Jack Oswald White
... und wer hätte es gedacht, es vergehen sechs Sekunden, bevor mein Telefon klingelt.
Nun, immerhin gibt es Hoffnung, dass der Commissioner anruft, um mir zu sagen, dass ich zum Chief befördert werde und dass es nicht wieder ein--
COBBLEPOT HIER. ICH KOMM HEUTE ZUR LOUNGE UND EINER MEINER TÜRSTEHER SITZT AUF DER TREPPE MIT 'NEM MESSER IM HALS.
WAS ZUM TEUFEL GEHT DENN HIER VOR?! SOLLTEN SIE NICHT DERJENIGE SEIN, DER DIE STADT SÄUBERT?!
Cobblepot.
Kleinkrimineller. Leitet die Reste des alten Falcone-Imperiums von der Iceberg Lounge aus.
HALT, MOMENT, NOCH MAL VON VORN. WIE WAR D--
ICH BIN HIER AUFGEWACHSEN, GORDON! ES WAR HIER MAL SICHER! JETZT PASSIERT SO WAS JEDEN TAG! KÖNNEN SIE NICHT WAS DAGEGEN TUN?!
WISSEN SIE EIGENTLICH, WIE VIEL STEUERN ICH ZAHLE, DAMIT DIE KINDER AUF DER STRASSE SPIELEN KÖNNEN?
Seufz
Ein Gangster, der in 'ner Gangsterbar ermordet wird.
Wenn ich zu den Kollegen gehe, ist das 'ne prima Gelegenheit für sie, die Hand aufzuhalten.
Also lieber das Signal.

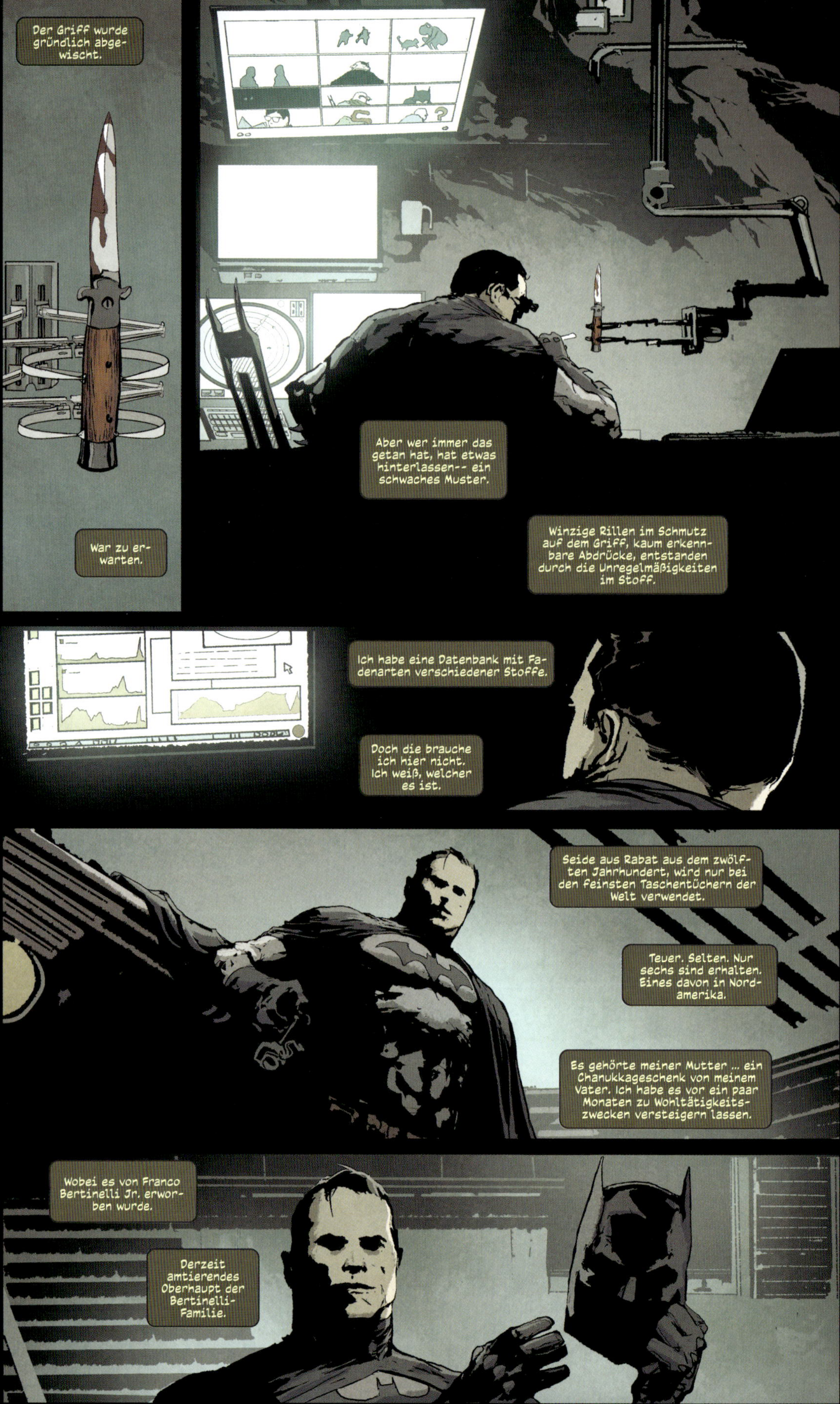

Der Griff wurde gründlich abgewischt.

War zu erwarten.

Aber wer immer das getan hat, hat etwas hinterlassen-- ein schwaches Muster.

Winzige Rillen im Schmutz auf dem Griff, kaum erkennbare Abdrücke, entstanden durch die Unregelmäßigkeiten im Stoff.

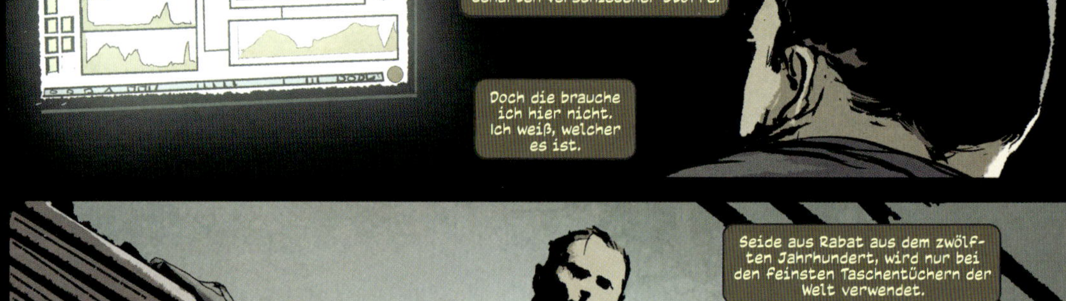

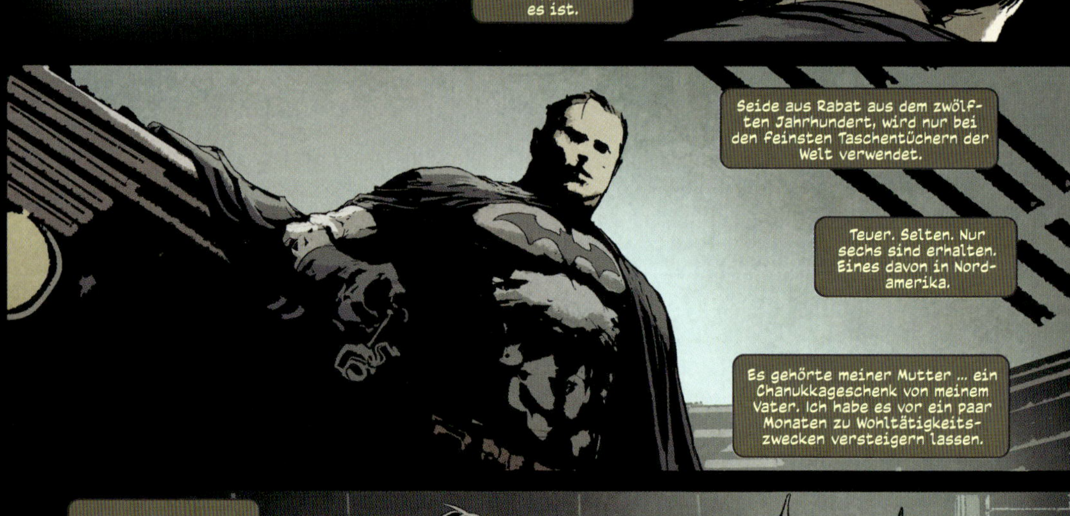

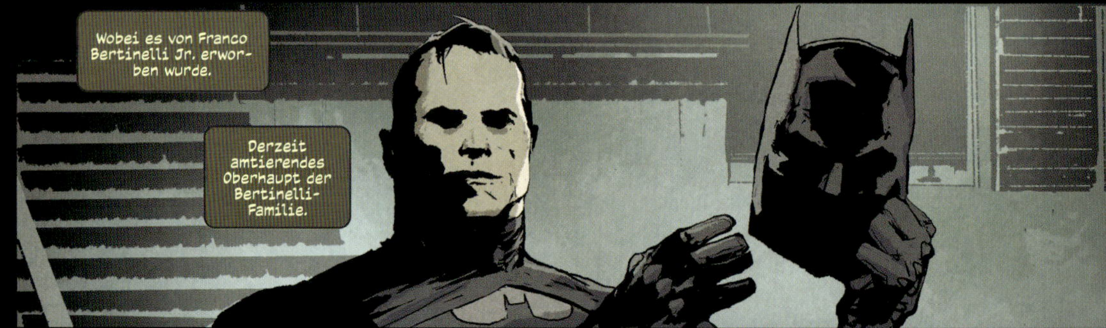

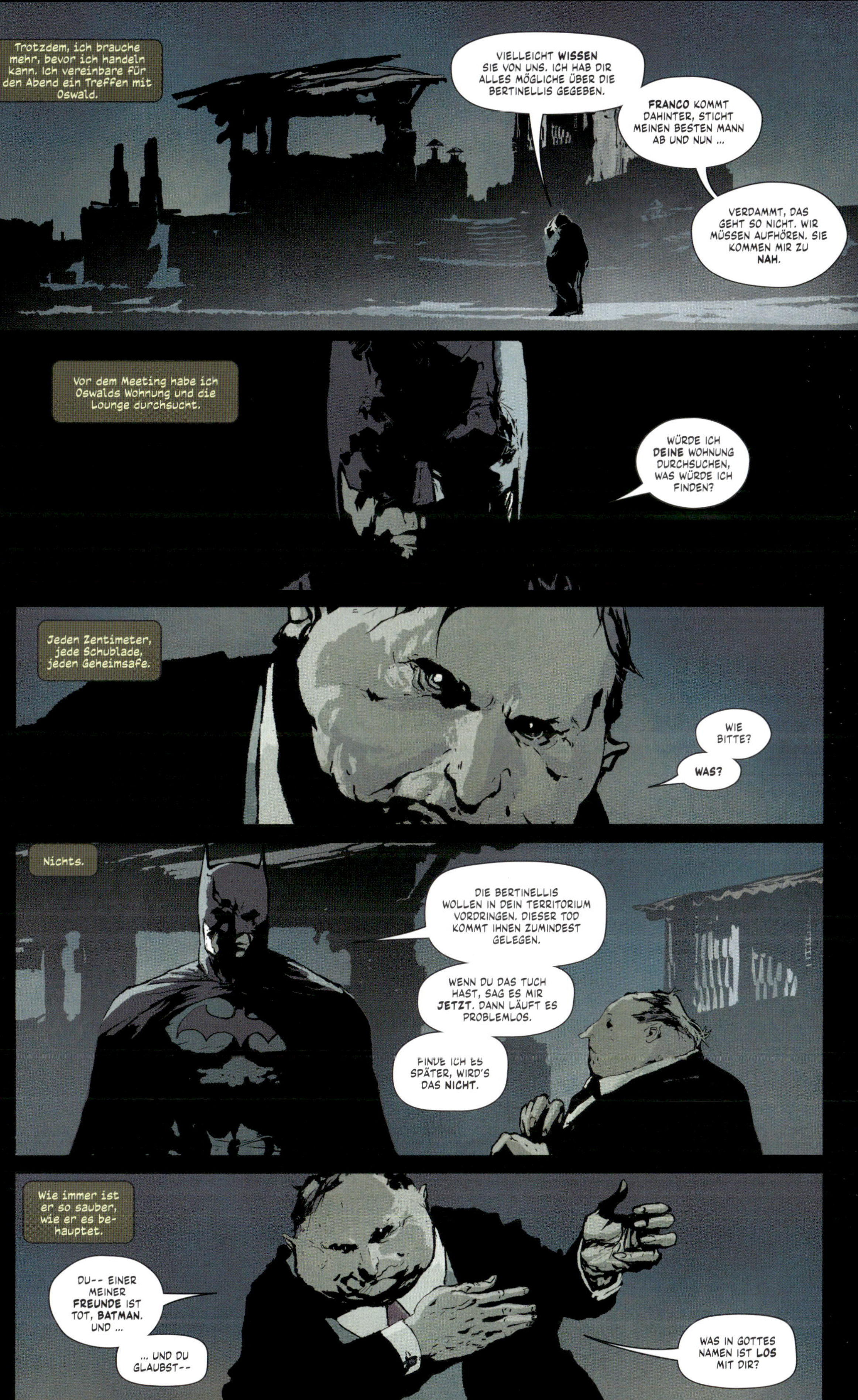
Trotzdem, ich brauche mehr, bevor ich handeln kann. Ich vereinbare für den Abend ein Treffen mit Oswald.
VIELLEICHT WISSEN SIE VON UNS. ICH HAB DIR ALLES MÖGLICHE ÜBER DIE BERTINELLIS GEGEBEN.
FRANCO KOMMT DAHINTER, STICHT MEINEN BESTEN MANN AB UND NUN ...
VERDAMMT, DAS GEHT SO NICHT. WIR MÜSSEN AUFHÖREN. SIE KOMMEN MIR ZU NAH.
Vor dem Meeting habe ich Oswalds Wohnung und die Lounge durchsucht.
WÜRDE ICH DEINE WOHNUNG DURCHSUCHEN, WAS WÜRDE ICH FINDEN?
Jeden Zentimeter, jede Schublade, jeden Geheimsafe.
WIE BITTE?
WAS?
Nichts.
DIE BERTINELLIS WOLLEN IN DEIN TERRITORIUM VORDRINGEN. DIESER TOD KOMMT IHNEN ZUMINDEST GELEGEN.
WENN DU DAS TUCH HAST, SAG ES MIR JETZT. DANN LÄUFT ES PROBLEMLOS.
FINDE ICH ES SPÄTER, WIRD'S DAS NICHT.
Wie immer ist er so sauber, wie er es behauptet.
DU-- EINER MEINER FREUNDE IST TOT, BATMAN. UND ...
... UND DU GLAUBST--
WAS IN GOTTES NAMEN IST LOS MIT DIR?

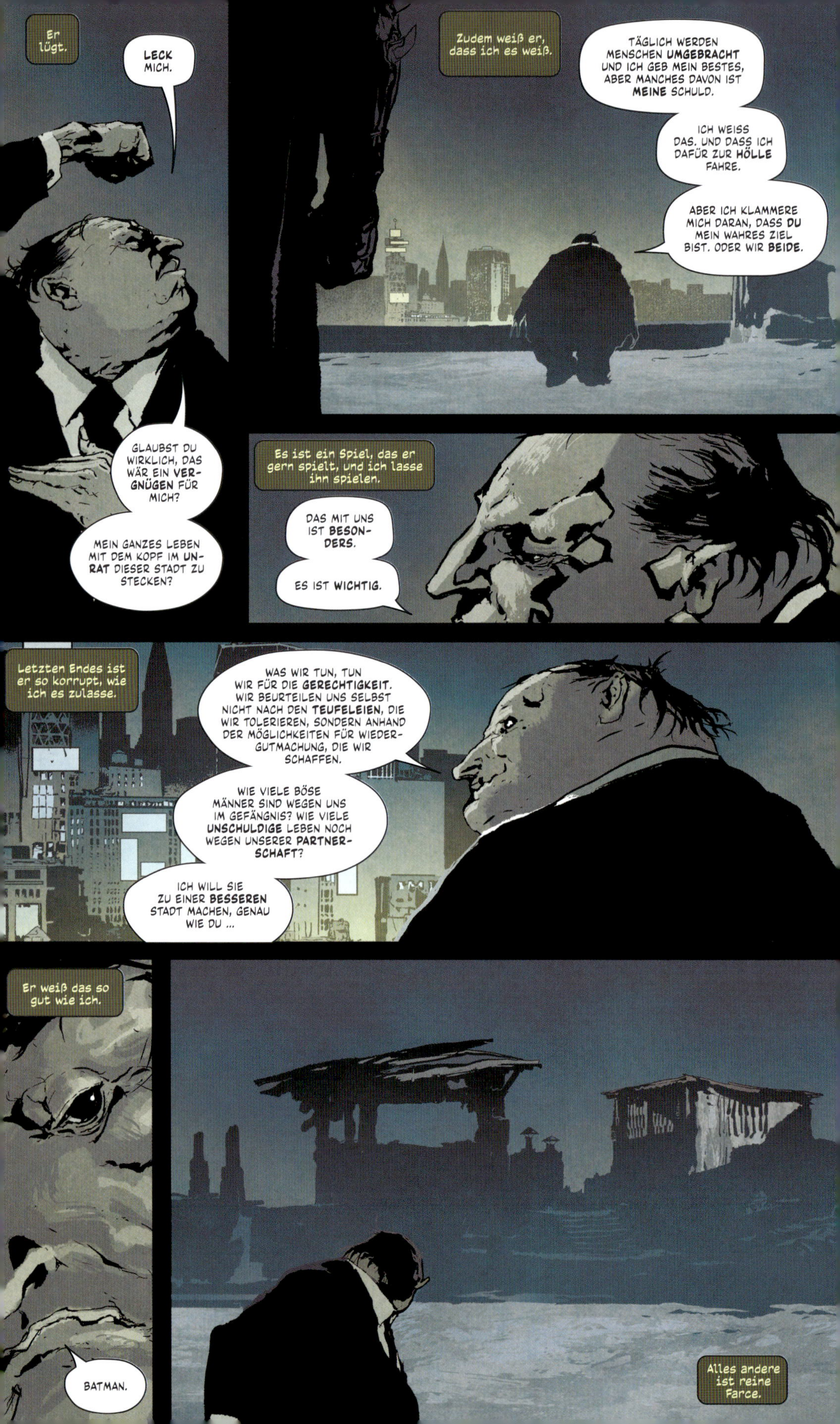

Er lügt.

LECK MICH.

GLAUBST DU WIRKLICH, DAS WÄR EIN **VERGNÜGEN** FÜR MICH?

MEIN GANZES LEBEN MIT DEM KOPF IM **UNRAT** DIESER STADT ZU STECKEN?

Zudem weiß er, dass ich es weiß.

TÄGLICH WERDEN MENSCHEN **UMGEBRACHT** UND ICH GEB MEIN BESTES, ABER MANCHES DAVON IST **MEINE** SCHULD.

ICH WEISS DAS. UND DASS ICH DAFÜR ZUR **HÖLLE** FAHRE.

ABER ICH KLAMMERE MICH DARAN, DASS **DU** MEIN WAHRES ZIEL BIST. ODER WIR **BEIDE**.

Es ist ein Spiel, das er gern spielt, und ich lasse ihn spielen.

DAS MIT UNS IST **BESONDERS**.

ES IST **WICHTIG**.

Letzten Endes ist er so korrupt, wie ich es zulasse.

WAS WIR TUN, TUN WIR FÜR DIE **GERECHTIGKEIT**. WIR BEURTEILEN UNS SELBST NICHT NACH DEN **TEUFELEIEN**, DIE WIR TOLERIEREN, SONDERN ANHAND DER MÖGLICHKEITEN FÜR WIEDERGUTMACHUNG, DIE WIR SCHAFFEN.

WIE VIELE BÖSE MÄNNER SIND WEGEN UNS IM GEFÄNGNIS? WIE VIELE **UNSCHULDIGE** LEBEN NOCH WEGEN UNSERER **PARTNERSCHAFT**?

ICH WILL SIE ZU EINER **BESSEREN** STADT MACHEN, GENAU WIE DU ...

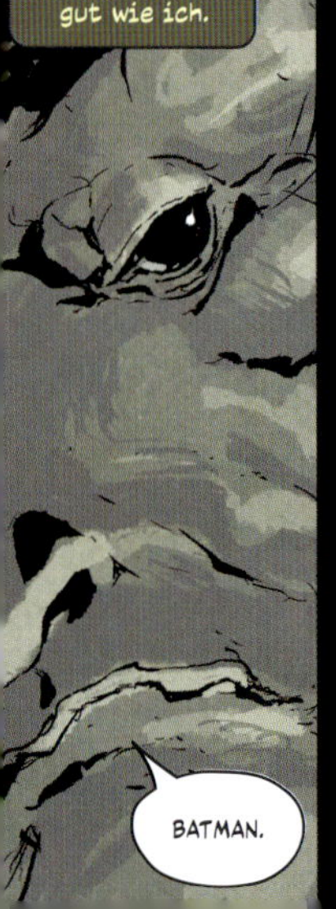

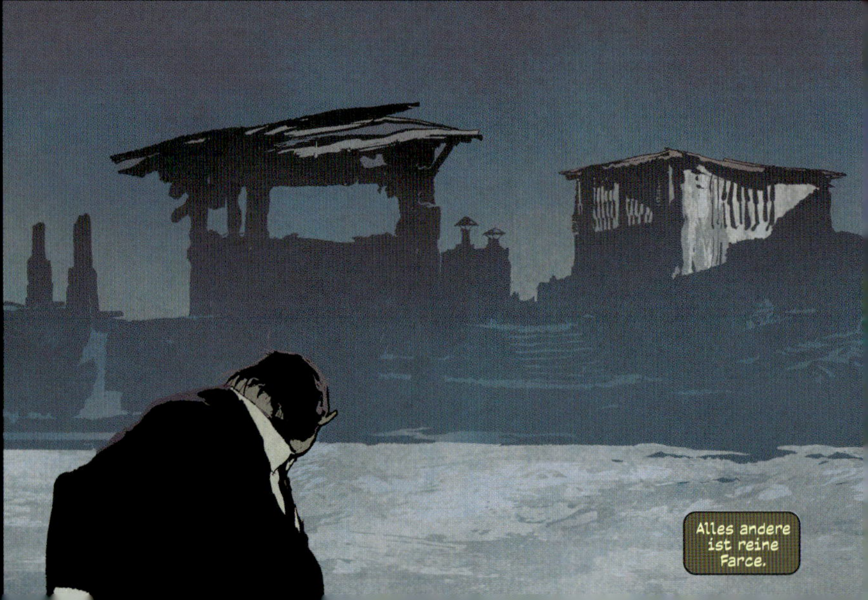

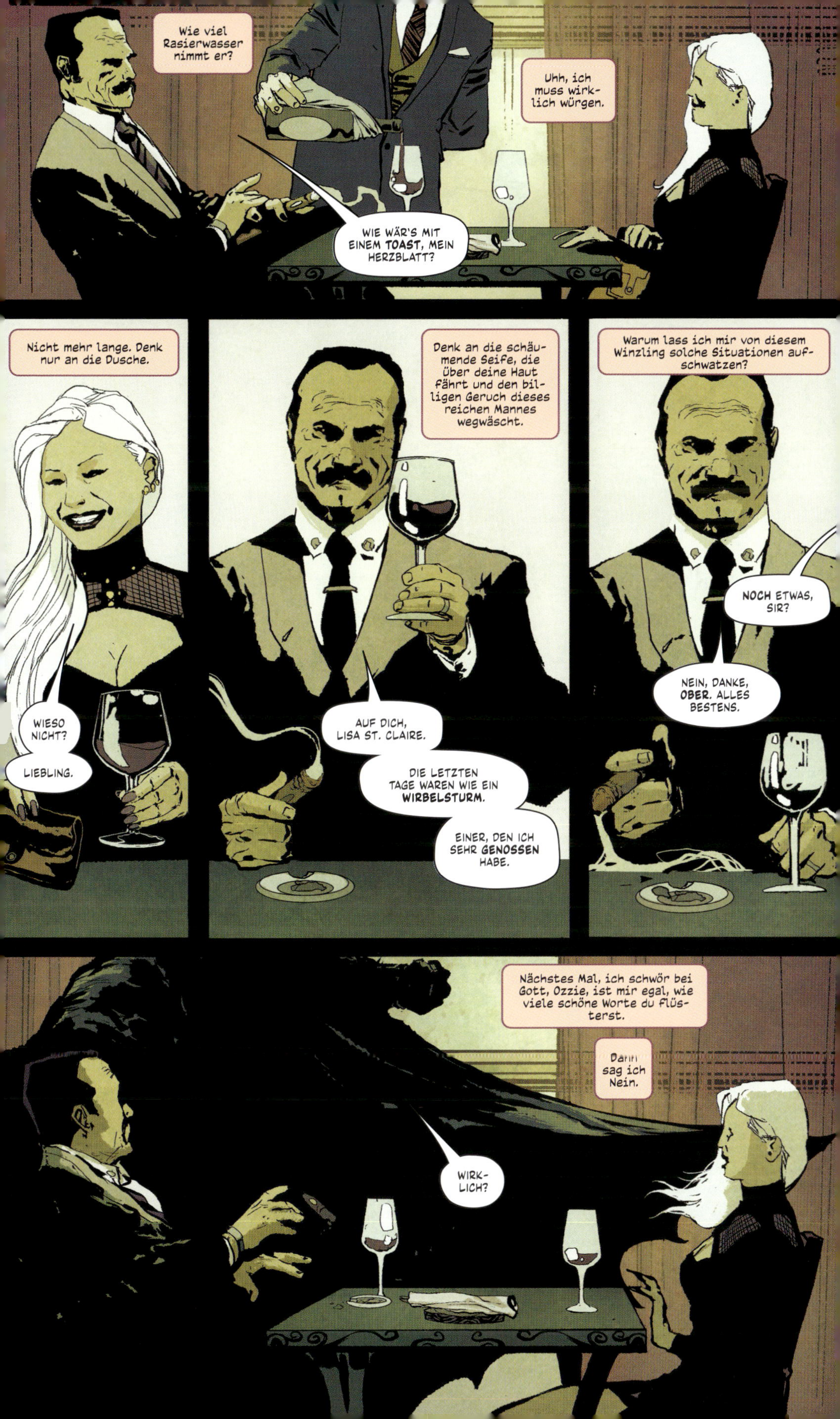

Wie viel Rasierwasser nimmt er?
Uhh, ich muss wirklich würgen.
WIE WÄR'S MIT EINEM **TOAST**, MEIN HERZBLATT?

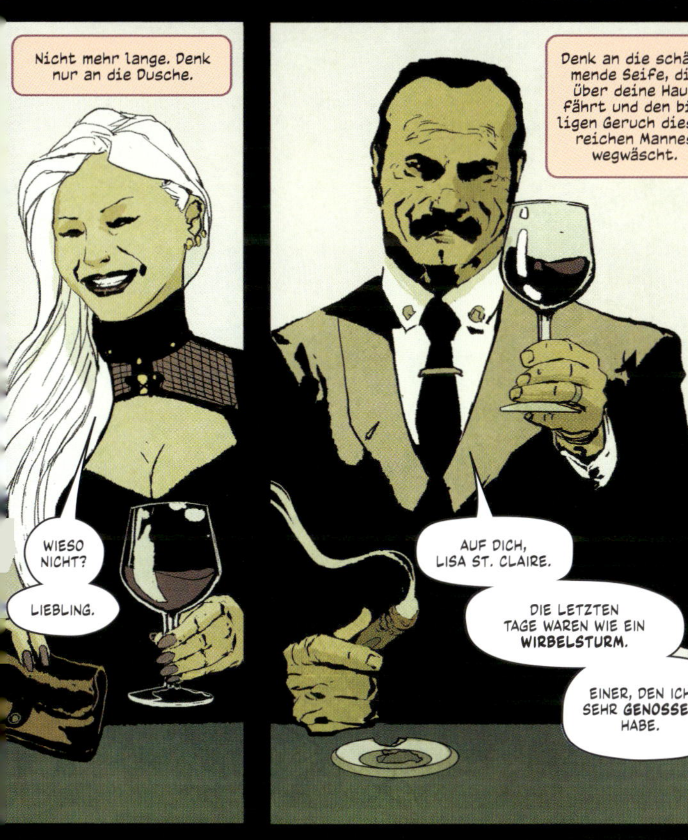

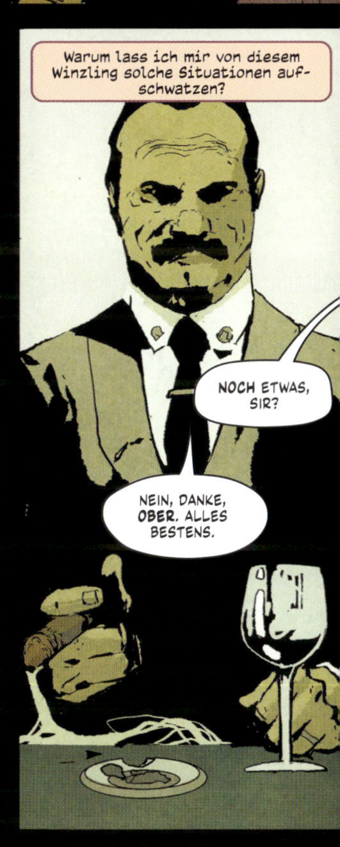

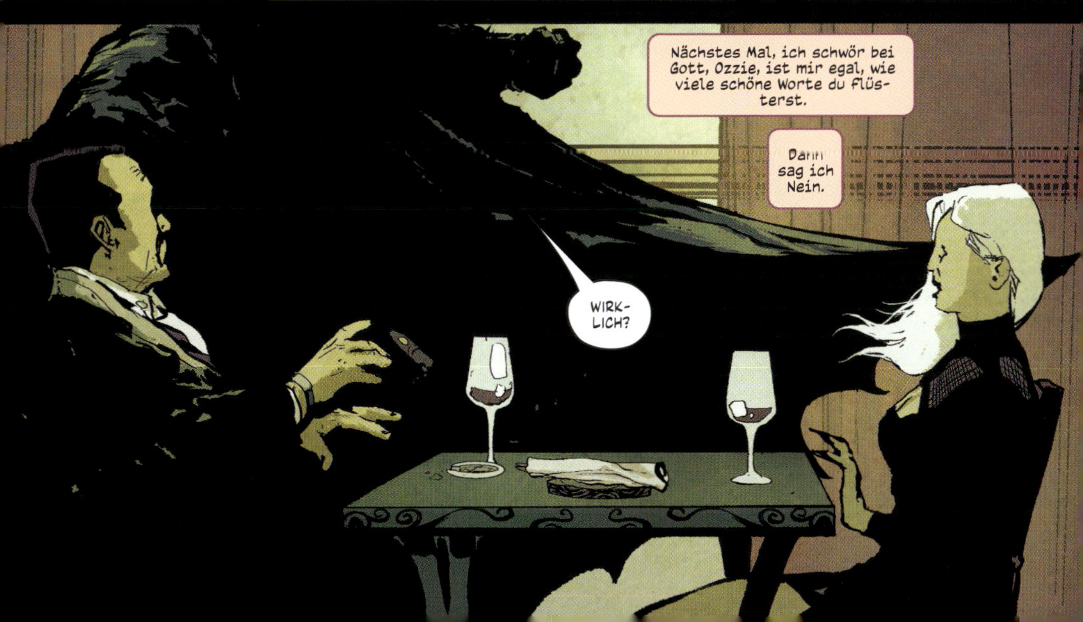

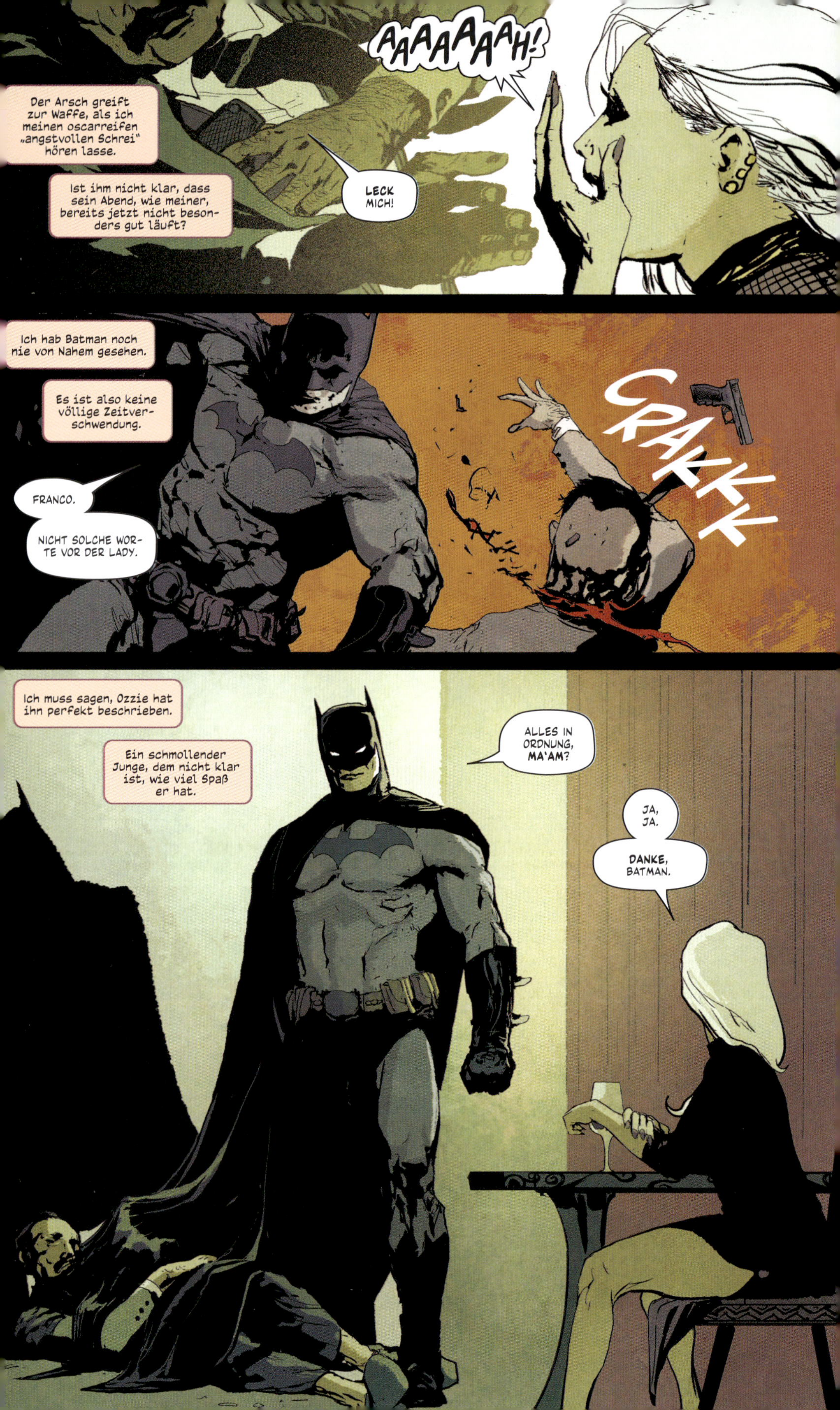
AAAAAAAH!
Der Arsch greift zur Waffe, als ich meinen oscarreifen „angstvollen Schrei" hören lasse.
Ist ihm nicht klar, dass sein Abend, wie meiner, bereits jetzt nicht besonders gut läuft?
LECK MICH!
Ich hab Batman noch nie von Nahem gesehen.
Es ist also keine völlige Zeitverschwendung.
CRAKKK
FRANCO.
NICHT SOLCHE WORTE VOR DER LADY.
Ich muss sagen, Ozzie hat ihn perfekt beschrieben.
Ein schmollender Junge, dem nicht klar ist, wie viel Spaß er hat.
ALLES IN ORDNUNG, MA'AM?
JA, JA.
DANKE, BATMAN.

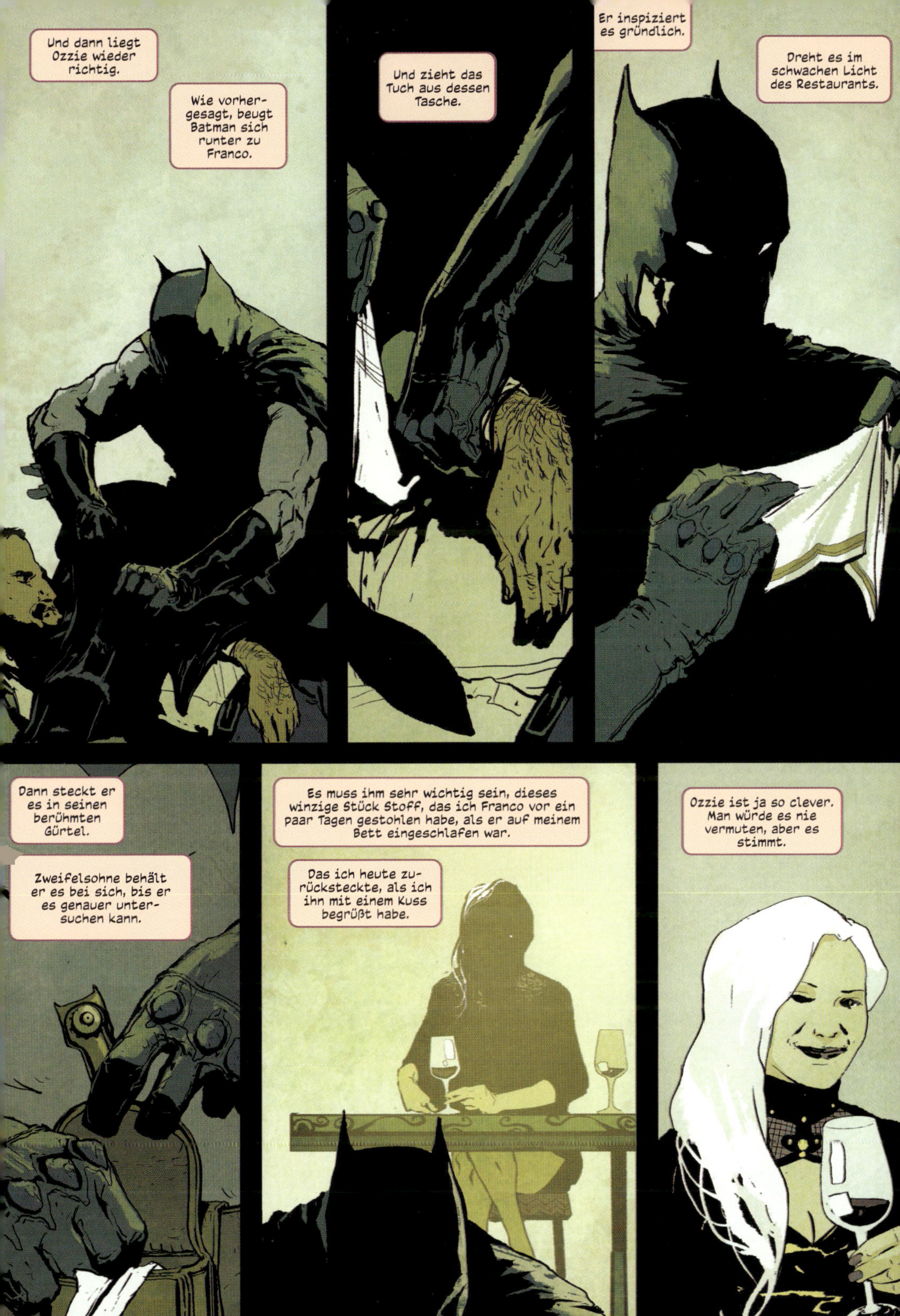
Und dann liegt Ozzie wieder richtig.
Wie vorhergesagt, beugt Batman sich runter zu Franco.
Und zieht das Tuch aus dessen Tasche.
Er inspiziert es gründlich.
Dreht es im schwachen Licht des Restaurants.
Dann steckt er es in seinen berühmten Gürtel.
Zweifelsohne behält er es bei sich, bis er es genauer untersuchen kann.
Es muss ihm sehr wichtig sein, dieses winzige Stück Stoff, das ich Franco vor ein paar Tagen gestohlen habe, als er auf meinem Bett eingeschlafen war.
Das ich heute zurücksteckte, als ich ihn mit einem Kuss begrüßt habe.
Ozzie ist ja so clever. Man würde es nie vermuten, aber es stimmt.
Immer ein Eisen im Feuer.

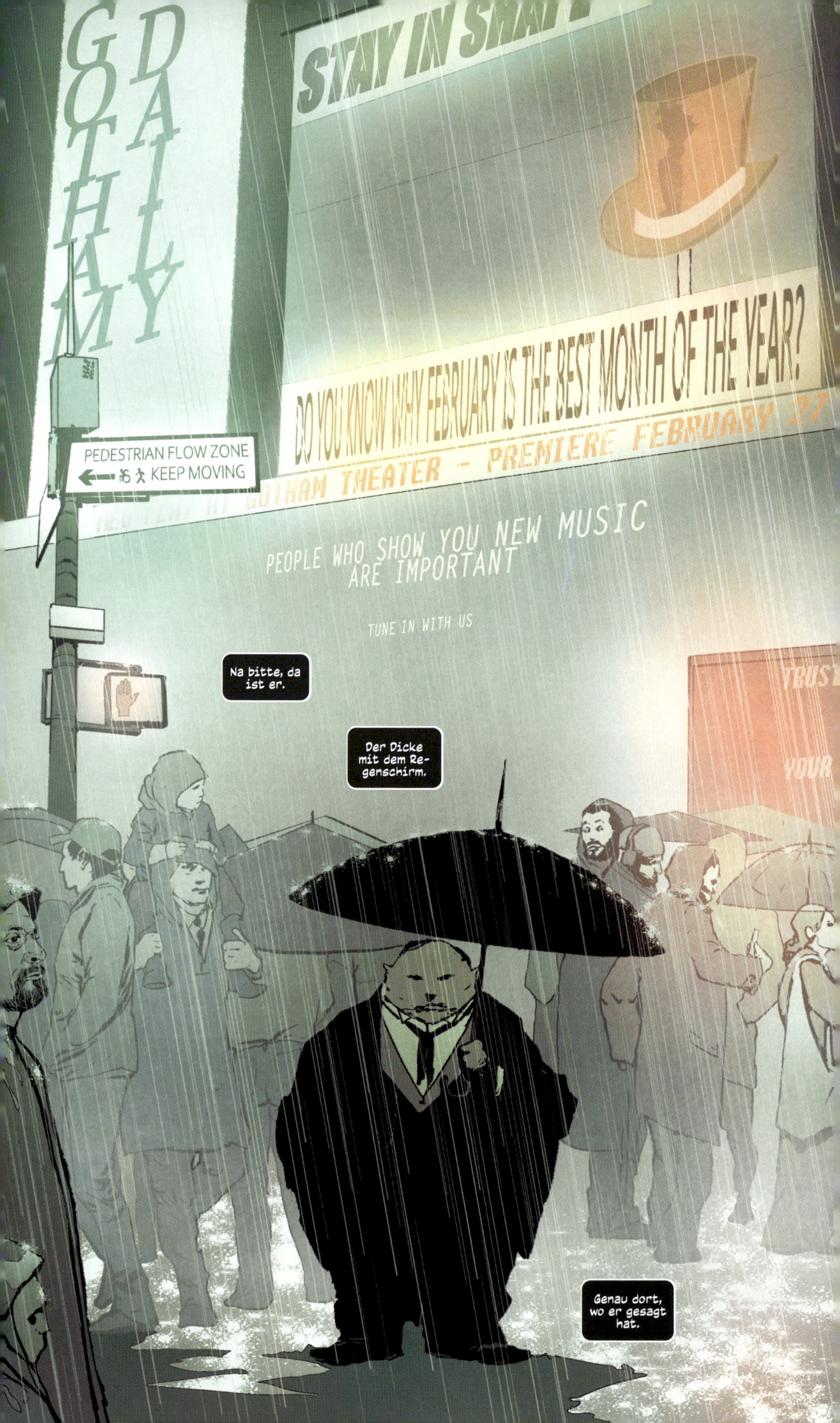
GOTHAM DAILY
STAY IN SHAPE
DO YOU KNOW WHY FEBRUARY IS THE BEST MONTH OF THE YEAR?
GOTHAM THEATER - PREMIERE FEBRUARY 27
PEDESTRIAN FLOW ZONE
KEEP MOVING
PEOPLE WHO SHOW YOU NEW MUSIC ARE IMPORTANT
TUNE IN WITH US
Na bitte, da ist er.
Der Dicke mit dem Regenschirm.
Genau dort, wo er gesagt hat.

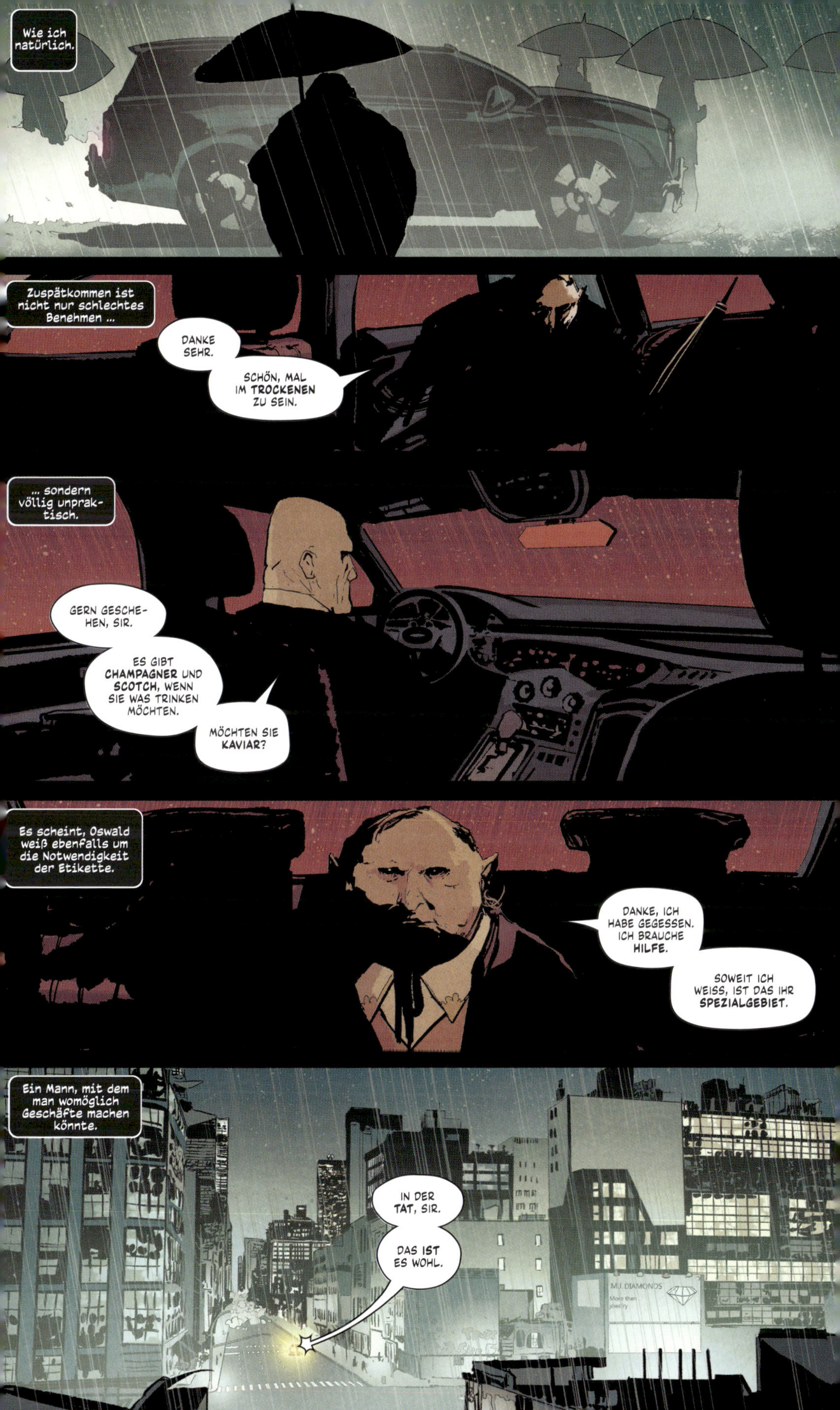
Wie ich natürlich.
Zuspätkommen ist nicht nur schlechtes Benehmen ...
DANKE SEHR.
SCHÖN, MAL IM TROCKENEN ZU SEIN.
... sondern völlig unpraktisch.
GERN GESCHEHEN, SIR.
ES GIBT CHAMPAGNER UND SCOTCH, WENN SIE WAS TRINKEN MÖCHTEN.
MÖCHTEN SIE KAVIAR?
Es scheint, Oswald weiß ebenfalls um die Notwendigkeit der Etikette.
DANKE, ICH HABE GEGESSEN. ICH BRAUCHE HILFE.
SOWEIT ICH WEISS, IST DAS IHR SPEZIALGEBIET.
Ein Mann, mit dem man womöglich Geschäfte machen könnte.
IN DER TAT, SIR.
DAS IST ES WOHL.
M.J. DIAMONDS

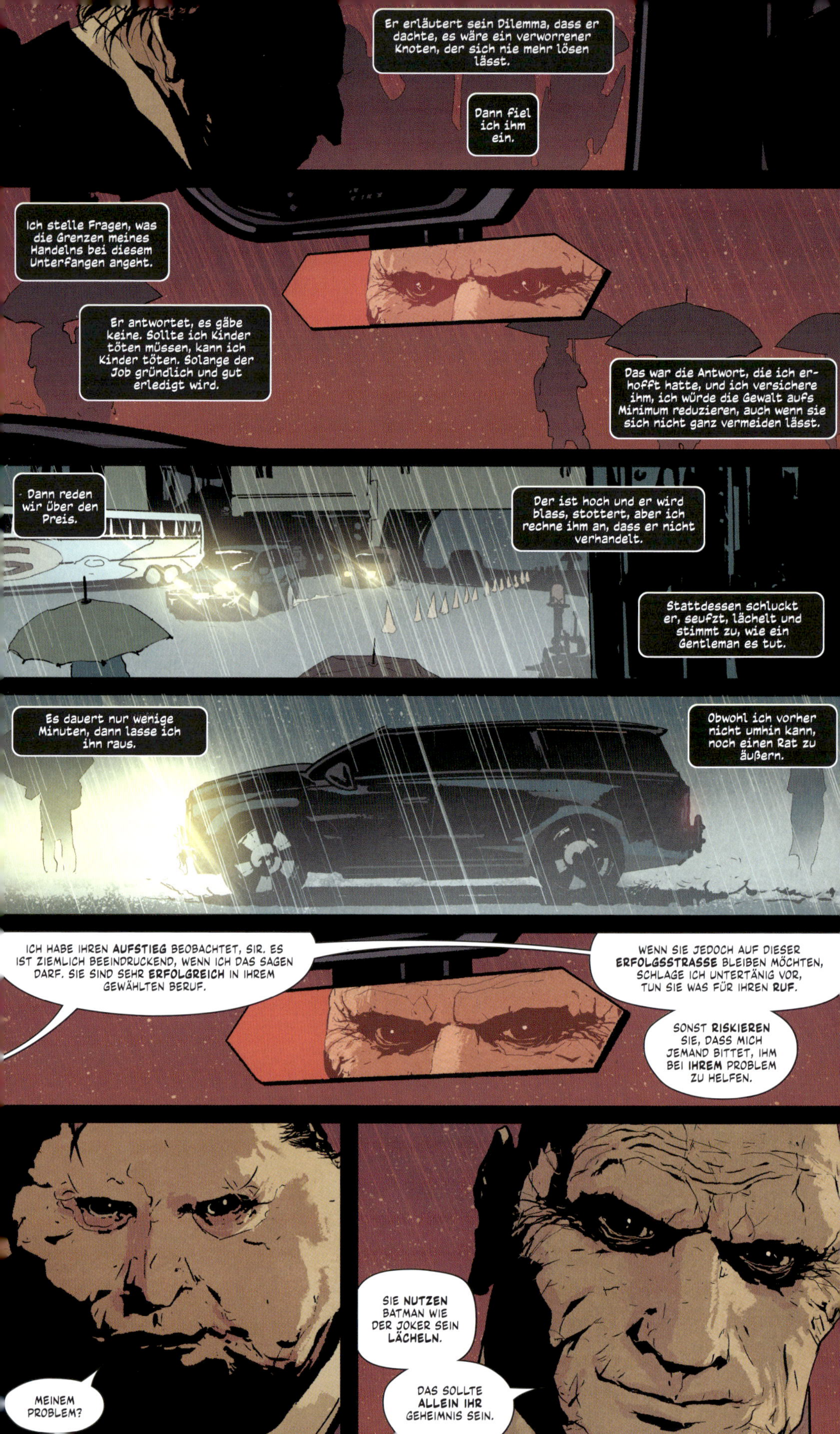
Er erläutert sein Dilemma, dass er dachte, es wäre ein verworrener Knoten, der sich nie mehr lösen lässt.
Dann fiel ich ihm ein.
Ich stelle Fragen, was die Grenzen meines Handelns bei diesem Unterfangen angeht.
Er antwortet, es gäbe keine. Sollte ich Kinder töten müssen, kann ich Kinder töten. Solange der Job gründlich und gut erledigt wird.
Das war die Antwort, die ich erhofft hatte, und ich versichere ihm, ich würde die Gewalt aufs Minimum reduzieren, auch wenn sie sich nicht ganz vermeiden lässt.
Dann reden wir über den Preis.
Der ist hoch und er wird blass, stottert, aber ich rechne ihm an, dass er nicht verhandelt.
Stattdessen schluckt er, seufzt, lächelt und stimmt zu, wie ein Gentleman es tut.
Es dauert nur wenige Minuten, dann lasse ich ihn raus.
Obwohl ich vorher nicht umhin kann, noch einen Rat zu äußern.
ICH HABE IHREN **AUFSTIEG** BEOBACHTET, SIR. ES IST ZIEMLICH BEEINDRUCKEND, WENN ICH DAS SAGEN DARF. SIE SIND SEHR **ERFOLGREICH** IN IHREM GEWÄHLTEN BERUF.
WENN SIE JEDOCH AUF DIESER **ERFOLGSSTRASSE** BLEIBEN MÖCHTEN, SCHLAGE ICH UNTERTÄNIG VOR, TUN SIE WAS FÜR IHREN **RUF**.
SONST **RISKIEREN** SIE, DASS MICH JEMAND BITTET, IHM BEI **IHREM** PROBLEM ZU HELFEN.
MEINEM PROBLEM?
SIE **NUTZEN** BATMAN WIE DER JOKER SEIN **LÄCHELN**.
DAS SOLLTE **ALLEIN IHR** GEHEIMNIS SEIN.

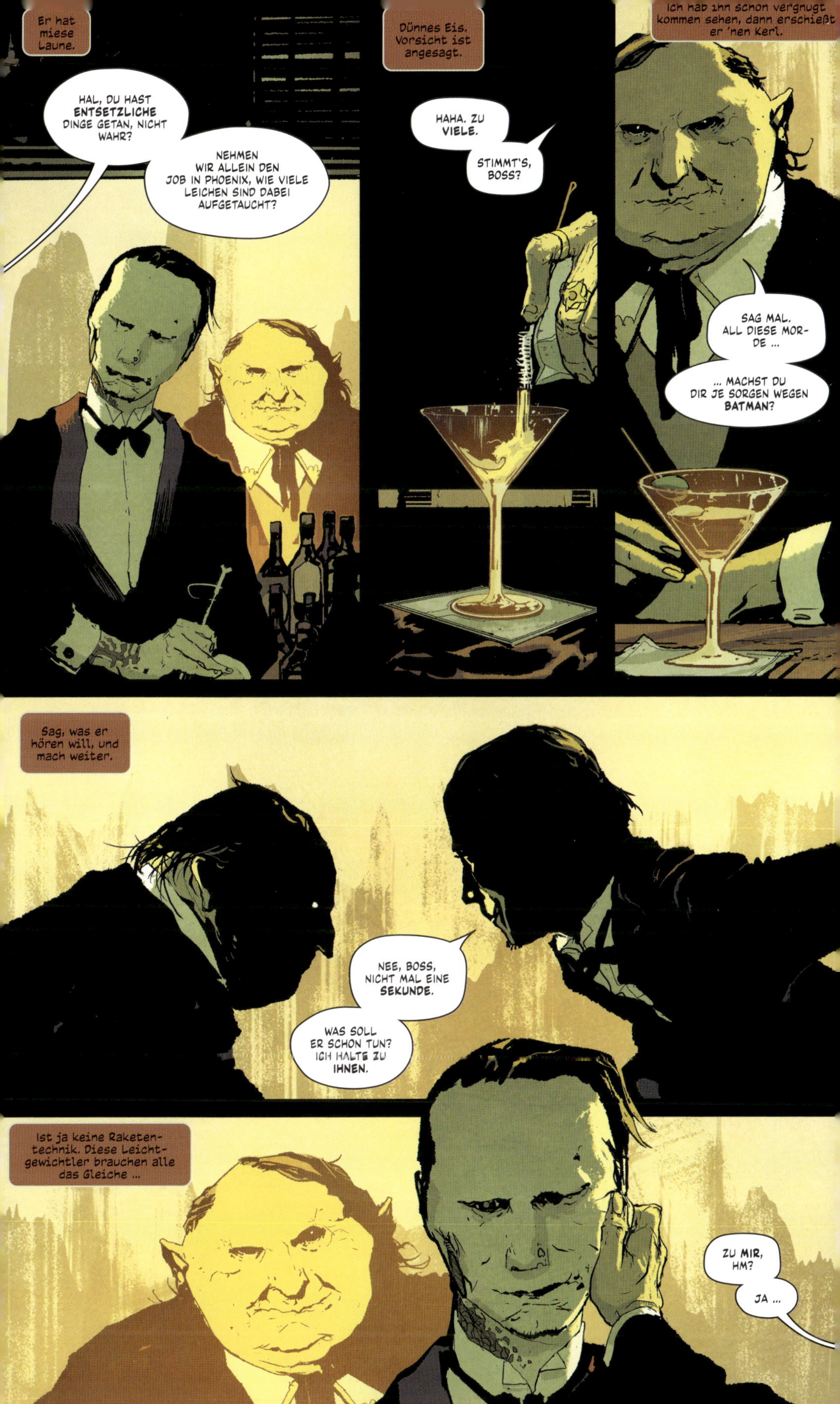
Er hat miese Laune.
HAL, DU HAST ENTSETZLICHE DINGE GETAN, NICHT WAHR?
NEHMEN WIR ALLEIN DEN JOB IN PHOENIX, WIE VIELE LEICHEN SIND DABEI AUFGETAUCHT?
Dünnes Eis. Vorsicht ist angesagt.
HAHA. ZU VIELE.
STIMMT'S, BOSS?
Ich hab ihn schon vergnügt kommen sehen, dann erschießt er 'nen Kerl.
SAG MAL. ALL DIESE MORDE ...
... MACHST DU DIR JE SORGEN WEGEN BATMAN?
Sag, was er hören will, und mach weiter.
NEE, BOSS, NICHT MAL EINE SEKUNDE.
WAS SOLL ER SCHON TUN? ICH HALTE ZU IHNEN.
Ist ja keine Raketentechnik. Diese Leichtgewichtler brauchen alle das Gleiche ...
ZU MIR, HM?
JA ...

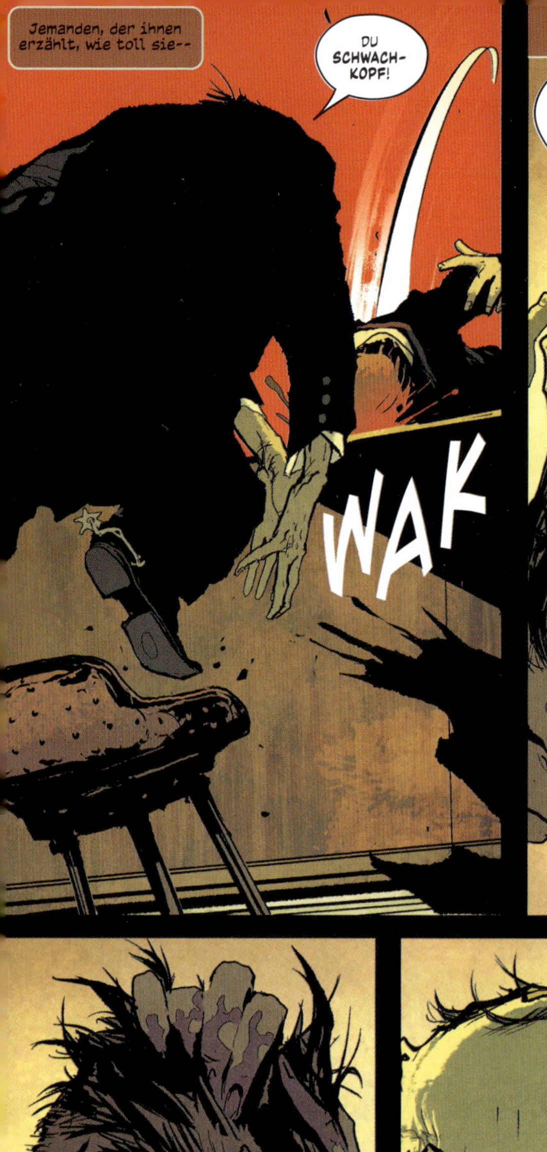
Jemanden, der ihnen erzählt, wie toll sie--
DU SCHWACH-KOPF!
WAK
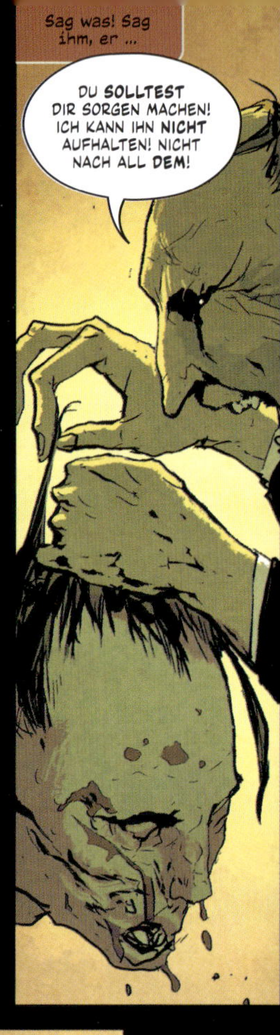
Sag was! Sag ihm, er ...
DU SOLLTEST DIR SORGEN MACHEN! ICH KANN IHN NICHT AUFHALTEN! NICHT NACH ALL DEM!
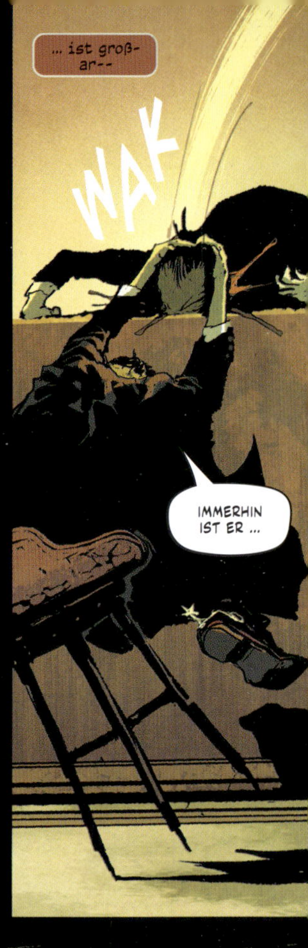
... ist groß-ar--
WAK
IMMERHIN IST ER ...
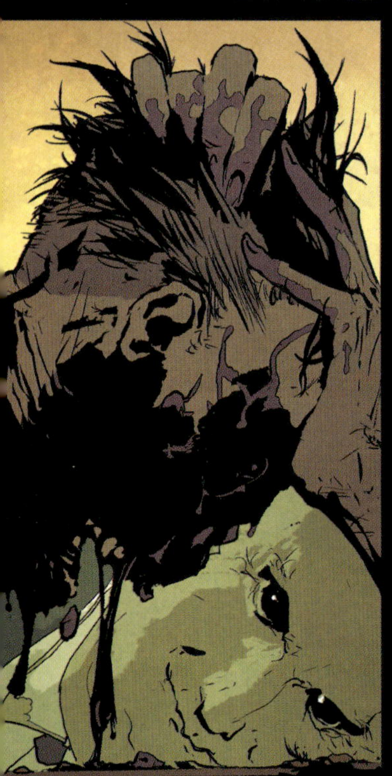
... DIE WANDELNDE RACHE!
DIE NACHT!
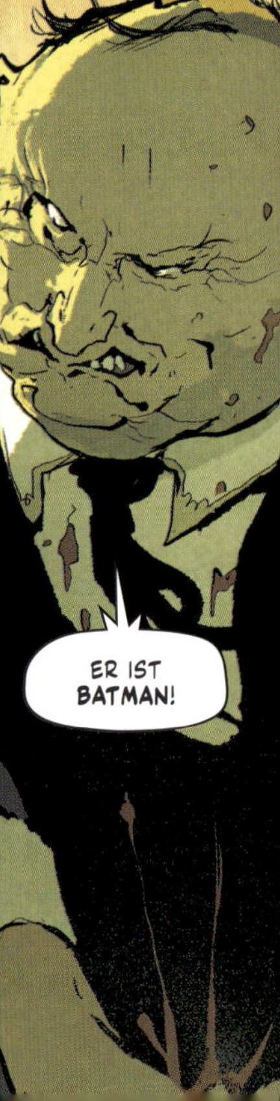
ER IST BATMAN!
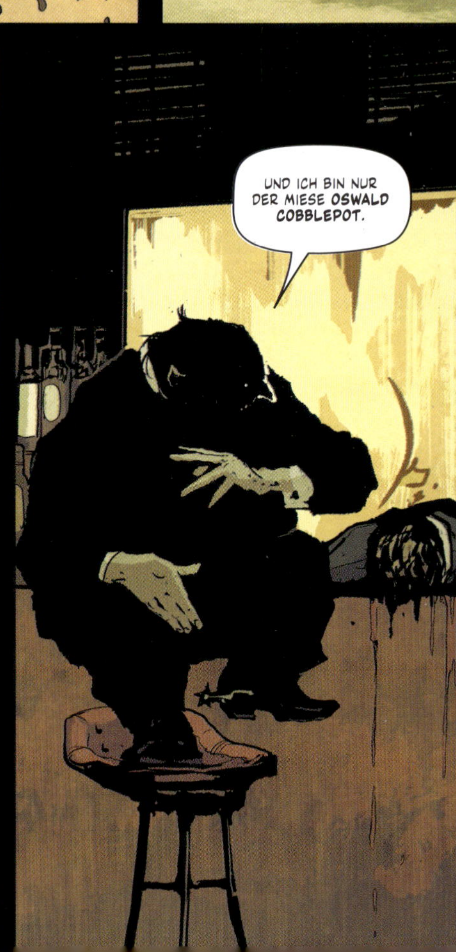
UND ICH BIN NUR DER MIESE OSWALD COBBLEPOT.

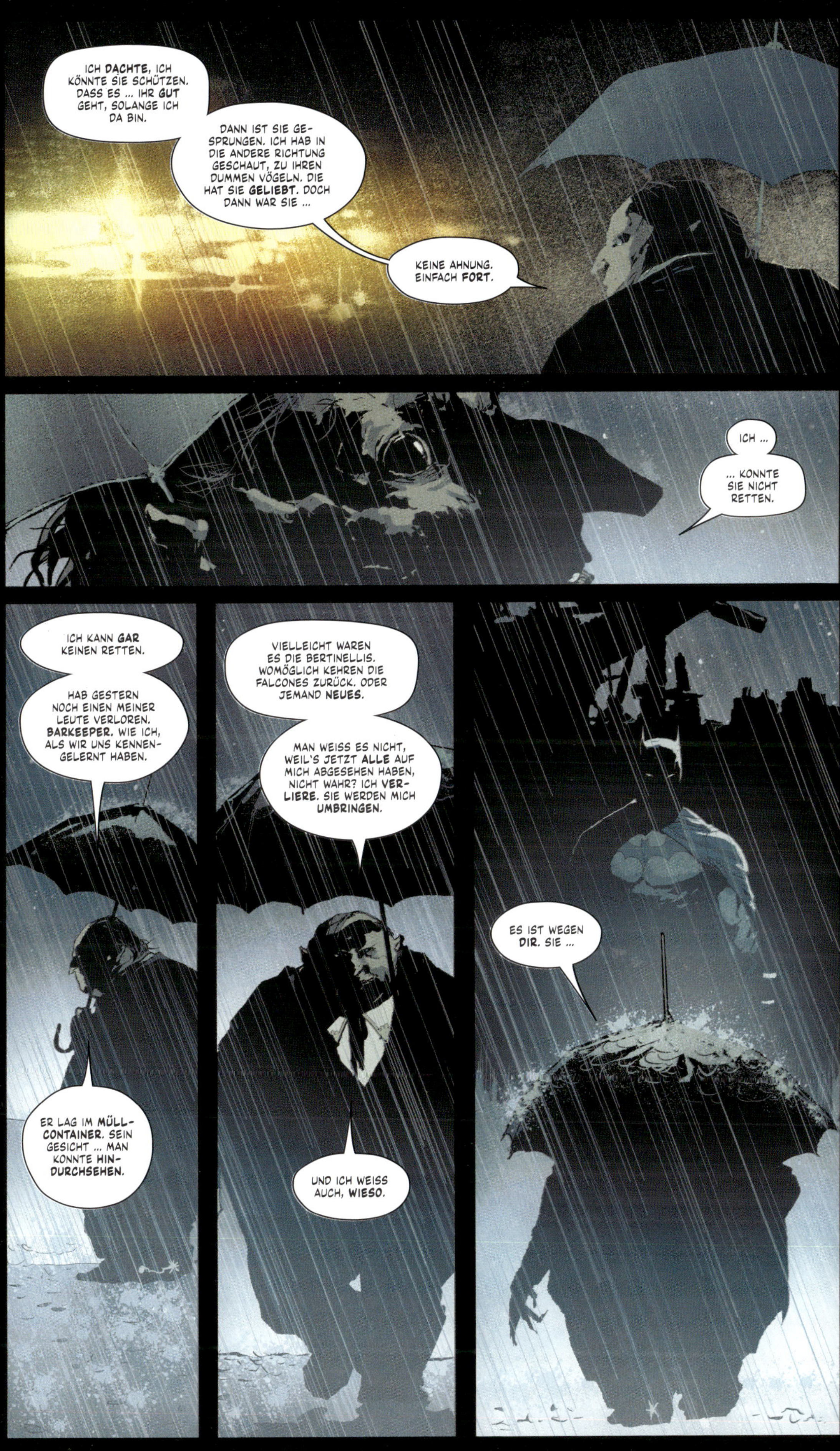
ICH DACHTE, ICH KÖNNTE SIE SCHÜTZEN. DASS ES ... IHR GUT GEHT, SOLANGE ICH DA BIN.
DANN IST SIE GESPRUNGEN. ICH HAB IN DIE ANDERE RICHTUNG GESCHAUT, ZU IHREN DUMMEN VÖGELN. DIE HAT SIE GELIEBT. DOCH DANN WAR SIE ...
KEINE AHNUNG. EINFACH FORT.
ICH ...
... KONNTE SIE NICHT RETTEN.
ICH KANN GAR KEINEN RETTEN.
HAB GESTERN NOCH EINEN MEINER LEUTE VERLOREN. BARKEEPER. WIE ICH, ALS WIR UNS KENNENGELERNT HABEN.
ER LAG IM MÜLLCONTAINER. SEIN GESICHT ... MAN KONNTE HINDURCHSEHEN.
VIELLEICHT WAREN ES DIE BERTINELLIS. WOMÖGLICH KEHREN DIE FALCONES ZURÜCK. ODER JEMAND NEUES.
MAN WEISS ES NICHT, WEIL'S JETZT ALLE AUF MICH ABGESEHEN HABEN, NICHT WAHR? ICH VERLIERE. SIE WERDEN MICH UMBRINGEN.
UND ICH WEISS AUCH, WIESO.
ES IST WEGEN DIR. SIE ...

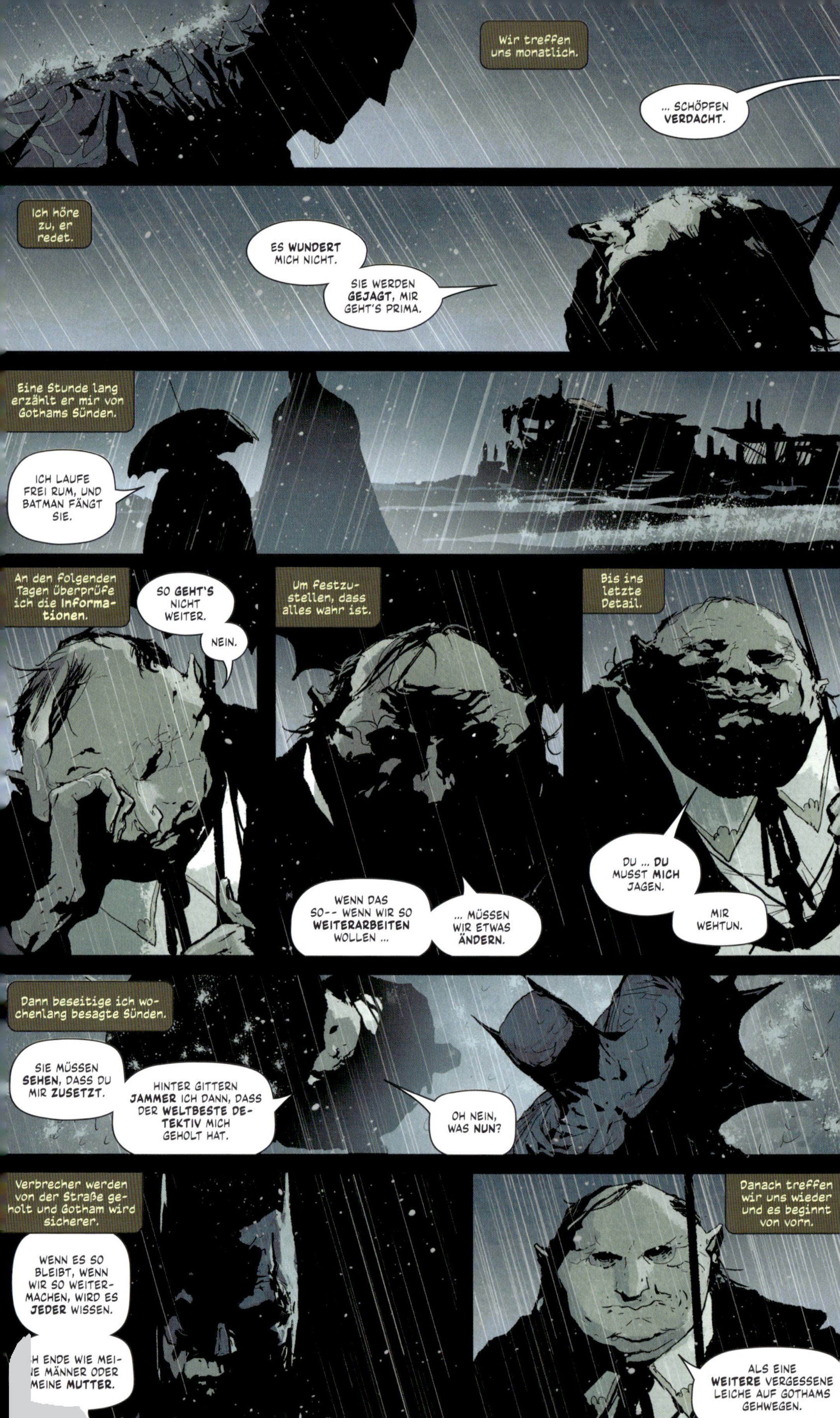
Wir treffen uns monatlich.
... SCHÖPFEN VERDACHT.
Ich höre zu, er redet.
ES WUNDERT MICH NICHT.
SIE WERDEN GEJAGT, MIR GEHT'S PRIMA.
Eine Stunde lang erzählt er mir von Gothams Sünden.
ICH LAUFE FREI RUM, UND BATMAN FÄNGT SIE.
An den folgenden Tagen überprüfe ich die Informationen.
SO GEHT'S NICHT WEITER.
NEIN.
Um festzustellen, dass alles wahr ist.
WENN DAS SO-- WENN WIR SO WEITERARBEITEN WOLLEN ...
... MÜSSEN WIR ETWAS ÄNDERN.
Bis ins letzte Detail.
DU ... DU MUSST MICH JAGEN.
MIR WEHTUN.
Dann beseitige ich wochenlang besagte Sünden.
SIE MÜSSEN SEHEN, DASS DU MIR ZUSETZT.
HINTER GITTERN JAMMER ICH DANN, DASS DER WELTBESTE DETEKTIV MICH GEHOLT HAT.
OH NEIN, WAS NUN?
Verbrecher werden von der Straße geholt und Gotham wird sicherer.
WENN ES SO BLEIBT, WENN WIR SO WEITERMACHEN, WIRD ES JEDER WISSEN.
MÄNNER ODER MEINE MUTTER.
Danach treffen wir uns wieder und es beginnt von vorn.
ALS EINE WEITERE VERGESSENE LEICHE AUF GOTHAMS GEHWEGEN.

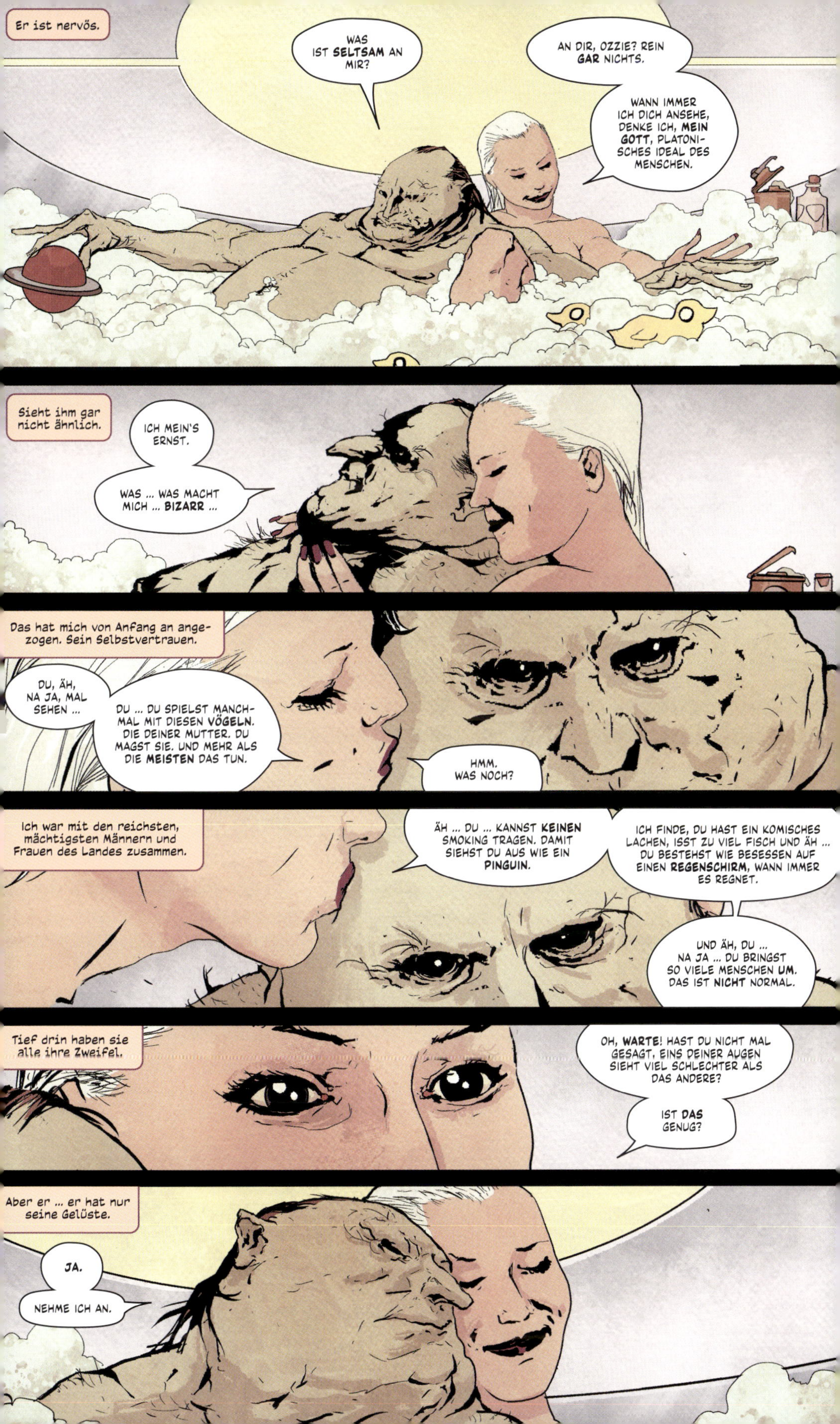
Er ist nervös.
WAS IST SELTSAM AN MIR?
AN DIR, OZZIE? REIN GAR NICHTS.
WANN IMMER ICH DICH ANSEHE, DENKE ICH, MEIN GOTT, PLATONI-SCHES IDEAL DES MENSCHEN.
Sieht ihm gar nicht ähnlich.
ICH MEIN'S ERNST.
WAS ... WAS MACHT MICH ... BIZARR ...
Das hat mich von Anfang an angezogen. Sein Selbstvertrauen.
DU, ÄH, NA JA, MAL SEHEN ...
DU ... DU SPIELST MANCHMAL MIT DIESEN VÖGELN. DIE DEINER MUTTER. DU MAGST SIE. UND MEHR ALS DIE MEISTEN DAS TUN.
HMM. WAS NOCH?
Ich war mit den reichsten, mächtigsten Männern und Frauen des Landes zusammen.
ÄH ... DU ... KANNST KEINEN SMOKING TRAGEN. DAMIT SIEHST DU AUS WIE EIN PINGUIN.
ICH FINDE, DU HAST EIN KOMISCHES LACHEN, ISST ZU VIEL FISCH UND ÄH ... DU BESTEHST WIE BESESSEN AUF EINEN REGENSCHIRM, WANN IMMER ES REGNET.
UND ÄH, DU ... NA JA ... DU BRINGST SO VIELE MENSCHEN UM. DAS IST NICHT NORMAL.
Tief drin haben sie alle ihre Zweifel.
OH, WARTE! HAST DU NICHT MAL GESAGT, EINS DEINER AUGEN SIEHT VIEL SCHLECHTER ALS DAS ANDERE?
IST DAS GENUG?
Aber er ... er hat nur seine Gelüste.
JA.
NEHME ICH AN.

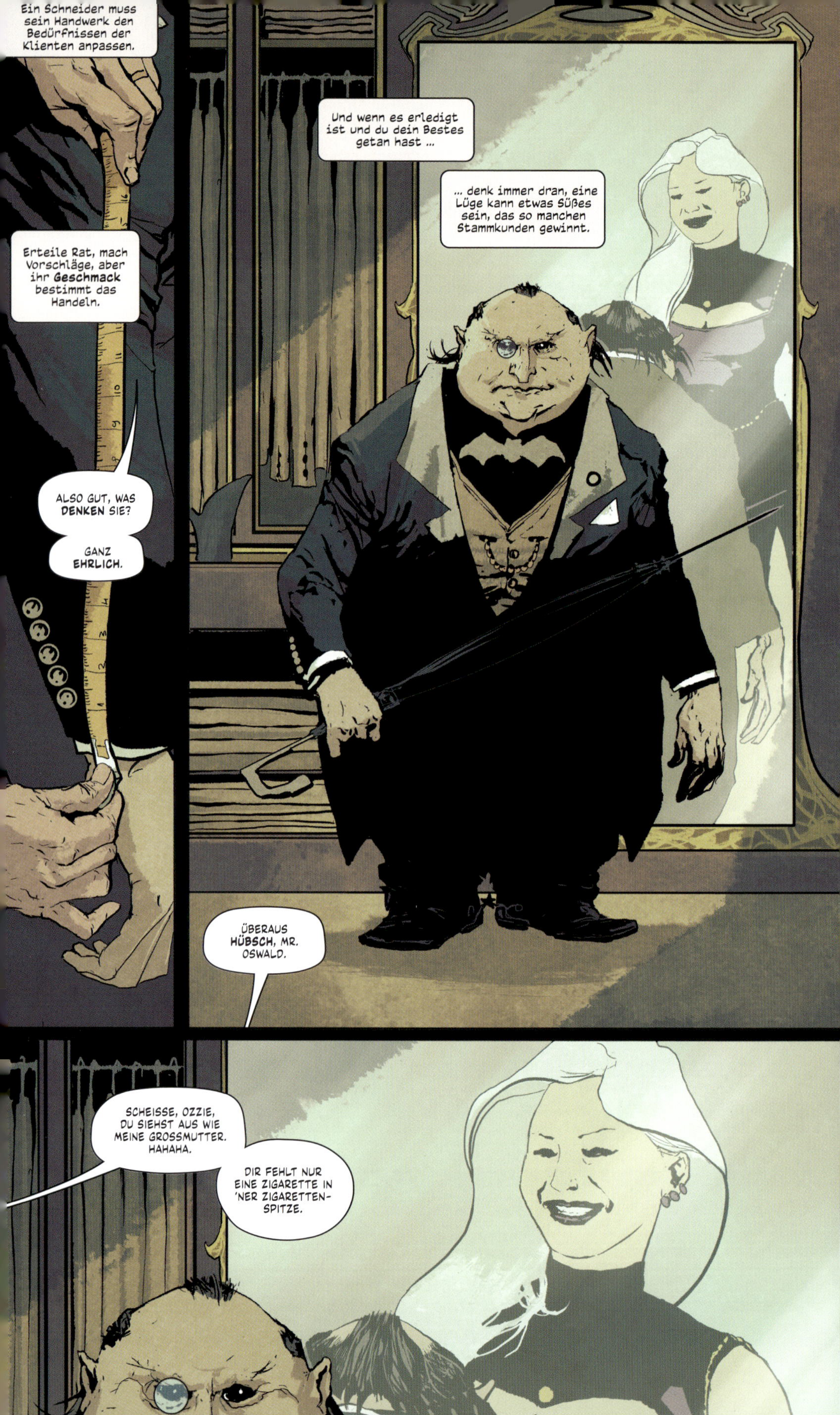
Ein Schneider muss sein Handwerk den Bedürfnissen der Klienten anpassen.
Erteile Rat, mach Vorschläge, aber ihr **Geschmack** bestimmt das Handeln.
Und wenn es erledigt ist und du dein Bestes getan hast ...
... denk immer dran, eine Lüge kann etwas Süßes sein, das so manchen Stammkunden gewinnt.
ALSO GUT, WAS **DENKEN** SIE?
GANZ **EHRLICH.**
ÜBERAUS **HÜBSCH**, MR. OSWALD.
SCHEISSE, OZZIE, DU SIEHST AUS WIE MEINE GROSSMUTTER. HAHAHA.
DIR FEHLT NUR EINE ZIGARETTE IN 'NER ZIGARETTEN-SPITZE.

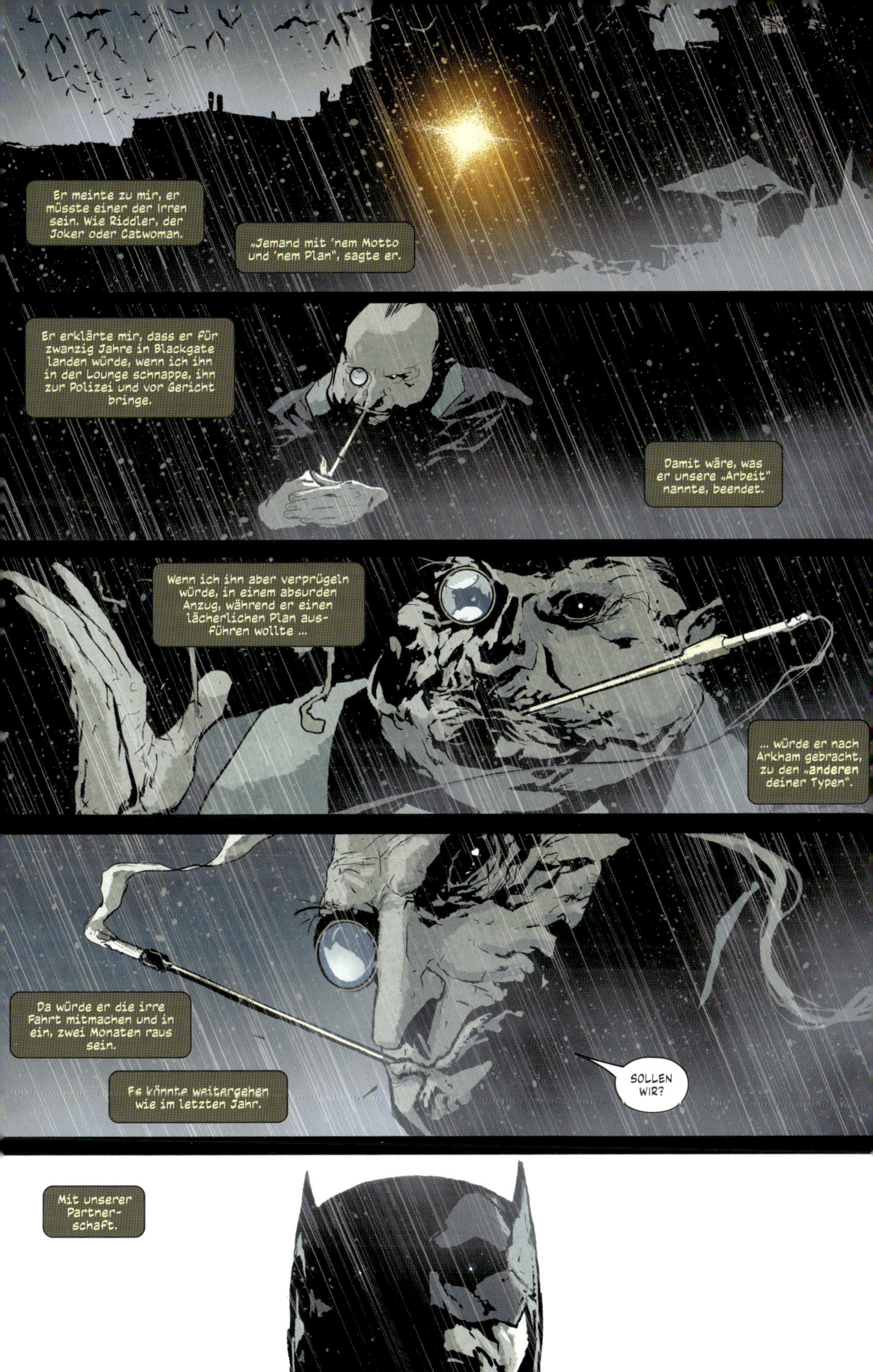
Er meinte zu mir, er müsste einer der Irren sein. Wie Riddler, der Joker oder Catwoman.
„Jemand mit 'nem Motto und 'nem Plan", sagte er.
Er erklärte mir, dass er für zwanzig Jahre in Blackgate landen würde, wenn ich ihn in der Lounge schnappe, ihn zur Polizei und vor Gericht bringe.
Damit wäre, was er unsere „Arbeit" nannte, beendet.
Wenn ich ihn aber verprügeln würde, in einem absurden Anzug, während er einen lächerlichen Plan ausführen wollte ...
... würde er nach Arkham gebracht, zu den „anderen deiner Typen".
Da würde er die irre Fahrt mitmachen und in ein, zwei Monaten raus sein.
Es könnte weitergehen wie im letzten Jahr.
SOLLEN WIR?
Mit unserer Partnerschaft.
SCHÖN.

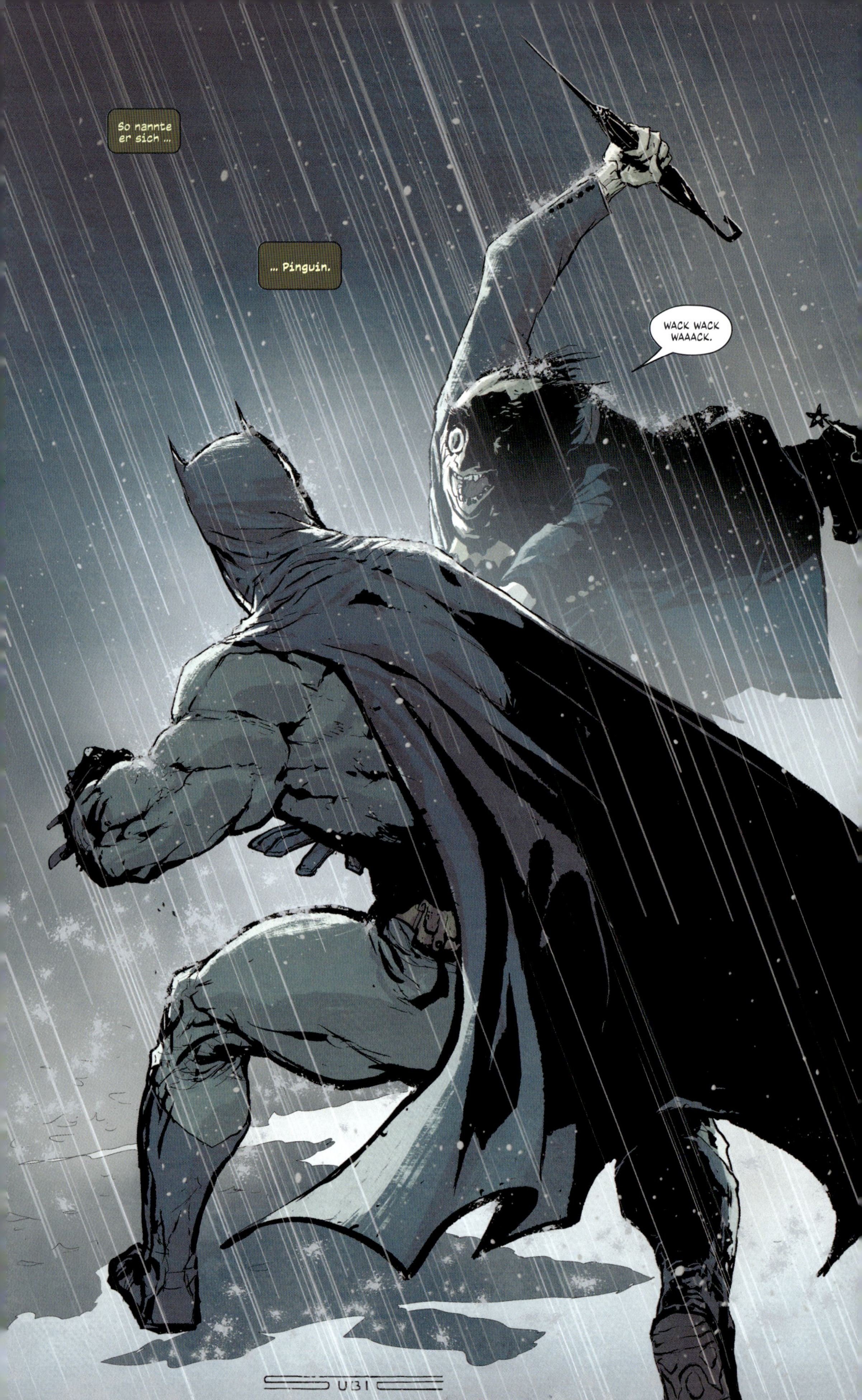
So nannte
er sich …
… Pinguin.
WACK WACK
WAAACK.

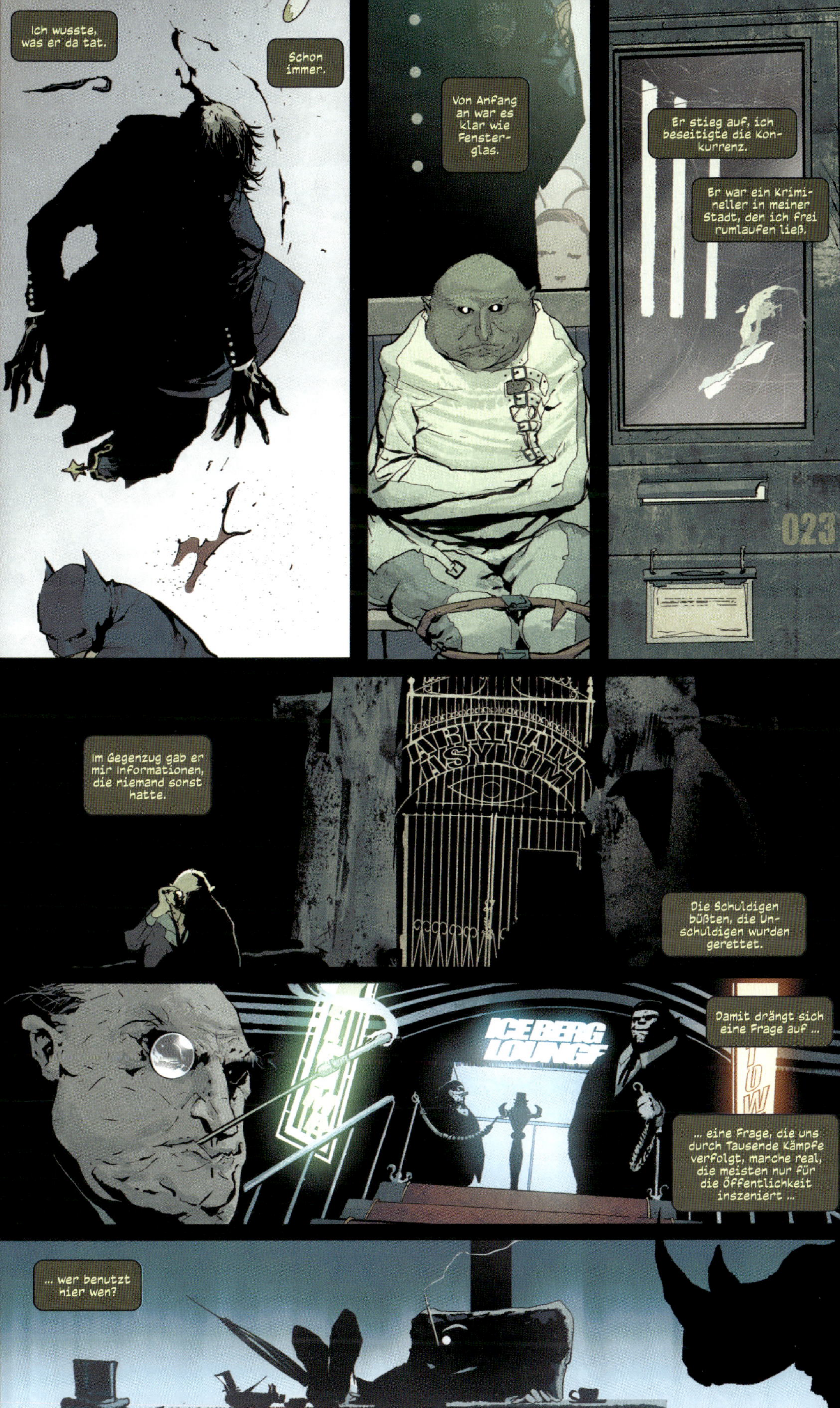
Ich wusste, was er da tat.
Schon immer.
Von Anfang an war es klar wie Fenster-glas.
Er stieg auf, ich beseitigte die Kon-kurrenz.
Er war ein Krimi-neller in meiner Stadt, den ich frei rumlaufen ließ.
023
Im Gegenzug gab er mir Informationen, die niemand sonst hatte.
ARKHAM ASYLUM
Die Schuldigen büßten, die Un-schuldigen wurden gerettet.
ICEBERG LOUNGE
Damit drängt sich eine Frage auf ...
... eine Frage, die uns durch Tausende Kämpfe verfolgt, manche real, die meisten nur für die Öffentlichkeit inszeniert ...
... wer benutzt hier wen?

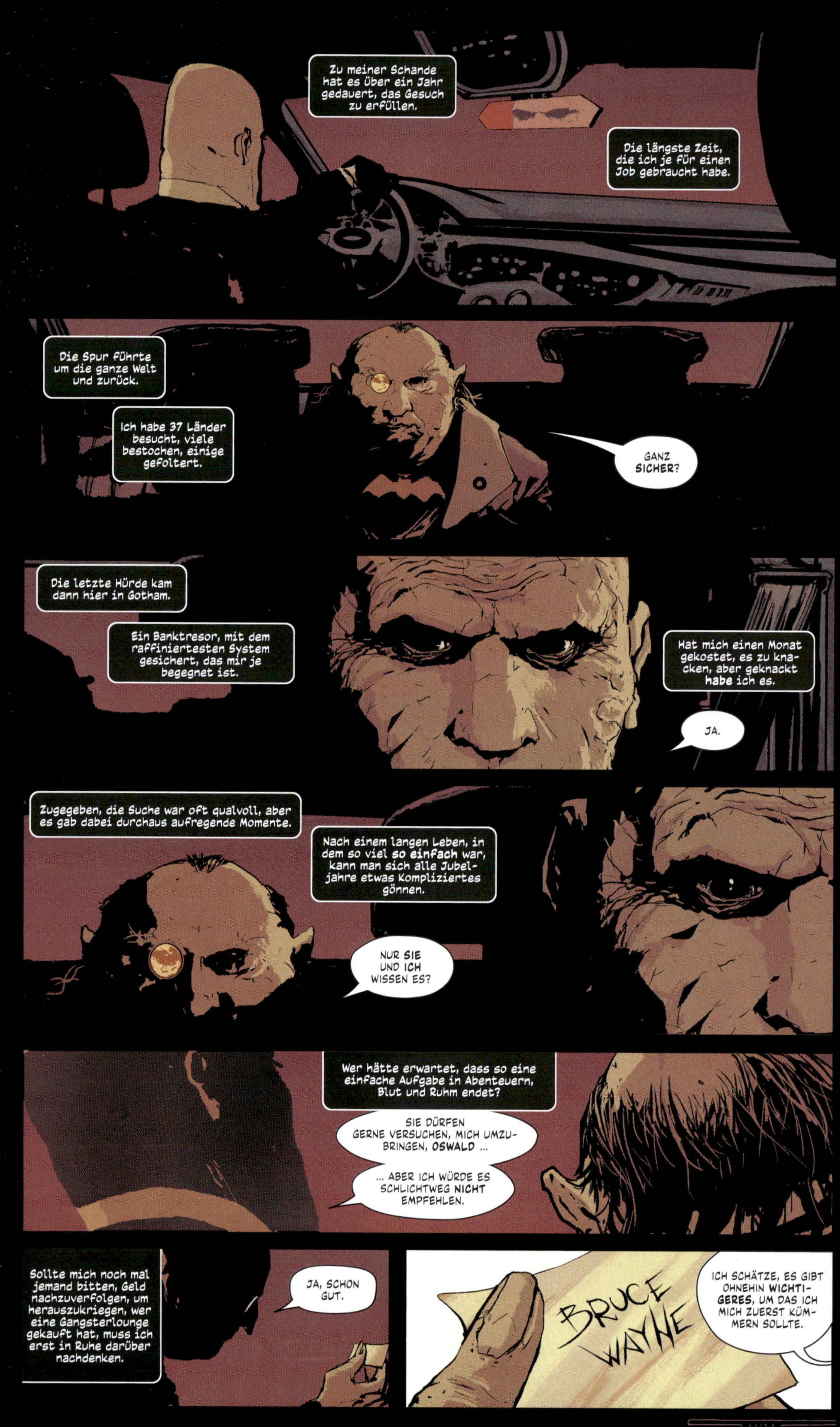
Zu meiner Schande hat es über ein Jahr gedauert, das Gesuch zu erfüllen.
Die längste Zeit, die ich je für einen Job gebraucht habe.
Die Spur führte um die ganze Welt und zurück.
Ich habe 37 Länder besucht, viele bestochen, einige gefoltert.
GANZ SICHER?
Die letzte Hürde kam dann hier in Gotham.
Ein Banktresor, mit dem raffiniertesten System gesichert, das mir je begegnet ist.
Hat mich einen Monat gekostet, es zu knacken, aber geknackt habe ich es.
JA.
Zugegeben, die Suche war oft qualvoll, aber es gab dabei durchaus aufregende Momente.
Nach einem langen Leben, in dem so viel so einfach war, kann man sich alle Jubeljahre etwas Kompliziertes gönnen.
NUR SIE UND ICH WISSEN ES?
Wer hätte erwartet, dass so eine einfache Aufgabe in Abenteuern, Blut und Ruhm endet?
SIE DÜRFEN GERNE VERSUCHEN, MICH UMZUBRINGEN, OSWALD ...
... ABER ICH WÜRDE ES SCHLICHTWEG NICHT EMPFEHLEN.
Sollte mich noch mal jemand bitten, Geld nachzuverfolgen, um herauszukriegen, wer eine Gangsterlounge gekauft hat, muss ich erst in Ruhe darüber nachdenken.
JA, SCHON GUT.
BRUCE WAYNE
ICH SCHÄTZE, ES GIBT OHNEHIN WICHTIGERES, UM DAS ICH MICH ZUERST KÜMMERN SOLLTE.

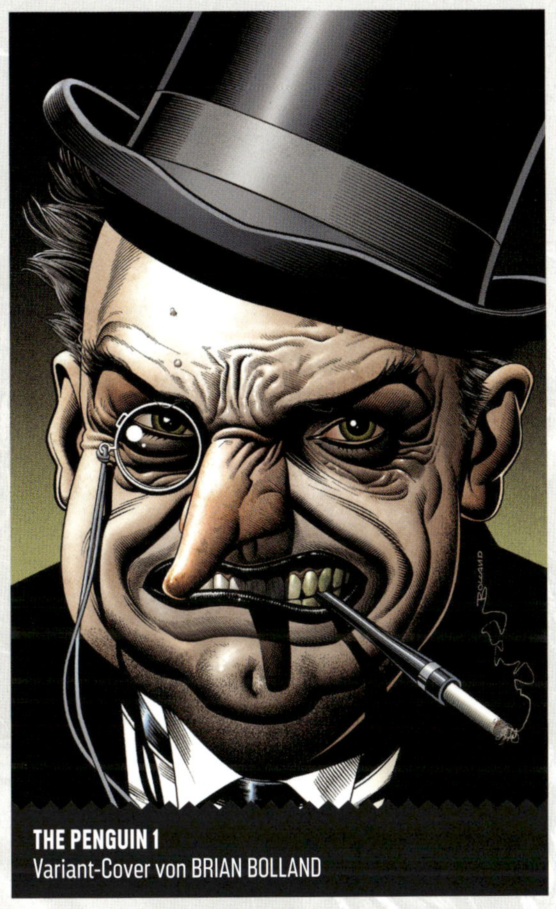

THE PENGUIN 1
Variant-Cover von BRIAN BOLLAND

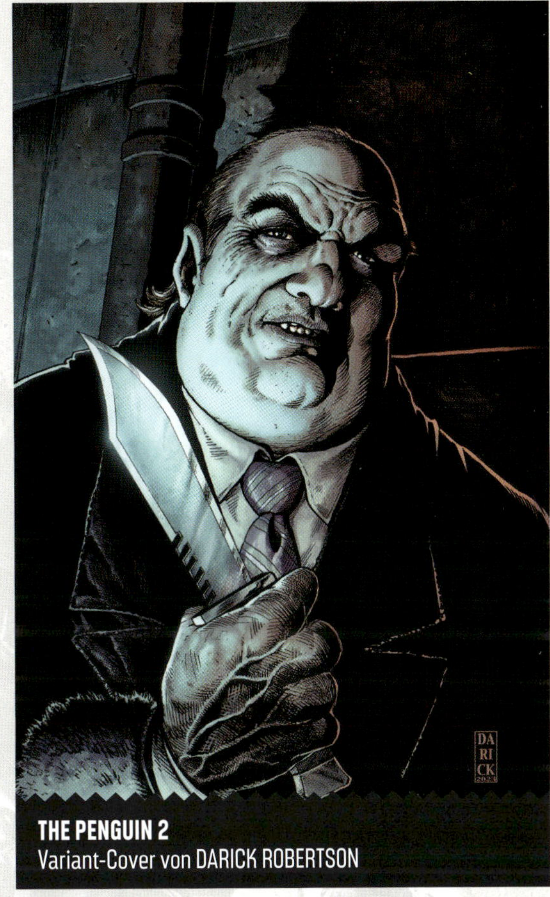

THE PENGUIN 2
Variant-Cover von DARICK ROBERTSON

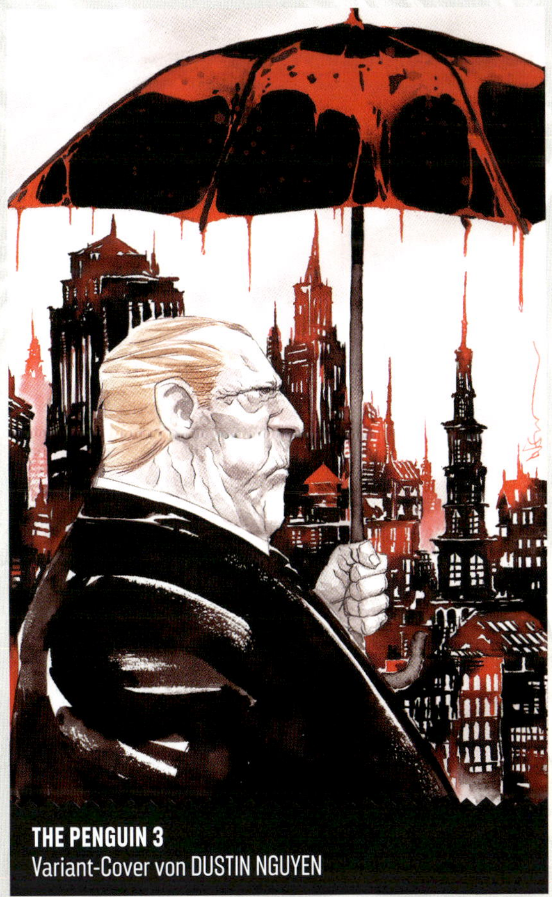

THE PENGUIN 3
Variant-Cover von DUSTIN NGUYEN

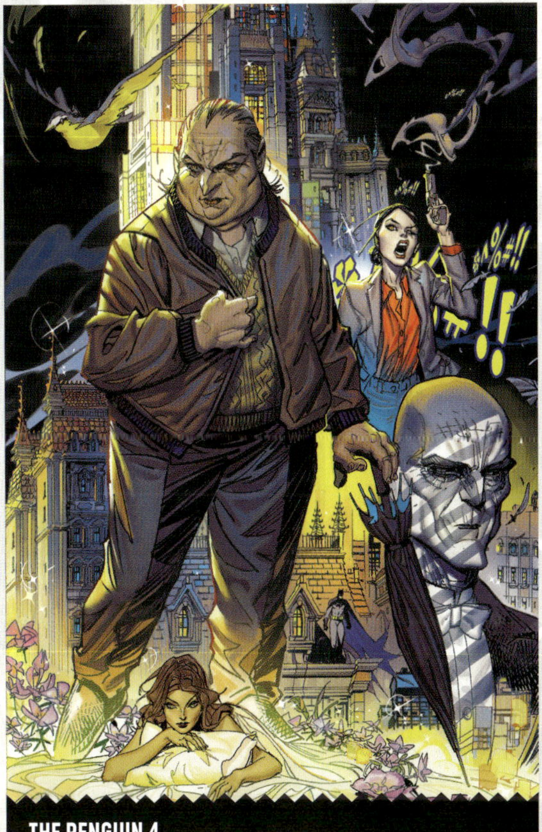

THE PENGUIN 4
Variant-Cover von ARIST DEYN

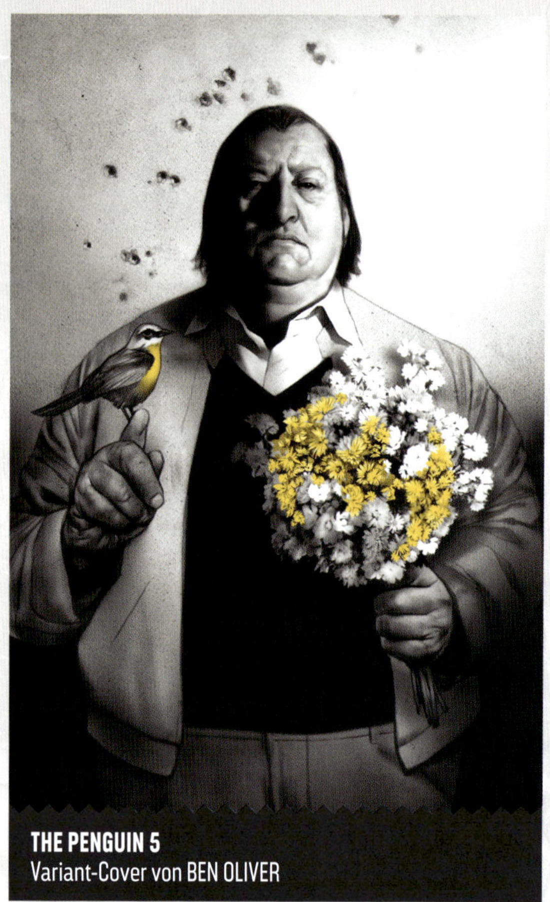

THE PENGUIN 5
Variant-Cover von BEN OLIVER

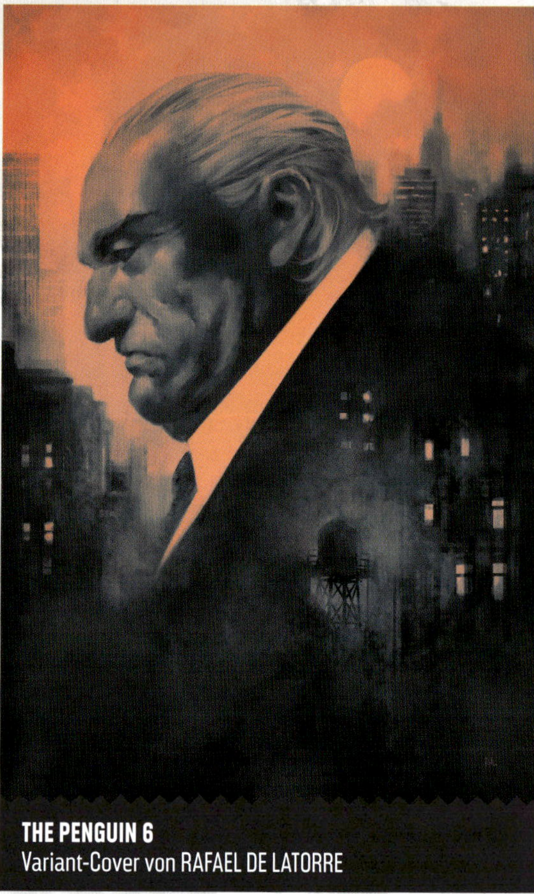

THE PENGUIN 6
Variant-Cover von RAFAEL DE LATORRE

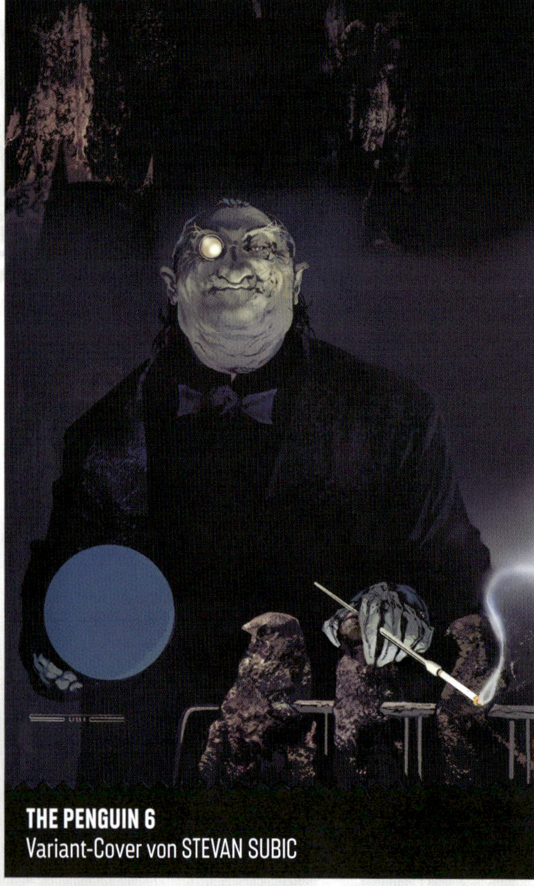

THE PENGUIN 6
Variant-Cover von STEVAN SUBIC

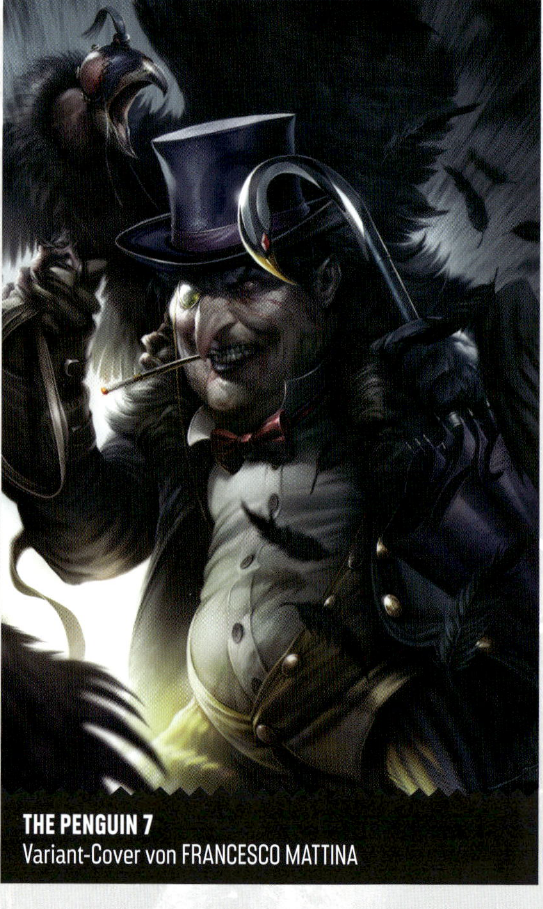

THE PENGUIN 7
Variant-Cover von FRANCESCO MATTINA

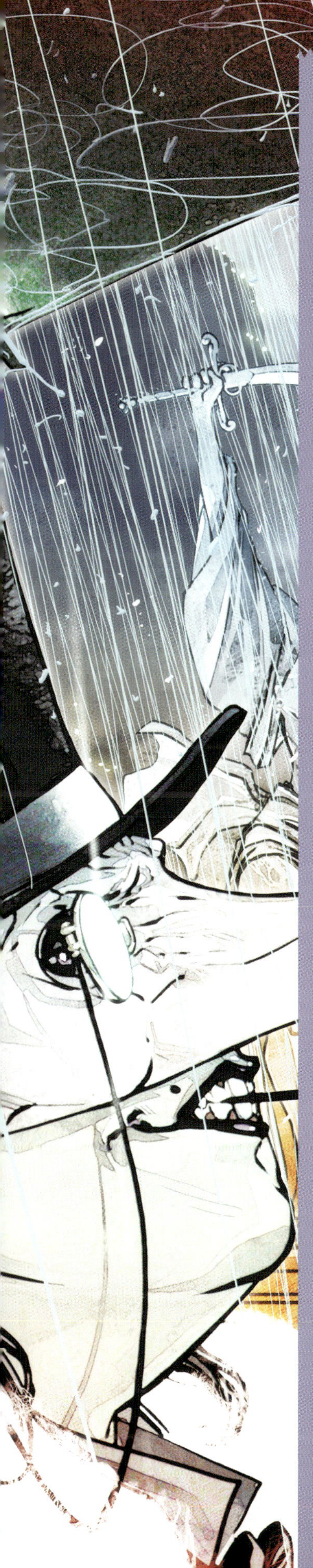

PINGUIN-POST

von **Christian Endres**

DAWN OF DC

Nach **DC Rebirth** und **Infinite Frontier** hat mit **Dawn of DC** eine neue Ära für das **DC Comics**-Universum begonnen – ein frischer Morgen bzw. eine neue Dämmerung, wenn man den Begriff übersetzen möchte. Einerseits geht es in den Publikationen unter dem Banner von *Dawn of DC* darum, dass möglichst frische, aufregende, innovative, überraschende und einsteigerfreundliche Bildergeschichten inszeniert werden; andererseits soll weiterhin vermehrt auf den Kanon der jüngeren Vergangenheit sowie auf die lange Historie und Tradition geachtet werden. Die erste Soloserie für **Batmans** langjährigen Widersacher **Pinguin** passt da natürlich sehr gut ins Konzept. Aber auch für **Flash** (und die finstere Seite der **Speed Force**), **Superman** (mit **Lex Luthor** als Ratgeber für **Lois Lane** und sie als Chefin des **Daily Planet**) oder **Green Arrow** (auf einer völlig anderen, futuristischen Insel gestrandet) stehen neue Comic-Serien unter der Prämisse an, die Fans und Neueinsteiger gleichermaßen begeistern dürften. In der *Batman*-Heftserie von **Chip Zdarsky**, **Tini Howard**, **Jorge Jiménez** und Co. beginnt in Ausgabe 85 zudem das **Batman/Catwoman**-Event **Gotham War**: Cat hat die Unterwelt Gothams revolutioniert, doch dem **Dunklen Ritter** gefällt dieses „neu organisierte" Verbrechen nicht, und so kommt es zum Krieg. Und auch **Wonder Woman** erhält eine neue Serie, ebenfalls geschrieben von **Tom King** und gezeichnet von **Daniel Sampere**. Darin werden alle **Amazonen** zu Staatsfeindinnen der USA erklärt, und **Diana** kämpft gegen Gesandte der Regierung und die Macht der Lügen.

THE FORCE OF JULY

Wie schon erwähnt, ist in der neuen Epoche *Dawn of DC* auch immer Platz für klassische Elemente. So wie Tom King mit **Sarge Steel** eine Figur aus den 1980ern in *Wonder Woman* neu definiert, nutzt er hier in *Der Pinguin* das Team **Force of July** („Kraft des Juli", aber auch eine Anspielung auf den 4. Juli, den Independence Day bzw. amerikanischen Unabhängigkeitstag). Diese Truppe wurde 1984 von Autor **Mike W. Barr** und Zeichner **Jim Aparo** für *Batman and the Outsiders Annual* 1 erschaffen. Damals operierten **Major Victory**, **Lady Liberty**, **Sparkler**, **Mayflower** und **Silent Majority** als patriotisches Superhelden-Team der **American Security Agency** von **B. Eric Blairman**, der selbst ernannte Rächer hasste, und **Abraham Lincoln Carlyle**, der unbedingt US-Präsident werden wollte. Alle Mitglieder der Force of July hatten die höchste Sicherheitsfreigabe und absolute Freiheiten, was ihre Methoden anging. Sie kamen zwischen *Outsiders*, *Suicide Squad*, *Green Arrow* und *Infinity Inc.* auf keine 20 Auftritte in den 1980ern und 1990ern.

DAS KREATIV-TEAM

TOM KING arbeitete für die CIA, bevor er 2012 den Superheldenroman *A Once Crowded Sky* veröffentlichte. Seinen Durchbruch im Comic-Bereich hatte der Amerikaner 2014 mit der Serie *Grayson*, in der er und Co-Autor Tim Seeley Nightwing zum Superspion machten. 2016 wurde King Stammautor der *Batman*-Serie und kümmerte sich mehrere Jahre lang um den Dunklen Ritter, wobei er gleich für eine seiner frühesten Bat-Geschichten einen Eisner Award erhielt. Außerdem verfasste er ein Treffen zwischen Batman und Elmer Fudd im Band *DC und die Looney Tunes* und die außergewöhnliche Serie *Batman/Catwoman*. Weitere Comics aus Kings Feder sind das Event *Heroes in Crisis*, die Einzelbände *Superman: Jenseits der Erde* und *Supergirl: Die Frau von Morgen*, das preisgekrönte Science-Fiction-Highlight *Mister Miracle: Darkseid ist.*, *Strange Adventures*, die Vertigo-Serie *The Sheriff of Babylon*, eine prämierte Story in *Swamp Thing: Geschichten aus dem Sumpf*, der Noir-Geniestreich *Human Target*, das Watchmen-Sequel *Rorschach*, die fortlaufende Serie *Der Pinguin*, ebenfalls unter dem Banner von *Dawn of DC*, und die mit dem Eisner Award ausgezeichnete Marvel-Serie *The Vision*. King lebt mit seiner Familie in der US-Hauptstadt Washington.

RAFAEL DE LATORRE ist ein Künstler aus Brasilien, der seit Jahren für die US-Verlage tätig ist. Zu seinen wichtigsten Werken gehören *Daredevil* von Chip Zdarsky, *Black Widow* von Kelly Thompson, *SuperZero* von Amanda Conner und Jimmy Palmiotti, *Hailstone* von Rafael Scavone, *Fade Out: Painless Suicide* von Beto Skubs und eine Spider-Man-Neuinterpretation von Autor Marc Bernardin für das Event *Heroes Reborn*. Außerdem startete De Latorre als Zeichner zusammen mit Autorin Marguerite Bennett den unabhängigen postapokalyptischen Comic-Hit *Animosity*.

STEVAN SUBIC wurde 1982 in Serbien geboren und zeichnete für den europäischen Markt die zunächst in Frankreich und Italien erschienenen Comics *Conan der Cimmerier: Der wandelnde Schatten*, *M.O.R.I.A.R.T.Y: Das mechanische Imperium*, *Adam Wild* sowie *Tarzan – Herr des Dschungels* und *Tarzan – Am Mittelpunkt der Erde*. Seine erste große Arbeit für DC Comics in den USA war *Der Riddler: Das erste Jahr*, geschrieben von Riddler-Darsteller Paul Dano aus dem Kinofilm von 2022 *The Batman*.

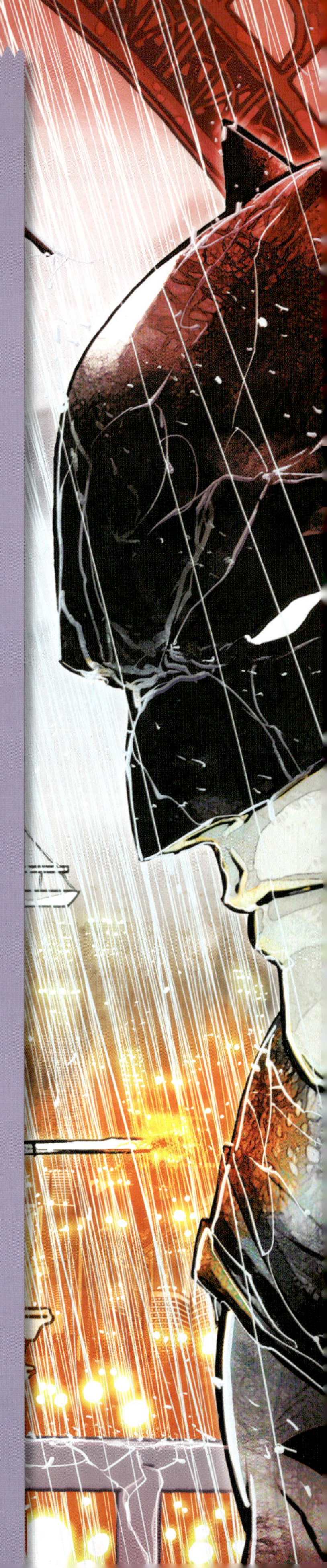